대원만 수행 요결

大圓滿前行引導文

대원만
수행
요결

A Guide to the Preliminaties of the Great Perfection
Kun bzang bla ma'I zhal lung

직메 최기왕뽀 지음
수다지 캔뽀 한역
지엄 편역

운주사

캄튤 린뽀체 서문

대학자이며 큰 성취자이신 성스러운 '롱첸빠!'

그의 지혜의 화현이신 '직메링빠',

직메링빠의 마음의 아들 '쟈 타마라마(직메 걜와뉴구)',

그의 구결인 『닝틱왼도(족빠첸뽀 롱첸닝틱기왼도티익 꾼상라매섈룽)』는 대원만(족첸) 수행의 예비수행 지침서로서 진정 수행에 마음이 있는 이라면 바로 깨칠 수 있는 마음의 요결서입니다.

이 『꾼상라매섈룽』은 모든 이가 이해하기 쉬우며 아주 좋은 수행의 총 요결서인데, 해동비구 지엄 스님이 이를 번역하였으니 참으로 기쁩니다.

지엄 스님은 일찍이 북인도 따시종과 법연의 인연이 깊으며 실력을 갖춘 수행자인데, 또한 오늘 일체중생을 이롭게 하고자 하는 무량한 마음으로 이 책을 번역하였으니, 이 선업의 결과가 무한히 퍼져 나가 위없이 수승한 석가모니 붓다의 삼장과 삼학의 보배가 사바세계에 영원히 이어져 마음 가진 모든 존재들이 순간과 영원의 행복을 얻게 되길 발원하며, 모든 좋은 일에 장애가 사라지이다.

도캄바(캄바의 절)의 석가의 법을 수지한 비구
세둡니마

수다지 캔뽀 서문

『대원만 수행 요결(꾼상라매섈룽)』은 현교와 밀교의 기반이고 일생에 구경 성불하는 수승한 정법이며, 매우 희유하여 인연 맺기 어려운 논서이다.

현대 사회는 첨단과학이 발달하여 최고 수준의 물질생활을 누리지만 사람들의 마음속 번민은 조금도 줄지 않고 오히려 더 강렬하니, 어떻게 번민을 잠재우고 평안을 얻을 것인가? 오직 이 논서에서 가르치는 불법의 묘약이 번뇌의 불을 끄고 당신에게 진정한 행복과 자재함을 가져다줄 것이다.

비록 불법의 태양이 하늘 높이 떠서 빛살이 대지를 비추나, 눈멀고 우매한 중생은 어두운 황야를 헤매며 큰 고통을 당한다. 우리는 이를 보면 자연스럽게 연민심이 일어나며, 따라서 많은 사람들이 불법을 공부하여 이해하고 불교의 수행문에 들어가기를 희망해본다. 아울러 이미 불교에 귀의한 사람들은 탐욕과 명예를 멀리하고, 진실하게 수행할 '발보리심'을 얻기를 기원한다.

티벳 국민들은 거의 모두 불교를 신앙하며 4가행 수행을 필수적으로 거친다. 요즈음 중국과 세계 곳곳에서 티벳불교를 신앙하며 4가행을 수행하는 사부대중이 많지만, 아직도 티벳에 비할 바는 못 된다. 그래서 나의 바람은, 많은 국내외 수행자들이 4가행을 수행하여 불교의 진의를 맛보고 실천하는 것이다. 그리고 전법하는 스님들께 바라는 것은, 교리의 뜻을 잘 이해하고 논서의 문구와 내용을 벗어나지 않는 영역에서 강의하는 것이다. 이 논서를 학습하는 사람은 모든 교리와 예문을 잘 기억할 것이며 주마간산격으로 보아 소홀히 하지 말기 바란다.

역사상 티벳의 고승들은 『대원만 수행 요결』을 매우 중요하게 여겼는데, 이 법은 불법에 정통하고 '발심'에 드는 데 없어서는 안 되는 법이며, 티벳불교가 중요시하는 '보리도 차제법'이기 때문이다. 미팡 린뽀체께서 말씀하시되 "한 사람의 명실상부한 수행자가 되기 위해서 반드시 대원만 가행 요결을 수행해야 한다"라고 하셨다.

나도 직메푼촉 린뽀체와 더바 린뽀체께 여러 번 구전과 요결을 전수받았으며 동시에 이 법에 큰 신심과 환희심이 생겨 열심히 수행하며 이익이 적지 않았다.

번역과 교정, 윤문의 전체 과정에 있어 나는 온힘을 쏟아 자세하고 주도면밀하게 정성을 다했으며, 이에 무척 만족한다. 다만 업무와 건강 등의 이유 때문에 누락되거나 오자가 생긴 것은 독자의 지적을 바란다.

번역을 도와준 모든 금강 형제들에게 감사의 말씀 올리며, 신심과 정견이 굳게 자리하고 자비 보리심이 날로 늘어나 구경에 성불하여 불과를 증득하기 바란다.

마지막으로 시방의 제불보살과 상사, 본존, 공행 호법께 기도 올리오니, 모든 이가 이 법을 보고 듣고, 인연된 분들이 정지견이 생겨 하루빨리 보리를 증득하게 하여 주소서!

2000년 2월 22일

써다 라롱골 서산 시림원(色達喇榮 西山 喜林園)에서 번역하다

일러두기

1. 인명과 지명은 티벳대장경연구소의 표기법을 따름에 원칙으로 하되 출처가 불분명한 인명은 지방어를 따르며, 지명은 중국 현재 행정구역상의 명칭을 표기법에 따라 적는다. 중국어로 그 의미가 불분명한 것은 괄호 안에 티벳어 한글음이나 로마자를 병기한다.
2. 중국어본으로 『대원만전행인도문大圓滿前行引導文』과 『보현상사언교普賢上師言敎』가 있는데, 이중 『대원만전행인도문』을 저본으로 하여 번역하되, 원문본인 오명불학원의 『족빠첸보 롱첸닝틱기왼도티익 꾼상라매 섈룽』을 참조하였다.
3. 본문 중의 ( )는 독자의 이해를 돕기 위해 단어의 부가적 설명을 한 것이다.
4. 설명이 필요한 단어나 문구에는 각주를 붙였는데, 이 경우 주로 참조한 서적은 수다지 캔뽀의 번역본인, 캔첸웅악왕뺄상께서 지은 『전행비망록前行備忘錄·닝틱왼도신디』이며, 인명과 지역명이 사전에 나타나지 않는 것은 각주를 생략한다.

캄튤 린뽀체 서문 • 5
수다지 캔뽀 서문 • 6
직메 최기왕뽀 약전 • 15
대원만 전행 인도문 • 39

제1장 법을 듣는 방식 • 41

1. 발심 • 41
   1) 의락 보리심의 광대한 발심 • 41
   2) 방편비밀진언의 광대한 발심 • 43
2. 행위 • 46
   1) 끊어야 할 행위 • 47
      (1) 법기의 세 과실 • 47
      (2) 여섯 가지 허물 • 49
      (3) 수지해서는 안 될 다섯 가지 • 55
   2) 취해야 할 행위 • 56
      (1) 4상에 의지함 • 57
      (2) 육바라밀을 구족함 • 60
      (3) 기타 위의威儀에 의지함 • 61

제2장 공통의 외적 예비수행 • 63

1. 인생난득 • 63
   1) 본성한가本性閑暇를 사유함 • 63
   2) 특법원만特法圓滿을 사유함 • 66
      (1) 다섯 가지 자체원만 • 66
      (2) 다섯 가지 타인원만 • 71
   3) 얻기 어려움의 이유를 사유함 • 83
   4) 수량 비교로 사유함 • 84

2. 수명무상 • 90
   1) 외부세계를 사유하여 무상을 닦음 • 90
   2) 윤회 중생을 사유하여 무상을 닦음 • 92
   3) 고승대덕을 사유하여 무상을 닦음 • 94
   4) 세간의 존주를 사유하여 무상을 닦음 • 96
   5) 각종 비유의 의미를 사유하여 무상을 닦음 • 98
      (1) 태어나면 반드시 죽음 • 101
      (2) 모이면 반드시 다 흩어짐 • 102
      (3) 일체 모인 것들은 결국 흩어짐 • 103
      (4) 쌓이면 반드시 무너짐 • 104
      (5) 높은 곳에 처하면 반드시 떨어짐 • 105
   6) 죽음의 인연이 정해져 있지 않음을 사유하여
      무상을 닦음 • 109
   7) 맹렬하게 희구함을 사유하여 무상을 닦음 • 111

3. 윤회계의 결함 • 119
   1) 윤회계의 일반적 고통을 사유함 • 119
   2) 육도 각각의 고통을 분별 사유함 • 122
      (1) 지옥 • 122
      (2) 아귀 • 137
      (3) 축생 • 144
      (4) 인간의 고통 • 147
      (5) 아수라의 고통 • 167
      (6) 천인의 고통 • 169

4. 인과불허 • 180
   1) 불선업 • 180
      (1) 열 가지 악업 • 180
      (2) 불선업의 과 • 195
   2) 해야 할 선업 • 203
   3) 일체 업의 자성 • 206

5. 해탈이익 • 228
   1) 해탈의 정의 • 228
   2) 해탈의 분류 • 228
6. 스승을 의지함 • 229
   1) 의지할 스승의 필요성 • 229
   2) 스승께 의지하는 차제 • 230

제3장 공통되지 않는 내적 예비수행 • 279

1. 귀의 • 280
   1) 귀의의 기초 • 280
   2) 귀의의 분류 • 287
   3) 귀의의 방법 • 289
   4) 귀의의 학처學處 • 296
   5) 귀의의 공덕 • 304
2. 수승한 보리심을 발함 • 311
   1) 4무량심을 수행함 • 312
      (1) 사捨무량심을 수행함 • 312
      (2) 자慈무량심을 수행함 • 316
      (3) 비悲무량심을 수행함 • 321
      (4) 희喜무량심을 수행함 • 340
   2) 수승한 보리심을 발함 • 347
      (1) 발심의 분류 • 347
      (2) 정식으로 발심함 • 350
   3) 원보리심과 행보리심 수행 • 354
      (1) 원보리심 수행 • 354
      (2) 육바라밀을 위한 행보리심 수행 • 374
3. 금강살타 염송수행 • 417
   1) 참회의 이치 • 417

2) 사종대치력 • 419

    (1) 소의대치력 • 420

    (2) 염환대치력 • 420

    (3) 반회대치력 • 421

    (4) 현행대치력 • 421

3) 진실하게 금강살타를 닦음 • 422

4) 백자명을 염송함 • 426

5) 참회의 공덕 • 437

4. 자량 쌓음 • 444

  1) 만다라 공양 • 444

    (1) 만다라 공양의 필요성 • 444

    (2) 만다라 수행의 대상 • 447

    (3) 삼십칠 무더기의 만다라를 공양함 • 448

    (4) 3신 만다라 공양 • 450

    (5) 공양물을 깨끗하고 청정하게 함 • 453

    (6) 자량을 쌓는 이치 • 456

  2) 육신보시 수행 • 462

    (1) 육신보시 수행의 뜻 • 462

    (2) 몸을 보시하는 수행법 • 464

    (3) 단법의 뜻 • 472

5. 전승조사의 관상 • 478

  1) 전승조사 관상(구루요가)의 중요성 • 479

  2) 전승조사의 관상 실제 수행법 • 485

    (1) 복전을 분명하게 관함 • 485

    (2) 칠지공 • 491

    (3) 전심으로 기도함 • 509

    (4) 네 가지 관정받기 • 511

  3) 전승조사 내력 • 516

    (1) 여래밀의전 • 517

(2) 지명표시전 • 518
(3) 보특가라이전耳傳 • 528

제4장 왕생법(포와법) • 537

1. 왕생의 분류 • 537
    1) 이근자의 견해로 법신의 왕생을
       인지印持함 • 537
    2) 중근자의 생기·원만차제가 쌍운되는 보신의
       왕생 • 538
    3) 하근자의 무량 대비화신의 왕생 • 538
    4) 평범한 자가 세 가지 생각을 갖추어 왕생함 • 538
    5) 대비의 갈고리로써 영혼을 천도하여
       왕생함 • 538
2. 세 가지 생각을 갖춘 왕생 • 542
3. 왕생 수행법 • 545
    1) 수련 • 545
    2) 운용 • 546
        (1) 오근 은몰차제 • 547
        (2) 사대 은몰차제 • 547
        (3) 명증득 은몰차제 • 548
    3) 진실로 왕생을 관하여 닦는 가르침의 차례 • 550
4. 왕생의궤 • 553

제5장 결론 • 559

번역 후기 • 571

직메 최기왕뽀 약전

수다지 캔뽀

바깥으로는 불자인 적천보살이시고
안으로는 대성취자 샤와리이시며
밀행성자인 관세음보살이시니
직메 최기왕뽀 존자께 기도드립니다.

직메 최기왕뽀 존자는 곧 화지華智 린뽀체(뺄뚤 린뽀체, Patrul Rinpoche, 1808~1889)이며, 근대 명성이 자자하며 영예를 갖춘 닝마빠 전승상사[1]이고, 또한 적천(寂天, Śāntideva)보살과 대성취자 샤와리,[2] 그리고 성자 관세음보살, 이들 세 분과 다름없는 화신이며, 아울러 중생을 이롭게 하기 위해 나타나셔서 선지식의 형상이 되었다. 그는 서기 1808년에 세상에 태어나 곧 직메가랑(도듭첸 린뽀체)에 의해 뺄게삼뗀푼촉(Palgé Samten Phuntsok)의 환생자라고 인정되었으며, 어떤 대덕은 그가 지비광존자智悲光尊者의 다섯 종류 화신 중 하나인 어화신語化身이라고 생각

---

1 상사上師: '스승'을 뜻한다. 본서에서는 '상사'와 '스승'을 혼용하였다.
2 샤와리(샤와리빠, Śāvaripa): 인도의 84명의 대성취자 중 한 사람. 티벳의 까규빠에서 법맥의 스승으로 생각하는 중요한 인물들은 띨로빠와 함께 나가르쥬나Nagarjuna, 사하라Saraha, 샤와리Savari, 그리고 마이뜨리빠Maitrpa 등을 꼽는데, 샤와리는 그 가운데 한 명이다.

하여 "화지(華智, 吉相化身)"라고 하였다.

역사적 자료의 기록에 의하면 뺄게삼뗀푼촉은 관세음보살의 화신이며, 일생에 십만 번 『진실명경』[3]을 외웠고, 석판 위에 관음심주를 새겨서 돌탑을 쌓아 무수한 중생의 마음속에 해탈 종자를 심었다. 또한 "내가 장래에 이 돌 무더기를 더 새기겠다"고 예언하였다. 후에 보리금강菩提金剛이 "오갠직메 최기왕뽀(Orgyen Jikmé Chökyi Wangpo, 無畏法王)"라는 아름다운 이름을 내렸다. 그가 인도의 적천보살과 티벳의 아러이씨중내의 화현이 되는 사적에 관해서는 잠양 켄체왕뽀(Jamyang Khyentse Wangpo, 1820~1892)의 복장품 중에 상세히 기록되어 있다. 금생의 겉으로 드러난 행위 또한 적천논사와 매우 흡사하다.

그는 천생적으로 비범한 지혜를 갖추고 영적인 능력 또한 매우 강하여, 어릴 때 이미 큰 노력 없이 문득 문자를 읽고 쓰고 해석하는 것에 통달하였다. 그때부터 계속하여 『진실명경』을 독송했으며, 일생 동안 『입보리행론』과 『진실명경』을 몸에서 떼지 않았다. 후에 세속을 버리고 켄뽀 시오랑워 앞으로 출가하여 이름을 직메제유종내(화지 린뽀체)라 하였으며, 부지런하고 게으름이 없고 고행 정진하는 문사수聞思修 행을 시작했다. 뛰라직메거상[4] 등 스승들 앞에서 널리 겔룩·까규·샤카·닝마 등 신구파의 수많은 현밀顯密 경속을 듣고 배웠으며, 아울러 대장경인 깐규르(Ganggyur: 甘珠爾, 佛說部)와 일체의 현교·밀교 경전의 전승을 받았고, 동시에 깊이 사유하며 정진하고 수행하였다. 그는 배우고 수행하는 동시에 또한 인연 있는 사람들에게 경을 강의하고 법을 설하였다.

---

3 『진실명경眞實名經』: 본래의 이름은 『성묘길상진실명경聖妙吉祥眞實名經』으로, 티벳 밀교에서 가장 중요하게 여기는 경전 중의 하나이다.
4 19세기 제1세 도둡첸 린뽀체의 전승제자.

서른 살 전후에 서다(色達, 현 四川省 靑海)에 이르러 양펑타이 상사(1800~?)[5]를 따라 법을 배웠으며, 아울러 인연 있는 제자를 위하여 『대환화망大幻化網』 교법을 전수해 주었다.

큰 은혜의 근본상사인 직메 갤와뉴구(如來芽, Jigme Gyalwai nyugu, 1765~1843)를 의지하여 그 슬하에서 앞뒤로 스물다섯 차례 대원만 롱첸닝틱 전행법을 들었으며, 후에 다시 르동(日冬) 적정처의 낙원동과 장수동에서 무문관 수행을 할 때 이미 허공과 같은 실상 대원만大圓滿 경계를 증득했다. 아울러 『선설대승善說大乘』 등의 논전을 지었고, 동시에 상사의 가르침을 모아 문장을 만들어 뒷사람에게 진귀한 보배와 같은 저작인 『대원만전행인도문』[6]을 남겨 주었다. 그는 모든 전승상사에 대하여 강렬한 신심을 갖추었고, 더욱이 무구광無垢光 존자[7]의 저술인 『칠보장七寶藏』[8]에 대하여 진실한 믿음이 있었으며, 존자가 지은 『법계보장론法界寶藏論』을 연구하였다. 후에 대원만의 깨달은 경계를 더하였고, 문득 이 논서가 무구광 존자와 더불어 차별이 없다고 찬탄하였다.

---

5 대성취자, 제1세 도둡첸 린뽀체의 전승제자.

6 『대원만전행인도문大圓滿前行引導文』은 『보현상사언교普賢上師言教』라고도 하며, 티벳어 제목은 『꾼상라매샐룽』이다. 영어로는 *A GUIDE TO THE PRELIMINARIES OF THE GREAT PERFECTION*.

7 무구광無垢光 존자: 롱첸빠(Longchenpa, 1308~1363)를 말한다. 롱첸빠는 닝마빠의 중요한 학자이자 복장사(伏藏師, 뗄뙨)이다. 닝마빠에서는 연화생蓮花生 대사 이후의 제2의 불타로 간주된다. 저서에 『칠보장』과 『사심적四心滴』, 『삼대휴식三大休息』, 『삼자해탈三自解脫』 등 200여 종이 있다.

8 칠보장七寶藏: 롱첸빠가 지은 저술 중 7가지 보장론을 묶어 『칠보장』이라 하는데 다음과 같다. 『여의보장론如意寶藏論』, 『실상보장론實相寶藏論』, 『종파보장론宗派寶藏論』, 『승승보장론勝乘寶藏論』, 『구의보장론句義寶藏論』, 혹은 사의보장론詞義寶藏論』, 『법계보장론法界寶藏論』, 『규결보장론竅訣寶藏論』.

아울러 『칠보장찬七寶藏贊』 및 『권열칠보장勸閱七寶藏』을 저술하였다. 당시에 모든 이들이 직메 걜와뉴구 상사의 문하에 해와 달 같은 두 사람의 제자가 있다고 알고 있었으니, 이들은 곧 태양과 같은 잠양 켄체왕뽀와 달과 같은 화지 린뽀체를 말한다. 비록 존자는 이미 이름이 드날리고 명성이 퍼졌으나, 오히려 자기는 도리어 비밀스럽게 하여 드러내지 않았으며, 항상 평범한 모습으로 중생을 이롭게 하고 후대의 사람들을 위하여 많은 훌륭한 모범을 남기셨다.

한번은 존자가 스승인 직메 걜와뉴구와 전뇌우러(陳雷沃熱)와 함께 옷을 남루하게 입고 길을 나가서 탁발을 했다. 당시에 한 유목민이 그의 어머니가 죽어서 시체를 실내에 놓고서 어머니를 위해서 천도재를 지내줄 승려를 찾고 있다가, 멀리서 지나가는 세 분의 승복 입은 사람을 보고서 찾아와서 부탁하기를 "나의 모친은 불행하게 돌아가셨는데, 이 산간벽지에서 그녀를 천도해 줄 출가인을 찾지 못하고 있으니 당신들이 그녀를 위해서 천도재를 지내 주시겠습니까?" 하였다. 그들은 그러겠노라고 대답하였다. 그 집에 이르러서 그들에게 천도할 때 필요할 물건을 준비하게 하였다.

당시에 그 집의 어린 딸이 아궁이 앞에서 참빠(食子)[9]를 만드는 존자를 보고서 마음으로 생각하되, '우리 집이 진실로 가련하여 마침내 이 같은 거지를 불러서 천도를 지내다니!'라고 하며 그를 발로 세게 차고서 화를 내며 "나가 버려!"라고 말하였다. 처녀의 욕설과 폭행에 대해서 존자는 다만 미소를 지으며 계속해서 참빠를 만든 뒤 천도 기도문을

---

[9] 보릿가루에 우유와 버터를 버무려 만든 티벳인들의 주식.

읽으며 천도재를 지냈다.

   재를 마친 후에 시체의 정수리 범정혈梵淨穴에는 이미 죽은 자가 천상에 왕생하는 서상을 나타냈다. 집안사람들이 이 상황을 보고 특별히 기뻐하며 세 마리의 말과 한 마리의 소를 공양했다. 존자가 말하되 "우리는 어떠한 공양도 필요하지 않습니다. 세 마리의 말이 있으면 곧 세 마리의 말의 번뇌가 있을 뿐입니다"라고 답했다. 주인은 이들 세 분이 보통 스님이 아니라는 것을 알아차리고 진지하게 이름을 여쭈었다. 존자는 그들에게 두 스승의 존명을 소개했고 자기에 대하여는 말하지 않았다.

   친저이씨뚸지(欽哲益西多吉, 1800~1866)[10]를 친견했을 때 그는 각종 밀종의 비범한 행위로서 존자에게 평범하지 않은 가피를 주고 심성을 가르쳐 주었다. 예컨대 한번은 스승이 그 문밖에서 고함치며 말하기를 "화지! 겁이 없으면 나와 봐라!" 하였다. 존자가 나오고 나니 스승은 존자 머리를 잡고 때렸다. 그때 존자가 술 냄새를 맡고서 속으로 생각하되 '어떻게 술을 마신단 말인가? 이렇게 술 냄새가 진동하다니, 술 마시는 것이 부처님의 가르침에 위배되는 것도 모르는가?' 하였다. 이와 같이 분별하고 있을 때 스승은 그를 잡아서 땅에 내동댕이치며 한편으론 그 얼굴을 향하여 침을 뱉고, 한편으로는 작은 손으로 그를 가리키며 욕하며 말하였다. "너, 이 깊이 생각할 줄 모르는 놈아! 끝내 이와 같은 악한 분별념을 일으키니 참으로 늙은 개와 한가지이구나!" 존자가 즉시 깨닫고서 '스승은 필시 나를 위해서 대원만 본래각성을

---

10 도둡첸 린뽀체께서 인정하신, 직매링빠 존자가 인간계로 다시 환생하신 분이다.

가리킨 것이다'라고 생각하였다. 이에 자기 마음에 편안히 머무르며 단박에 일체의 불청정한 분별념을 전부 끊어버렸으며, 일찍이 직메 갤와뉴구 상사 앞에서 얻은 새벽의 밝음 같은 깨달음이, 이때에 이르러 늙은 개라는 이름으로 인하여 해가 중천에 나온 것과 같이 사무치도록 맑고 분명해졌다. 존자가 나중에 말하기를 "늙은 개는 딜고 켄체(Dilgo Khyentse) 상사께서 나에게 주신 비밀한 이름이다"라고 하였다. 그래서 많은 저서 가운데 "늙은 개"라고 서명하였다.

존자는 일반적으로 주칭사(竹靑寺)·시르상하(西日桑哈, 吉祥獅子)·반마당(班瑪塘)·라천(拉群) 등의 고요한 도량에 머물렀으며, 만년에는 항상 근본상사가 거처하시던 자쟈사(槳迦寺)에 머무르며 널리 법륜을 굴리고 사람들에게 선을 행하게 권하는 등의 보살도를 행했다. 또한 대부분의 시간을 항상 다른 지방에 가서 교화하며 법회를 거행하고 중생을 널리 이롭게 했다. 아울러 스취(石渠) 지방에서도 신도의 시주를 받아서 전생에 했던 바와 같이 관음심주(옴마니반메훔) 돌무더기를 더 새겼는데, 쌓인 석경의 규모는 아주 장관이어서 '화지 석경무더기(華智石經堆)'라고 불리며 지금도 남아 있다. 그는 항상 가난하고 궁핍한 산간벽지로 가서 사람들에게 살생을 금하고 방생을 권하며, 악을 끊고 선을 행하게 했고, 많은 지방 사람들로 하여금 자신의 허물을 고쳐서 스스로 새로워지도록 했으며, 정법을 행하도록 했다.

실례로, 마얼캉(馬爾康) 지역에서 일찍이 두 집안 사이에 싸움이 발생했는데, 이 싸움을 말리기 위하여 그는 두 사람 집 사이의 중간에 있는 좁은 길 입구를 막고 누웠다. 그래서 지나가는 사람은 그 몸 위를 넘고 지나갈 수밖에 없었다. 그는 각각의 사람들에게 모두 특별한 가피를 주었다. 세 명의 말을 탄 젊은이들이 건너가려 하다 그를 보고서 물었다.

"당신은 마풍병(나병)이 들었는가? 아니면 정신이 나갔는가? 왜 계속해서 길에 누워 있는가?"

그가 온화하게 말하였다.

"젊은이들이여! 걱정하지 말라. 내가 걸린 병은 각성보리심覺性菩提心이라고 부르는데 너희들은 전염되지 않을 것이고, 나의 제자 중에 다만 로시롱돠, 단뻐니마(諾西龍多, 1829~1901)[11] 등 소수의 사람들에게만 전염되니 너희들은 걱정할 필요 없다."

린뽀체의 가피를 통하여 두 집의 적대관계는 점점 사라졌고 이어서 피 흘리며 싸우는 사건은 끝났다. 사람들은 이것이 존자의 가피의 결과인 줄을 알았다.

존자는 걸림 없는 신통을 갖추었다. 예컨대 일탕산의 동굴에서 수행할 때에 그가 한 사람의 수행자에게 말하되 "당신은 전생을 기억할 수 있는가? 나는 능히 몇백 생의 전생 일을 기억한다. 일찍이 한 생은 내가 기생이 되어서 대성취자인 흑행黑行 도인에게 한 개의 금팔찌를 공양했으며, 이후로는 환생하여 축생이나 어리석은 사람이 된 적이 없다"라고 하였다.

청해성에 있는 더충산의 동굴에서 참선할 때에는 지방의 노인 한 사람이 조심하지 않아 개울에 빠져 죽은 일이 발생했다. 동행자들이 그 시체를 가지고 더충산 동굴 앞으로 운반해 와서 존자와 승려들에게

---

11 뻴뛸 린뽀체의 가장 큰 성취를 이룬 전법제자. 롱첸빠와 직메링빠의 롱첸닝틱 법문에 정통하였다.

그를 위해서 천도하여 극락왕생하도록 청했다. 경을 염송하며 중간에 이르렀을 때 존자는 갑자기 큰소리로 웃으며 염송을 그쳤다. 그 후에 스취에 있으면서 그가 몇 명의 제자들에게 말하되 "그때 우리가 천도한 그 노인은 염송이 미처 다 끝나지 아니해서 그 심식이 벌써 삼십삼천으로 가서 환생하여 작은 천자가 되었다. 당시 눈앞에 백발이 하얀 시체를 보고서 내가 마음에 생각하되 '한 노인이 마침내 달아나는 것이 이렇게 빠르구나!'라고 했는데, 이 때문에 갑자기 웃음을 주체하지 못해서 웃어버렸다"라고 하였다.

존자는 항상 보통 승려의 모습으로 혼자 출타하기 때문에 다른 사람에게 거의 발견되지 아니하였다. 한번은 캉빠(康區)[12] 지역에 가서 한 집의 문 앞에 당도하였는데, 당시 그 집 주인의 어머니가 죽어서 그 지방에 자못 이름 있는 큰스님을 초청해서 천도재를 지내고 있었다. 그 또한 승려의 차림이었기 때문에 문득 청을 받아 집안으로 들어갔다. 들어가 보니 그 큰스님과 데리고 온 시자가 옆에 있었고, 그들은 의궤를 염송하고 있었기에 존자는 옆 구석에 앉았다. 이에 곧바로 신통으로 관찰하니 당시 그 큰스님은 '주인집에서 어떤 좋은 검정말을 나에게 공양할 것인가?'라고 생각하고 있었고, 죽은 사람의 중음신中陰身은 이 큰스님이 이와 같이 악한 생각을 일으킨 것을 알고서 멀리로 달아났으나, 옆의 시자는 도리어 진실되고 정성스러운 자비심으로써 죽은 사람이 극락에 왕생하기를 기도하면서 정신을 집중하여 염송하였기에 중음신을 다시 불러오기는 했으나 그로서는 천도할 능력이 없었음을 알았다.

---

12 티벳 동부지역의 지명이며 중국 행정구역 분류상 '캉딩'이라고 한다.

여기까지 관하고서 존자는 가만히 '만약 망인과 인연을 맺지 않으면 그를 천도해 줄 수 없겠다'고 생각하였다. 그래서 곧 주인에게 말하였다.

"나에게 먹을 것을 조금 줄 수 있겠는가?"

주인은 "불사를 마친 후에 당신에게 줄 수 있습니다"라고 하였다.

천도 의식을 마친 후에 그 큰스님은 과연 검은 말을 얻었으나, 자비심을 갖춘 시자는 도리어 다만 한 장의 조그마한 검은 소가죽을 얻었다. 주인은 존자에게 요구르트 한 사발을 주었다. 이와 같이 존자는 이미 망인과 더불어 인연을 맺었고, 이에 망령을 천도하였다. 후에 다시 그는 스스로 웃으며 말했다.

"탐욕심 많은 이른바 큰스님은 검은 말을 얻었고, 자비심 많은 시자는 소가죽을 얻었으며, 망령을 천도해 준 나는 요구르트를 얻었다."

더 재미있는 것은, 존자는 일찍이 두 사람으로부터 『대원만전행인도문』을 전수받은 이른바 '스승'의 인연을 맺었다. 한번은 그가 루훠(爐霍)현의 다망사多芒寺에 가서 스창다지라는 승려의 집에 묵었다. 밤에 스창다지가 그에게 물었다.

"당신은 화지 린뽀체라는 이름을 들어보았느냐?"

그가 말하되 "들어보았으나 보지 못했다"라고 하였다.

"내가 그 노인에 대하여 존경한 지 이미 오래인데, 일찍이 정식으로 스취에 가서 한 번 인사드렸으나 다시 보지는 못했다. 당신은 그가 지은 『대원만전행인도문』을 아느냐?"

"듣지 못했다."

"그것은 진실로 매우 좋은 논서인데, 들어보지 못했다면 매우 애석한 일이다. 비록 나도 전승은 없지만, 그대가 흥미가 있으면 내가 그대에게 강의해 줄 수 있다."

"그것 참 잘되었다!"

이에 스창다지는 곧 존자에게 그 가운데 일부분의 가르침을 강의하였다. 다음날 그 집의 승려는 존자가 아직 일어나지 않은 걸 보고 매우 불쾌해져 크게 말하였다.

"해가 이미 중천에 뜨도록 당신은 어찌 아직 잠만 자는가? 우리는 출가인이며 응당 정진하고 수행해야 옳은 것이다!"

후에 그는 화지 린뽀체께서 도푸(道孚)에서 법을 전하는 것을 듣고서 바로 가서 법석에 참여했다. 존자께서 그가 멀리서 오는 것을 보고서 바로 법좌에서 내려와서 맞이하였으며 아울러 제자들에게 말하였다.

"이 스님은 나에게 『대원만전행인도문』을 전수해 준 스승이시다."

이때 스창다지는 곧 그가 보통 승려가 아니고 화지 린뽀체인 줄 알고 부끄러워하며 울었다. 존자는 진심으로 말하되, "스창다지는 매우 훌륭한 한 분의 수행인이다"라고 하였다.

또 한번은 존자가 데게德格[13]에 있는 가퇴스(嘎托寺)에 법을 전하러 갔는데, 법문을 하기까지는 아직도 시일이 많이 있었다. 그래서 존자는 곧 절 부근에 있는 사리탑을 돌았으며, 당시에는 누구도 그를 알아보지 못했다. 그때 이름이 자위(加威)라고 부르는 라마가 친절하게 존자에게 다가와 이야기를 나누었다.

"당신이 불법에 대해서 매우 흥미를 있나본데, 당신은 얼마나 이해하고 있는가?"

---

[13] 티벳 동부 캄지방에 있는 지명이다. 데게 인경원이 있다.

존자가 매우 겸손하게 말하였다.

"불법은 넓어서 큰 바다와 같으니, 저는 다만 조금밖에 이해하지 못합니다."

"내가 『대원만전행인도문』을 배우고 있는데 이 논서는 이미 원만하게 불법의 일체 도리를 설했고 대성취자인 화지 린뽀체께서 근래에 지으신 것이다. 만일 당신이 듣고자 한다면 내가 그대에게 전해주겠다"라고 하였다. 존자는 기뻐하며 받아들였다.

그 후에 존자는 매일 자위 라마 앞에서 열심히 강의를 들었으며 '인생난득'으로부터 '인과불허'에 이르기까지 모두 마쳤다. 이 '스승' 또한 자기를 위하여 존자와 같이 경건하고 좋은 제자가 있음을 매우 기쁘게 생각했다.

한번은 자위가 읍에 나가서 일을 볼 때 화지 린뽀체가 가퉈스에 왔다는 소식을 들었으며, 돌아와서 '제자'에게 말하였다.

"내가 오늘 좋은 소식 하나를 들었는데 화지 린뽀체가 이미 가퉈 지역에 도착했다고 한다. 전하는 말에 의하면 이삼 일 후에 법을 전하기 시작한다고 하니, 그대는 또한 매우 복이 있는 것이다!"

이에 존자가 말하였다.

"그가 얼마나 대단합니까? 부처님이 말씀하시되, 우리는 법을 의지하고 사람을 의지하지 말라고 했지 않았습니까?"

이 말이 떨어지자마자 이른바 '스승'이 호통 치며 꾸짖어 말하였다.

"화지 린뽀체에 대하여 이와 같이 불경스럽게 말하다니! 그대 간담의 크기가 참으로 하늘과 같으니 진실로 그대를 승중僧衆에서 제거해야겠다!"

그 이틀 후에 존자가 법좌에 앉아서 수천 명의 신도들에게 정식으로 법을 전하였다. 그 장소에 있던 자위 라마는 며칠 전의 제자가 화지 린뽀체였다는 것은 생각지도 못했으니, 매우 겸연쩍어서 떠나려고 생각하였다. 존자가 이를 안 후에 진실로 많은 사람들에게 말하였다.

"자위는 나에게 『대원만전행인도문』을 전해준 스승이며 나에 대해 은덕이 매우 크다. 나는 그가 여기 머물며 나와 함께 중생을 제도하고자 발원하기를 원한다."

존자는 강경설법과 문사수 수행을 매우 중히 여겼으며 매번 다른 사람이 문사수 수행을 부지런히 하는 것을 들었을 때 특히 기뻐하여 매우 찬탄하였다. 또한 자비와 보리심을 강조하였고 받아들인 제자의 이름은 다 "비悲"자로 시작했으며, 전법할 때도 또한 자비심으로 시종일관했다. 일생 중에 강의한 현밀顯密의 불법은 다 셀 수 없으나, 그 가운데 가장 중요한 것은 『입보살행론』, 『대환화망大幻化網』 및 『공덕장功德藏』이다.

존자는 티벳에서 『입보살행론』을 일상적으로 홍양하였다. 일찍이 빠라산 골짜기에서 강의를 할 때에는 많은 귀신들도 와서 들었으며, 이것은 신통을 갖춘 사람이 실지로 본 바이다. 첸주칭·시르상하 지방에서 강의할 때는 많은 길조와 서상이 나타났으며, 주변에 서른두 개의 꽃받침이 있는 노란 꽃과 오십 개의 꽃받침이 있는 노란 꽃이 활짝 피어나 사람들이 이를 '입행론황화入行論黃花'라고 불렀다. 전하는 말에 의하면 이 꽃을 먹은 사람은 모두 마음속에 거짓 없는 자비 보리심이 생겼다고 하는데, 지금까지도 그 꽃이 있다.

이밖에 암도·캉장·위짱 등 여러 곳에서 이 논전을 강의하였으니, 티벳의 열 살 이상 된 모든 아이들도 모두 『입보살행론』의 말뜻에 대하여 고루 이해하게 되었다. 존자께서는 서로 다른 여러 주석들에 근거하여 각 종파의 견해에 대해서 강의해 주었으며, 걀찹 다르마 린첸[14]의 주석에 의거하여 까담빠 승려를 위해서 강의하였고, 쏘랑저모(朗哲母)의 주석에 의거하여 싸꺄빠 승려들에게 강의하였고, 화오조랑장와(華沃周朗長瓦)의 주석에 의거하여 까규빠 승려들에게 강의하였고, 무착보살의 주석에 의거하여 닝마빠 승려들을 위해서 강의해 주었다. 각 절의 많은 승려들에게 외우게 하는 방식을 통해서 『입보살행론』을 강의했으며, 아울러 대다수 승려들은 심식 가운데 거짓 없는 보리심이 생겼다. 이로부터 『입보살행론』은 티벳 지역에 널리 전파되었다.

거몽사(格蒙寺)에서 무문관 수행을 하는 동안 존자는 매년 인연이 있는 제자들을 위해서 깊고 세밀하게 『대환화망』과 『공덕장』을 널리 전했다. 『공덕장』을 전할 때 제자 운가켄뽀(堪布雲嘎)가 상세한 기록을 했고, 후에 스승의 가르침에 의지해서 두 개의 강의록을 지었으니, 지금까지도 유명하게 전해오는 『일광론日光論』과 『월광론月光論』이 그것이다. 『대환화망』은 후에 근화켄뽀(堪布根華)에게 전해졌으며, 계속해서 딜고 켄체 린뽀체(Dilgo Khyentse Rinpoche)에게 전해지고, 법왕 여의보 직메푼촉(Jingmey Phuntsok)에게 전해졌다. 딜고켄체 린뽀체 또한 인도·네팔 등의 국가에서 이를 널리 전파했다. 법왕 여의보는 곧 그것을 티벳과 중국 그리고 유럽 등 여러 국가에 널리 전했다.

요컨대 『대환화망』 위주로 닝마빠의 많은 법요가 지금까지 청정한 전승의 일맥으로 전해지는 중요한 원인은, 화지 린뽀체와 양펑타이(洋彭塔意)의 큰 은혜로 이루어진 것이다.

---

14 걀찹 다르마 린첸(甲曹傑, Gyeltsabjey, rGyal-tshab rJe Dar-ma rin-chen, 1364~1432): 겔룩빠의 고승. 쫑카빠(1357~1419)의 수제자. 쫑카빠로부터 법을 전수받고 나중에 간덴 사원의 주지가 되었다. 황모파의 전통은 그로부터 시작되었다.

하루는 존자가 제자인 수추켄뽀(堪布索秋)에게 말하되 "어젯밤 꿈에 빤디따(paṇḍita)의 홍모를 머리에 쓴 사람이 나를 위해서 『대원만심성휴식大圓滿心性休息』을 전해주어 불공不共의 전승을 얻었다"고 하였다. 꿈 가운데 홍모를 쓴 사람은 바로 무구광 존자였으며, 이로 인하여 가깝게 직접 전해준 가피를 갖추게 되었다. 더욱이 무구광 존자는 지혜의 환화신幻化身으로서 화지 린뽀체를 섭지攝持하였으며, 아울러 마음과 언어로 전한 밀법이 지금까지 설역의 캔뽀인 먼써 린뽀체(Khenpo Munsel Rinpoche)의 전승 제자가 중심이 되어 많은 수행자가 전수받아 수행하고 있으며, 아직도 매우 흥성하고 성취자 또한 수를 헤아릴 수 없다.

전법할 때에는 존자 또한 극락에 왕생하는 수행법을 설했으며, 항시 많은 사람들이 서방 극락세계와 동방 현희現喜정토에 왕생하기를 발원하도록 권했다.

존자는 일찍이 3년의 시간을 써서 로씨롱뒤 등 인연 있는 제자를 위해서 『대원만심성휴식』을 설하였으며, 아울러 많은 사람을 거느리고 실제로 수행하며 하나하나 인도하셨다. 『대원만전행인도문』과 『본래청정수법』을 전수하여 마친 후에 제자 거몽원보가 깊이 깨달은 바 있어 말하기를 "이전에 제가 대원만의 경계에 대하여 다만 이해했을 따름이나 지금은 철저하게 깨달았습니다"라고 하였다.

제자를 섭수하는 방면에 있어 존자는 매우 기쁘게, 심지가 선량함, 신심을 갖춤, 지혜·정진·인과에 대한 진실한 믿음을 갖춘 자를 제자로 받아들였다. 그들에 대하여 매우 자비스럽고 또한 이치에 맞게 자기의 경계를 설명해 주었다. 한번은 제자 로씨롱뒤와 대화할 때 존자가 물었다.

"그대는 평소에 어떤 본존이나 스승을 위해서 기도하는가?"

"제자는 매우 게으르고 방심합니다."

"게으를 때는 말할 것이 없지만, 만약 기도한다면 기도는 누구에게 하는가?"

"다만 스승인 당신에게 기도합니다."

"많은 스승이나 본존 불보살이 있는데 왜 다만 나에게 기도하느냐?"

"당신은 항상 경을 강의해 주시고 법을 설하여 주시는 까닭에, 제자의 심식 가운데 조그마한 공덕까지도 완전히 스승인 당신으로부터 온 은덕입니다."

스승이 답하되 "이러한 각도로써 말하면 말이 이치에 맞다"고 하시고, 덧붙이기를 "요새 나의 심식 가운데는 언제나 번뇌가 일어나지 않는다"라고 말씀하셨다.

존자는 진실로 수행하여 실증하는 데에 중점을 두었기 때문에 제자가 여법하게 수행하지 않는 것을 보면 솔직하게 공개하여 알리고 직언으로 숨김없이 잘못을 지적하여 바로 번뇌를 다스리고 심식을 조복하게 했다. 표면상으로는 깊은 견해를 말하나 진정한 실수實修의 경계가 없는 사람에 대하여는 신통으로써 교묘하게 지적하여 말하되 "수행은 바깥으로 나타내는 형상에 있지 않고 내면의 마음에 있다"라고 하였다.

한번은 존자가 고요한 산의 한 동굴에 갔다. 그곳에는 장기간 두문불출하는 한 사람의 수행자가 머무르고 있었는데, 그가 물었다.

"당신은 어디로부터 왔고 어디로 가는가?"

"나는 등 뒤로부터 왔으며 앞으로 간다."

"당신은 어느 곳에서 났으며 이름이 무엇인가?"

"나는 사람 세상에서 났으며 지음 없는(無作) 유가사라고 부른다. 당신은 이 같이 깊숙한 산굴 속에서 무슨 법을 닦으며 얼마나 오래 머물렀는가?"

그 수행인은 기고만장하여 말하였다.

"나는 이곳에서 이십 년을 수행했으며 지고 무상한 인욕바라밀다를 수행하고 있다."

존자는 약간 이마를 찌푸리며 말하였다.

"그렇다면 좋다! 그러나 내가 듣자하니 당신은 한낱 큰 사기꾼이라고 하던데, 얼마나 많은 신도들을 속였는가!"

이 말을 듣고서 그 사람은 벽력같이 화를 내며 기가 막혀서 크게 소리 질렀다.

"당신은 뭐라고 말하는 것이냐? 내가 어떤 사람을 속였는지 당신이 분명히 말해 보라! 당신은 오직 그 일로 이곳에 와서 나의 수행을 방해하는가? 고의적으로 와서 나를 괴롭히는구나! 진실로 천박한 놈이로구나!"

존자는 얼굴에 웃음을 띠우면서 마음이 화평한 상태로 그에게 말하였다.

"벗이여! 방금 그대가 이곳에서 20년을 인욕바라밀을 닦는다고 하지 않았느냐? 이렇게 크게 화내는 마음이 그대 자신의 모습인가?"

존자는 당시의 밀법 수행자 중에서 눈 먼 안목으로 수행하며 거리낌 없이 방종하는 갖가지 폐단이 있는 자들에 대하여 문수보살의 지혜의 두려움 없는 설법으로써 각종 사견과 악행을 깨뜨렸으며, 탁한 것을 고쳐서 맑게 하였고, 이로움으로써 해로움을 제거했다. 말법시기에 허공 가운데 뜬 달과 같아서, 티벳 설역에 드리운 무명의 어두움을 제거했으며, 다시 무상밀법대원만無上密法大圓滿의 법의 깃발을 높이 세웠다.

존자는 겸손하고 온화하여 사람들이 쉽게 접근할 수 있었고, 부드럽고 친절하며, 곤란하고 어려움에 처한 사람들을 구제해 주기를 매우 즐겼으며, 의지할 데 없이 외롭고 가난한 사람들에게 자비스럽게 대해 주었다. 마네(瑪涅) 지역에 있을 때, 엄동설한의 아침에 떨어진 옷을 입은 한 소녀가 콜록거리며 그의 천막 앞에 왔는데, 이미 얼어 죽을 것 같았다. 그가 자비스럽게 물었다.

"너는 어디로 가려고 하느냐?"

그녀는 온몸을 떨며 말하였다.

"저는 소를 잃어버렸으며 저의 소를 찾으러 갑니다."

존자는 곧 그녀를 천막 안으로 들어오게 해서 차를 주었다. 티벳의 관습에 따르면 모든 사람은 문을 나갈 때 몸에 그릇을 가지고 다닌다. 그러나 이 소녀는 사발이 없었다. 존자는 자기의 나무 사발에 뜨거운 수유차(야크버터차)를 담아서 그녀에게 주었다. 그녀는 부끄러워하면서 머리를 숙이고 마셨다. 마신 뒤에 몸이 따뜻해졌으며 그녀는 감사한 마음이 가득하여 자기의 때 묻은 의복으로 손에 가지고 있는 사발을 닦으려 하였다. 존자가 웃으며 그녀에게 말하였다.

"나의 사발은 사실 매우 더러워서 너는 기쁘지 않았을 것이다. 어떻든 너는 이미 마셨으니 닦을 필요는 없다!"

존자는 사발을 받은 뒤 닦지도 않고 바로 차를 따라 마시면서 제자들에게 그녀가 소를 찾도록 도와주라고 했다.

또 하나의 일화가 있다. 존자가 걸어서 스츄(石渠)에 법회를 주관하러 가는 도중에, 법회에 참가하러 가는 과부가 세 명의 아이들을 데리고 있는 것을 만났다. 그들은 약간의 돈과 밥을 구걸하려고 하였다. 존자는 그들을 보고서 매우 불쌍하게 여겨 둘째 아이를 업고서 같이 동행했다. 어떤 때는 존자가 아이를 업고서 밥을 얻어 그들에게 나누어 주었으며, 어떤 때는 과부가 아이를 안고서 밥을 빌어서 같이 나누어 먹었고, 어떤 때는 큰 아이가 밥을 빌어서 같이 먹었기에 사람들은 모두 그들을 거지 일가족으로 오해하였다.

이와 같이 조석으로 같이 행동하자 여인은 이 '늙은 거지'가 사람됨이 성실하고 심지가 선량하다고 생각하여 그에게 말하되, "우리는 고아와 과부인데 줄곧 당신에게 도움을 받았고, 당신 또한 홀몸이니 우리와 함께 생활하는 것이 어떻겠습니까?"라고 하였다.

이에 존자는 "이 일은 나중에 다시 말해 봅시다"라고 답했다.

법회 하루 전에 존자가 부인에게 "오늘 그대들은 여기에서 휴식하시오. 나는 한걸음 먼저 갈 테니 내일 법회에서 만납시다!"라고 하였다.

이에 과부가 "단지 하루 차이인데 내일 우리가 함께 가는 것이 좋지 않을까요?"고 말하니, 존자는 "아니오. 나는 반드시 먼저 가야 하오"라고 하였다.

다음 날, 존자는 법좌에 올라가서 전법을 시작하기 전에 많은 사람에게 말하였다.

"본래 나는 공양을 받아들이지 않으나, 다만 오늘은 내가 보시를 할 특별한 손님이 있으므로 그대들이 재물을 공양하고자 하면 마음대로 공양해도 된다."

이에 대중 신도들은 너나없이 공양을 올렸다. 그때 과부와 세 아들은 사람들 가운데서 함께 길을 온 '거지'를 찾지 못하였다. 법회에 참가한 사람들은 빽빽하게 찼으며, 부인은 다만 먼 곳에서 어렴풋하게 높은 법좌 위의 사람을 보았으나 얼굴이 분명히 보이지 않았다. 법회의 마지막 날이 되어서 그녀는 생각하였다. '그 늙은 거지가 우리들을 잊어버린 것이니, 현재 나는 마땅히 얻은 이 재물을 화지 린뽀체에게 공양 올려 한편으로는 죽은 남편을 천도하고, 다른 한편으로 우리들 또한 선근을 심어야겠다.' 그녀가 법좌 앞에 이르러서 한편으로는 공경스럽게, 다른 한편으로는 조심스러워하며 약간의 재물을 올리며 머리를 드는 순간, 자기와 동행하며 아이를 데려다 준 사람이 바로 화지 린뽀체인 줄 알고는, 갑자기 눈이 동그래져서 입을 다물고 지난날 자기가 했던 말에 대해 부끄러움을 금치 못하였다. 존자가 웃음을 머금고 자상하게 그녀에게 말하였다.

"내가 반드시 그대들 모자가 잘 지낼 수 있게 해준다고 말했으니, 이 재물은 그대들이 전부 가지고 가거라."

존자는 칠십 세 때 스츄의 마르탕(瑪日堂) 지방에 있으면서 한 번의 규모가 큰 극락법회를 열고서 다시는 큰 법회를 열지 않았다. 다만 무문관에서 고요히 수행했으며, 친견하러 오는 자는 다 자기의 큰 제자인 단증뤄부(丹增洛布)에게 소개했고, 재삼 법륜을 굴리기를 청하는 자에게는 엄격히 나무랐다. 일찍이 그의 작품 가운데서도 쓰기를 "요즈음 많은 고승 대덕이 있는데 그대들이 친견하러 가지 않고서 나를 둘러싸고 있는 것이 무슨 쓸모가 있는가?"라고 하였다.

사업이 원만하게 된 최후의 5년 동안에는 줄곧 스승인 직메 갤와뉴구 상사의 탑 부근에 머물면서 항시 공양모임(會供)을 했다. 불돼지 해(火豬

年, 1889) 초에 병이 났는데, 또한 장차 동방현희찰토에 왕생한다는 수기를 했다. 하루는 주치의인 건화라마(建華喇嘛)가 그에게 말하였다.

"존자님이시여! 당신은 항시 서방정토에 왕생하는 것을 주장하셨으니 저는 한마음 한뜻으로 서방극락세계에 왕생할 것을 발원합니다."

"그것은 매우 좋으니 너는 서방으로 가라. 나는 동방으로 간다!"

후에 병이 더욱 중해졌다. 하루는 존자가 제자들에게 말하되, "어젯밤 꿈에 두 분의 승려가 나에게 말하되 '네가 교화한 중생은 동방현희찰토에 있다'고 하였으나 내가 어찌 교화한 중생이 있겠는가? 내가 일생 동안 줄곧 사람들에게 서방극락세계에 왕생하기를 권했으나, 나는 꿈 가운데에 계속해서 추귀모(粗過莫, 地名) 위에 앉아 있었다. 보아하니 나는 인간 세상에 한 번 더 와야 되는가 보다!"라고 하였다.

불돼지 해(1889) 티벳력 4월 18일에 존자는 몸을 단정히 하고 두 손은 선정인(定印)을 맺고 금강결가부좌를 하고서 열반에 들었다.

존자께서 일생 동안 저술하신 작품은 매우 많으며, 지으신 시와 노래는 자못 특색이 있었기에 설역에서는 유명한 시인으로도 알려졌다. 시의 품격은 독특하였고, 갖가지 희극 형식으로 각계각층의 사람들에게 불법을 설했으니, 인구에 회자하는 「연화가무蓮苑歌舞」・「선인만담仙人漫淡」 등은 민가에 널리 전파되었다. 잠양 켄체왕뽀나 미빰 린뽀체(1846~1912)가 찬양하기를 "존자의 작품은 서정감이 풍부하고 뜻이 깊으며 쉽게 이해가 되니, 이미 언어가 자재하신 문수보살의 과위를 증득한 것이다"라고 하였다. 이밖에 도둡첸단뻬네마(1865~1953)[15]가 칭찬하여 말하기를 "린뽀체의 걸작은 지혜로운 자는 뜻이 매우 깊은

---

15 제3세 도둡첸이며 돈중링빠의 여덟 명 아들 중 장자이다. 유명한 성취자이고 보장 발굴자이다.

것을 보며, 어리석은 자가 보아도 그 구절을 쉽게 이해하며, 문장은 아름답고 유창하며, 시가의 우아한 품격을 갖추었고, 문구 가운데 매 하나하나의 가르침은 다 번뇌를 다스리고 심식을 조복하는 비결이며, 지혜로운 자와 어리석은 자가 본 뒤 마음속에 환희를 내지 않음이 없다"라고 하였다. 본래는 지은 논전 또한 비교적 많았으나 많이 없어졌고 지금은 다만 여섯 부만 전해진다. 그 가운데 『입행론』과 『공덕장』의 과판, 『대원만전행大圓滿前行』과 『찬송집贊頌集』은 여전히 후학들이 널리 응용하며 닦고 배우고 있다.

존자가 불교를 위해서 배양시킨 고승대덕은 또한 헤아릴 수 없으며 각 종파에 두루 존재한다. 닝마빠의 복장伏藏대사인 레오랑빠(列繞朗巴)와 미빰 린뽀체(麥彭仁波切)가 있으며, 까규빠의 화오 린뽀체(Pawo Rinpoche), 까르마빠의 캉지(康吉)와 칸자시오서(堪紮西沃色)가 있고, 까담빠의 캉써장꽁(康色降貢) 등이 있다. 더욱이 세상 사람이 함께 말하기를, 존자에게는 인도의 세친世親논사와 같이 사대 제자가 있다고 하였으니, 곧 견해가 가장 높은 러시롱둬(諾西龍多), 강론이 가장 뛰어난 우갠단정뤄부(果敬單增洛布), 인명因明에 가장 정통한 가단자빠(嘎單迦巴), 행위가 가장 여법한 미나건낭추자(美納根讓秋紮) 등이다. 요컨대 청정한 계율을 갖추고 지혜가 깊으며 위의가 여법하고 본성을 증오한 법제자인 무수한 고승대덕들이 존자의 광대한 중생제도 사업을 계승했으며 불법을 티벳 설역에 널리 전하였다.

해탈을 구하고 보리를 수행하는 우리들은 경론을 학습할 때 먼저 마땅히 그 저자의 수승한 공덕을 알아야 한다. 존자의 평생 사적에 대하여 전면적이고 넓게 문자로 기록한 것은 세상에 전해지지 않지만,

나는(수다지 캔뽀, 1962~) 모든 대은상사大恩上師의 앞에서 들었던 몇 가지 생동하는 이야기들을 모아서 편집하여 여러분으로 하여금 그분의 깊고 넓은 공덕을 알게 하여 비할 데 없는 신심을 일으키고자 했다. 이밖에 저친단뻬네마(哲欽丹畢涅瑪)·로시칸 린뽀체(諾西堪仁波切)·투덩로보 린뽀체(土登諾布仁波切)·양종활불(揚忠活佛) 등도 또한 그「약전略傳」을 지은 것이 있다.

이「약전」 가운데에서 우리는 화지 린뽀체가 진정으로 이름만 헛되이 전해진 것이 아닌, 한 분의 큰 성취자임을 알게 될 것이다. 또한 성자께서 지으신 논전은 완전히 세간 범부들이 분별하는 생각으로써 지은 것과는 다르며, 이 때문에 우리는 마땅히 『대원만전행인도문』 가운데서 금강의 말씀(金剛語)을 깊이 이해하며, 자기의 심식을 조복하고 아울러 정성스럽게 기억하며, 정신을 집중하여 화지 린뽀체께 기도하고, 힘써 뜻으로 전하는 가피를 얻기를 구하며, 무릇 자기의 분별념이 그분의 무루지혜와 함께 섞여 한몸이 되기를 기도해야 한다.

　　이 모든 선근으로 일체 유정계가
　　다 뜻으로 전하는 가피를 얻어서
　　스승과 둘이 없는 지혜를
　　증오證悟하는 데 회향합니다.

대원만 수행 요결

대원만 전행 인도문

일체 삼근본三根本[16]께 예배합니다.
일체 무연대비를 갖추신 지존하신 상사님께 정례합니다.
여래의 밀의密意와 지명표시持明表示의 전승과
보특가라(사람들) 가운데에 좋은 인연을 이루시며
보살을 좇아 자리이타를 성취하신 3대 전승상사 앞에 정례합니다.

법성계法性界 중에 법신밀의法身密意를 증득하시고
광명계光明界 중에 보신찰토를 보시며
중생 앞에 화신을 나타내 이익 되게 하시는
변지법왕遍智法王 존자(롱첸빠)께 정례합니다.

밝은 지혜로 일체 소지성所知性을 비춰보시고
대비의 광명을 중생계에 나타내시며
깊은 최상승의 교법을 내려주신
지비광智悲光 존자[17]께 정례합니다.

---

[16] 삼근본三根本: 밀교에서 불법승 삼보와 함께 귀의하는 세 가지 근본 대상을 말한다. 곧 가피의 근본인 상사(上師. 스승과 전승조사), 성취의 근본인 본존本尊, 그리고 외호外護의 근본인 남녀 호법신들(공행모空行母 등).

[17] 지비광智悲光 존자: 릭진 직메링빠(Rigzin Jigme Lingpa, 1729~1798)를 말한다. 지명무외주持明無畏洲라고도 한다. 그는 닝마빠의 중요한 가르침인 롱첸닝틱

관음의 자재로 선지식의 모습 나타내시며
설법으로 인연 맺어 해탈도에 들게 하시고
근기 따라 교화함이 무변하신 큰 은혜의 근본스승님께 정례합니다.

원만한 교법은 변지遍智의 전승론이고
규결竅訣의 정요는 즉생卽生에 성불하는 법이며
정도正道의 전행(前行, 예비수행)은 내외공불공內外共不共법이고
교언敎言의 갈래인 왕생법의 첩경이며
분명하고 쉬우며 뜻이 깊고 희유하며
뛰어난 스승의 그릇됨 없는 구전을
제 마음의 바른 견해로 어떻게든 잘 설명하고자 하오니
원컨대 스승과 본존께서는 저의 심식에 가피해 주소서.

(이 전행 인도문은 롱첸닝틱의 내적·외적 예비수행을 위없이 수승한 구전의 가르침에 비추어 기록한 것이다.)

Longchen Nyingtik의 가르침을 발굴한 사람으로, 닝마빠에서 가장 중요한 인물 중 한 명이다.

제1장
법을 듣는 방식

법을 듣는 방식은 두 가지로 나뉜다. 첫째는 발심, 둘째는 행위이다.

1. 발심

발심은 두 가지로 나뉜다. 첫째는 의락意樂 보리심의 광대한 발심, 둘째는 방편비밀진언의 광대한 발심이다.

1) 의락 보리심의 광대한 발심

마땅히 이와 같이 관상해야 한다. 즉 윤회하는 일체중생은 시작 없는 옛적부터 내 부모 노릇을 하지 않았던 사람은 한 명도 없다. 부모가 되었을 때 큰 은혜로써 나를 길러주었으니, 좋은 음식을 나에게 먼저 먹였고 좋은 의복을 나에게 먼저 입혔다. 매우 자애롭게 나를 양육한 은혜가 태산과 같다. 이렇게 큰 은혜를 갖추고 있는 모든 중생이 안락을 구하고자 하지만 안락의 인因인 십종선법十種善法을 수지할 줄 모르고,

고통을 받고 싶지 않고자 하지만 고통의 인因인 십불선법十不善法을 버릴 줄 모른다. 생각하는 것과 행동하는 것을 서로 반대로 하여 잘못된 길로 들어가니, 장님이 홀로 광막한 황야에 있어 길 잃은 것처럼 매우 아득하다. 이 중생들이 얼마나 가련한가!

또 다음과 같이 관상한다. 즉 내가 지금처럼 매우 깊은 정법을 듣고 수지하는 것은, 일찍이 나의 부모였고 현재 육도에서 고통받는 일체중생들이 각자의 업력으로 받는 고통과 가지고 있는 습기에서 벗어나 원만하고 수승한 불과를 얻게 하기 위해서이다.

이러한 발심은 법을 듣고 닦을 때 매우 중요하다. 수지한 선근의 크고 작음을 막론하고, 이 선근을 방편으로 섭지攝持하는 것을 가행발심수승加行發心殊勝[18]이라 일컫고, 선근이 다른 인연(緣)으로 훼멸되지 않는 것을 정행무연수승正行無緣殊勝[19]이라 일컬으며, 이 선법을 나날이 증강시킬 수 있는 것을 결행회향수승結行廻向殊勝[20]이라 한다. 이 세 가지 수승한 섭지는 일체 선법에 있어 필수불가결하다.

또한 이것은 법을 듣는 것에서도 역시 마찬가지이다. 먼저 법을 듣는 방식이 가장 중요하며, 더불어 발심 또한 중요하다. 예를 들어 『공덕장功德藏』[21]에서 말한 것과 같다.

다만 선악의 의도에 대한 차별을 따를 뿐, 선악의 모양이 크고

---

18 예비수행 단계에서의 수승한 발보리심.
19 본수행 단계에서의 수승한 무연無緣.
20 수행을 맺는 단계에서의 수승한 회향.
21 족첸 수행법인 롱첸닝틱을 확립한 직메링빠가 저술한 『공덕보장론功德寶藏論』을 말함.

작음은 따르지 아니한다.

　이와 같이 만약 지위나 명성 등 금생에서 세간의 이익을 추구하기 위하여 발심한다면, 얼마나 많은 불법을 들었는가를 막론하고 정법正法에 들어갈 수 없다는 것이다. 그러므로 우선 안으로 돌이켜 자신의 마음을 관하여 자신의 발심을 조정하는 것이 지극히 중요하다. 만약 이처럼 발심을 조정할 줄 안다면 선법은 이미 방편에 의해 섭지되어 수도에 있어 지혜와 복덕의 큰 자량을 이룰 것이다. 마찬가지로, 발심을 조정할 줄 모르면 비록 표면적으로는 법을 듣고 수행할지라도 오히려 법을 닦는 그림자만 이룰 수 있을 따름이다. 그러므로 법을 들을 때나, 본존을 관하는 수행을 할 때나, 진언을 외우거나, 정례를 하거나, 탑돌이 등의 수행을 할 때를 막론하고, 심지어 관음심주(觀音心呪, 옴마니반메훔) 한 구절을 염송할 때에도 보리심으로 섭지해야만 하니, 이것은 매우 중요하다.

2) 방편비밀진언의 광대한 발심

『삼상등론三相燈論』에 이르기를 "한 뜻도 막혀 있지 않고, 쉬운 방편이 많다. 상근기를 위하기 때문이니, 최상의 비밀승이다"라고 하였다. 즉 이 비밀 금강승에는 입문하는 길이 많이 있으며, 자량을 쌓는 방편 역시 많고, 더욱이 아주 큰 고행을 필요로 하지 않고 과위를 증득하는 매우 깊은 방편을 갖추고 있으며, 그 근본은 주로 마음의 선근의 상승발전에 의지한다. 송頌에 이르기를 "모든 법이 인연을 따르는 까닭에 의락선근에 머무른다"라고 하였다.

　이렇게 법을 들을 때 법을 전한 장소나 스승 등은 평범하고 깨끗하지 않다고 생각하지 말고, 다섯 가지 원만함[22]을 갖춘 장소나 스승이라고 관상하며 들어야 한다. 즉 주처원만은 밀엄법계궁密嚴法界宮이 됨을 관하고, 본사원만은 법신 보현왕여래(普賢王如來, 꾼두상뽀, 본초불)가 되고, 권속원만은 여래 밀의密意의 전승, 지명[23]을 표시하는 전승의 용사(勇士, 空行父, 다까)·용모(勇母, 空行母, 다끼니) 및 남녀 본존의 자성이 됨을 분명히 관한다. 혹은 설법을 하는 곳은 동색길상산銅色吉祥山의 연화광蓮花光 궁전이 되고, 전법상사는 우갠국(鄔金)의 연화생(蓮花生, 빠드마삼바와)대사가 되고, 우리가 법을 듣는 권속 역시 팔대지명,[24] 군신이십오존,[25] 용사와 공행(다까와 다끼니)의 자성이 됨을 관한다. 혹은 주처원만은 동방현희찰토가 되고, 본사원만은 보신 금강살타가 되고, 권속원만은 금강부의 존중尊衆인 용사·용모의 자성이 됨을

---

22 오종원만五種圓滿: 주처住處원만, 본사本師원만, 권속眷屬원만, 법法원만, 시時원만.

23 지명持明은 티벳말로 릭진rig'dzin, 범어로 위드야다라vidyādhara라 하며 금강승을 성취한 자, 또는 본존과 만뜨라와 대락의 지혜를 깨달아 성취한 자를 말한다. 한편 다라니를 지持로 번역하고 진언을 명明으로 번역하여 다라니진언을 의미하기도 한다.

24 팔대지명八大持明: 닝마빠에서 말하는 여덟 명의 대성취자(持明)를 말한다. 신지명身持明은 묘길상우妙吉祥友 또는 문수우(文殊友, Jampal Shenyen), 어지명語持明은 용수(龍樹, Nagarjuna), 의지명意持明은 우알랍(吽嘎拉, Humkara), 공덕지명功德持明은 무구우(無垢友, Vimalamitra), 사업지명事業持明은 파파합제(帕巴哈帝, Prabhahasti), 본모지명本母持明은 답나상지답(答那桑芝答, Dhana samskrita), 공찬지명供讚持明은 용포고묵(容布固嘿, Rombuguhya), 위맹주지명威猛呪持明은 현제알파(顯帝嘎巴, Santigarbha)이다.

25 군신이십오존君臣二十五尊: 티벳 왕 티송데쩬(Khri-srong lde-btsan, 赤松德贊, 742~797) 때, 연화생 대사가 왕의 초청에 응하여 티벳에 들어가 왕과 그 신료들을 위하여 밀법을 강의하고 전수하니, 도를 얻어 과위를 증득한 사람이 티송데쩬 왕과 신하들을 포함하여 25인이었다.

분명히 관상한다. 혹 주처원만은 서방극락세계가 되고, 본사원만은 무량광여래가 되고, 권속원만은 연화부의 존중인 용사·용모 및 남녀 본존의 자성이 됨을 분명히 관상한다. 어찌되었건 법法원만은 대승법이고, 시時원만은 본래 상유상속륜[26]이다. 이러한 법들은 본래 청정하므로, 이렇게 관상할 줄 알아야 한다. 결코 청정법이 아닌 것을 청정으로 관하는 것이 아니라, 본래의 청정 본성을 깨우치기 위하여 이처럼 관상하는 것이다. 어찌해야 청정한 것인가? 상사(上師, 스승)는 삼세제불의 본체이고, 상사의 몸은 승보의 본체, 상사의 말은 묘법의 본체, 상사의 뜻은 붓다의 본체이므로, 이를 합쳐서 상사는 삼보의 집합체라 한다. 또 몸은 상사, 말은 본존, 뜻은 공행(다끼니)으로, 합쳐서 삼근본三根本이라 한다. 또 몸은 화신, 말은 보신, 뜻은 법신으로, 합쳐서 삼신이라 한다. 상사는 과거 제불의 화신이며 미래 제불의 원천이고 현재 제불의 보처[27]이다. 상사는 현겁賢劫의 천불千佛도 아직 조복시킬 수 없는 우리들 오탁악세의 중생을 섭수한다. 자비와 은덕을 가지고 보자면 상사는 제불을 뛰어넘는다. 예컨대 게송에서 말한 것과 같다.

상사는 곧 붓다이고 법이며,
이와 같은 상사는 곧 승중이다.
일체를 할 수 있는 존재가 바로 상사이다.

---

26 상유상속륜常有相續輪: 밀법의 불공법어不共法語로, 영원하고 변하지 않는다는 뜻이다.
27 보처補處: 전불前佛이 멸도한 후 다음 부처가 될 때까지의 기간 동안 그곳을 메우는 역할을 하는 보살을 보처라 한다. 곧 이전 부처를 이어 성불하게 되는 등각위等覺位의 보살을 말한다. 한 생만 지나면 반드시 부처가 되므로 일생보처一生補處라고도 한다.

상사는 바로 덕을 갖춘 금강지[28]이다.

법을 듣는 우리와 모든 권속들 역시 마찬가지로 본래 여래장如來藏을 갖추고 있어 이미 진귀한 보물인 사람 몸을 얻었고, 아울러 선지식을 만나 방편의 가르침으로 섭수되었으므로 미래의 부처이다. 『이관찰속二觀察續』[29]에서 다음과 같이 말한 것과 같다.

중생은 본래 부처이거늘 객진번뇌에 가려졌으니, 번뇌가 청정해지면 여여한 부처로 나타나네.

2. 행위

행위는 둘로 나뉜다. 끊어야 할 행위와 취해야 할 행위이다. 끊어야 할 행위는 법기法器의 세 과실과 여섯 가지 허물(六垢), 수지해서는 안 될 다섯 가지(五不持)로 나눈다.

---

28 금강지金剛持: 지금강불지金剛佛. 티벳어로 도르제창Dorje Chang이라 하고, 범어로는 바즈라다라Vajradhara라 한다. 티벳밀교에서 최상의 보신불로 받드는 본초불(本初佛, Adi-Buddha)이다.

29 『이관찰속二觀察續』: 『희금강속(喜金剛續, Hevajra Tantra)』. 반야모母 딴뜨라, 곧 헤바즈라 딴뜨라를 설한 경전.

1) 끊어야 할 행위
(1) 법기의 세 과실
① 덮어씌운 그릇처럼 귀가 집중하지 못하는 잘못

법을 들을 때 자신의 귀(耳識)가 다른 곳으로 흩어져서는 안 되고 법을 설하는 소리를 집중하여 들어야 한다. 만약 이와 같이 듣지 않는다면 입구를 덮어씌운 그릇에 즙액을 붓는 것과 같다. 몸은 비록 법을 듣는 무리 속에 있더라도 스스로는 한 마디의 정법도 듣지 못할 것이다.

② 새는 그릇처럼 뜻을 견지하지 못하는 잘못

만약 들은 법에 대하여 겨우 표면적으로 이해하거나 듣고서 마음속에 기억해두지 않는다면, 바닥이 새는 그릇에 아무리 많은 즙액을 부어도 보존할 방법이 없는 것과 같다. 아무리 많은 정법을 들었을지라도 상속심과 하나 되어 실천하지 못할 것이다.

③ 번뇌에 얽힌 것이 독 그릇 같은 잘못

법을 들을 때, 자신의 명예나 지위 등을 탐하는 잘못된 발심으로 듣거나, 혹은 탐·진·치 등 오독(五毒, 탐욕·성냄·어리석음·교만·의심) 망념으로 듣는다면 불법이 자기 마음에 이익이 없을 뿐만 아니라 정법 또한 비법非法이 된다. 마치 독 있는 그릇에 수승하고 현묘한 즙액을 넣는 것과 같다. 그러므로 인도의 파담빠 린뽀체께서 말씀하셨다.

> 법을 들을 때에는 야수가 소리를 듣는 것처럼 해야 하고, 사유할 때에는 북방 사람들이 양털을 깎는 것처럼 해야 하고, 관수觀修할 때에는 어리석은 사람이 맛을 느끼는 것처럼 해야 하고, 수행할

때에는 굶주린 소가 풀을 먹는 것처럼 해야 하고, 과위果位를 증득할 때에는 구름이 흩어지고 해가 나오는 것처럼 해야 한다.

예를 들면 야수는 비파소리 듣는 것을 매우 좋아하여 사냥꾼이 옆에서 독화살을 쏠 때에도 깨닫지 못하고 태연히 집중하여 듣는다. 마찬가지로, 법을 들을 때에는 솜털이 다 움직이고 눈물이 주룩주룩 흘러도 두 손을 합장한 채 다른 어떤 분별념도 일으키지 않고 들어야 한다. 그렇지 않으면 몸은 비록 법을 듣는 대중 속에 있더라도, 마음은 분별망념을 따라 여기저기 기웃거리며 다른 곳에 있어 거짓으로 꾸미는 말의 곳간 문을 열고 횡설수설하며 두리번거리니, 이것들은 모두 이치상 해서는 안 되는 일들이다.

법을 들을 때에는 경을 외우고 주문을 외우는 등 일체의 선행 역시 내려놓고 정력을 집중해 들어야 한다. 이 같이 들은 뒤에는 설한 법의 뜻을 마음속에 새겨두고 늘 수행해야 한다. 이를테면 석가모니불께서 일찍이 "나는 너희들을 위하여 해탈의 방편을 말하니, 자신에게 의지하여 해탈할 줄 알아야 한다"라고 말씀하신 적이 있다. 상사가 제자들을 위하여 경을 강의하고 법을 말할 때에도 제자들이 어떻게 법을 듣고 닦아야 하는지, 어떻게 악을 끊고 선을 행해야 하는지, 어떻게 힘써 실천해야 하는가를 지도한다. 그러므로 제자들은 상사의 가르침을 잊어서는 안 되고 마음속에 새겨두고 수지해야 한다. 이렇게 해야 비로소 깨달음을 이룰 수 있다. 만약 마음속에 기억하지 않으면 비록 법을 듣는 조금의 공덕은 있을지라도 불법의 말씀과 의미에 대하여 조금도 이해하지 못한다. 그러므로 법을 듣지 않은 것과 다름이 없다. 비록 마음속에 기억해두더라도 만약 번뇌에 뒤섞여 있다면 역시 진실한 정법에 들어갈 수 없다. 비할 바 없는 닥뽀 린뽀체께서[30] 말씀하시길 "만약 법대로 수행하지 않는다면 정법은 도리어 삼악도의 원인을 이룬다"고 하였다. 이 말과 같이 상사의 정법에 대하여 삿된 견해를 일으키고 도반을 조롱하고 마음에 아만을 일으키고 타인을 경멸하는 등의 나쁜 분별은 악도의 원인을 이룰 것이므로 마땅히 버려야 한다.

(2) 여섯 가지 허물

『석명론釋明論』에 이르길 "오만하고, 바른 믿음이 없고, 법을 구할 적에 추구하지 않으며, 밖으로 산란하거나 안으로 침체되며, 싫증내는 것은 모두 법을 들을 때의 허물이다"라고 하였다. 즉 자신이 이미 법을 설하는 상사보다 뛰어나다고 여기는 오만심, 상사와 정법에 대하여 신심을 일으키지 않으며, 정법을 희구하지 않고, 마음은 외부 대상으로 흩어지

---

[30] 닥뽀하제·쐬남린첸(塔波拉杰·瑣南仁欽, 1079~1153): 밀라래빠의 수제자인 감뽀빠(Gampopa, 岡波巴)를 말한다. 닥뽀하제는 닥뽀 출신의 의사라는 뜻으로 감뽀빠의 별칭이다. 쐬남린첸은 구족계를 받을 때의 법명으로, 번역하면 쐬남은 '복덕'이고 린첸은 '고귀한'이다 그래서 '고귀한 복덕(福寶)'이 된다. 감뽀빠는 마르빠, 밀라래빠의 까규 전통을 계승하여 닥뽀까규(塔波噶擧)의 체계를 성립시켜 이를 널리 폄으로써 까규빠의 전통을 확고히 한 대학자이자 밀법의 성취자이다. 감뽀빠는 어릴 때부터 의학을 배워서 자라서는 닥뽀의 신의神醫라 불릴 만큼 명성을 날렸다. 아내의 죽음을 계기로 1104년 출가하여 계를 받고 많은 스승에게서 법을 배웠다. 1110년경 딘 지역의 추와르로 가서 밀라래빠를 만나 스승으로 모시고 13개월 동안 법을 배웠다. 1121년에는 닥라 감뽀 지방에 감뽀사를 세우고 제자를 거두고서 도를 폈다. 교법을 전수할 때 『해탈장엄론解脫莊嚴論-고귀한 가르침의 여의주』를 저술하여 까담빠의 람림법을 밀라래빠의 밀법과 융합시켰는데, 주로 마하무드라를 위주로 하되 대중들의 근기에 따라 '방편도'나 '마하무드라'를 분별하여 전수하였다. 그는 까규 교법의 새로운 기풍을 열었기 때문에 닥뽀까규라고도 부른다.

고, 오근은 안으로 침체되며, 법을 강의하는 시간이 길다는 등의 원인으로 귀찮아하는 마음을 일으키는 것이다. 마땅히 이 여섯 가지 오염된 허물을 버려야 한다.

① 오만
모든 번뇌 중에서 오만傲慢과 질투는 인식하기 매우 어려우므로 자세하게 자신을 계속 관찰해야 한다. 만약 세간이나 출세간의 어느 방면에서 약간의 공덕이 있으면, 자신은 이미 무엇을 성취했으며 이를 대단하다고 여기는 집착이 생기게 된다. 이렇게 되면 이미 자신에게 계속 이어지고 있는 과실을 볼 수 없고 또 타인의 공덕을 알지 못한다. 따라서 아만을 제거하고 늘 겸허해야 하며 신중해야 한다.

② 바른 믿음이 없는 것
만약 신심이 없다면 법에 들어가는 문이 막히게 된다. 때문에 네 가지 신심[31] 가운데 불퇴전의 신심을 견지해야 한다.

③ 법을 구하지 않는 것
정법을 희구하는 것은 일체 공덕의 기초이다. 법을 구하는 것에는 상중하의 세 등급이 있기에 법을 얻는 것도 상중하의 구분이 있다. 만약 정법을 희구하지 않는다면 근본적으로 정법을 얻을 수 없다. 이를테면, 세간 속담에서도 "법에는 본래 주인이 없으므로 부지런한 사람이라면 누구든지 큰 것을 얻을 수 있다"고 하였다. 우리의 큰 스승이

---

31 네 가지 신심(四種信心): 청정신清淨信, 욕락신欲樂信, 승해신胜解信, 불퇴전신不退轉信.

신 석가모니불께서도 역시 단지 네 구절의 정법을 듣기 위하여 몸의 살을 파내서 천 개의 등을 만든 뒤 천 개의 등불에 심지를 꽂았으며, 몸을 던져 불구덩이로 뛰어들고, 몸에 수천 개의 쇠못을 박는 등의 고난을 겪으셨다. 참으로 "칼산과 불바다를 건너고, 몸을 버린 채 사지로 뛰어들어 정법을 구했다"고 할 만하다. 이처럼 우리는 강렬하게 희구하는 마음으로 일체의 어려움과 고통, 추위와 더위를 돌아보지 않고 정법을 들어야 한다.

④ 밖으로 흩어지는 것

의식이 여섯 가지 외부 환경에 산란해지는 것은 일체 윤회의 미혹이 드러난 근본이고 일체 고통의 근원이다. 비유하자면 다음과 같다. 눈(眼識)이 색을 탐착하기 때문에 불나방은 등불 속에서 죽는다. 귀가 소리를 탐착하기 때문에 야수가 사냥꾼의 총에 죽는다. 코가 맛을 탐착하기 때문에 꿀벌이 꽃밭 속에서 죽는다. 혀가 맛을 탐착하기 때문에 물고기가 낚시코에 걸린다. 몸이 접촉을 탐착하기 때문에 코끼리가 진흙 속에 빠진다. 이 외에 법을 듣거나 법을 닦거나 법을 전할 때를 막론하고, 지난 일을 생각하거나 미래와 현재를 망상하는 분별을 따라 생각이 밖으로 흩어지는 것을 끊어버려야 한다. 무착현보살[32]은 말씀하셨다.

옛날의 고락은 파도와 같아 이미 흔적이 없어졌으므로 기억해야

---

32 걜새 린뽀체(加哲仁波切, 1295~1369)를 말한다. 이름은 톡메상뽀Thogs med bzang po이며 무착현無著賢이란 뜻이다. 싸꺄빠Sa skya pa의 가장 탁월한 학자 중 한 분이며 관세음보살의 화신이다. 저서에 『보살도 37수행법(佛子行三十七頌)』과 『입보리행론석(入菩薩行釋-妙解大海)』이 있다.

할 것이 없다. 만약 현재를 생각하여 흥망성쇠와 만나고 헤어짐을 사유한다면 법 이외에 무엇을 의지할 만한 보배라 여기겠는가? 미래에 대한 계책을 내는 것은 육지에서 그물을 펼치는 것과 같으니, 실현시킬 수 없는 희망은 버려야 한다. 만약 언제 죽을지 몰라 죽을 시기가 확정되지 않은 것에 생각이 미친다면 어찌 그릇된 법을 헛되이 보배삼아 구하겠는가?

잠시 번다한 일은 꿈속에서 계교함이니, 의미가 없는 일을 부지런히 하는 것을 버려야 한다. 법대로 행하는 것 역시 탐욕 없음으로 얻어 가지니, 일체 행위는 의미 없는 마니 기왓장이로다! 삼독의 분별망념을 조복시켜 후득지를 얻고 일체 사념처가 나타나지 않는 법신을 얻기 전에 사유하지 않으면 안 될 때에 마땅히 기억하고, 망념에 따라 산란하게 헛된 마니보를 좇지 말라!

또 말하기를

미래를 망상하지 말지니, 미래를 망상한다면 마치 월칭[33]의 아버지와 같다.

라고 하였다. 이는 아래의 고사에서 유래한다.

예전에 어느 가난한 사람이 많은 쌀보리를 얻어 자루에 담아서 위쪽에 걸어두고 자신은 자루 아래쪽에 누웠다. 그리고 속으로 생각하길 '내

---

[33] 월칭(月稱, Candrakīrti, 600~650): 인도 중관학파 중 쁘라상기까(귀류논증학파)의 학자이다. 티벳어로는 다와닥빠Dawa Drakpa. 저서에 『정명구론淨明句論』(Prasannapadā)과 『입중론入中論』(Madhyamakāvatāra-bhāṣya)이 있다.

이제 이 쌀보리를 밑천으로 삼아 많은 재산을 일굴 것이다. 그때가 되면 아내를 얻을 것이고, 아내는 틀림없이 아들을 낳을 것이다. 그러면 아들에게 어떤 이름을 지어줄까?'라고 하였다. 이에 막 달이 동쪽에서 떠오르는 것을 보고서는 '아들의 이름을 월칭月稱이라고 하자'고 생각하였다. 마침 이때 자루를 매달아 놓은 밧줄이 쥐 때문에 끊어졌고, 자루가 그의 몸에 떨어져 압사하게 되었다. 이 같이 과거와 미래의 많은 분별망념은 확정할 수 있는 보장이 없다. 다만 스스로 계속 이어진 산란한 생각이 원인이 된 것일 뿐이므로, 마땅히 끊어버리고 바른 알아차림(正知)과 바른 집중(正念)으로 방일하지 말고 정법을 들어야 한다.

⑤ 안으로 거두어들이는 것

만약 우리가 법을 들을 때 불법의 개별적 낱말 뜻만을 받아들인다면 곰이 흙을 파 쥐를 찾는 것과 같이 하나를 잡으면 다른 하나를 잃으니, 이것을 얻고 저것을 잃게 되어 일체를 이해할 때를 알 수 없다. 만약 안으로 거두어들이는 것이 지나치다면 역시 혼침과 수면 등의 잘못이 나타날 수 있으므로 긴장과 이완을 조절해야 한다.

예전에 쉬로나[34]가 법 닦는 것을 아난이 지도할 때, 쉬로나는 어떤 때는 긴장하고 어떤 때는 지나치게 느슨하여 진정한 법 닦는 경계를 얻을 수 없었다. 이에 세존에게 나아가 가르침을 청하였다. 세존께서 그에게 물으셨다.

"쉬로나야! 너는 집에 있을 때 비파를 잘 켜느냐?"

---

[34] 쉬로나(晝辛吉, Śroṇa): 속인이었을 때 비나(vīṇā, 비파처럼 생긴 인도의 현악기) 연주자였는데, 나중에 출가하여 부처님의 제자가 되었다. 『증일아함경』에는 '이십이억二十耳億'이란 이름으로 나온다.

그가 대답하였다.
"아주 잘 켭니다."
"네가 비파를 켤 때 내는 묘음은 비파 줄이 아주 팽팽할 때 나오는 것이냐, 아니면 느슨할 때 나오는 것이냐?"
"두 경우 모두 아닙니다. 비파 줄이 적당할 때에야 묘음을 낼 수 있습니다."
"그렇다면 마음을 닦는 것 역시 마찬가지이다."
이 가르침에 따라 수행하여 최후에 그는 과위를 증득하였다. 또 마찍랍된[35] 공행모 역시 말씀하셨다.

> 긴장하지도 않고 느슨하지도 않으면, 그는 필요한 바른 견해를 갖춘 것이다.

마음이 지나치게 긴장하여 안으로 거두어서도 안 되고 지나치게 느슨하여 밖으로 흩어져서도 안 된다. 적당히 긴장하여 모든 6근이 자연스럽고 편안해야 한다.

⑥ 귀찮아하는 것

만약 법을 강의하는 시간이 너무 길어 기아, 갈증, 혹은 바람, 햇볕 등의 압박을 당했을 때, 귀찮아하는 마음을 일으켜 법 듣기를 싫어해서는 안 된다. 마땅히 다음과 같이 관상해야 한다. '이미 행복하게도 지금처럼 사람 몸을 얻었고, 도력을 갖춘 상사를 만나 깊고 깊은 가르침

---

35 마찍랍된(瑪吉拉卓, Machik Labdrön, 1055~1149/53): 티벳의 여성 동굴 수행자. 스승인 빠담빠 상게Padampa Sangye와 함께 티벳불교 수행전통 중 쬐(Chö, 자아를 끊어버리는 수행) 수행을 확립했다.

을 들을 기회가 생겼으니 환희심을 일으켜야 한다'라고. 이것은 무수한 겁 동안 쌓은 자량의 과보이다. 이제 깊고 깊은 묘법을 들었으니, 이 얼마나 기쁜 일인가! 마치 일백 생 동안에 한 번 음식을 향유한 것과 같으니, 이러한 묘법을 위하여 일체의 괴로움과 고난, 추위와 더위를 참고 환희심으로 들어야 한다.

(3) 수지해서는 안 될 다섯 가지
① 구절만을 수지하고 의미를 수지하지 않는 것
만약 말의 미묘함 때문에 감동받아 수지할 뿐 깊고 깊은 의미를 살피지 않는다면, 마치 어린 아이가 생화를 채집하는 것과 같다. 즉 시구를 다듬는 것이 자기 마음에 아무 이익이 없는 것과 같다.

② 의미만을 수지하고 구절을 수지하지 않는 것
만약 모든 문자 구조가 공허한 담론일 뿐 어떤 실제 의미는 없다고 여긴다면 문구를 경시하고 깊고 깊은 의미에만 편중하게 된다. 만약 문구에 의지하지 않는다면 의미를 분명히 알 수 없게 되고, 이와 같이 문구와 의미가 서로 어긋나게 될 것이다.

③ 이해하지 못하고서 수지하는 것
만약 요의了義, 불요의不了義 및 밀의密意를 갖춘 각종 설법을 이해하지 못하고서 수지한다면, 문구와 뜻을 잘못 이해하여 정법을 위배하는 결과에 이를 것이다.

④ 상하를 뒤섞어 수지하는 것

만약 상하의 순서를 뒤섞어 수지한다면 분명히 불법의 규율을 위반한 것이다. 이 경우 법을 듣거나 강의하거나 닦는 것을 막론하고 모두 많은 잘못된 경계를 만날 것이다.

⑤ 전도되어 수지하는 것

만약 의미를 전도하여 수지한다면, 상속심 가운데 삿된 분별망념이 복잡하게 얽혀 불어나게 되어 의미를 손상시킬 것이다. 아울러 이 사람은 장차 불법수행의 실패자가 될 것이다.

그러므로 이러한 잘못들을 끊어버리고 일체의 문구와 의미에 대하여 상하를 뒤섞지 않고 정확한 방식으로 수지해야 한다. 문구에 대하여 의심이나 이해하기 곤란함이 많은 곳을 만났을 때, 이해하기 어렵다고 나태함을 일으켜 수지하지 않아서는 안 되고 정근하여 수지해야 한다. 간단하거나 문구가 아주 적은 곳을 만났을 때, 법의法義가 낮다고 여겨 경시해서는 안 되고 반드시 잊지 않고 기억해야 한다. 상하 순서에 따라 뒤섞이지 않고 조리 있고 정확하게 모든 단어의 뜻을 이해해야 한다.

2) 취해야 할 행위

취해야 할 올바른 행위에는 다음 세 가지가 있다. 4상에 의지함(依止四想), 육바라밀을 구족함(具足六度), 기타 위의에 의지함(依止其它威儀) 이다.

(1) 4상에 의지함

『화엄경』에서 이르셨다.

> 선남자여, 너는 자신을 환자처럼 생각하고
> 법을 묘약처럼 생각하고
> 선지식을 명의처럼 생각하고
> 정진하여 수지함을 병을 치료하는 것처럼 생각해야 한다.

자신은 시작도 없던 옛적부터 이 윤회의 고해 속에서, 탐진치 삼독을 원인으로 하여 그 과보로 세 가지 고통으로 핍박받는 환자와 같다. 예를 들어 병이 매우 심각한 환자가 병고에서 벗어나 안락을 얻고자 한다면 반드시 명의에 의지해야 하고, 아울러 의사의 명령대로 여법하게 준 약을 복용해야 한다. 마찬가지로 명의처럼 법력을 구족한 상사에 의지하고, 상사의 가르침에 따라 행지行持하고, 정법의 묘약을 먹어야만 업에 미혹된 질병을 없앨 수 있다. 그렇지 않으면 비록 상사에 의지했다 하더라도 가르침에 따라 행하지 않아서 상사 역시 제자를 이익 되게 할 방법이 없다. 이는 마치 환자가 의사의 명령을 따르지 않아 의사가 환자를 이롭게 할 방법이 없는 것과 같다. 만약 자신이 정법의 묘약을 이미 먹고서도 아직 수지하지 않았다면 환자의 머리맡에 무수한 묘약과 약 처방이 있어도 먹지 않아 병에 이익이 없는 것과 같다.

지금 많은 사람들은 상사가 자비심으로 자신을 살펴주길 구하면서 큰 희망이 있을 것이라고 생각한다. 마치 자신이 많은 악업을 쌓았더라도 과보를 받을 필요가 없고, 돌멩이를 던지는 것처럼 간단하게 상사의 불쌍히 여기는 마음(悲心力)이 자신을 청정 찰토로 던져줄 것이라고 생각한다. 이러한 생각은 잘못된 것이다. 이른바 상사의 불쌍히 여기는 마음은 실제로 자비심으로 제자를 섭수하고, 깊고 깊은 가르침과 취하고 버리는 교리를 열어 주어 여래의 가르침에 따라 해탈의 수승한 도를 열어 보여주는 것이다. 이 대비심에 의지하여 해탈도로 들어가는가의 여부는 자신에게 달려 있다. 더욱이 우리가 지금처럼 이미 가만暇滿[36]한 사람 몸을 얻었고, 이미 버리고 취하는 요점을 깨달았고, 자신이 영원히 선을 행할 것인지 혹은 영원이 악업을 지을 것인지를 계획하는 관건이 되는 이 시간을 가지고 있다. 그러므로 상사의 일체 가르침에 의지하여 이치대로 수지하고, 철저하게 윤회와 열반의 한계를 구분하는 것은 매우 중요하다.

이 외에 현재 많은 경참사經懺師[37]들이 망자의 머리맡에 가서 "위로 가고 아래로 가는 관건은 마치 말의 머리가 재갈에 의해 돌려지는 것과 같다"라고 염송한다. 그때 대부분의 망령이 전생에 도를 닦은 소수의 대덕을 제외하고는 모두 등 뒤에서는 업력의 광풍에 쫓기게

---

36 가만暇滿: 수행하기에 적합한 여덟 가지 조건(八有暇)과 열 가지 원만한 인연(十圓滿)을 합하여 말한 것이다. 팔유가는 ①지옥에 나지 않음, ②축생으로 나지 않음, ③아귀로 나지 않음, ④장수천長壽天에 나지 않음, ⑤변방(불법이 없는 곳)에 나지 않음, ⑥몸이 불완전 하지 않음, ⑦사견邪見을 지니지 않음, ⑧여래 없는 때에 나지 않음이다. 십원만은 ①인간의 몸을 받은 것, ②중심지(불법이 있는 곳)에 태어나는 것, ③몸이 온전한 것, ④전도업顚倒業 혹은 무간업無間業을 짓지 않은 것, ⑤불법을 믿는 것, ⑥부처님이 계신 것, ⑦정법을 설하시는 것, ⑧가르침을 펴기 위해 머무시는 것, ⑨법의 수레를 굴리시는 것, ⑩법을 수행할 인연이 있는 것이다.

37 경참사經懺師: 재가자나 망자를 위하여 독경하고 참회문을 읽으며 장수를 빌거나 천도하는 일을 하는 승려.

되고, 앞에서는 음산하고 두려운 검은 모습으로 맞이하는 바를 따라 중음中陰의 좁은 길로 들어간다. 불가사의한 염라의 옥졸이 "죽여라, 때려라!" 하고 소리 지르며 뒤쫓아 달려온다. 도망갈 곳, 숨을 곳, 구원자, 바라볼 곳이 하나도 없다. 바로 어찌할 수 없는 때에 처해 있으면서 어떻게 위로 가고 아래로 가는 관건을 알 수 있는가? 우갠국의 연화생 대사께서도 말씀하시길

> 영혼의 위패에 관정을 할 때는 이미 늦었다. 영혼이 중음계에 떠도는 모습이 어리석은 개 같으니, 선취善趣를 기억하는 것은 그에게 곤란함이 있다.

라고 하였다. 그러므로 말의 머리가 재갈에 의해 돌려지는 것과 같은, 위로 가고 아래로 가는 관건은 바로 현재 살아 있을 때이다. 이러한 사람 몸에 의지하여 위로 해탈도를 향하는 선업을 수행하는 힘은 그 나머지 5도道를 멀리 뛰어넘으며, 즉 이생에 영원히 천령개를 벗을 수 있는[38] 관건이 된다. 마찬가지로 인도人道 중에 아래를 향하는 악업을 쌓는 것 역시 나머지 5도의 중생들 보다 능력이 커서, 악도의 심연 속에서 해탈하는 인因을 얻을 수 없게 된다.

그러므로 지금 이미 다행히 명의와 같은 수승한 상사를 만났고 기사회생하는 감로묘약 같은 정법을 얻었으니, 이러한 때 마땅히 위에서 말한 네 가지 진실상에 의지하여 자신이 들은 정법을 수지하여 해탈도로 들어가야 한다. 네 가지 진실상에 위배되는 네 가지 전도상을 끊어버려

---

38 영사천령개永捨天靈蓋: 이생에서 껍데기(사람 몸)를 한 번 벗어 버린 뒤에 영원히 다시 윤회를 전생하지 않는다는 뜻.

야 한다. 『공덕장』에서 말한 것과 같다.

> 인성이 악랄하고 미친 것은 사냥 밧줄과 같고
> 스승에 의지하는 것은 노루를 잡는 것과 같다.
> 이미 정법을 대신한 사향을 얻고서는
> 실제로 사냥하는 것을 좋아하고 맹세를 버린다.

즉 상사 보기를 노루로 생각하고, 정법을 사향으로 생각하고, 자신을 사냥꾼으로 생각하고, 정진 수지를 화살과 함정 등 노루를 죽이는 방편으로 생각한 것이다. 법을 구하면서도 수지하지 않고 상사의 은덕을 생각하지 않는 사람들은 불법에 의지하여 악업을 쌓으니 결국 악도의 초석을 이룰 것이다.

(2) 육바라밀을 구족함

일체 법행法行의 비결인 『현관속現觀續』[39]에서 이르길

> 화좌花座 등을 봉헌하고, 가는 곳마다 위의를 지키고, 모든 생물을 해치지 않고, 스승에게 바른 믿음을 갖고, 스승의 가르침을 산만하게 듣지 않으며, 의문과 난제를 푸는 것, 듣는 사람은 이 여섯 가지를 갖춘다.

---

[39] 『현관속現觀續』: 『현관장엄론現觀莊嚴論』을 주석한 논서 중의 하나로 보인다. 『현관장엄론』은 4세기경 미륵(Maitreya)보살이 지은 2만 5천송 『대품반야경』에 대한 주석서로서, 티벳에서는 미륵 5부서의 첫째로 꼽히는 동시에 반야학의 입문서로서 지금까지도 중요하게 여겨지고 있다.

라고 하였다. 법을 듣기 전에 법좌를 펴고 방석을 깔고 만다라와 생화를 공양하는 것 등은 바로 보시바라밀이다. 도량 곳곳마다 물을 뿌리고 깨끗이 청소하는 등의 착한 일은 스스로 공경하지 않는 태도를 막으니, 바로 지계바라밀이다. 땅강아지나 개미 등을 포함한 생물을 해치지 않고 일체의 고난과 고통, 추위와 더위를 참는 것은 인욕바라밀이다. 상사와 정법에 대한 삿된 견해를 끊어버리고 진실한 신심과 희열에 가득 찬 심정으로 법을 듣는 것은 정진바라밀이다. 마음이 다른 곳으로 흐트러지지 않고 오로지 마음을 모아 상사의 가르침을 듣는 것은 선정바라밀이다. 의문을 제기하고 의심을 끊어버리며 일체 번뇌의 더함을 끊어버리는 것이 지혜바라밀이다. 법을 듣는 사람들은 모두 육바라밀을 구족해야 한다.

(3) 기타 위의威儀에 의지함

『비나야경毗奈耶經』에 이르길

> 공경하지 않으면 법을 설하여 주지 말라. 병이 없으면서 머리를 덮고, 우산을 들고 병기를 들고 머리를 감싼 사람에게는 법을 설하지 말라.

라고 하였다. 또 『본생전本生傳』에 이르길

> 가장 낮은 곳에 앉아 온순한 태도를 갖추어 기쁜 눈빛으로 스승을 우러러 보아야 한다. 마치 감로를 받아 마시고자 하는 것처럼 집중하여 법을 들어야 한다.

라고 하였다. 이처럼 일체의 공경스럽지 않은 태도를 끊어버려야 한다고 말한다.

제2장
공통의 외적 예비수행

공통의 예비수행(共同外前行)은 6가지로 나누어진다. 인생난득人生難得, 수명무상壽命無常, 윤회과환輪回過患, 인과불허因果不虛, 해탈이익解脫利益, 의지상사依止上師이다.

1. 인생난득

1) 본성한가本性閑暇를 사유함

총괄적으로 말해, 팔무가(八無暇, 불법을 수행할 겨를이 없는 여덟 가지)에 아직 태어나지 않았고, 정법을 수지할 틈이 있는 것을 일러 '한가閑暇'라고 부른다. 수행할 겨를이 없는 여덟 가지는 지옥, 아귀 및 방생[40], 변두리 및 장수천, 삿된 견해 및 붓다가 세상에 출현함을 만나지 못하는 것, 벙어리 등이다. 만약 지옥에 태어난다면 밤낮으로 추위와 더위의

---

40 방생傍生: 누워서 다니는 생류生類로, 즉 축생을 말한다. 이하에서는 중국어본의 '방생'을 '축생'으로 옮겼다.

고통을 받고 법을 닦을 겨를이 없다. 만약 아귀로 태어나면 늘 굶주림과 갈증의 고통을 받으면서 법을 닦을 겨를이 없다. 장수천에 태어나면 생각이 있거나 생각이 없는 가운데 부질없이 세월을 보내고 있으면서 법을 닦을 겨를이 없다. 변두리 지역에 태어나면 불법이 없기 때문에 법을 닦을 겨를이 없다. 외도나 그들과 같은 삿된 견해를 견지한 사람으로 태어나면 자신의 의식이 삿된 견해로 오염되기 때문에 법을 닦을 겨를이 없다. 암겁暗劫에 태어나면 삼보의 소리조차도 들을 수 없고, 선악을 이해하지 못하기 때문에 법을 닦을 겨를이 없다. 벙어리로 태어나면 심식心識을 고르게 할 방법이 없기 때문에 법을 닦을 겨를이 없다. 겨를이 없는 여덟 가지 가운데 삼악도의 중생들은 늘 끊임없이 각자 지난날 지은 악업의 과보가 불러온 추위·더위·굶주림·갈증 등의 고통을 받기 때문에 법을 닦을 겨를이 없다.

이른바 변두리 지역이란 로카타(Lo Khaṭha: 티벳 동남부의 광대한 지역)족 등이 거주하는 32군데 변경 지역을 말한다. 그들 이교도는 해치는 것을 정법으로 삼고, 더욱이 살생을 선업으로 본다. 저 변두리 지역의 야만인들은 비록 모습은 사람 같아도 의식은 순하지 못하기 때문에 정법으로 전향할 수 없다. 또 어머니를 아내로 취하는 등 조상 때부터 전해 내려온 악습의 병폐를 그대로 따라 하고 여법한 행위를 위반할 뿐만 아니라, 살생·수렵 등 악업을 짓는 방법에도 아주 뛰어나다. 일생 동안 오직 악업만을 지으니 대다수가 죽은 뒤 즉시 악도에 떨어진다. 그러므로 정법을 닦을 겨를이 없는 곳이다.

이른바 장수천은 바로 무상천無想天이다. 이들은 어떠한 선악의 심념心念도 가지고 있지 않은 선정이 해탈이라고 여기고 있다. 무상선정無想禪定을 닦은 뒤에 무상천에 태어나 선정 속에서 몇 아승기겁을 안주한다.

이숙의 인업(引業, 무상천에 태어나게 끄는 업)이 다한 후에는 삿된 견해의 인因 때문에 악도에 태어날 것이므로 법을 닦을 겨를이 없다.

삿된 견해란, 총괄적으로 말하자면 불법 이외의 삿된 견해를 가진 외도나 상견常見과 단견斷見을 가진 자이다. 이들은 심식 가운데 스스로 삿된 견해에 오염되어 진실한 정법에 대하여 믿음과 이해를 일으킬 수 없다. 그러므로 정법을 닦을 겨를이 없다. 그러나 티벳에서는 우갠의 제2 붓다이신 연화생 대사(빠드마삼바와)께서 땅을 보호해주는 십이존[41]에게 티벳을 지켜줄 것을 부탁하였기 때문에 외도가 들어갈 수 없었다. 만약 진실한 정법과 상사에 대하여 삿된 견해를 일으키고, 외도와 유사한 것에 부화뇌동하는 사람들이라면 이치대로 정법을 수지할 겨를이 없다. 예를 들면, 선성善星비구는 비록 세존을 25년 동안 시봉하였지만 붓다에 대하여 조금의 신심도 가지지 않았고 삿된 견해만 내었기 때문에 최후에는 화원花園에서 아귀로 떨어졌다.

붓다가 세상에 출현함을 만나지 못한 것은, 곧 붓다가 세상에 나오지 않은 어두운 시기(暗劫)에 태어난 것이다. 만약 붓다가 아직 세상에 오기 전의 공겁에 태어나면 삼보의 소리조차도 들을 수 없어 정법의 광명과는 멀다. 그러므로 역시 수행할 겨를이 없는 것이다.

만약 귀먹고 벙어리로 태어나면 스스로 심식을 조절할 방법이 없기

---

41 지모십이존地母十二尊: 영원히 티벳 땅을 보호해줄 것을 맹세한 12존의 주요 지기여신地祇女神을 말한다. 그 이름은 다음과 같다. 하이명양지모遐邇名揚地母, 예암부우지모頁岩孚佑地母, 보현지모普賢地母, 마후지모魔后地母 등 사마 여신四魔女神과 독구지안지모獨具支眼地母, 현덕명비지모賢德明妃地母, 강열존성지모剛烈尊胜地母, 백의용후지모白衣龍后地母 등 사약차여신四藥叉女神과 장토부우지모藏土孚佑地母, 태일제세지모太一濟世地母, 려질빙심지모麗質冰心地母, 취총록거지모翠聰綠炬地母 등 사여의신四女医神이다.

때문에 법을 듣거나 법을 강의하거나 법을 닦는 어떠한 것도 할 수가 없다. 이른바 농아란, 총괄적으로 말하자면 언어에 있어서의 농아를 가리키는 것이고, 또 말을 알아듣고 뜻을 이해하는 것을 구족하지 못한 그와 같은 사람의 특징(法相)을 가리킨다. 그러므로 겨를이 없는 것이다. 왜냐하면 의근意根이 농아이면 매우 어리석어 정법에 내포된 뜻(含意)을 깨달을 수 없기 때문에 역시 법을 닦을 겨를이 없는 것이다.

2) 특법원만特法圓滿을 사유함
(1) 다섯 가지 자체원만
용수보살께서 말씀하시길

> 인생에서 근根을 구족하고 중앙의 국토에 태어남을 얻으면, 업력이 전도되지 않아 불법을 바르게 믿는다.

라고 하셨다. 아직 사람 몸을 얻지 못하였다면 불법을 만날 수 없는데, 지금 이미 가만暇滿(八有暇 +圓滿)한 사람 몸을 얻었기 때문에 의지한 것이 원만하다. 만약 정법이 없는 변방에 태어나면 정법을 만날 수 없는데, 이제 불교가 흥성한 중심 지역에 태어났기 때문에 환경이 원만하다. 제근諸根을 구족하지 못하면 법을 닦는 데에 장애가 될 것인데, 이제 이러한 근심이 없기 때문에 근의 덕이 원만하다. 만약 업력이 전도된다면 늘 불선업을 행하고 정법을 위반하는데, 이제 선법에 대하여 믿음과 이해를 일으키기 때문에 뜻하고 즐기는 것(意樂)이 원만하다. 만약 신심의 대상인 불법에 대하여 믿음을 일으키지 못한다면 의식이 정법에 들어갈 수 없는데, 이제 자기 마음이 이미 정법에 들어갔기 때문에 신심이 원만하다. 이 다섯 가지 원만은 자신의 수행을 추구하는 데 있어 구족해야만 하는 것이기 때문에 다섯 가지 자체원만(五種自圓滿)이라고 한다.

① 의지한 것이 원만함
진실한 정법을 수지하고 싶으면 반드시 사람 몸 얻는 것을 필요로 한다. 아직 사람 몸을 얻지 못하였으나 삼악도 가운데에서 가장 낮은 위치에 있는 것이 축생이라 할지라도, 모습이 아름다워 인간에게 귀염 받는 동물들이 스스로 만족하는가에 상관없이 그것들에게 말하길 "지금 네가 '옴마니반메훔'을 염송한다면 바로 고통에서 해탈할 수 있다"라고 해준다고 하자. 그러나 애석하게도 그들이 관음심주를 염송하는 뜻을 이해하지 못한다면 염송할 수 없을 것이고, 심지어 지금 얼어 죽어도 다만 머리를 숙이고 참으며 앉아서 죽음을 맞이할 수 있을 뿐이고 어떤 다른 방법을 생각할 줄 모른다.

만약 사람이라면 아무리 약하다 하더라도 최소한 동굴이나 나무 아래에 가서 불을 피울 나뭇가지를 주워 따뜻하게 할 줄 안다. 그러나 축생은 이러한 본능조차도 없는데, 하물며 법 닦는 것을 사유하는 것을 말할 수 있겠는가? 천인 등은 신체는 아주 아름답지만, 별해탈계를 갖춘 법기가 될 수는 없기 때문에 그 심식 가운데 원만한 불법을 얻을 기회를 갖지 못한다.

② 환경이 원만함
이른바 중토中土는 지계중토(地界中土, 지리적 중심지)와 불법중토(佛法中土, 불법의 중심지)로 나눌 수 있다. 지계중토란 총괄적으로 말하자면,

남섬부주 중앙의 인도 금강좌가 현겁 동안 천 명의 부처님이 성불한 곳이며 공겁 중에도 훼멸되지 않을 것이고, 아울러 사대四大의 소멸과도 거리가 멀고, 흡사 공중에 통을 매달아 놓은 것과 같이 유지되며, 중앙에는 보리수나무로 장식이 되어 있다. 금강좌를 중심으로 하는 성지(인도)의 여러 도시들을 지계중토라 한다. 이른바 불법중토는 불교의 정법이 존재하는 곳이다. 불법이 존재하지 않는 곳은 변두리 지역이라고 한다. 그러므로 이전에 석가불이 세상에 온 이후 불법이 존재한 기간까지 인도는 지계중토이고 불법중토였다. 그러나 현재 인도의 금강좌는 이미 외도인 회교에 점유되어 불교가 없고 정법이 없는 변방이 되었지만, 지금은 다시 불법중토로 회복되고 있다.[42]

이곳 티벳 설역은 붓다가 세상에 출현했을 때 사람이 많지 않았고 불교도 전파될 수 없었기 때문에 변방 지역 티벳이라고 불렸다. 나중에 중생이 점차 늘어나고 성자의 화신인 국왕들이 많이 나타났다. 하토토리 냰쩬[43] 시절에 『백배참회경百拜懺悔經』과 신탑神塔과 소상을 새긴 인모印模[44]를 왕국에 안착시킨 것이 정법의 시작이다. 당시에 미래 예언을 전한 것에 근거하면, 다섯 왕조를 거친 뒤에 경에 내포된 뜻을 이해하는 사람이 생길 것이라고 하였다.

후에 대비 성존(관음보살)은 국왕의 모습인 법왕 송짼감뽀(Srong tsan sGam po, 569~649)로 화현하였다. 당시 국왕인 송짼감뽀는 번역사

---

[42] 당시 저자가 생존했을 때(1808~1887)에는 확실히 회교에 점유되었지만, 지금은 다시 불법중토로 회복되고 있다

[43] 하토토리 냰쩬(Lha Thothori Nyentsen): 티벳 최걀Chos rGyal 왕조의 제28대 왕. 이 왕 때(5세기경) 처음으로 티벳에 불교경전과 성물들이 전해졌다고 한다.

[44] 인모印模: 작은 불탑이나 작은 불상을 새긴 나무 거푸집.

퇸미쌈보따[45]를 인도로 파견하여 성명·문자 등을 배우게 하여 티벳의 문자 없는 역사를 끝내고 문자를 창제하였다. 아울러 21가지 관자재경속 觀自在經續과 현비신물玄秘神物[46] 등을 티벳어로 번역하였다. 법왕의 많은 신통변화와 대신大臣 가르똥쩬의 온갖 호국 방편에 의지하여 중국과 네팔의 두 공주를 왕비로 맞이하였다. 아울러 부처님을 상징하는 두 가지 존상의 석가모니불상 등 많은 삼보의 의지물들이 티벳에 받아들여졌다. 아울러 라싸의 대초사(大昭寺, 퇼낭사원)를 위주로 진지사鎭肢寺[47]와 진절사鎭節寺[48] 등 많은 절들이 세워져 정법의 터전이 열렸다.

제5대 천자 티송데쩬(Trisong Detsen, 740~798) 때에는 사신을 인도에 보내어 인도와 티벳에서 견줄 이가 없는 밀주대지명자密呪大持明者인 우갠의 연화생 대사 등 108분의 선지식을 티벳에 초청하였고, 변화 없이 저절로 이루어진 대웅보전인 삼예사원 등 불타의 몸이 의지할 곳인 절을 세웠다. 대번역사인 빼로자나 등 108명에게 번역을 배우게 하여 인도 성지에서 매우 흥성한 모든 경전과 탄트라와 논서를 위주로

---

[45] 퇸미쌈보따Thonmi Sambhota: 문수보살의 화신으로 인도에 가서 범문(산스크리트어)을 배워 티벳어를 만들었다.
[46] 현비신물玄秘神物: 제27대 토번(당대 가장 융성했던 종족 이름. 지금의 티벳에 위치했음) 왕 하토토리 낸쩬 때에 하늘에서 내려온 물건이 있었는데 안에 『보협경』, 『육자진언』, 『제불보살명칭경』과 금탑 하나, 사람들이 모르는 것 등이 있었다. 그래서 '신비하고 오묘한 물건'이란 뜻으로 현비신물(낸뽀상와)이라 불렀다. 후세에는 이 사건을 불교가 티벳으로 전해진 시초로 삼았다.
[47] 진지사鎭肢寺 : 옛 풍수가에 의하면 티벳의 지형은 나찰녀가 누워 있는 모습을 하고 있다고 한다. 송쩬감뽀 왕 시기에 나찰녀(女魔)의 악한 기운을 진압하기 위해 어깨와 볼기 부분에 해당하는 자리에 네 절을 세운 것을 말한다.
[48] 진절사鎭節寺 : 위와 같은 이유로 나찰녀의 팔꿈치와 무릎 부분에 해당하는 자리에 네 절을 세운 것을 말한다.

하여 법보에 의지한 것들을 번역하였다. 예시칠인[49]을 출가시켜 (붓다의) 뜻(意)이 의지한 곳인 승가를 창립하였다. 당시 불교는 매우 흥성하여 마치 햇빛이 대지를 두루 비추는 것과 같았다. 지금까지 불법이 전해지는 동안 흥망성쇠를 겪었지만, 실제로 여래의 교법(敎法, 경전의 가르침)과 증법(證法, 계정혜 삼학)은 훼멸된 적이 없었기 때문에 티벳은 불법이 흥성하는 중토이다.

③ 근의 덕이 원만함
만약 오근 중에서 어떤 한 근根을 구족하지 않으면, 출가하여 계를 지키는 법기法器가 될 수 없다. 뿐만 아니라 불상 등 여래의 신상을 친견하고, 경전 등 여의보를 열독하고, 듣고 사용할 수 있는 연분이 없기 때문에 감히 진실한 법기가 될 수 없다.

④ 뜻하고 즐기는 것이 원만함
이른바 '업의 환경(業際)의 전도'라는 것은 사냥꾼, 기녀 등으로 태어나 어려서부터 업력이 전도된 길로 나아가는 것이다. 그러나 실제로 신·구·의 삼문三門으로 하는 정법 위반의 행위들은 모두 업의 환경의 전도에 속한다. 그러므로 비록 처음에 이러한 부류로 태어나지 않았다 하더라도 장래에 업의 환경이 전도된 사람으로 변하기는 아주 쉽다. 그러므로 반드시 정근하여 정법을 위반하지 않게 해야 한다.

---

49 예시칠인預試七人: 삼예 칠각사七覺士라고도 한다. 티송데짼 때, 티벳인들이 출가의 계율을 지킬 수 있는가를 관찰하기 위하여 정명(靜命, 寂護, Śāntarakṣita, 705~763) 논사가 설일체유부의 출가계율을 설할 7인을 임명하였는데, 그 7인을 말한다.

⑤ 신심이 원만함

만약 신심의 대상인 불법에 믿음을 일으키지 않는다면 기타 세간의 대력천룡大力天龍 등이나 외도의 교파에 대하여 어떤 믿음을 일으키는가에 상관없이 윤회와 악도의 고통에서 벗어날 수 없다. 그러므로 여래의 교법과 증법의 도리를 진실하게 이해하고, 아울러 이로 말미암아 믿음을 굳건하게 하여 바른 신심을 일으킨 사람이야말로 진정 어긋남 없는 법기이다. 이것이 다섯 가지 자체원만의 근본이 된다.

(2) 다섯 가지 타인원만

다음과 같은 말씀이 있다.

> 여래가 세상에 오셔서 설법해 주시는 것과 불법이 세상에 머물며 중생이 성교聖敎에 들 수 있게 하는 것은 마음에 연민이 있어 중생을 이롭게 하기 때문이다.

만약 붓다가 세상에 오시는 광명겁光明劫[50]에 태어나지 않았다면 정법이라는 명칭도 있지 않았을 것이다. 그러나 지금 붓다가 세상에 오신 현겁賢劫을 만났기 때문에 스승이 수승하고 원만하다. 비록 붓다가 세상에 왔어도 만약 정법을 널리 설하지 않았다면 이익이 없을 것이다. 그러나 지금은 붓다께서 이미 세 차례 법을 전하셨기(三轉法輪)[51] 때문에

---

50 광명겁光明劫: 현재 우리들이 살고 있는 이 주겁住劫에서 1,000명의 부처님들이 출현하기에 광명겁光明劫이라 한다.

51 삼전법륜三轉法輪: 시전示轉, 권전勸轉, 증전證轉이다. 시전이란, 범부들은 늘 고통 속에 산다는 것을 설명해 보이고[示], 성인들은 늘 행복과 즐거움을 누린다는 것을

불교의 정법이 원만하다. 붓다가 이미 정법을 설하였으나 지금에 와서 불교가 없어졌다면 역시 아무 이익이 없을 것이다. 그러나 지금은 불법이 세상에 상주하면서 아직 만기가 되지 않았기 때문에 시기가 원만하다. 불법이 세상에 상주할지라도 자신이 아직 불문에 들지 않았다면 아무 이익이 없을 것이다. 그러나 지금 이미 불문에 들어섰기 때문에 자신의 인연이 원만하다. 이미 불문에 들어섰을지라도 인연을 따라 선지식이 아직 섭수해 주지 않으면 법성法性을 이해할 수 없다. 그러나 지금 선지식이 이미 섭수해 주기 때문에 수승한 자비심이 원만하다. 이 다섯 가지 원만은 타연他緣에 의지해야만 구족할 수 있다. 그래서 다섯 가지 타인원만(五種他圓滿)이라고 한다.

① 여래 출세出世

삼계가 성주괴공成住壞空하는 네 시기를 일러 1겁이라고 한다. 그중에서 정등각이신 원만여래께서 세상에 나온 겁을 명겁明劫이라 하고, 붓다가 아직 세상에 나오지 않은 겁을 암겁暗劫이라 한다. 과거의 현희대겁現喜大劫 속에서 삼만 삼천 불이 세상에 나왔고, 이어서 일백 암겁이 나타났으며, 후에 구원겁具圓劫에서 80구지俱胝[52] 불佛이 세상에 왔다. 이후 또 일백 변비겁邊鄙劫이 있었고, 후에 구현겁具賢劫 중에 84구지 불佛이 세상에 왔다. 후에 오백 암겁이 있었고 이후에 견희겁見喜劫 중에 육만 불이 세상이 나왔다. 그리고 이 현겁賢劫이 나타났다. 이 겁이 이루어지

설명해 보이는 것이다. 권전이란, 사람들에게 빨리 수행을 해서 고통을 없애고 즐거움을 얻으라고 권장[勸]하는 설법이다. 증전이란, 부처님께서 스스로 깨달음을 성취하여 모든 고통을 떠났으며 일체 낙을 누리고 있음을 증명[證]해 보이는 설법이다.

[52] 구지俱胝: 보통 10^7, 즉 10,000,000을 뜻하므로, 80구지는 8억이다.

기 전에 모든 삼천대천세계는 큰 바다로 변해 있었는데, 바다에는 천 개의 꽃잎을 지닌 천 송이의 연꽃이 피어 있었다. 청정한 하늘인 정거천(淨居天, 색계 4선정)에 머무는 많은 천인들은 신통력으로 그 원인을 관찰하여 이번 겁 동안에 장차 천 분의 부처님이 세상에 올 것을 알았다. 그래서 말하길 "지금처럼 이 겁은 현묘賢妙한 겁이다"라고 하였다. 그래서 이 겁을 현겁이라고 부른다.

사람의 수명이 팔만 살이었을 때 구류손불拘留遜佛이 세상에 온 이후부터 최후에 사람의 수명이 무량수일 때 성해불勝解佛이 세상에 오기까지 천 분의 부처님이 이 세계 남섬부주 중앙(인도)의 금강좌에 오시어 원만정등각을 현전에 성취하시고 묘한 법륜을 굴리시는 까닭에 광명겁이라 한다. 그 후에 육십 가지 나쁜 종류의 변비겁邊鄙劫이 있고, 그 후에 구수겁具數劫 동안에 일만 불이 세상에 오시며, 그 후에 만 가지 나쁜 종류의 겁이 있게 된다. 이렇게 암겁과 명겁이 교차하여 출현한다. 만약 암겁을 만나면 삼보三寶라는 소리조차도 없다. 더욱이 밀주금강승密呪金剛乘의 불법은 가끔 우연히 나타날 뿐이고 다른 때에는 없다. 우갠국의 연화생 대사가 말씀하신 바와 같다.

> 과거 초겁인 보엄겁普嚴劫 때 선생왕불先生王佛의 성교聖敎에 이미 광범하게 밀법을 선양하였고, 현재는 석가모니 붓다의 성교에 밀법이 나타났으며, 미래 천만겁이 지난 후인 화엄겁華嚴劫 때 현재의 나와 같은 문수사리불이 세상에 나와 광범하게 밀법을 홍양할 것이다. 왜냐하면 이 세 겁의 중생들은 밀법의 법기를 감당할 수 있기 때문이다. 그 외에 다른 그 어떤 때에도 모두 밀법이 없는데, 왜냐하면 중생이 밀법의 법기를 감당할 수 없기

때문이다.

그러나 지금처럼 이 현겁 중에 사람의 수명이 백 세일 때, 정등각이 원만하신 석가모니불이 세상에 오셨으니, 이런 까닭에 광명겁이다.

② **불타 설법**

비록 붓다가 세상에 오셨을지라도, 만약 붓다가 법을 설하지 않고 평등정平等定 속에 계시다면 붓다가 세상에 이미 왔어도 불교 정법의 광명이 있을 수가 없을 것이니, 붓다가 세상에 오지 않은 것과 차이가 없다. 예를 들면 우리 대사 석가모니불께서 인도 금강좌의 보리수 아래에서 원만정등각의 과위를 성취하신 후 말씀하신 것과 같다.

> 내가 깊고 고요하며 희론을 여읜 광명의 무위법을 얻은 것은 마치 감로의 묘법과 같다. 설령 누구를 위해 설한다고 해도 이해할 수 없다. 그러므로 마땅히 말없이 숲속에 안주하리라.

그 후 49일 동안 법을 설하지 않으셨다. 그래서 범천과 제석천이 세존에게 법륜을 설법해 주기를 청하였다. 이뿐만 아니라 가르침을 수지한 고승 대덕들도 정법을 설하지 않는다면 직접 중생을 이익 되게 하기 어렵다. 예를 들면, 인도의 스므리띠즈냐나(美德嘉那, Smṛtijñāna) 존자는 고독지옥에 태어난 어머니를 구제하기 위하여 티벳으로 가는 도중에 그의 통역관이 세상을 떠나버려 캄 지방에서 떠돌게 되었다. 언어가 통하지 않았기 때문에 양을 치며 살다가 끝내는 정법으로 중생을 널리 이롭게 하지 못하고 원적하였다. 후에 아띠샤 존자가 티벳에 와서 이 이야기를 듣고 탄식하며 말하기를 "아! 너희 티벳 사람들의 복덕은 실로 너무 박하구나. 우리 인도 동서의 삼장법사 가운데에는 스므리띠즈냐나 존자를 뛰어넘을 수 있는 사람이 한 명도 없다"라고 하면서 합장하고 눈물을 흘렸다. 그런데 지금 석가모니불께서는 순서대로 세 차례 법륜을 강설하시어 중생의 근기에 맞추어 불가사의한 신상身相을 나타내셨고, 구승차제법九乘次第法으로 중생을 성숙시키고 해탈케 하신다.

③ 불법 주세住世
비록 붓다가 세상에 나와 법을 설하였을지라도 성교가 세상에 머무는 시기가 다 차서 정법이 이미 없어졌다면 암겁과 차별이 없다. 전불의 성교는 이미 원만하고, 후불의 성교가 아직 세상에 나오기 전을 성교가 공한 세상(聖敎空世)이라고 부른다. 복덕의 땅에는 인연에 따라 독각(緣覺)이 세상에 나오는 것 외에는 법을 강의하고 듣고 수행하는 일이 없다. 지금 석가모니불의 성교를 가지고 말하자면, 보현밀의의 성교기聖敎期 혹은 과기果期는 천오백 년이 되고, 수행기가 천오백 년이 되며, 교기敎期가 천오백 년이 되고, 유지형상기唯持形相期는 오백 년으로 모두 오천 년이다. 현재 이미 삼천오백 년 혹은 거의 사천 년이 지났다. 비록 이미 시세時世·중생·수명·견해, 그리고 번뇌 등 오탁이 성한 시기일지라도 교법과 증법은 아직 없어지지 않고 세상에 남아 있기 때문에 역시 성교의 정법이 원만함을 구족하고 있다.

④ 자신이 성스런 가르침으로 들어감
성교가 세상에 머물고 있을지라도 자신이 아직 불문에 들어서지 않았다

면 자기의 심식은 교법과 증법을 얻을 수 없다. 태양이 세상을 비출지라도 맹인에게는 조금의 이해득실도 없고, 어떤 사람이 바닷가에 이르러서도 물을 마시지 못하여 해갈을 풀 수 없는 것과 같다. 만약 불문에 들어가는 것이 금생의 병마나 미래의 악도를 두려워하는 고통을 없애기 위한 것이라면, 불문에 이미 들어갔어도 단지 공포로부터 구원하는 법이라고만 일컬을 수 있을 뿐 진정으로 정도에 들어갈 수는 없다.

그 외에 이생에서 의식衣食 등의 이익이나 내세에서 인천의 안락한 과보를 추구하기 위해서라면, 불문에 이미 들었어도 안락을 바라는 법(善願之法)이라 부를 수 있을 뿐이다. 만약 지혜로 일체의 윤회에 진실한 의미가 없음을 알아 해탈을 구하기 위하여 불문에 들어섰다면, 이와 같은 사람을 비로소 도에 들어온 사람 혹은 불법에 들어온 사람이라고 일컬을 수 있다.

⑤ 스승의 받아들임

불문에 들어왔어도 선지식이 아직 섭수하지 않는다면 역시 이익이 없다. 예를 들어 『휘집경彙集經』에 이르길 "불법은 모두 선지식에 의지하니 그 공덕은 주불主佛이 설한 것을 뛰어넘는다"라고 하였다. 왜냐하면 불경은 호한하고, 성교는 수가 많으며, 알아야 할 것은 끝이 없기 때문에 상사의 비결에 의지하지 않고서는 제법의 요점을 거두어 모아 수지하는 것을 알 수 없기 때문이다. 예전에 아띠샤 존자가 티벳에 왔을 때, 쿠·응옥·돔 세 사람[53]이 일찍이 존자께 물었다.

"한 수행자가 해탈과 두루 아는 과위를 얻고자 한다면 경론의 가르침

---

[53] 쿠(庫)·응옥(鄂)·돔(種, 드롬 돈빠) 세 사람: 아띠샤 존자의 주요 제자 세 명을 말한다.

과 상사의 비결 두 가지 중에 어느 것이 중요합니까?"

"상사의 비결이 중요하다."

"왜 그렇습니까?"

"왜냐하면 충분히 삼장을 외워 전강傳講할 수 있고 제법의 법상을 통달했다고 해도, 수행할 때 상사의 비결에 의한 수행법이 없다면 정법은 수행자와 틈이 벌어질 것이기 때문이다."

"만약 상사 비결의 수행법을 귀납시킨다면 삼종 율의와 삼문을 청정하게 수지하여 선으로 향하게 하는 것으로 개괄할 수 있습니까?"

"여전히 부족함이 있다."

"이것은 또 어째서입니까?"

"비록 청정하게 삼종 율의계를 수지할지라도 윤회에 대하여 아직 염리심을 일으키지 않았다면 이는 여전히 윤회의 인이다. 설령 삼문을 밤낮으로 정진 수행해도 원만 보리에 회향할 줄 모른다면 선법은 또한 전도된 분별념에 의해 다 없어질 것이다. 비록 지덕智德, 지계, 수학 등의 공덕을 갖추었다고 해도 세간 팔법을 버리지 않았다면, 모든 행위는 이생의 삶을 위한 계책이 될 수 있을 뿐 내세의 도를 얻을 수는 없다."

그러므로 선지식의 섭수는 매우 중요하다. 이렇게 자신의 심식을 관찰하여 여덟 가지 한가함(八有暇)과 열 가지 원만함(十圓滿) 등 모두 열여덟 가지를 원만하게 구족하였다면, 열여덟 가지 가만暇滿[54]의 사람 몸을 구족하였다고 할 수 있다.

이 외에 또 무구광(롱첸빠) 존자는 『여의보장론如意寶藏論』에서 잠생

---

[54] 열여덟 가지 가만暇滿: 앞의 각주 36 참조.

연 팔무가暫生緣八無暇[55]와 단연심 팔무가斷緣心八無暇[56]를 설명하였는데, 우리가 이러한 악연으로 태어나지 않은 것이 매우 중요하다.

가) 잠생연 팔무가
『여의보장론』에서 이르길

> 어리석음의 오독의 마를 가지고 있는 것, 나태한 악업이 바다처럼 용솟음치는 것, 그 두려움과 위선 등을 따름이 잠생연의 팔무가이다.

라고 하였다.

① 오독이 거칠고 무거움: 적에게 성내고 원망하고 가족이나 벗을 지나치게 사랑하는 등의 오독 번뇌가 매우 진한 사람들은 살아서 잠시 정법에 대한 생각을 닦더라도 업(自相續) 가운데 오독의 역량이 강하기 때문에 대다수가 번뇌에 제어되어 정법을 수지할 수 없다.

② 어리석고 무지함: 지극히 어리석은 사람들은 약간의 지혜 광명도 없어서, 비록 불문에 들어왔어도 정법의 문구를 조금도 이해할 수 없으며 문사수를 익힐 인연이 없다.

③ 마구니에 사로잡힘: 보고 행함이 전도된 것을 선전하는 마구니의

---

[55] 잠생연 팔무가暫生緣八無暇: 임시로 나타나는 수행의 8가지 장애를 말한다. 삿된 스승, 오독五毒, 나태, 악업, 타인의 간섭, 세속 이익을 위한 수행, 쾌락을 구하고 해탈을 두려워함, 어리석음 등이다.

[56] 단연심 팔무가斷緣心八無暇: 보리심을 내어 수행하여 해탈고자 하는 마음과 의지가 없는 8가지 장애를 말한다. 현세에 속박됨, 인격이 열악함, 출리심이 없음, 바른 믿음이 없음, 악행을 좋아하고 기뻐함, 마음이 정법에서 벗어남, 계율을 파괴함, 서언을 훼손함 등이다.

지식에 사로잡히면 마음속에서부터 삿된 도로 들어가 정법을 위배한다.

④ 게으르고 나태함: 정법을 닦고 배우고 싶어할지라도 조금도 정진하지 않는 게으른 사람은 늘 해태와 태만에 제어되어 정법을 수지할 수 없다.

⑤ 악업이 용솟음침: 악업이 바다의 파도처럼 용솟음치고, 죄장이 깊고 무거운 사람은 법을 수행하는 것에 정진하더라도 심식에 공덕을 쌓지 못하며, 그것이 자신이 지은 악업의 과보라는 것을 알지 못하고 도리어 정법에 대하여 싫어하는 마음을 일으킨다.

⑥ 남에게 부림을 당함: 스스로 자유가 없이 타인에게 부림을 당하는 사람은 정법을 수지하고 싶어도 타인에게 제압되어 법을 수행할 기회조차 얻을 수 없다.

⑦ 즐거움을 구하고 두려움을 피하려 함: 금생의 의식주를 위하거나 재난이나 타인의 가해를 두려워하는 사람들은 불법에 들어왔을지라도 정법에 대하여 공고한 바른 이해가 없으며, 아울러 지난날의 습관 때문에 위법을 행한다.

⑧ 거짓으로 위장하여 법을 닦음: 재물과 생활도구와 명예와 이익 등을 탐욕스럽게 구하기 위하여 법을 수행하는 것으로 위장한 사람들은 비록 다른 사람들 앞에서는 수행을 위장할지라도 마음속에는 오로지 이생의 이익을 추구하기 때문에 해탈의 정도와는 거리가 멀다.

위에서 상술한 여덟 종류의 사람은 한가로이 정법을 수지할 기회가 없다.

나) 단연심 팔무가

『여의보장론』에서 이르길

현행現行에 속박됨이 매우 천하며, 윤회를 싫어하지 아니하여 법에 조그만 믿음도 없으며, 계율 삼매야를 파하는 것이 단연심의 팔무가이다.

라고 하였다.

① 현세에 속박됨: 이생의 재산과 친척과 자녀 등의 단단한 속박 때문에, 이로 인한 이익을 위하여 부지런히 일하며 정신없이 하루하루를 보내느라 한가로이 법을 수행하지 못한다.

② 인격이 악하고 하열함: 성격이 악함으로 인하여 참깨 낱알 정도의 선량한 인격조차도 갖추고 있지 못하여 모든 행위에 진보가 없다. 옛 성자들이 말하되 "제자들의 학식은 실로 고칠 수 있지만, 인격이 하열한 것은 고칠 수 없다"라고 한 것과 같다. 이러한 사람들은 진정한 선지식을 만났다 하더라도 정도로 전향하기 어렵다.

③ 출리심이 없음: 비록 악도와 윤회의 환난, 이생의 모든 고통에 대하여 이미 들었을지라도, 마음속에서 근본적으로 두려워하지 않는다면 불법으로 들어가는 원인인 출리심을 근본적으로 일으킬 수 없다.

④ 올바른 믿음이 없음: 만약 진실한 정법과 상사에 대하여 조금의 신심도 없다면 불법으로 들어가는 문이 막혀 해탈의 정도로 들어갈 수 없다.

⑤ 악행을 좋아하고 기뻐함: 선하지 않은 악행을 좋아하여 삼문(身口意)이 지극히 순하지 않고 수승한 공덕을 멀리하기 때문에 정법을 위배한다.

⑥ 마음이 정법에서 벗어남: 만약 선법의 공덕과 정법의 광명이 없어 정법에 대하여 조금의 흥미도 없다면 개 앞에 풀더미를 놓아두는 것과

같아 자기의 마음(심식)에서 공덕을 일으킬 수 없다.

⑦ 율의를 깨트리고 훼손함: 공동승共同乘에 들어와서 발심과 율의를 깨뜨렸다면 다음 생에는 악도에 태어날 뿐 다른 곳에 가지 못하니, 무가에서 벗어날 수 없다.

⑧ 서언을 훼손하고 잃음: 만약 밀승에 들어온 뒤에 상사와 금강 도반을 대상으로 삼아 삼매야계를 잃어버린다면 자신과 타인을 해쳐서 성취의 인연을 단절시킨다.

위에서 상술한 여덟 가지 무가無暇는 정법에서 멀어지게 하므로 해탈의 인연 등을 소멸함이라고 부른다.

만약 이 16가지 무가無暇를 잘 관찰하지 않는다면 지금의 오탁악세에서 비록 표면상으로는 가만暇滿과 법 수행의 모습을 구족한 것 같을지라도 법좌 위의 법왕, 일산 덮개 아래의 상사, 깊은 산속의 고행자, 각지를 떠도는 일을 버린 사람 등과 같이 스스로를 인정할 뿐이어서, 스스로 어질고 선하다고 여기지만 실제로는 이미 이 무가의 원인들에 제압되어 있다. 비록 표면적으로는 법을 수행하더라도 결국은 정도로 들어갈 수 없다. 그러므로 지나치게 일찍 거칠게 형식상의 법 수행의 그림자로 들어가서는 안 되고, 우선 자신의 인연, 즉 이 34종(티벳 원본에는 24종)의 가만한 자성을 구족하고 있는지를 잘 관찰해야만 한다.

만약 이미 구족하였다면 환희심을 일으키고 아울러 여러 차례 관수觀修하고 성심으로 사유해야 한다. 지금과 같이 이처럼 얻기 힘든 가만(八有暇 十圓滿)한 사람 몸을 얻었다면 쓸데없이 기회를 낭비해서는 안 되고 전심전력으로 정법을 수지해야 한다. 만약 이 가만한 조건들을 구족하지 못하였다면 방법을 생각하여 스스로 구족하도록 해야 한다.

시기와 지역에 따라 최선을 다해 정진하여 자신의 마음에 이러한 가만한 공덕을 구족하고 있는지의 여부를 관찰해야 한다. 만약 이처럼 관찰하지 않고 이들 공덕 가운데 겨우 한 가지만 구족하지 못했을 뿐이라고 가설한다면 진실하게 정법을 수지하는 인연을 가지지 못할 것이다. 심지어 단지 세간에서 일상적인 작은 일 하나를 성공하는 것에도 많은 인연과 연기의 모임을 필요로 한다. 그런데 하물며 정법을 수지하는 것과 같은 영구한 계획에 있어서 어떻게 많은 인연과 연기의 모임을 필요로 하지 않을 수 있겠는가? 예를 들면, 한 사람이 길에서 차를 끓이는 데에도 차를 끓이는 그릇·물·불 등 많은 인연을 필요로 한다. 그중에서 단지 불을 붙이는 것만 해도 부싯돌·돌·부싯깃 등 많은 인연을 구족해야 한다. 만약 그중에서 부싯깃만 갖추어지지 않고 다른 모든 것이 구족해도 일을 완수하지 못하기 때문에 할 수 없이 차 끓이는 것을 근본적으로 포기해야 한다. 같은 이치로, 가령 이러한 가만한 공덕 가운데 하나만 구족하지 못한다 해도 정법을 진정으로 수지할 인연을 근본적으로 갖지 못할 것이다.

그러므로 만약 자신의 마음을 잘 관찰한다면 겨우 18가만(暇滿, 8유가와 10원만)조차도 구족하기가 매우 어렵다. 설령 한가(閑暇, 8유가)함을 얻었을지라도 10종 원만을 구족할 수 있는 경우는 아주 적다. 이미 사람 몸을 얻었고 모든 선근을 구족하고 중토中土에 태어났을 지라도 업이 전도된 삿된 길로 들어가고, 아울러 불교를 믿지 않는다면 그것은 단지 3종 원만을 구족했을 뿐이다. 만약 상술한 두 가지 중에서 어떤 한 가지를 구족하지 못하면 4종 원만을 구족한다. 더욱이 업제(業際, 업의 방향)가 전도되지 않는 것은 매우 어렵다. 만약 삼문(신구의)으로 악업을 행하고 나아가 모든 행위가 전부 이생의 생계를 위한 것이라면,

비록 현자나 지자로 불리어도 실제로는 업제가 전도된 사람이다. 5종 타원만他圓滿 중에서 붓다가 이미 세상에 나왔고 설법을 하였고 불법 역시 세상에 머물고 있을지라도, 불문에 아직 들어가지 않았다면 3종 원만을 구족했을 뿐이다(아직 불문에 들어가지 않았다면 선지식이 섭수할 수 없기 때문에 2종 원만은 구족하지 못한다). 불문에 이미 들어갔어도 단지 표면적으로 법을 구하거나 법을 얻을 뿐이고 진정으로 정법에 들어갈 수는 없다.

    진정으로 해탈도에 들어간 사람은 반드시 일체 윤회에 실제적인 뜻이 없음을 알고 거짓 없는 출리심을 일으켜야 한다. 만약 대승의 도를 행한다면 역시 마음속에 거짓 없는 보리심을 일으켜야 하며 적어도 삼보에 대하여 굳건한 믿음을 가지고 있어야 한다. 설령 힘든 운명을 만나더라도 물러서거나 바뀌지 않아야 한다. 만약 이러한 결심이 없다면 입으로 경문을 외우고 몸에 승복을 걸친 승려일지라도 내용상으로 불법에 들어선 불자라고 하지 못한다. 그러므로 이치를 틀림없이 이해하고 가만한 자성을 관찰하는 것이 지극히 중요하다.

3) 얻기 어려움의 이유를 사유함

파도가 용솟음치는 바다 위에 떠다니는 나무 멍에의 구멍과 바닷속 눈먼 거북이의 목덜미가 서로 만나는 것은 매우 어렵다. 붓다는 사람 몸 얻는 것이 이보다 더 어렵다고 말하였다. 또 삼천대천세계 전체가 큰 바다로 변하고 그 바다 위에 쟁기를 소에 연결하는 목재가 떠 있다면, 통칭 나무 멍에라고 하는데, 그 위에 구멍이 하나 있는 나무 멍에가 파도를 따라 사방을 떠다니며 한 찰나도 쉬지 않는다. 바닷속의 눈먼 거북이 한 마리는 백 년에 한 번씩 수면 위로 올라온다. 이 둘이 만나는 것은 매우 어렵다. 마음이 없는 나무 멍에는 눈먼 거북이를 찾는 마음이 없고, 눈먼 거북이는 나무 멍에의 구멍을 볼 수 없다. 만약 나무 멍에가 한 곳에 정지해 있다면 또한 만날 수 있겠지만 그것 역시 한 순간도 멈추지 않는다. 만약 눈 먼 거북이가 늘 수면 위에 천천히 떠다닌다면 또한 만날 수 있겠지만, 거북이는 백 년에 한 번 수면 위로 떠오를 뿐이다. 그러므로 이 둘이 만나기는 매우 어렵다. 우연한 기회에 눈 먼 거북이의 목이 또한 나무 멍에의 구멍 속으로 들어갈 수도 있으나, 가만暇滿한 사람 몸을 얻는 것은 이것보다 더 어렵다.

경에서 말한 의미에 근거하여 보호주(怙主) 용수는 (『친우서』에서) 낙행왕樂行王에게 가르치길 "대해를 떠다니는 나무 멍에의 구멍이 거북이와 만나는 것은 매우 어렵지만 축생이 사람으로 바뀌는 것은 이것보다 어려우니, 왕이 법을 닦음에 실다운 뜻을 갖춰야 한다"라고 하였다. 적천 보살도 말하되 "사람 몸은 더욱 얻기 어려워 바닷속 눈 먼 거북이의 목이 나무 멍에 구멍으로 들어감과 같다"라고 하였고, 이 외에『열반경』등의 불경에서도 "반짝반짝 빛나는 미끄러운 벽에 콩을 뿌리면 콩은 붙어 있기 어렵다", "뾰족한 침 끝에 콩을 쌓는 것은 한 개조차도 붙어 있게 하기 어렵다"는 등의 비유를 말하였다. 그러므로 우리는 사람 몸이 지극히 얻기 어려운 것임을 알아야 한다.

4) 수량 비교로 사유함

중생의 수와 순서를 관찰한다면 사람 몸을 얻는 것이 실제로 얼마나 되는지 추측할 수 있다. 경에서 다음과 같이 말하였다.

지옥 중생은 밤하늘의 무수한 별들과 같고, 아귀는 대낮의 별과 같다. 아귀 중생은 밤하늘의 무수한 별과 같고, 축생은 대낮의 별과 같다. 축생 중생은 밤하늘의 무수한 별과 같고, 선취善趣 중생은 대낮의 별과 같다.

이 외에 또 말하였다.

지옥 중생은 대지의 먼지와 같고, 아귀 중생은 항하의 모래와 같고, 축생은 술지게미와 같고, 아수라는 가득한 대설大雪과 같고, 사람과 천인은 겨우 손톱 위의 먼지와 같을 뿐이다.

총괄하건대, 선취의 중생 수는 아주 희소하다. 현재 우리가 여름철 풀밭 한쪽에 생존하는 겨우 몇 개의 개미구멍 속에 있는 개미들의 수량을 관찰해도 남섬부주의 사람 수를 초과할 수 있다. 이처럼 사람과 축생의 비율은 분명하게 보기 쉽다. 인간을 사유해도 마찬가지이다. 만약 불법 광명이 없는 변두리 지역의 중생 수를 관찰한다면 불법 광명이 있는 지역에 태어난 사람이 지극히 드물다는 것을 알 수 있다. 더욱이 가만한 사람 몸을 구족하는 것은 겨우 조금 있을 뿐이다. 이러한 도리들을 사유한 뒤에, 자신이 지금처럼 진실하고 가만한 조건을 이미 얻었다는 것을 생각했다면 마땅히 환희심을 일으켜야 한다. 만약 가만한 모든 공덕을 완전히 구족했다면 오늘부터 이른바 진귀한 보물인 사람 몸(珍寶人身)을 실현한 것이다. 만약 구족하지 못하였다면 비록 세간법의 측면에서 총명하고 영리하여 지혜와 용기를 다 갖추었다고 해도 진귀한 보물인 사람 몸으로 여기지 않으니, 단지 보통 사람 몸일 뿐이다.

혹은 상사자(相似者, 모양만 비슷한 사람)·재화자(災禍者, 재난이 있는 사람)·무심자(無心者, 의미 없는 사람)·공반자(空返者, 빈손으로 돌아가는 사람)라고 부를 뿐이다. 이러한 사람들은 손에 이미 여의주를 얻은 것 같지만 무의미하게 낭비하거나, 이미 진귀한 보배 땅을 얻고도 빈손으로 돌아가는 것과 같다. 게송에서 말했다.

> 이처럼 사람 몸이라는 보물을 얻은 것은
> 마니주를 얻은 것에 비할 바가 아니니
> 염리심이 없는 사람들이
> 쓸데없이 낭비하는 것을 어찌 보지 못하는가?
> 수승한 상사(스승)를 만나는 것은
> 왕위를 얻는 것에 비할 바가 아니니
> 공경이 없는 사람들이
> 한낱 도반으로 여김을 어찌 보지 못하는가?
> 발심하여 율의를 구하는 것은
> 관직을 얻는 것에 비할 바가 아니니
> 연민심이 없는 사람들이
> 돌 던지듯 하는 것을 어찌 보지 못하는가?
> 속부(續部, 딴뜨라)의 관정을 얻는 것은
> 전륜왕위를 얻는 것에 비할 바가 아니니
> 서언誓言이 없는 사람들이
> 부질없이 삼매야계를 어기는 것을 어찌 보지 못하는가?
> 심성의 본래면목을 본 것은
> 제불을 본 것에 비할 바가 아니니

정진이 없는 사람들이
산란함을 어찌 보지 못하는가?

이러한 가만(八有暇 十圓滿)함 역시 결코 우연이나 요행으로 얻은 것이 아니라, 다생겁 동안 두 가지 자량(복덕자량, 지혜자량)을 쌓은 과보이다. 또한 대지혜자인 닥빠갤첸[57]이 말하였다.

가만한 사람 몸을 얻는 것은 힘으로 억지로 얻는 것이 아니라
복덕을 쌓은 결과이다.

비록 겨우 사람 몸을 얻었을지라도 정법의 광명을 만나지 못하고 늘 악업을 지을 것 같으면 악취惡趣[58] 중생보다 더욱 열악하다. 예를 들면 밀라래빠 존자가 사냥꾼 호주금강(怙主金剛, 꾄뽀 도르제)에게 말하였다.

본래 붓다께서 가만한 사람 몸은 진귀하여 매우 얻기 어렵다고 하셨는데, 너 같은 사람을 보니 사람 몸을 얻는 것이 결코 진귀하여

---

[57] 닥빠갤첸(Trakpa Gyaltsen, 1147~1216, 稱幢): 티벳불교 싸꺄빠의 고승. 사친군갈응 파薩欽袞噶凝波의 셋째 아들로서 나이 26세에 싸꺄 법위를 계승하여 싸꺄빠 5조 중의 제3조가 되었다.

[58] 악취惡趣: 중생이 윤회하는 여섯 세계, 즉 6도道 중 지옥계地獄界, 아귀계餓鬼界, 축생계畜生界를 말한다. 이하에서는 일반적으로 쓰이는 '악도惡道'로 옮긴다. 반대로 선취善趣는 6도道 중 천상계天上界, 인간계人間界, 아수라계阿修羅界를 말한다. 이하에서는 일반적으로 쓰이는 '선도善道'로 옮긴다. 이중 아수라계는 악도에 포함하기도 한다.

얻기 어려운 것이 아니라는 것을 느낀다.

이처럼 사람보다 더 쉽게 악도에 떨어지게 되는 것은 없다. 지금처럼 선을 행하거나 악업을 짓는 것을 막론하고 모두가 자신이 주인이 되어 짓는 것이니, 게송에서 말한 것과 같다.

　　이 몸이 선을 행하면 바로 해탈의 배이고
　　이 몸이 악업을 지으면 바로 윤회의 닻이니,
　　이 몸이 모든 선악의 노예이다.

그러므로 지난날 쌓은 복덕의 힘으로 지금처럼 18가지 가만暇滿을 갖춘 사람 몸을 얻고서도 수승한 묘법의 정화精華를 구하지 않고 이생의 의식과 세간팔법世間八法으로 의미 없이 낭비하는 사람 몸을 추구한다면, 임종할 때 손으로 가슴을 움켜쥐고 후회하여도 이미 후회막급이니 얼마나 안타까운가! 『입보리행론』에서 말하길

　　이미 이 가만을 얻었는데
　　내가 만약 선을 닦지 않는다면
　　이보다 더 크게 속는 것이 없으며,
　　이보다 더 어리석은 것이 없다.

라고 하였다. 그러므로 금생은 영원히 선을 행하거나 영원히 악업을 짓는 것을 결정할 수 있는 관건이다.

그러므로 우리는 반드시 다음과 같이 사유해야 한다. 만약 이생에서

견고한 불과를 얻지 못한다면 내세에도 지금과 같은 가만暇滿을 얻기 어렵다. 만약 악도에 환생한다면 정법의 광명이 없어 취하고 버릴 것을 알지 못하여 점점 아래를 향해 악도로 끝없이 추락할 것이다. 가만한 인생인 지금 바로 시작하여 정진해야 하고, 아울러 가행발심(加行發心, 예비수행 단계의 발보리심)·정행무소연(正行無緣, 본수행 단계에서의 대상을 지니지 않음)·후행회향(後行廻向, 수행을 맺는 단계에서의 회향) 등의 세 가지 수승함으로 섭지攝持하며 반복하여 관수觀修하고 행지行持해야 한다. 이처럼 수행하여 마음에 얼마만큼 확신이 생겨야 하는가는 게쒜 쨍아와[59]와 같아야 하니, 그는 평생 눕지 않고 오로지 선법을 수지하였기 때문이다. 선지식인 중돈빠[60]가 말하길 "제자여, 신체의 피로함을 제거해야 한다. 그렇지 않으면 사대가 조화를 이루지 못하여 신체는 병이 날 것이다"라고 하였다. 게쒜 쨍아와가 말하길 "신체는 쉬면 그뿐입니다. 그러나 저는 이 얻기 어려운 가만暇滿함을 얻은 것을 생각할 때, 바로 쉴 틈이 없다는 것을 느낍니다"라고 하였다. 게쒜 쨍아와는 부동불不動佛의 불심주不佛心呪를 9억 번 염송하느라 일생 동안 잠을 자려고 누운 적이 없었다. 그러므로 심식 속에서 바른 믿음이 일어날 때까지 더욱 수행 정진해야 한다.

---

59 게쒜 쨍아와(金厄瓦格西, Geshe Chengawa): 본명은 초정빠(楚涅巴)이다. 일찍이 중돈빠를 스승으로 섬겨 비밀 가르침을 얻었고, 또 난죠친빠(南交欽波), 뇽빠와(滾巴瓦) 등을 스승으로 섬겨 이제二諦의 가르침을 얻어 성공性空의 의미에 대하여 깨달은 바가 있었다. 산스크리트어에 능통하고 번역을 잘하여 자못 영향을 주었으며, 까담빠 교수教授의 일파一派를 열었다.

60 중돈빠(仲敦巴, 돔뙨빠, 게쒜 뙨빠Geshe Tönpa, 1005~1064): 인도에서 티벳에 보리도차제법을 전수한 아띠샤(Atiśa, 982~1054)의 수제자로, 까담빠를 창시함으로써 티벳불교를 중흥시켰다.

비록 가만함을 얻었어도 진실한 법이 결핍되어 있고
불문에 들어왔어도 법이 아닌 행동을 탐닉하니
저와 저처럼 어리석은 모든 유정들에게
가만의 실의實義를 얻도록 가피해 주십시오!

2. 수명무상

삼유三有의 무상한 환화상幻化相을 분명히 보고
금세의 번다한 일을 가래침 속의 먼지 같이 여기며
고행하고 수행하며 선배들의 자취를 따르시는
비할 바 없이 뛰어난 스승의 발아래 정례하옵니다.

수명무상壽命無常은 다음 일곱으로 나뉜다. 외부세계를 사유하여 무상을 닦음, 윤회 중생을 사유하여 무상을 닦음, 고승대덕을 사유하여 무상을 닦음, 세간존주世間尊主를 사유하여 무상을 닦음, 각종 비유의 의미를 사유하여 무상을 닦음, 죽음의 인연이 정해져 있지 않음을 사유하여 무상을 닦음, 맹렬하게 희구함을 사유하여 무상을 닦음이다.

1) 외부세계를 사유하여 무상을 닦음
중생 공동의 복덕으로 이룬 외부세계, 사대주, 수미산, 천계 및 견고한 철위산 등은 비록 몇 겁 동안 존재하더라도 무상하니, 결국 반드시 칠화일수(七火一水, 일곱 번의 화재와 한 번의 수재) 때문에 훼멸될 것이다.
이 대겁이 훼멸될 때에 윤회 중생부터 점차 다 멸망하여 제일선천(第一禪天, 初禪天) 이하로는 하나의 중생도 존재하지 않게 될 것이다. 순서대로 하늘에는 7개의 태양이 나타나는데, 첫째 태양은 모든 숲의 나무들을 태워버린다. 둘째 태양이 나타났을 때 모든 계곡과 못들이 남김없이 마른다. 셋째 태양이 나타났을 때 모든 강의 물들이 전부 마른다. 넷째 태양이 나타났을 때 무열뇌 대해[61]조차도 전부 마른다. 다섯째 태양이 나타났을 때 외계의 백 유순에 달하는 대해의 물이 전부 마르고, 그러고 나서 점차 2백 유순, 7백, 1천, 1만, 8만 유순 깊이에 이르는 바닷물이 마른다. 유순[62] 및 문거聞距[63]로부터 시작하여 최후에 남은 최소량의 물조차 남김없이 마른다. 여섯째 태양이 나타났을 때 대지의 설산은 불타버릴 것이다. 일곱째 태양이 나타났을 때 수미산·사대주·팔소주·칠금산[64] 및 철위산이 전부 다 타버려 화염을 이룬다. 화염은 아래를 향하여 휘돌아내려 일체 지옥을 다 태워버리고, 다시 위쪽을 향해서 범천에 있는 헤아릴 수 없는 궁전들을 태워버릴 것이다. 이때 광명천의 어린 천자들은 놀라서 소리친다. "이렇게 큰불이 일어나다니!" 나이든

---

[61] 무열뇌 대해無熱惱大海: 범어 음사로 아뇩달지(阿耨達池, Anavatapta, Anavadatta)라고 하는데, 모든 번뇌가 없는 청량淸涼한 연못이라는 의미이다. 남섬부주의 북쪽에는 세 겹의 흑산이 있고, 흑산 북쪽에는 대설산大雪山과 향취산이 있으며, 그 사이에 이 연못이 있다. 이 못에서 갠지스 강 등의 네 강이 흘러나와 동남북서의 바다로 흘러 들어간다고 한다. 현재 티벳 서부 카일라스 근처의 마나사로바 호수로 비정하기도 한다.

[62] 유순(由旬, 유선나): 옛 인도의 길이 단위. 5시屍는 궁弓이고, 500궁은 1구로사俱盧舍이고, 8구로사는 1유순으로, 대략 26시리市裏가 된다.

[63] 문거(聞距, 구로사): 옛 인도의 길이 단위. 멀리서 소리를 질러 들릴 수 있는 거리까지가 1문거이다.

[64] 칠금산七金山: 『아비달마장』에서는 안에서부터 밖으로 수미산 주위를 층층이 에워싸고 있는 일곱 겹의 큰 산이라고 하였다. 곧 단목산擔木山, 지축산持軸山, 지쌍산持雙山, 선견산善見山, 마이산馬耳山, 지변산持邊山과 상비산象鼻山이다.

천자들은 그들을 위로하며 "이런 큰불이 이전에도 범천을 태운 뒤에 물러갔다. 두려워하지 마라!"라고 한다.

이처럼 일곱 차례 불이 지나간 뒤에 2선천은 수운水雲을 이루어 나무 멍에나 화살처럼 큰 폭우가 하늘에서 내리고, 광명천(光明天, 2선천) 아래는 마치 소금이 물속에 용해되는 것처럼 훼멸된다. 이처럼 7차례 불의 훼멸과 한 차례 물의 훼멸을 거친 뒤, 아래 기반에서 십자 금강저 모양의 금강풍이 위를 향해 솟구쳐 올라 3선천 아래가 마치 바람에 재와 먼지가 날리는 것처럼 훼멸된다. 이렇게 하나의 삼천대천세계 속에 포함되는 1백 구지俱胝의 사대주, 수미산, 천계는 전부 동시에 훼멸되고, 최후에는 일체가 한 허공으로 변화된다. 이미 이렇게 대천세계도 그렇게 공겁을 이루는 시기가 오는데, 가을날 파리 같은 사람 몸이 어떻게 항상 견고할 수 있겠는가? 그러므로 우리는 마땅히 이러한 도리를 진실하게 사유하여 성심으로 수지해야 한다.

2) 윤회 중생을 사유하여 무상을 닦음

유정천(有頂天, 비상비비상처천) 이하부터 지옥 바닥 이상에 이르기까지 중생들 중에 죽음에서 도망할 수 있는 자는 하나도 없다. 『해우서解憂書』에 이르길

> 지상이나 천계에 살아 있고 죽지 않은 것이 있다면, 당신은 이 일을 어떻게 보며, 어떻게 들으며, 혹은 어떻게 의심을 일으키는가?

라고 하였다. 이처럼 살아 있다면 반드시 죽음이 있으니, 선도인 천계 이하에서부터 일찍이 어떠한 중생이 살아만 있고 죽지 않은 일이 있다는

것을 듣거나 본 적이 없다. 더욱이 겁말劫末 때 우리는 수명이 영원하지 않는 남섬부주에서 태어나 아주 빨리 죽을 것이다. 그러므로 태어날 때부터 바로 점점 죽음으로 다가간다. 수명은 증가하지 않고 다만 감소만이 있을 뿐이다. 뿐만 아니라 죽음의 주인 염마왕(死魔主)은 한 찰나도 쉬지 않고 해 떨어진 그림자처럼 점점 다가온다. 그러므로 언제 어디서 죽을지 확정할 수 없다. 내일 혹은 오늘 저녁, 심지어는 바로 이 호흡하는 순간에 죽지 않는다는 것을 확정할 방법이 없다. 예를 들면 『인연품』에서 이르길

> 내일 죽을지 누가 아는가? 오늘 정진해야 한다. 저 죽음의 대군이 어찌 그대의 친척이겠는가?

라고 하였다. 보호주 용수가 말하였다.

> 수명은 해하는 것이 많으니, 곧 무상하다. 물거품이 바람에 날리는 것과 같아서 숙면 중에 호흡하다가 깨어날 수 있는 경우는 지극히 희귀하다.

사람들이 편안한 숙면 중에 평안하게 안으로 숨을 들이쉬고 밖으로 숨을 내쉬는 동안 죽지 않을 것을 확정할 방법이 없다. 그러므로 잠잘 때 죽지 않고 편안하게 깨어나는 것도 마땅히 희귀하게 여겨야 한다. 그러므로 우리가 결국 언젠가는 죽어야 한다는 것을 알지라도 사는 동안 태어나고 죽는 시기가 정해져 있지 않다는 생각이 심식 중에 없기에, 늘 생계에 집착하여 얻는 것을 근심하고 잃는 것을 근심하면서

인생을 허비하고 만다.

  이생의 안락, 행복, 명예에 집착하며 추구하고 있을 때, 죽음의 주인 염라대왕은 손에 검은 동아줄을 들고 이를 꽉 물고 입술 밖으로 이를 다 드러내며 갑자기 다가온다. 설령 용감한 군대, 강대한 세력, 풍부한 재산, 지혜로운 사람의 말 잘하는 능력, 미녀의 아름다움, 힘차게 달리는 좋은 말이라 해도 구원받지 못한다. 즉 틈 없는 쇠 상자에 들어가 수십만의 용사들이 날카로운 창과 화살의 뾰족한 끝을 밖으로 향해 둘러싸고 보호하여도 굳게 지켜 막을 수 없다. 염라대왕이 검은 동아줄로 그의 목을 감으면, 그의 얼굴은 검푸르게 질리고 수정 같은 눈물을 흘리며 온몸은 딱딱해진다.

  이렇게 내세의 길로 끌려가도 용사들이 구하고 보호할 방법이 없으며, 대덕大德이 명령할 수 없고, 음식으로 유혹할 방법이 없고, 도망갈 곳이나 도피처가 없으며, 또한 어떠한 의지할 사람이나 구원자, 친구, 방편이나 대자비도 없다. 설령 약사불이 직접 강림한다고 해도 이미 수명이 다한 죽음을 연장시킬 방법이 없다. 그러므로 우리들은 나태와 게으름에 제압되어서는 안 되며, 마땅히 임종을 맞이함에 결정적으로 유익한 수승한 정법을 성심으로 수지해야 한다.

3) 고승대덕을 사유하여 무상을 닦음

이 현겁 동안 과거 세상에 나온 승관불(勝觀佛, 비파시불)·보계불(寶髻佛, 시기불) 등 칠불[65]과 불가사의한 성문·연각·아라한 등의 권속들은 삼승 불법으로 무량한 중생을 이롭게 하였다. 그러나 현재는 석가모니

---

65 칠불七佛: 비파시불, 시기불, 비사부불, 구류손불, 구나함모니불, 가섭불, 석가모니불.

붓다의 교법만이 남았다. 이 외에 제불들은 모두 열반에 들면서 교법 역시 점차 없어졌다. 현재 이 교법 중에서 각각의 성문·연각과 오백 아라한의 무리들이 비록 수없이 세상에 나왔어도 그들 역시 차례대로 법계에서 열반에 들어갔다.

  이 외에 인도 성지에서 일찍이 세상에 나와 참된 공덕과 많은 신통, 장애 없는 신통변화를 구족하고 경과 교를 결집한 오백 아라한과 이승 육장엄,[66] 팔십 대성취자 등은 현재 한 사람도 세상에 없다. 다만 그들이 세상에 나온 상황을 기록한 전기만이 남아 있다. 티벳 설원에서 우갠국의 제2불(연화생 대사)이 성숙하게 해탈한 법륜을 널리 전할 때, 임금과 신하를 포함한 25명의 대성취자, 80명의 대성취자 등이 세상에 나왔다. 그 후에 또 구파(닝마빠)의 삭素·숙宿·노努 삼사[67], 신파(까규빠)의 마이瑪爾·미米·탑塔 삼사[68] 등 불가사의한 지자와 성취자들이 나타났다. 그들 대부분은 이미 성취의 과위를 획득하여 사대가 자재하고, 실제로 있는 것을 실제로 없는 것으로 변하게 하고, 실제로 없는 것을 실제로 있는 것으로 변하게 하는 등의 기이한 신변을 보였고, 불에도 타지 않고 물에도 빠지지 않으며 흙으로 덮어 누를 수 없고, 위험한 지역에 떨어지지 않아 모든 사대의 침해에서 멀리 떠났다.

---

66 이승 육장엄二勝六莊嚴: 이승은 불교의 가장 수승한 근본, 즉 계율학에 정통한 두 명의 대 논사인 석가광釋迦光과 공덕광功德光을 이른다. 육장엄은 남섬부주를 장식한 여섯 분을 말하는데, 곧 중관학에 정통한 용수龍樹와 성천聖天, 대법학(對法學, 아비달마)에 정통한 무착無著과 세친世親, 인명학에 정통한 진나陳那와 법칭法稱이다.
67 삭숙노 삼사素宿努三師: 구역 밀교(닝마빠)에서 가장 이른 세 불교학자의 이름을 합친 칭호로, 삭素은 쏘예쉐왕축, 숙宿은 수르샤까중내, 노努는 눕첸상계예쉐이다.
68 마이미탑 삼사(瑪爾米塔三師): 닥뽀 까규빠의 창시자인 마르빠 역경사, 밀라래빠, 닥뽀 하제(감뽀빠) 등 세 사람을 합쳐 부른 명칭.

예를 들면 밀라래빠 존자가 네팔의 네샹까뜨야(Nyeshangkatya, 현재의 마낭) 산의 동굴에서 묵언하며 머물 때, 많은 사냥꾼들이 와서 물었다. "너는 사람이냐, 아니면 귀신이냐?" 존자는 대답하지 않고 단지 허공을 직시하고 앉아 있을 뿐이었다. 그들은 존자에게 많은 독화살을 쏘았으나 맞힐 수 없었다. 또 존자를 깊은 못에 빠뜨렸으나, 존자는 예전처럼 원래의 장소로 돌아와 편안히 앉아 있었다. 그들은 존자의 몸 위에 나뭇가지를 쌓고 불을 지폈는데, 불로도 태울 수가 없었다. 비록 일찍이 이처럼 많은 대성취자들이 세상에 나와 모두가 무상無常의 본성을 드러내었으나, 현재는 단지 전기만이 남아 있을 뿐이다. 우리들은 지난날의 악업을 인因으로 삼아 악연의 바람에 흔들리고 열악한 습관으로 서로 연결되어 있으며, 심식이 사대 가합에 의지한 깨끗하지 못한 육신이며, 이 허망한 육신이 언제 어디에서 훼멸될지를 확정할 수 없다. 그러므로 지금부터 몸, 말, 뜻의 삼문을 일으켜 마땅히 선을 닦는 데 정진해야 한다.

4) 세간의 존주를 사유하여 무상을 닦음

수명이 수 겁에 달하고 위엄의 빛을 구족한 모든 천인과 선인들 역시 죽음에서 벗어날 수 없다. 예를 들어 세간의 존주尊主인 범천·제석천·변입천(遍入天, 遍淨天)·대자재천 등의 수명은 많은 겁에 달하고, 키는 1유순 및 문거에 달한다. 게다가 해와 달을 능가하는 위광을 갖추고 있지만 그들 역시 죽음에서 벗어날 방법은 없다. 『공덕장』에서 이르길

> 범제자재전륜왕梵帝自在轉輪王[69]이라도 죽음의 주인인 염마에게서 벗어날 방법이 없다.

라고 하였다. 이 외에 오신통을 구족한 천인과 선인은 신통력으로 허공을 다닐 수 있지만, 결국 그들도 죽음에서 벗어날 방법이 없다. 『해우서』에서 이르길

> 대선인은 오신통[70]을 구족하여 허공을 다닐 수 있지만, 죽음이 없는 곳에 이를 수는 없다.

라고 하였다. 인간 역시 마찬가지이다. 재물과 권세가 지극히 높은 모든 전륜왕, 인도 성지의 여러 존경스런 왕들(衆敬王, Mahāsammata)이 세습하여 내려와 남섬부주를 통치한 불가사의한 국왕들, 또 세 명의 빨라 왕과 서른일곱 명의 찬드라 왕 등 인도의 동서 지역에서 지위가 혁혁하고 재부가 풍성한 많은 국왕들이 이미 세상에 나왔지만, 지금 세상에 있는 사람은 한 명도 없다.

티벳 설원에서 제개장보살(除蓋障菩薩, Nivāṇraviṣkambhin)의 화신인 냐티쩬뽀 왕[71] 이래로 천좌칠왕天座七王 · 지현육왕地賢六王 · 중덕팔왕中德八王 · 초찬오왕初贊五王 · 행복기 십삼대幸福期十三代 · 극락오대極樂五代 등이 있었는데, 현재 모두 세상을 떠났다. 법왕 송쩬감뽀(관세음보살의 화신) 시기에 모두 환화幻化의 군대를 거느리고 위로 네팔에서부터

---

69 범제자재전륜왕梵帝自在轉輪王: 브라흐마Brahmā, 인드라Indra, 비슈누Viṣṇu, 이쉬바라(Īśvara, 쉬바), 전륜성왕을 말한다.

70 오신통五神通: 신족통, 천안통, 천이통, 숙명통, 타심통.

71 냐티쩬뽀(涅赤贊普, Nyatri Tsenpo): 티벳 최초의 왕. 색계 제13천인 광명천光明天의 아들이 하늘에서 밧줄로 지상에 내려와 왕이 되었다고 한다. 또한 그는 석가왕족의 후예라고도 한다.

아래로 중국에 이르기까지 정복하였다. 천자 티송데짼(문수보살의 화신)은 재위기간 동안 남섬부주의 3분의 2를 통치하였으며, 법왕 랠빠짼 때에는 인도 갠지스 강가에 철로 된 비석을 세워 인도와 티벳의 경계로 삼았다. 아울러 인도·중국·게사르(格薩, Gesar)·다소(達蘇, Tajikistan) 등 많은 국가를 정복하여 부속국가로 만들었다. 그 후 각국 사신들은 신년연회에서 만날 때마다 라싸 성에 모여 공납 등을 올려야만 했다. 이와 같은 위력을 갖추었더라도 지금 이것들 역시 역사 기록만 있고, 그 외의 것들은 어떤 것도 남아 있는 것이 없다.

위에 기술한 도리를 사유한다면, 우리가 현재의 집과 재물, 권속, 권세 등을 스스로 아무리 훌륭하다고 여기더라도 앞의 것과 비교한다면 곧 벌집과 같다. 그러므로 마땅히 이렇게 관수觀修해야 한다. '이것들에는 어떠한 항상됨이나 고정됨이 없다'라고.

5) 각종 비유의 의미를 사유하여 무상을 닦음

전체적으로 겁의 증감에 대해 사유해도 역시 무상하다. 지난날 최초의 겁 때 하늘에는 해와 달이 없었고 모든 사람들이 스스로 빛을 발하였다. 그들은 신통변화로 하늘에서 걸어다녔고, 키는 몇 유순에 달하고 감로수를 먹었으며, 행복하고 원만함은 천인과 견줄 만했다. 그러나 중생의 번뇌와 불선업의 연고 때문에 사람들의 각종 복덕은 점점 쇠퇴하여 지금과 같은 상황으로 변하였다.

지금 사람들의 번뇌 역시 점점 거칠고 무거워지고 있기 때문에 복덕은 점점 줄어들고 약해지며, 수명은 점점 짧아져 최후에 수명이 10살이 될 때가 되면 각종 질병·전쟁·기근 등의 재난이 난무하는 황폐한 악겁惡劫이 성행한다. 남섬부주의 대다수 중생들 역시 멸종에 임박할 것이다.

소수의 중생들이 겨우 남는데, 미륵보살의 화신이 그들을 위하여 살생을 단절시키는 묘법을 홍양할 것이다. 이때 사람들의 키는 1주(肘, 1주는 2자 정도) 내외이고, 사람의 수명은 20살로 늘어난다. 이후 점차 사람의 수명이 늘어나 8만 살이 되었을 때, 보호주 미륵보살이 세상에 나와 성불법을 드러내고 대법륜을 강설한다. 이렇게 증감을 18차례 반복한 후, 일체중생의 수명이 무량세에 도달했을 때 승해불[72]이 세상에 나온다. 그 부처님이 세상에 머무는 나이는 앞 현겁 천불 나이의 총합이고, 중생을 요익하게 한 사업 역시 천불 사업의 총화이지만, 결국 이 겁 역시 다 없어질 것이다. 그러므로 겁의 증감을 관찰하는 것 역시 무상의 본성에서 떠나지 않는다.

사계절의 변화를 분별하여 관찰하는 것 역시 무상하다. 여름철에 모든 풀밭은 온통 푸르고, 빗물은 감로수처럼 널리 내려 일체중생 역시 행복하고 안락한 생활을 누린다. 온갖 빛깔의 신선한 꽃들이 아름다움을 다투고 눈부시게 다채로운 것이 마치 하늘세계 같다. 가을철에는 솔솔 부는 찬바람이 푸른 들을 누렇게 변하게 할 것이고, 모든 화초들도 점점 시들 것이다. 겨울철에는 땅은 돌처럼 얼고 물이 얼어 얼음이 되고 찬바람이 살을 에일 듯이 춥다. 비록 긴 노정(許多馬路)[73]이라 할지라도 여름철에 자란 것과 같은 신선한 꽃은 찾을 수 없다. 예를 들어 여름·가을·겨울·봄의 변화 등은 차례대로 나타난다. 이전의 일체 현현顯現은 또 다른 상황으로 변할 것이며, 이것들은 모두 무상하다. 게다가 어제와 오늘, 오늘 새벽과 오늘 저녁, 올해와 내년 등에

---

72 승해불勝解佛: 현겁 천불 가운데 최후의 부처님.
73 마로馬路: 한 필의 말이 하루 동안 가는 노정. 허다마로許多馬路는 한 필의 말이 많은 날 동안 간 노정이다.

대하여 잘 관찰한다면 이 모두가 역시 무상하다. 그러므로 어떤 일, 어떤 물건을 막론하고 항상하고 믿을 만하며 고정된 것은 없다. 더욱이 우리가 일찍이 살았던 도시·마을·절 등은 모두 옛 모습이 새로운 모습으로 바뀐다.

예전에 재부가 원만하고 흥성했던 사람이 현재는 떠돌다가 쇠퇴하여 심지어 집안은 무너지고 사람은 죽게 되며, 지난날 가난하고 허약했던 사람이 지금처럼 재력이 구족한 사람이 되는 것, 이것들 모두가 무상의 본성에서 떠나지 않는다. 한 가정에서 생활하는 사람 역시 이와 같다. 역대의 종친들은 모두 죽었고 현재는 다만 그들의 이름만 남아 있을 뿐이다. 같은 연배의 형제자매들 중에도 이미 죽은 사람들이 많다. 시간이 지나고 장소가 바뀐 지금, 우리는 그들이 어느 곳에 다시 태어났는지를 조금도 모른다. 많은 사람들이 비록 지난날에는 재산과 권세의 원만함이 인간의 장엄[74]과 같을지라도 지금은 이름만 남아 있을 뿐이다. 현재 재물과 권세를 구족하고 많은 이들의 부러움을 받는 사람이 내년의 이때, 혹은 다음 달에도 여전히 세상에 있을지 없을지는 누구도 모른다. 심지어 자기 집 가축우리의 소·양·개 등이 이전에 얼마나 죽었는지, 현재 또 얼마나 남았는지를 관찰해 보더라도, 이러한 종류의 일체 법들이 결국 무상의 본성에서 떠나지 않는다는 것을 알 수 있다. 백 년 전의 세상 사람들은 현재 모두 이미 죽었다. 현재 남섬부주의 모든 사람들 역시 백 년 후에 여지없이 죽을 것이다.

그러므로 유정과 무정이 받아들이는 모든 법은 다 영원하지 않고 견고하지 않다. 즉 이른바 태어나면 반드시 죽고, 모이면 반드시 흩어지

---

74 인간의 장엄: 사람들 가운데 명성과 덕망을 갖춘 사람.

고, 합하면 반드시 분리되고, 쌓이면 반드시 무너지고, 높아지면 반드시 떨어진다.

(1) 태어나면 반드시 죽음

친척과 원수, 괴로움과 즐거움, 뛰어남과 열등함 및 일체의 분별념 역시 무상하다. 어떤 사람을 막론하고 하늘처럼 높고 벼락처럼 사납고 용왕처럼 부유하고 천선天仙처럼 아름답고 무지개처럼 고와도, 죽음이 갑자기 왔을 때는 찰나의 자유자재도 없이 옷 하나 걸치지 않은 빈 몸에 빈손으로 인간을 떠날 수밖에 없다. 재산·친구·권속·부속물·제자·하인·음식 등 일체 것들을 아쉬워하며 버리지 못해도 이때는 버릴 수밖에 없다. 이는 마치 소나 양 젖의 버터조각에서 뽑아낸 털처럼 스스로 홀로 가야 하는 것과 같다. 설령 수천 승려들의 스승이라도 제자 한 명 데려갈 수 없다. 수만 부락의 수령이라도 하인 한 명 데려갈 수 없다. 남섬부주의 일체 재산을 장악한 주인이라도 바늘 하나, 실 하나 가져갈 수 없다. 심지어 자신이 아끼고 보호한 몸조차도 버려야 한다. 어떤 사람들은 살아 있을 때 몸에 비단을 걸치고 입으로는 술과 차를 마시고, 높은 지위를 차지하고 천인처럼 아름다웠지만, 그들의 몸 역시 죽은 뒤에는 한 구의 시체일 뿐이어서 어디에 놓든 간에 사람들이 보고 두려워하게 한다. 예를 들어 밀라래빠 존자가 말하길 "보고 두려워하는 시체가 본래는 현재의 몸이다"라고 하였다.

죽은 후 줄로 꼭 묶어 베로 가리고 흙으로 덮고 그의 밥공기를 베개 옆에 놓는다.[75] 살아 있을 때는 아무리 사랑스럽고 단정한 사람이었다

---

75 티벳에서는 죽은 자가 생전에 사용하던 밥공기를 그 시체의 베개 옆에 놓는 풍속이 있다.

해도 이때에는 매우 비참하게 되고 사람들에게 구토를 일으키게 한다. 살아 있을 때에는 여러 겹으로 된 편안한 침대에서 따뜻한 양피를 덮고 베개는 부드러운 양털을 베더라도 편안하지 못하면 자다가 깨어나 좌우로 뒤척이게 된다. 그러나 죽은 후의 몸은 돌이나 풀·기왓장 위에 놓고 머리에는 재·먼지를 덮는다. 어떤 집안의 주인들은 다음과 같이 생각한다. '만약 내가 없어진다면 우리 집 식구들은 굶주리거나 얼어죽을 것이고, 어떤 경우는 원수에게 당하거나 큰물에 빠져죽을 것이다. 현재 그들이 갖고 있는 모든 재산과 행복들은 모두 나에게 의지해서 얻었다. 그러므로 그들에게는 내가 없어서는 안 된다.' 그러나 이 사람이 죽은 후 그의 시체는 친척이나 친구들에게 단지 화장되거나 물에 던져지거나 혹은 시다림(屍陀林, 시체 버리는 숲)에 던져진다. 그런 다음 그의 친척·친구들은 편안해질 수 있다. 죽을 때에는 어떤 동반자도 없고 자기 혼자만이 중음계를 떠도니, 의지할 수 있는 것은 오직 정법正法뿐이다. 그러므로 지금부터 마땅히 여러 번 사유하고 최선을 다하여 정법 수지에 정진해야 한다.

(2) 모이면 반드시 다 흩어짐

마찬가지로 모든 쌓여 모인 것들은 끝내는 다 흩어질 것이다. 설령 남섬부주를 다스리는 국왕이라도 거지로 떠돌 때가 있다. 많은 사람들은 인생의 전반기에는 일상생활에 필요한 재물이 원만하다가도 하반기에는 일체의 재산을 탕진하고 굶주려 죽는다. 어떤 사람은 작년에는 수백 마리의 소를 가지고 있었을지라도 큰 눈이나 기타 재난을 당하여 올해는 거지로 떠돈다. 어제는 지위가 혁혁하고 재산이 원만했던 부호가 원수에게 당하여 오늘은 거지가 되는 등 우리가 직접 목도한 실례들이 많이 있다. 향유하는 재물이 항상 있을 수는 없다. 그러므로 반복해서 관상하고 사유해서 재물을 널리 보시해야 한다.

(3) 일체 모인 것들은 결국 흩어짐

일체 모인 것들은 결국 흩어진다. 어느 땅의 큰 시장이나 대법회에 비록 사방팔방에서 수천수만의 사람들이 모였을지라도 결국은 그들도 각각 흩어질 것이다. 비록 지금 스승과 제자, 주인과 하인, 시주와 복전, 도반, 형제, 부부 등이 화목하게 잘 지내도, 결국 어찌 되었건 간에 헤어지지 않을 수는 없다. 만약 갑자기 죽거나 잠깐의 악연이 나타난다면 즉시 헤어질 것이다. 이것들은 모두 확실히 정해진 것이 없다. 현재 아침저녁으로 같이 지내는 도반·식구 등도 오래지 않아 반드시 헤어진다.

그러므로 서로 성내거나 말로 다투거나 싸우거나 모순 등을 일으켜서는 안 되고, 반드시 오랜 기간 같이 지내지 못하고 곧 헤어질 것임을 사유해야 한다. 그러므로 지극히 짧은 세월 동안 서로 존경하고 사랑하며 화목하게 살아야 한다. 파담빠 존자[76]께서 말씀하신 것과 같다.

> 부부가 영원하지 않음은 시장에 모이는 손님과 같으니,
> 절대 나쁜 말로 다투며 서로 싸우지 말라. 딩리 사람들이여!

---

[76] 파담빠 상게(帕單巴, Padampa Sangye, 11~12세기): 인도 남방에서 태어나 딴뜨라 수행에 유명한 대성취자. 파담빠는 일찍이 연화생 대사, 용맹보살 등 500 상사에 의지하여 2수승성취를 얻었다. 571년 동안 세상에 살았고, 후에 티벳 지역으로 건너와 마찍랍된을 만나 쬐(Chöd, 我相을 '자르다'는 의미) 수행 법맥을 세웠다. 이후 그의 가르침은 티벳에 널리 퍼졌다.

(4) 쌓이면 반드시 무너짐

벽돌로 쌓은 모든 건축들은 무너질 것이다. 지난날 흥성하고 발달한 도시와 절들에는 모두 어질고 덕 있는 관리자와 주지가 있었지만, 지금에는 유적지만이 남아 있고, 또한 이미 새둥지가 되었다. 예를 들면 천자 티송데쩬 때 환화공인[77]이 건축하고 우갠의 제2의 붓다인 연화생 대사가 점안식을 한 삼예[78]의 삼층 대웅전 역시 화재를 당하여 하루아침에 무너졌다. 법왕 송짼감뽀 때 존성궁[79]같은 홍산[80]궁전은 지금 주춧돌조차도 남아 있지 않게 되었다. 우리가 현재 벌레 구멍 같은 시내·집·절 등에 대하여 매우 아끼고 집착한다고 해도 무슨 쓸모가 있겠는가? 그러므로 까규빠의 여러 선배 고승들의 전기에서 아래와 같이 말한 것처럼 해야 한다.

　　고향을 등지고 떠나 타지로 가서
　　동굴에 머물며 들짐승과 친구가 되니
　　옷·음식·명예를 완전히 버린다.

이후 철저히 까담빠의 사의처四依處에 의지할 것이니, 즉 마음은 법에 의지하고, 법은 가난에 의지하고, 가난은 죽음에 의지하고, 죽음은 물 한 방울 없이 말라버린 골짜기에 의지한다는 것이다. 우리는 진실하

---

77 환화공인幻化工人: 티송데쩬이 인도에서 초청해온 기술자이다.
78 삼예(桑耶, Samye): 산 남쪽 찰낭현箭囊縣의 한 지명. 이곳에 티벳 최초의 사원인 삼예 사원이 건립되었다.
79 존성궁尊勝宮: 제석천(인드라)이 머무는 궁전 이름으로 선견성善見城 중앙에 있다.
80 홍산紅山: 뽀딸라(布達拉, potala)궁이 있는 산.

게 이 원만한 네 법을 관수觀修해야 한다.

(5) 높은 곳에 처하면 반드시 떨어짐

비할 데 없이 용맹스럽고 권위를 갖추고 있는 전륜왕인 아유왕我乳王은 네 대륙을 다스리는 금륜왕金輪王으로 33천을 주재하고 제석천과 한자리에 앉아 아수라를 이길 수 있었지만, 결국에는 역시 땅에 떨어져 모든 욕망을 다 채우지 못하고 죽은 것과 같다. 지금 우리가 본 국왕·교주·존자 등 주위의 권속, 지역의 관원 등 권세와 지위를 가진 모든 사람들 역시 항상 변하지 않고 그 자리를 지키는 사람은 하나도 없다. 작년에 다른 사람에게 형벌을 판결내렸던 관원이 오히려 올해는 죄인이 되는 현상을 볼 수 있다. 그러므로 지위가 있고 없음이 무슨 쓸모가 있는가? 그러므로 우리는 마땅히 진실하게 수행하여 쇠퇴함이 없고 인천의 공양에 응하며, 원만한 정등각의 과위를 얻을 수 있는 정법을 획득해야 한다.

마찬가지로 친족과 원수 역시 무상하다. 이전에 까따야나(Kātyāyana, 가전연) 존자는 탁발(化緣)하러 갔는데, 한 시주가 아들을 안고는 아주 맛있게 물고기를 먹으면서 (생선)뼈를 물어뜯고 있는 어미 개를 돌로 때리는 것을 보았다. 존자가 신통으로 관찰하니, 그 물고기는 시주의 아버지가 환생한 것이고, 어미 개는 그 어머니의 환생이며, 전생에서 자신을 죽인 원수가 그의 아들로 환생하여 빚을 갚으러 온 것을 발견하였다. 관찰한 후에 존자는 게송을 말하였다.

입으로는 아비의 고기를 먹으면서
돌로는 자기 어미를 때리며

자기를 죽인 원수를 안고 있고
처자는 남편의 뼈를 깨물어 먹으니
윤회의 법은 진실로 희유하도다.

이생의 많은 사람들이 비록 자신의 깊은 원수였다가 나중에는 절친한 친구로 바뀌기도 하고, 서로 교류하다가 관계가 더욱 친밀해질 수 있는 것이다. 비록 부모형제라 하더라도 어떤 사람들은 보잘 것 없는 재산 때문에 분노를 일으켜 서로 해치게까지 이른다. 식구나 친척들도 잠시의 자질구레한 일 때문에 원수가 되고 심지어 서로 죽이기까지 한다. 그러므로 모든 친척과 원수들이 다 무상하니, 대비심으로 모든 사람들을 사랑하는 것을 반복해서 사유해야 한다.

즐거움과 고통 역시 무상하다. 많은 사람들이 인생의 상반기는 부유하고 즐겁다가 하반기에는 고생하며 가난하게 산다. 또 상반기는 고통스럽게 살다가 하반기는 행복하게 사는 사람들도 있다. 또는 많은 경우에 상반기는 거지로 살다가 하반기는 왕으로 사는 사람도 있다. 예를 들어 밀라래빠 존자의 백부와 같이 오전에는 아들을 위하여 새 신부를 맞이하여 크게 잔치를 열었지만, 오후에는 집이 무너져 고통과 슬픔으로 울부짖는 비참한 상황 역시 상상할 수 없다. 그러나 정법을 구하기 위한 고행을 하면서 비록 잠시는 많은 고통을 느꼈을지라도 결국에는 무상의 안락을 얻은 것은, 과거 세상에 출현하신 제불과 밀라래빠 존자 등 선배들이 그러했던 것과 같다.

어떤 사람들은 비록 악업을 지으면서 재물을 쌓고 잠시의 안락을 얻을지라도 결국에는 역시 끝없는 고통을 느낄 것이다. 예를 들면 예전에 니홍국(尼洪國, Aparāntaka)에는 최초로 7일 동안 양식의 비가 내렸고, 이어서 7일 동안 옷의 비가 내렸다. 그 후에 또 7일 동안 보석의 비가 내렸으며, 최후에는 흙비가 내려 모든 사람들이 흙 속에 묻혔고 죽은 뒤에는 악도에 태어났다. 그러므로 고락은 무상하다고 말하는 것이니, 득실을 근심하지 말고, 이 세상 세간의 일체 행복과 향유물에 대하여 침을 뱉어버리는 것처럼 포기하고, 마땅히 지성으로 수행하여 제불과 선배들이 법을 구하기 위하여 고행하고 채찍질하고 정진하면서 고통을 감수한 족적을 따라가야 한다.

우수하고 열등함 역시 무상하다. 많은 사람들이 비록 세간의 입장에서 말을 잘하여 변론에 뛰어나고 지식이 넓고 지혜롭고 용맹하다고 하더라도, 역시 쇠퇴하는 때가 있다. 이때는 과거에 쌓은 복덕은 이미 다 써버리고 사유는 전도되고 일은 순조롭지 못하고 늘 타인의 비방을 받고 스스로 고통과 많은 사람들의 사기를 당하며, 이전에 겨우 가지고 있던 작은 공덕도 다 써버려 이미 하나도 가지고 있는 것이 없다. 어떤 이가 이전에 지혜가 없고 견문과 지식이 얕으며, 타인에게 교활하고 미친 사람으로 불리다가 나중에 재부를 얻어 향유물들이 원만해지면, 다른 사람들이 그를 신임하여 어질고 견문과 지식이 넓은 사람으로 여긴다. 예컨대 "교활한 자가 나이 들어 주인이 되었다"는 말과 같다. 출세간의 법 측면에서 말하자면 이러한 속담이 있다.

> 증득한 이가 나이가 들어 학문을 구하고, 탈속한 선비가 나이가 들어 재물을 쌓고, 법사가 나이가 들어 가장家長을 이룬다.

많은 사람들이 비록 인생의 상반기에는 일체 세간의 자질구레한 일들을 버린 탈속인이라도 하반기에는 오히려 열심히 재물을 쌓는다.

또한 상반기에는 사람들에게 법을 전하는 아사리이지만, 하반기에는 사냥꾼, 도둑이나 강도가 되는 사람들도 있다. 또 어떤 사람들은 상반기에는 계율을 지키는 청정한 계사이지만 하반기에는 후손이 무리를 이룰 정도가 된다. 반대로 또 어떤 사람들은 상반기에 악업만을 짓지만 하반기에는 오로지 정법만을 수지하여 성취를 이루거나, 혹 성취를 아직 이루지는 못하였더라도 불문에 들어 죽은 뒤 청정한 불국토에 왕생한다. 그러므로 현재의 뛰어나고 모자람은 다만 찰나의 드러남일 뿐 어떤 항상된 것이나 고정된 것은 없다. 어떤 사람들은 스스로 우연히 아주 작은 출리심과 염세심을 일으켜 표면적으로 비슷한 법을 수행할 뿐인데, 세간 사람들은 또한 이 때문에 그가 어질고 선하다고 여긴다. 또 나중에는 시주와 제자들이 생겨 발아래서 공경과 정례를 한다. 이때 그들은 스스로 심식을 자세하게 관찰하지 않는다. 도리어 정말로 '나는 이미 어떠하다'라고 여기고 오만한 마음을 일으켜 일체 행위가 평상시와는 판이하게 다르며 '나는 무슨 일이라도 할 수 있다'라고 여긴다. 이것은 정말 마귀에 홀린 짓이다.

아집을 끊어버리기 전과 무아의 지혜가 생겨나기 전에, 또 성자의 과위를 얻기 전에는 우수하고 열등함이 드러나는 것이 다 무상하다. 그러므로 우리는 항상 죽음의 무상함을 닦고 자신의 잘못을 관찰해야 하며 항상 낮은 위치에 머물러야 한다. 출리심과 염리심을 일으키며 삼문을 조율하고 온유하게 하는 것에 방일하지 않으며, 일체가 무상함을 관하고 윤회의 고통을 사유하며, 항상 강렬한 신심과 깊은 염리심 속에 머물러야 한다. 이를테면 밀라래빠 존자께서 말씀하신 것과 같다.

사람 없는 산골짜기 바위동굴 속에서

> 항상 출리심과 염리심을 갖춘다면
> 상사는 바로 삼세불이 되어
> 강렬하고 굳은 신심은 영원히 떠나지 않으리.

마땅히 이처럼 수행해야 한다. 그렇지 않으면 잠시의 이 분별념들은 무상하여 장래 어떻게 변할지 확정할 수 없다. 예전에 어떤 사람은 친척과 친구들이 모두 적이 되어 버렸는데, 나중에 그가 불문에 들어와 대단한 탕빠 비구(唐巴比丘, Gelong Thangpa)가 되어, 풍기風氣와 마음(뚬모, 내부열 수행)에 자재함을 얻어 허공을 날아다닐 수 있었다. 어느 날 먹을 것을 공양할 때 많은 비둘기들이 모여드는 것을 보고 그는 생각했다. '만약 나에게 이렇게 큰 군대가 있다면 저 적들을 충분히 다 없앨 수 있을 텐데.' 당시의 이런 나쁜 생각이 도를 쓰는 것(道用)으로 바뀌지 않았기 때문에 후에 그는 환속하여 군대의 수령이 되어 버렸다.

마찬가지로 잠시 상사와 좋은 벗의 인연으로 법을 닦는 좋은 기회를 얻었을지라도, 보통사람의 생각은 영구적이고 믿을 만한 것이 없기 때문에 매일매일 끊임없이 법을 닦는 데에 주의를 기울여서 살아 있는 동안, 또한 늙어 죽을 때까지 닦아야 한다. 이처럼 각종 비유를 사유하여 위로는 삼계의 꼭대기에서 아래로는 무간지옥에 이르기까지 털끝 하나도 항상되고 고정된 것은 없으며, 모두 변화하고 증감하는 본성임을 깊이 믿어야 한다.

6) 죽음의 인연이 정해져 있지 않음을 사유하여 무상을 닦음

우리 남섬부주의 사람들은 태어나면 반드시 죽을 것이지만, 죽음의 방식, 죽음의 인연과 죽음의 시간은 정해져 있지 않다. 즉 언제, 어디서,

어떻게, 어떤 인연으로 죽을지는 누구도 확실히 알 수 없다. 이 세간에서 삶의 인연은 적고 죽음의 인연은 많다. 아리야데와(聖提婆, 聖天)보살이 말한 것과 같다.

> 죽음의 인연은 매우 많고 삶의 인연은 매우 적으니, 저것 역시 죽음의 인연을 이룬다.

이를 테면, 불·물·독·위험한 곳·야인·맹수 등 죽음의 인연은 많은데 삶의 인연은 오히려 매우 적다. 뿐만 아니라 삶의 인연 속에서 필요로 하는 의복·음식 등을 자족하는 것 역시 죽음의 인연을 이룰 것이다. 독이 있는 음식물을 먹거나, 혹은 독이 없어 잠시 신체에 이로움이 있더라도 먹으면 독극물로 변하거나, 혹은 몸에 맞지 않아 중독을 일으켜 죽음의 인연이 되는 것들도 많다. 더욱이 지금 이 시대는 많은 사람들이 분에 넘치게 육식을 좋아하여 제멋대로 고기를 먹는다. 그래서 거의 '마돈' 병이나 '하진' 병[81]에 감염되지 않은 이가 없다. 이 외에 음식이 합당하지 않아서 종양, 연분涎分, 수종병 등에 걸려 죽음의 인연을 만드는 경우도 부지기수다. 재물과 명예 등을 좇느라 죽을 곳으로 달려가거나, 사나운 야수를 만나 먹히거나, 멋대로 물을 건너다 익사하는 등 죽음의 인연이 되는 것은 수를 셀 수가 없다.

이 외에 죽음의 인연이 다양하기 때문에 죽음의 시기 또한 정해져 있지 않다. 어떤 경우는 어머니 뱃속에서 이미 죽고, 어떤 경우는 막 태어나자마자 죽는다. 또 어떤 경우는 걸음마를 배우자마자 요절하기도

---

81 마돈瑪敦, 하진夏珍: 육식이 초래한 두 가지 질병의 명칭.

하고, 청장년이 되어 죽기도 하고, 노쇠해져 죽기도 하며, 병이 나서 제때에 치료하지 못하여 죽기도 한다. 어떤 경우는 장기간 병을 앓아 비쩍 마른 채 병상에서 일어나지 못하고 죽을 뿐 아니라 죽어서 눈을 감지 못하기도 한다. 또 '동특' 병[82]을 앓는 사람들은 음식물을 잘 먹지 못하고, 말을 제대로 다 하지 못하고 일을 다 하지 못하는 가운데 죽는다. 또 어떤 사람들은 자살한다.

이상의 무수한 죽음의 인연 중에서 삶의 인연은 바람 앞의 등불처럼 아주 적다. 아마도 지금 죽음이 갑자기 올 수 있으며, 누구도 내일 머리 위에 긴 뿔이 난 축생(습생, 화생하는 유정들은 죽은 뒤에 즉시 환생한다)으로 환생하게 될지 확정할 방법이 없다. 그러므로 죽음의 시기는 때가 없으며, 태어나는 곳도 정해진 것이 없다는 이치를 진실로 믿어야 한다.

7) 맹렬하게 희구함을 사유하여 무상을 닦음

시시각각 오로지 죽음을 관수觀修하고 또한 걷고 앉고 눕는 등의 일체 행위들이 모두 이 세상 최후의 행위라는 것을 관상한다. 입으로 말하는 것, 마음으로 생각하는 것 역시 이와 같다. 만약 다른 곳을 가더라도 타향에서 객사하여 다시 고향으로 돌아올 기회가 없게 될 수 있음을 관상한다. 길을 걸을 때나 계단에서 쉴 때에도 이곳에서 죽을 수도 있음을 생각한다. 어느 곳에 앉아 있더라도 그곳에서 죽을 수 있음을 관상해야 한다. 저녁에 잠들 때에도 오늘 저녁 잠자는 곳에서 죽을 수 있으며 내일 여전히 살아 있을 것인지의 여부를 확정할 방법이

---

82 동특洞特: 병의 일종으로 이 병을 앓는 사람들은 갑자기 쓰러지며, 일어서려 하면 피를 흘린다.

없음을 생각해야 한다. 새벽에 일어날 때에도 '오늘 중으로 죽을 수 있으니, 오늘 저녁 다시 잠잘 수 있음을 확정할 수 없다'라고 생각해야 한다. 성심으로 간절하게 죽음을 관수해야 한다. 예전에 까담빠의 게쉐[83] 들은 저녁에 잠들기 전에 늘 사유하였다. '내일 아침 불을 지필 필요가 있을지 없을지 모른다.' 그래서 그들은 늘 불을 덮지 않았을 뿐만 아니라[84] 그릇도 엎어 놓았으며, 일체의 시간에 오로지 죽음에 대하여 경각심을 내었다. 우리 역시 그들처럼 그렇게 수행해야 한다.

그러나 겨우 죽음이 정해지지 않았다는 것을 닦는 것만으로는 아직 부족하다. 왜냐하면 임종할 때는 정법만이 이로움이 있기 때문이다. 그러므로 항상 바른 앎(正知), 바른 생각(正念)에서 떠나서는 안 되고, 아울러 윤회하는 일체 사물이 무상하고 실제적인 의미가 없음을 알아 정법을 수지하는 데 독려해야 한다. 본래 심신의 잠깐 동안의 조합은 무상한 것이므로 임시로 합쳐진 신체를 나라고 집착해서는 안 된다. 다니는 길도 무상하므로 마땅히 이치대로 법대로 다녀야 한다. 『반야섭송(彙集經)』에 이르길 "오로지 멍에 길이만큼 앞을 볼 뿐이어서 다닐 때 마음이 어지럽지 않다"라고 하였다.

머무는 곳이 무상하므로 마땅히 마음으로 정토만 생각하여야 한다. 음식과 생필품이 무상하므로 마땅히 선정으로 먹을 것을 삼아야 한다.

---

[83] 게쉐(格西, Geshe): 한문으로는 선지식善知識으로 번역한다. 티벳불교의 겔룩빠의 승려들이 장기간 수학하여 얻는 일종의 학위이다. 보통 『입중론入中論』, 『현관장엄론現觀庄嚴論』, 계율戒律, 인명론因明論과 『구사론俱舍論』에 정통해야 한다.

[84] 개화盖火: 티벳 사람들은 일반적으로 저녁에 불을 덮었는데, 그 다음날 불을 지피는 데 편리하게 하기 위해서이다. 그러나 무상을 닦는 사람들은 저녁에 죽는 것을 생각하여 준비할 필요가 없기 때문에 늘 불을 덮지 않는다.

침대에서 자는 것이 무상하므로 산란 중에 광명몽(光明夢, 淨光明, 꿈의 바르도 수행)을 닦아야 한다. 재물과 보옥이 무상하므로 성자의 칠재七財[85]에 의지해야 한다. 친척, 친구, 이웃이 무상하므로 고요한 곳에서 출리를 닦아야 한다. 대화와 말이 무상하므로 주문을 외우고 경을 읽는 데 부지런해야 한다. 신심과 출리심이 무상하므로 맹서 세우는 것을 굳건하게 해야 한다. 사유와 분별념이 무상하므로 어질고 착한 인격을 갖추어야 한다. 증득한 것을 점검하여 살피는 것이 무상하므로 법계가 다하는 곳까지 이르러야 한다. 이때 생사에서 벗어나 기꺼이 죽음을 파악하게 되며, 죽음이 없는 견고한 경지를 얻게 된다. 매가 허공을 날다가 문득 죽음이 도래해도 두려워하는 것이 없는 것과 같으니, 이때부터 수행할 필요가 없게 된다. 밀라래빠 존자께서 말씀하신 것과 같다.

> 나는 처음에 죽음이 두려워 산속으로 가서
> 여러 차례 죽음에 정해짐이 없는 것을 수행하여
> 죽음이 없는 본래 견고한 지위를 획득하고 나서야
> 죽음을 두려워하는 것에서 벗어났다.

비할 바 없는 닥뽀 린뽀체(감뽀빠)께서 말씀하셨다.

> 처음에는 삶과 죽음에 쫓겨 두려워하여

---

[85] 성자의 칠재七財: 정법을 믿음(信), 계율을 지님(戒), 불법을 들음(聞), 온갖 것을 버리고 베풂(捨), 스스로 허물을 부끄러워함(慚), 타인의 비난을 부끄러워함(愧), 지혜(慧).

사슴이 울타리를 도망치려고 애쓰는 것과 같았고,
중반에는 마치 농부가 부지런히 밭을 가는 것과 같아
죽음 역시 아쉬움이 없었으며,
최후에는 마음이 편안함을 얻어
위인이 큰일을 이룬 것 같았다.
최초에는 화살 겨누는 사람에 쫓기는 것처럼
다른 일을 생각할 겨를이 없었고
중반에는 외아들을 잃은 어머니와 같이
오로지 수행에 전념했으며
최후에는 지을 것이 없음을 알았기 때문에
돌보던 소가 달아나 멍해진 어린 목동 같았다.

이처럼 정해定解가 일어나기 전에는 오로지 죽음이 무상하다는 것을 관수해야 한다. 세존 역시 말씀하셨다.

만약 무상을 많이 닦는다면 이미 제불에게 공양한 것이고
만약 무상을 많이 닦는다면 제불의 안위를 얻으며
만약 무상을 많이 닦는다면 제불의 수기를 얻고
만약 무상을 많이 닦는다면 제불의 가피를 얻는다.
모든 발자국 중에서 코끼리의 발자국이 가장 수승한 것과 같이
불교 안의 모든 수행 중에서 오로지 무상을 닦는 것이야말로
가장 수승하다.

또 『비나야경』에서 말씀하셨다.

나의 제자들 중에서 보배 병 같은 비구인 사리자, 목건련 등 이와 같은 백 명에게 공양 올리고 공물을 올리는 것이, 한 찰나에 유위법이 무상함을 억념하는 것의 수승함보다 못하다.

어떤 거사가 뽀또와 게쉐에게 물었다.
"만약 한 법을 오로지 닦는다면 어떤 법을 닦는 것이 가장 중요합니까?"
게쉐가 말씀하셨다.

한 법을 오로지 닦는다면 무상無常이 가장 중요하다. 만약 죽음이 무상함을 수행한다면 우선 먼저 불법에 들어가는 인因을 지을 수 있고, 중간에는 선한 법을 부지런히 닦는 연緣이 될 수 있으며, 최후에는 또한 법성을 증득하는 데 도움이 된다.
또 만약 무상을 수행한다면 처음에는 이 세상 삶에 대한 속박을 끊게 하는 인이 되고, 중간에는 모든 윤회를 탐하는 집착에서 벗어나는 연이 되며, 최후에는 역시 열반의 길로 들어가는 데 도움이 된다.
또 처음에는 신심의 인을 일으키고, 중간에는 정진하여 연을 짓고, 최후에는 지혜가 생겨 조력자가 된다.
또 이 무상을 닦고 심식 가운데 일으킬 수 있는 사람이라면 처음에는 구법求法의 인을 이룰 수 있고, 중간에는 법을 닦는 연을 지을 수 있고, 최후에는 법성을 증득하는 데 도움이 되는 도반이 된다.
또 이 무상을 수행하고 아울러 심식 속에서 무상의 생각을 일으킬 수 있다면 처음에는 무장하고 정진하는 인이 되고, 중간에는 가행 정진하는 연이 되며, 최후에는 물러섬이 없는 정진을 할 수 있게

도와주는 도반이 된다.

파담빠 린뽀체도 말씀하셨다.

만약 심식 중에 이 무상을 일으킨다면 처음에는 법인法因에 들어가고, 중간에는 정진의 채찍이 되고, 최후에는 광명의 법신을 획득할 수 있는 것이다. 그러므로 심식 중에서 아직 진실한 무상의 생각이 일어나지 않고 겨우 표면적으로 법을 구하고 닦을 뿐이라면, 최종적으로 불교유자[86]의 인因을 이룰 것이다.

파담빠 린뽀체는 또 말씀하셨다.

티벳에서 이 같이 법을 닦는 사람들 중에는 죽음의 무상을 닦는 사람은 한 명도 없고, 누군가 세상에 오래 살아 있는 것을 본 적도 없다. 몸에 승복을 걸치고서 재산 축적하기를 좋아한다면 어찌 염왕에게 공양하려는 것이 아니겠는가? 일체의 기묘한 재보를 거두어 간직한다면 어찌 어두운 곳에서 뇌물로 지옥 병졸에게 공양하고 기도하는 것이 아니겠는가? 티벳의 사람들 중에 이같이 행하는 자들을 볼 것 같으면 나도 모르게 하늘을 보고 하하, 웃음을 금치 못한다!

널리 배웠으나 아만만 높고, 잘 수행한다 하나 재보를 쌓는 데 힘쓰며, 고요한 곳에 의지하나 매우 산란하게 행동하며, 고향을

---

[86] 불교유자佛敎油子: 불문에 들어와 법을 듣고 닦은 것이 많을수록 그의 심식은 더욱 조화를 이루기 어려워져 결국에는 도와 반대방향으로 나아가게 된다.

떠나 출가하여 부끄러움이 없으니, 이들은 겉으로만 법을 닦는 자들이다. 저들은 악업 짓는 것을 좋아하여 이미 다른 사람이 죽는 것을 보았다 할지라도 오히려 자신이 장차 죽을 것이라는 것을 모른다. 수행자들은 이와 같이 우선적으로 자신을 질책해야 한다.

그러므로 무상을 관수하는 것은 일체 수행의 문을 여는 예비수행이다. 어떤 거사가 뽀또와 게쉐에게 악연을 소멸시키는 비결을 물었다. 뽀또와 게쉐께서 대답하셨다.

너는 마땅히 죽음의 무상에 대하여 많이 생각해야 한다. 만약 마음속에 죽음에 대한 경각심이 생겼다면 죄업을 깨끗이 없애는 데 어려움이 없고 선행을 수지하는 데 어려움이 없다. 만약 이 기초 위에 네가 자비심을 많이 수지하여 심식에서 일으킬 수 있다면 유정을 이롭게 하는 데 어려움이 없다. 만약 이 기초 위에 제법의 실상이 공함을 많이 닦아서 심식에서 일으킬 수 있다면 미혹되고 어지러운 것을 청정하게 하는 데 어려움이 없다. 만약 심식에서 무상에 대하여 확실한 이해를 일으킬 수 있다면 철저하게 금생의 세간 일체 사물에 대한 집착을 버릴 수 있다. 마치 구토하는 환자가 기름진 음식을 먹기 싫어하는 것과 같다.

나의 지존 상사이신 직메 걜와뉴구 존자께서 역시 재삼 말씀하셨다.

나는 세간에서 가장 고귀하고 권위 있고 아주 부귀하며 미모를 갖춘 사람들을 보더라도 부러워하는 마음이 일어나지 않는다. 대신에 선배 고승 대덕들의 자취를 중시하는데, 이것은 내 자신의 심식 속에서 약간의 무상에 대한 정해를 일으켰기 때문이다. 그러므로 나는 무상 이외에는 다른 사람들에게 주는 더 수승한 다른 가르침이 없다고 안다.

그렇다면 심식 속에서 무상에 대하여 발심을 일으키는 경계는 어떠한 것인가? 이에 대해서는 아래에 언급한 카락곰충(喀喇共穹, Kharak Gomchung) 게쉐처럼 해야 한다. 게쉐가 우짱Yü-Zang의 조오카락 산(覺摩喀喇山)에서 수행할 때, 바위굴 입구에 가시나무 넝쿨이 있어 늘 그의 옷에 닿았다. 그는 찔릴 때마다 뽑아버리고 싶었지만 생각을 돌리곤 했다. '아! 나는 아마도 이 바위굴에서 죽을지도 모르며, 나갈 기회가 다시 있을지 없을지도 모른다. 오로지 묘법 수지만을 요체로 삼아야 한다.' 그래서 줄곧 가시나무 넝쿨을 뽑아버리지 않았다. 동굴을 나올 때 또 생각했다. '이 동굴로 다시 돌아올 수 있을지 없을지 모르겠다.' 이렇게 그곳에서 몇 년 동안 수행했고, 최후의 성취를 이루고 나서도 여전히 가시나무 넝쿨을 뽑아버리지 않았다. 이 외에 릭진 직메링빠 존자[87]가 사시는 정사 옆에 한여름에 목욕하는 못이 있는데, 계단이 없어서 들어갈 때 조금 어려웠다. 제자가 그에게 물었다.

"여기에 계단 한두 개를 만들어야 하지 않겠습니까?"

존자께서 대답하셨다.

---

87 릭진 직메링빠(持明無畏洲, Rigdzin Jigme Lingpa, 1729~1798): 티벳에서 가장 중요한 떼르뙨(tertön, 寶藏을 찾는 이)의 한 사람으로, 롱첸빠가 가르친 롱첸닝틱의 가르침을 다시 발견하였다.

"내년에 다시 여기에서 목욕할 기회가 있을지 없을지 모른다. 그렇다면 번거롭게 하는 것이 무슨 소용이 있느냐?"

그는 제자에게 늘 무상의 법을 가르쳤다. 그러므로 우리들 역시 이처럼 수지해야 한다. 심식 속에 정해가 아직 일어나기 전이니 더욱 발심하고 바르게 행해야 하며, 각종 방편으로 자신의 마음을 고르게 하여 심식 속에서 진실한 무상관이 자리 잡기 전까지 반복해서 수지해야 한다. 마지막 수행에는 회향으로 증명을 삼아야 하며, 그 후에는 성자인 선배들의 자취를 따라 전심전력으로 정진 수지해야 한다.

무상이 절실하나 있음에 집착하고
나이 들어도 젊다고 착각하며
삿된 생각에 물든 나와 중생들이
심식 중에 무상을 경각하도록 가피하소서!

3. 윤회계의 결함

윤회계의 모두가 실답지 않음을 요달하고,
오직 대비심으로 모든 중생을 이익 되게 하며,
윤회나 열반을 집착하지 않고 교법에 의지해 대승을 행하시니,
비할 바 없이 뛰어난 스승의 발아래 정례하옵니다.

1) 윤회계의 일반적 고통을 사유함

우선 앞에서 말한 것처럼 이미 얻기 어려운 가만(八有暇 十圓滿)한 사람 몸을 얻었을지라도 장기간 머물 수는 없으며, 결국에는 죽음으로

나아갈 것이다. 만약 죽은 뒤에 등불이 꺼지거나 물이 마르는 것과 같다면, 또한 가만한 인생을 얻지 못한 것과 다를 것이 없게 된다. 그러나 죽은 뒤에는 종결될 수 없고 반드시 다시 태어나야 한다. 다시 태어나게 되면 윤회를 떠날 수 없다. 전체적으로 말해, 이른바 윤회라는 것은 도공 손 안의 물레, 우물 속의 물 긷는 도구, 병 속의 꿀벌처럼 끊임없이 계속 돈다. 예를 들어 꿀벌을 병 속에 넣고 병 입구를 막으면 꿀벌은 병 속에서 이리저리 날아다닐 뿐이다. 마찬가지로 선도에 나거나 악도에 떨어지거나 모두 윤회의 범위를 벗어날 수 없다. 선도의 인간과 천상의 경계는 병의 윗부분과 같고, 3악도는 병의 아랫부분과 같다. 이처럼 6도 중생은 유루의 선업과 불선업을 인으로 삼아 계속해서 끊임없이 유전하기 때문에 윤회라고 부른다.

  우리 같은 사람들은 무시이래로 윤회계를 방황하고 있으며 일체중생은 일찍이 서로간에 부모·친구·원수 혹은 평범한 이웃 관계를 맺지 않은 적이 없다. 이 사람의 어머니가 또 저 사람의 어머니가 된다. 붓다께서는 경에서 말씀하셨다.

> 온 대지의 흙을 대추씨 같은 알로 변화시킨다면 그 수량은 다 셀 수 있다. 그러나 각 중생이 서로 어머니가 된 수는 이루 다 셀 수가 없다.

보호주 용수께서 말씀하셨다.

> 이 세상 모든 흙을 대추씨만한 알로 바꾼 것은 셀 수 있지만 어머니였던 중생의 수는 다 셀 수가 없다.

무시이래로 지금까지 중생이 이처럼 윤회전생하지 않은 것은 하나도 없다. 그러므로 탐심의 인연 때문에 잘라버린 머리와 사지는 그 수를 헤아리지 못한다. 만약 일찍이 자신이 개미 같은 작은 생명(含生)으로 살았던 것을 포함한 모든 사지와 몸통들을 한 곳에 모은다면 수미산보다 더 높을 것이다. 입에는 먹을 것이 없고, 몸에는 입을 것이 없기 때문에 추위와 기아·갈증 등을 느끼며 흘린 눈물은 바닷물보다 더 많다. 지옥에 떨어졌을 때 마신 적이 있던 구리즙, 쇳물만 해도 수미산 외곽의 사대양의 물과 비교하면 오히려 더 많다.

그렇지만 아직도 이 윤회에 대하여 찰나의 출리심도 없이 도리어 탐욕스런 집착에 속박된 사람들은 끝없는 윤회 속에서 이전보다 더 많은 고통을 느낄 것이다. 비록 복덕에 따른 다소간의 선업인과로 범천과 제석과 같은 장수, 용모와 원만한 재산을 가진 신체를 얻었을지라도 결국에는 죽음에서 벗어날 수 없다. 죽은 뒤에도 악도의 비참한 고통을 느낄 것이다. 그렇다면 우리 사람들은 현재 잠시 부귀와 무병 등의 안락을 가지고 있어도 몇 년, 혹은 몇 개월, 심지어는 겨우 며칠 내에 선도의 안락한 과보를 다 써버린 뒤 매우 가난하고 불쌍하게 변하거나, 혹은 원하지 않아도 악도에 떨어져 견디기 어려운 고통을 받아야 할 것이다.

현재 잠시의 행복은 마치 꿈속에서 한창 흥성할 때 갑자기 깨어나는 것과 같으니, 무슨 실제적인 의미가 있겠는가? 잠시의 이 아주 작은 선의 과보로 행복과 쾌락을 누리는 사람들은 인업(引業, 육도의 한곳으로 이끄는 업)이 다한 후에는 찰나의 자유로운 머무름도 없다. 설령 천보天寶로 장식된 여의보좌에 앉아 마음껏 다섯 가지 묘한 쾌락을 누리는 천왕이라도 수명이 다 한 뒤에는 눈이 감기는 순간에 지옥에 떨어져 불타오르는 철판 위에서 머리를 숙인 채 고통을 느낄 것이다. 마찬가지로 태양과 달이 사대주를 비추는 빛을 가지고 있어도 최후에는 역시 암흑으로 변할 것이다. 그때가 되면 심지어 사지를 펴고 굽히는 것조차도 볼 수 없다. 이러한 허다한 윤회 중의 안락 같은 것은 어떤 믿을 만한 것이 없다. 그러므로 지금 이곳에서 윤회의 고해를 벗어나 영원한 원만 정등각의 과위를 얻기 위하여 힘껏 정진하여 예비수행(加行)과 본수행(正行)과 회향수행(後行)을 원만히 하여 수행해야 한다.

2) 육도 각각의 고통을 분별 사유함
육도의 고통을 각각 분별하여 사유하는 것은 여섯 가지로 나뉘는데 지옥·아귀·축생·사람·아수라·천인이다.

(1) 지옥
지옥은 팔열지옥八熱地獄·팔한지옥八寒地獄·근변지옥近邊地獄·고독지옥孤獨地獄의 넷으로 나뉜다.

① 팔열지옥
부활지옥復活地獄·흑승지옥黑繩地獄·중합지옥衆合地獄·호규지옥號叫地獄·대호규지옥大號叫地獄·소열지옥燒熱地獄·극렬지옥極熱地獄·무간지옥無間地獄이다. 부활지옥에서 점점 아래로 내려가는 무간지옥까지의 사이는 겹겹으로 되어 있어 집과 같은 모양이다. 이 지옥들의 가운데와 주위 모든 곳은 전부 불타는 쇳덩어리로, 발이 한 번 닿으면 바로 타버려서 조금의 안락도 없다. 화염이 타오르는 경계 안에는 단지 불타는 것만이 있을 뿐이다.

ㄱ) 부활지옥(등활지옥)

불타오르는 쇠로 된 땅과 불타고 남은 잿속에서 헤아릴 수 없이 많은 중생의 업력으로 인한 감업感業은 거센 바람, 눈보라처럼 한 곳에 모인다. 또한 성냄의 인업引業으로 인하여 동행同行의 등류과等流果[88]를 받는다. 모든 중생은 철천지원수를 본 것처럼 서로 성내는 마음을 내며 싸운다. 손안에는 업력으로 인하여 변화한 병기를 들고서 서로 죽이며, 전부 죽은 후에는 공중에서 "너희들이 부활하기를 원한다"는 소리가 들려온다. 모든 중생들이 즉시 다시 부활하여 전처럼 똑같이 싸운다. 죽고 다시 부활하는 것을 번갈아 하니 매우 고통스럽다.

수명은 인간의 50년이 사대천왕(四天王天)의 하루이고, 사대천왕이 있는 천계의 5백 년은 부활지옥의 하루이다. 이 지옥 중생은 5백 년의 고통을 받아야 한다. 이렇게 계산해 보면, 이는 인간세상의 약 1조 6천 6백억 년이 된다.

ㄴ) 흑승지옥

염라 옥졸들은 다 타버린 장작 같은 몸뚱이의 지옥중생을 벌겋게 달궈진 쇠로 된 땅으로 데리고 간다. 그들의 몸뚱이는 검은 선으로 4등분·8등분·16등분·32등분 등으로 그어져 있고 불에 달궈진 쇠톱으로 잘려진다. 톱질을 당한 뒤에 또 바로 붙어서 부활한다. 이처럼 반복해서 베이는 고통을 느낀다.

수명은 인간의 백 년이 33천의 하루이고, 33천의 천 년은 흑승지옥의 하루이다. 이렇게 이 지옥의 중생들은 천 년에 달하는 고통을 받아야

---

[88] 등류과等流果: 원인에서 결과가 생길 때, 그 원인과 똑같은 성질이 있는 결과.

한다.

ㄷ) 중합지옥

지옥의 무량 중생은 큰 분지 같은 쇠 절구에 갇혀 있고 옥졸들은 수미산만큼 큰 쇠 저울추들을 휘두르면서 그들을 때리니, 모든 중생들은 곡을 하며 소리치고 상상할 수도 없는 고통과 공포 속에서 죽어간다. 쇠 저울추를 들었을 때 그들은 다시 부활하고 또 이전처럼 고통을 받는다. 이 외에 산골짜기에서 마주하고 있는 모든 산들은 자신이 이전에 죽인 사슴·노루·산양 등의 동물 머리로 변한다. 그들의 뾰족한 뿔은 불타고 있고, 더욱이 뿔로 서로 치받으며 싸운다. 지옥의 무량 중생은 업력으로 인해 이 산 사이로 끌려온다. 양쪽 산이 서로 충돌할 때 이 중생들은 전부 죽는다. 산이 떨어질 때 그들은 다시 부활하고 또 이전처럼 산 사이에 모여 매우 큰 고통을 받는다.

수명은 인간의 2백 년이 야마천[89]의 하루이고, 야마천의 2천 년은 중합지옥의 하루이다. 이렇게 이 지옥의 중생은 2천 년의 고통을 받아야 한다.

ㄹ) 호규지옥(규환지옥)

이 지옥의 중생은 문 없는 뜨거운 쇠 방 안에서 지지고 볶이는 고통을 받는다. 아울러 이곳에서 벗어날 수 없다는 것을 생각하고는 맹렬히 큰 소리로 부르짖는다.

---

89 야마천(夜摩天, 時分天): 수미산 앞 하늘에 머무르면서 시간이 되면 향락을 즐긴다. 그래서 시분時分이라고 부른다. 아수라와 싸우지 않기 때문에 이투쟁천離鬪爭天이라고 부른다.

수명은 인간의 4백 년이 도솔천[90]의 하루이고, 도솔천의 4천 년은 호규지옥의 하루이다. 이렇게 이 지옥의 중생은 4천 년에 달하는 고통을 받아야 한다.

ㅁ) 대호규지옥(대규환지옥)

염라 옥졸들은 사람들을 공포스럽게 하는 많은 병기를 손에 들고, 두 겹의 철문이 타오르고 있는 쇠로 된 방 안으로 지옥의 무량 중생을 몰아넣는다. 그런 다음 쇠 저울추 등을 이용하여 그들을 때린다. 이 중생들은 안팎의 두 문이 모두 철물로 주조되어 설령 안쪽 문을 벗어날지라도 바깥문을 벗어나기 어렵다고 생각하기 때문에 큰 소리로 비참하게 울부짖는다.

수명은 인간의 8백 년이 낙화천[91]의 하루이고, 낙화천의 8천 년은 대호규지옥의 하루이다. 이렇게 이 지옥의 중생은 8천 년의 고통을 받아야 한다.

ㅂ) 소열지옥(초열지옥)

삼천대천세계처럼 큰 쇠그릇 속에 끓어오르는 쇳물이 가득 차 있어 지옥의 무량 중생이 안에서 삶아지는데, 고통을 참기 힘들다. 그들이 수면 위에 떠오를 때마다 염라 병졸들이 쇠갈고리로 낚아 올려 쇠

---

90 도솔천兜率天: 또는 희족천喜足天, 도사다천睹史多天이라고 부른다. 육욕천六欲天의 하나로, 묘욕妙欲의 자질이 아래 여러 천보다 뛰어나 심신이 평안하고, 아울러 대승 법락을 기뻐하며 구족하고 있기 때문에 희족喜足이라 부른다.

91 낙화천(樂化天, 化樂天): 육욕천의 하나로, 자신이 마음대로 욕계의 묘한 기구들을 생기게 하고 마음껏 누리기 때문에 낙화천이라 한다.

곤봉으로 그들의 머리를 때린다. 맞고 혼절했을 때는 이미 고통의 감각이 없기 때문에 깨어난 후에는 안락했다고 여기며, 끓는 쇳물 속에서 시종 강렬한 고통을 받는다.

수명은 인간의 천육백 년이 타화자재천[92]의 하루이고, 타화자재천의 만 육천 년은 소열지옥의 하루이다. 이렇게 이 지옥의 중생은 만 육천 년에 달하는 고통을 받아야 한다.

ㅅ) 극열지옥(대초열지옥)

불타는 쇠 방 안에서 불에 달궈진 삼지창으로 염라 옥졸들이 이 지옥 중생의 양 발바닥과 항문을 찌르고 양 어깨와 정수리를 곧바로 뚫는다. 아울러 뜨거운 쇳조각을 이용하여 그들의 몸 밖을 에워싸 매우 고통스럽게 한다.

수명은 중겁中劫의 반에 달한다. 그래서 사람의 계산법으로는 헤아릴 방법이 없다.

ㅇ) 무간지옥

주위에 16개의 근변近邊지옥이 에워싸고 있는 불타는 쇠 방 안에 염라 옥졸이 지옥의 무량 중생을 산처럼 쌓아 두고, 숯불처럼 타오르는 쇳덩어리를 중앙에 놓는다. 표범 가죽과 호랑이 가죽으로 만든 가죽화통[93]을 이용하여 불을 지피면, 이 지옥 중생의 몸뚱이와 불꽃이 하나로

---

92 타화자재천他化自在天: 육욕천의 하나로, 타인이 변화시킨 묘욕妙欲의 자질을 빼앗아 자신이 누리기 때문에 타화라고 부른다.

93 가죽화통(皮火筒): 티벳족의 불 지피는 공구로, 동물 가죽을 이용하여 만들었다. 불 주위에 공기를 불어넣어 불길이 성하게 일어나도록 도울 수 있다.

합쳐져 강렬한 고통을 느낀다. 다만 그들이 울부짖는 큰 소리만 들을 수 있을 뿐 신체는 볼 수 없다. 그들은 끊임없이 벗어나고 싶은 생각을 일으키지만 벗어날 시간이 없다. 때로 불의 문이 약간 열릴 때 그들은 탈출을 기도하지만, 옥졸들이 쇠뇌(쇠 화살)·곤봉·쇠 저울추 등으로 때린다. 아울러 그들의 입안으로 끓는 쇳물 등을 붓는다. 또한 앞의 일곱 지옥의 고통을 모두 받아야 한다.

　수명은 1중겁에 달하는데, 이보다 더 강한 고통은 다시 없다. 그래서 무간지옥이라 부른다. 무간 죄업을 지은 중생, 혹은 이미 밀승密乘에 들어가서도 금강상사에 대하여 사견을 낸 사람이 이 지옥으로 다시 태어날 것이다. 다른 업력으로는 이곳에 전생轉生하지 않는다.

② 근변지옥

근변지옥近邊地獄은　당외갱지옥塘煨坑地獄·시분니지옥屍糞泥地獄·이인원지옥利刃原地獄·검엽림지옥劍葉林地獄·철주산지옥鐵柱山地獄으로 나뉜다.

　무간지옥의 사면에는 각각 당외갱지옥·시분뇨지옥·이인원지옥·검엽림지옥 등 4개 지옥이 있다. 동방에 4개, 남방에 4개, 서방에 4개, 북방에 4개로 모두 16개이다. 동남방에는 철주산鐵柱山이 있는데, 마찬가지로 서남·서북·동북에도 각각 하나의 철주산이 있다.

ㄱ) 당외갱지옥

무간 죄의 업력이 가벼워져 무간지옥에서 벗어나면 먼 곳에 검은색의 그늘을 보게 된다. 이에 기뻐하며 앞으로 가지만 결과는 맹렬하게 불타는 석탄 불구덩이 속에 빠져 피와 살이 타서 문드러지는데, 그 고통은 견디기 힘들다.

ㄴ) 시체분뇨지옥
앞의 불구덩이 지옥에서 벗어나면 먼 곳의 한 줄기 강물을 보게 된다. 앞의 1대겁이 훼멸되기 전에 줄곧 불구덩이에서 고아졌기 때문에 매우 목이 마르게 된다. 물을 보고 기쁘게 앞으로 가서 마시는데, 어디에 무슨 물이 있겠는가? 이 결과 심한 악취를 내뿜고 많은 작은 벌레로 들끓는 사람 시체·말 시체·개 시체 등 썩어 문드러진 시체의 진탕 속에 빠진다. 최후에는 머리도 그 속에 빠져 날카로운 쇠 주둥이를 가진 많은 곤충들에게 쪼여 먹혀 무량한 고통을 느낀다.

ㄷ) 이인원지옥
앞의 지옥에서 벗어나 푸른 초원을 보고 기쁘게 앞으로 나아가지만, 결과적으로 만나는 것은 오히려 병기로 만들어진 예리한 칼 초원으로, 온 대지가 풀처럼 긴 날카로운 불꽃의 쇠 가시이다. 만약 오른다리로 밟고 있으면 오른다리가 찔리고, 왼다리로 밟고 있으면 왼다리가 찔린다. 다리를 들었을 때는 회복되고 다시 밟을 때는 또 이전처럼 찔려 그 고통을 견디기 어렵다.

ㄹ) 검엽림지옥
지옥에서 막 탈출한 중생이 숲을 보고는 흥분해서 앞으로 달려가지만, 어디에 무슨 즐거운 숲이 있겠는가? 만나는 것은 오히려 칼 잎으로 된 숲(劍葉林)이다. 쇠 나무에는 나뭇잎 같은 날카로운 칼이 많이 자라는데 바람에 따라 흔들리며 이 중생들의 몸뚱이가 조각조각 잘리고,

부활한 후에 또 잘린다. 이처럼 잘리는 고통을 겪는다.

ㅁ) 철주산지옥

범정행梵淨行을 무너뜨리고 계율을 깨뜨린 출가자나 사음을 행한 중생이 이 지옥에 전생한다. 업력의 이끌림 때문에 공포스러운 철주산鐵柱山의 앞으로 온다. 옛날에 좋아하던 친구가 정상에서 자신을 부르는 것을 듣고 바로 산 위로 올라간다. 이때 쇠 나무에서 자라나 아래로 향하고 있는 나뭇잎에 찔린다. 산 정상에 올랐을 때 까마귀·매 등이 앞으로 와서 그들의 눈을 쪼아 먹는다. 이때 또 산 아래에서 그들을 부르는 소리가 들려온다. 앞에서처럼 또 산 아래로 급하게 간다. 모든 나뭇잎이 또 위를 향하여 그들의 가슴에서부터 곧장 등을 뚫고 지나가고, 산기슭에 이르면 무서운 쇠 남자와 쇠 여자가 껴안고서 그들의 머리를 입안으로 삼킨다. 입 가장자리 양쪽에서 흰색의 뇌수가 흘러나오는데 매우 고통스럽다.

이처럼 스스로 진지하게 8개의 열지옥, 16개의 근변지옥과 철주산지옥의 고통을 분석·관찰한 뒤, 고요한 곳에서 눈을 감고 관상해야 한다. '나는 이미 정말로 저 공포와 고통으로 가득 찬 지옥에 환생했다.' 또 생각을 돌려 다음과 같이 깊이 생각해야 한다.

아! 나는 현재 결코 진정으로 저 지옥에 떨어진 것이 아니다. 겨우 마음속 생각일 뿐인데도 그렇게 공포감을 느끼고 고통스럽다. 지금 정말로 지옥 속에 떨어진 중생을 다 셀 수도 없다. 이 중생들은 모두 일찍이 내 전생의 부모인 적이 있었고, 또 현생의 부모·친구 등 많은 사람들이 죽어서 지옥에 떨어지지 않았다고 확정할 방법이 없다. 저 지옥들에 환생하는 주요 원인은 바로 성내는 마음이다. 그렇다면 우리 이 사람들은 전생과 이생에서 성내고 번뇌로 괴로워하는 무수한 악업을 지었으니 후세에 틀림없이 저 지옥들에 환생할 것이다.

그러므로 마땅히 반복해서 사유해야 한다.

지금처럼 우리가 가만暇滿한 사람 몸을 얻어서 법상法相을 갖춘 상사를 만나 깊은 비결을 듣고 불법을 수행하여 불과를 얻을 기회를 갖게 되었으니 마땅히 정진 수지하여야 한다. 앞으로 저 악도에 결정코 태어나지 않기 위하여 맹렬히 후회하는 마음으로 과거에 가졌던 악업을 참회해야 한다.

아울러 굳건하게 서원을 세운다.

앞으로 설령 생명이 위험에 빠지게 되더라도, 차라리 죽을지언정 지옥에 떨어질 악업을 짓지 않겠습니다.

현재 지옥에 태어난 중생들에게 강렬한 자비심을 내고 아울러 발원한다.

이 중생들이 즉시 악도에서 벗어나길 바라옵니다.

이와 같이 원만한 가행·정행·후행으로 수지한다.

③ 팔한지옥

총괄하면, 이 지옥의 중앙과 주위의 모든 지역은 설산·빙하로 광풍과 폭설이 넘쳐나는 곳이다. 이 지옥의 중생들은 나체로 추위의 고통을 느끼고 신체에는 많은 수포가 났기 때문에 구포지옥具皰地獄이라고 부른다. 그 물집들이 찢어져 수포 상처를 만들기 때문에 포열지옥皰裂地獄이라 부른다. 추위를 견디기 어려워 이를 악물고 있기 때문에 긴아지옥緊牙地獄이라 부른다. 끊임없이 비참하게 '아추추'를 외치고 있기 때문에 아추추지옥阿啾啾地獄이라 부른다. '으흐흐' 소리의 사이사이가 끊어지고, 단지 탄식하는 '호호' 소리만 낼 수 있기 때문에 호호지옥呼呼地獄이라 부른다. 바깥 피부가 얼어 청색으로 변하고 신체는 4조각으로 찢겨지기 때문에 청련화지옥青蓮花地獄이라 부른다. 피부 속살이 얼어 붉은색으로 변하고, 또 얼어서 8조각으로 찢겨지기 때문에 홍련화지옥紅蓮花地獄이라 부른다. 심지어 얼어서 검붉은 색으로 변하고 16조각·32조각, 내지는 무수한 조각으로 찢겨지기 때문에 대연화지옥大蓮花地獄이라 부른다. 얼어서 찢어진 상처에는 쇠 주둥이를 가진 많은 곤충들이 기어 올라가 물어뜯으며, 아울러 추위의 고통을 느낀다. 이 8가지 고통은 각각 서로 다르기 때문에 8가지 이름으로 정립되어 팔한지옥八寒地獄이라 한다.

수명은 구포지옥의 각 1백 년은 2백 장승藏升[94]의 큰 그릇에 참깨를 가득 담아 그 속에서 참깨 한 알을 취하고, 이렇게 모든 참깨를 전부 취해야 구포지옥 중생의 수명이 다한다. 그 나머지 지옥은 순서대로 위의 지옥보다 20배가 증가한다. 수명이 길어질수록 고통은 더욱 강해진

---

94 장승藏升: 장승은 인도 꼬살라국의 용량 단위를 말한다.

다. 즉 포열지옥의 수명은 구포지옥의 20배이고, 긴아지옥의 수명은 포열지옥의 20배이다. 다른 것은 이에 근거하여 유추할 수 있다.

마음속으로 이전처럼 저 지옥들의 고통을 관수하고 또 관상해야 한다. '만약 이 인간 세상에서 겨울철에 나체로 밖에서 머문다면 한 찰나도 추위의 고통을 참을 방법이 없다. 하물며 저 지옥들에 태어남에 있어서도 이와 다르겠으며, 또 어떻게 참을 수 있겠는가?' 그러므로 심식의 죄업을 참회하여 잘못을 예방하고 악을 멈추게 해야 한다. 아울러 지옥에 태어난 유정에 대하여 대비심을 일으켜 이전과 똑같이 가행·정행·후행으로 원만하게 수지해야 한다.

④ 고독지옥

처소가 정해지지 않으면 고통도 정해지지 않는다. 어떤 경우는 산벼랑에 끼이고, 어떤 경우는 돌 속에 갇히고, 어떤 경우는 얼음 속에 얼려지고, 어떤 경우는 끓는 물 속에 삶아지고, 어떤 경우는 불 속에서 탄다. 어떤 중생은 나무 속에 숨어 있는데, 나무를 벨 때 사지가 베어 잘리는 등의 고통을 받아야 한다. 또 어떤 것들은 일상에서 사용하는 절굿공이·빗자루·질항아리·문·기둥·부뚜막 돌·밧줄 등의 색법으로 환생하고, 또한 의식으로 그런 고통을 느낀다. 예를 들면, 대성취자 링제래빠[95]가 암독 호수에서 본 물고기, 대성취자 탕똥걜뽀[96]가 돌덩이 속에서 본

---

95 링제래빠 뻬마도제(朗吉日巴, Lingje Repa Pema Dorje , 1128~1188): 까규빠의 한 파인 둑빠 까규빠를 창시한 팍모둑빠 도제걜뽀(Phagmodrupa Dorje Gyalpo, 1110~1170)의 중요한 8명의 제자 중 한 사람이다. 둑빠 까규빠로부터 링레Lingre 까규빠를 설립하였다.

96 탕똥걜뽀(唐東加波, Thang Tong Gyalpo, 1385~1509/1361~1485): 까규빠의 전승상

청개구리 등이다.

얌독 초는 이전에 공행모(空行母, 다끼니)인 예쉐초갤이 수행할 때, 뵌뽀 교도(Bönpo, 笨波敎徒)가 던진 금화 한 닢이 변하여 이루어진 호수로, 유명한 4대 호수[97] 중의 하나이다. 호수의 발원지는 라룰강첸(得龍剛親, 지명)에서부터 시작하여 호수의 끝은 새마구루(賊瑪格熱, 지명)로 들어가는데, 중간에 여러 날의 여정을 거친다. 대성취자 링제래빠는 호수 가운데를 바라본 뒤 슬피 울며 말하였다.
"아이고, 재물(信財)[98]을 쓰지 말지어다! 재물을 쓰지 말지어다!"
제자가 그에게 물었다.
"스승이여, 무슨 일입니까?"
"이 호수에는 재물을 향유한 상사의 신식神識이 환생한 물고기 한 마리가 고독지옥의 많은 고통을 느끼고 있다."
제자가 그에게 그가 본 것을 시현해 줄 것을 청하였다. 링제래빠는 곧 신통으로 이 호수를 잠깐 동안 마르게 하였다. 이때 큰 물고기 한 마리가 나타났는데 신체는 전체 호수만큼 컸고, 그의 몸에는 조그만 틈도 없이 무수한 생물들이 퍼져서 그를 먹고 있었다. 그 물고기는 고통을 견디기 어려워 쉬지 않고 구르고 있었다. 제자가 물었다.

사로 싸꺄빠와 닝마빠의 스승들로부터도 비전을 전수받았다.

[97] 티벳의 4대 호수: 라모 라초(Lhamo Latso, 기적의 호수, 라싸 동남쪽에 위치), 남초(Namtso, 하늘호수, 라싸 북쪽에 위치), 마나사로바(Manasarovar, 서쪽 카일라스 산 아래 위치), 얌독초(Yamdrok tso, 혹은 얌독윰초Yamdrok Yutso, 라싸 북쪽에 위치).

[98] 신재信財: 신중이 공양하는 재물로, 여기에서는 또한 재물을 없애는 뜻을 가지고 있다.

"이 악보를 받은 것은 누구의 환생입니까?"

링제래빠가 대답하였다.

"이것은 위짱의 흑마라마의 환생이다. 그 흑마라마는 주력과 가피력이 매우 커서, 악마에게 피해를 입은 사람들이 단지 그를 좀 보기만 하여도 효과가 생길 수 있었다. 그래서 전후 티벳 네 지역[99] 사람들의 공양처가 되었다. 망자를 천도하는 것(포와)은 단지 '팻빠'이라는 한 소리를 염할 뿐이었는데, 나중에는 소, 말 등 많은 희생으로 쓰일 가축을 거두었다. 그는 죽은 뒤 바로 이 물고기로 환생했다."

대성취자 탕똥걜뽀는 큰 돌 위에서 기맥요가를 수행하였는데 돌이 두 조각으로 나누어졌고, 그 안쪽에는 큰 청개구리 한 마리가 있었는데 몸에 무수한 작은 생물들이 들러붙어서 개구리의 살을 먹고 있었다. 개구리가 시커멓게 된 입을 벌리고 있는 것을 볼 뿐이었는데도 고통을 견디기 어려웠다. 제자가 물었다.

"스승이여, 이것이 어찌된 일입니까?"

탕똥걜뽀가 대답하였다.

"이것은 피와 고기 공양을 한 상사의 환생이다."

오늘날 많은 라마들 역시 이와 같다. 시주들이 살찐 양을 죽인 뒤, 그 목이나 비장 등의 내장에 피와 고기를 담아 척추 뼈 위에 살코기를 놓고 이 라마들에게 공양한다. 그들은 그것을 끌어당겨 한쪽으로 껍질을 젖히고 머리를 뒤로 넘기고 어린아이가 어미젖을 빨아먹는 것처럼

---

[99] 전후 티벳 네 지역(前後藏四翼): 고대 티벳 전적에 의하면 티벳 지역은 상중하 세 구역으로 되어 있다. 위 지역은 암도(阿裏), 가운데 지역은 위·짱(衛藏), 아래 지역은 캄(靑康)이다.

내장을 먹는다. 또 작은 칼을 꺼내어 천천히 바깥쪽의 고기를 먹는다. 배불리 먹고 난 후에 입은 번지르르한 기름이 흐르고, 또 정수리는 열기가 후끈후끈한 것이 이전의 그의 모습과는 다르다. 이미 얼굴의 혈색이 붉고 머리를 쳐들고 활개 치며 나아가는 모양이 되었다. 이생에서 이렇게 향유하는 사람은 내세에 자신의 몸뚱이로 되갚게 될 것이다. 고독지옥에 떨어지는 것이 얼마나 견디기 힘든 고통인가!

또 대감뽀 뺄댄최꽁(具德護法, Palden Chökyong)이 데게(德格)에 있을 때의 어느 날, 제자들에게 말했다.

"오늘 율다 강(俄達河)에서 무엇이 나타나도 놓아 주지 마라."

많은 제자들이 강가로 나아가 기다렸는데, 오후까지 계속 기다려서야 겨우 나무 한 조각이 물에 솟아오르는 것을 보았다. 제자들은 나무를 건져 뺄댄최꽁에게 이 나무 한 토막만이 있을 뿐이고 다른 것은 아무것도 없다고 고하였다. 뺄댄최꽁은 제자들에게 나무를 가르게 하였는데, 갈라진 나무 가운데에 큰 청개구리 한 마리가 있었다. 그 몸에는 많은 생물들이 붙어서 몸을 먹고 있었다. 뺄댄최꽁는 그에게 의궤를 염송해주고 아울러 말하였다.

"이것은 데게에서 재물을 관리하던 감독관 뽀게(Pogye)의 환생이다."

그러므로 권력을 가지고 아랫사람을 속이고 능멸하는 관원들은 비록 지금은 대단하게 권위를 가지고 있더라도 이 지옥들을 생각하는 것에 역시 주의를 기울여야 한다.

이전에 세존께서 세상이 계실 때, 성안에서 한 도살업자가 저녁에만 불살생계(낮에는 살생을 함)를 지키고 있었다. 그는 나중에 고독지옥에 환생하였는데, 저녁에는 즐겁고 아름다운 궁전에 살면서 4명의 미녀가 음식과 일용품을 공양하여 즐거움이 비할 데가 없었다. 그러나 낮에는 궁전이 불타오르는 쇠의 방으로 변하였고 4명의 미녀는 공포스럽고 사나운 개로 변하여 그를 뜯어 먹었다. 또 어떤 사음자邪淫者는 낮에만 불사음계(저녁에는 사음을 행함)를 지켰는데, 후에 고독지옥에 환생하였다. 낮과 밤에 느끼는 고통과 즐거움은 앞의 예와 상반되었다. 이것은 쉬로나(Śroṇa, 晝辛吉) 존자가 직접 본 것이다.

  그 외에 환경이 우아한 절에 5백 비구가 살고 있었다. 매일 점심 때 건추[100]를 쳐서 승려들을 모아 공양 올릴 때면 강당은 활활 타오르는 쇠의 방으로 변하고, 발우 등은 병기로 변하고, 승려들은 서로 치고 싸웠다. 공양 시간이 지난 후에는 다시 처음처럼 회복되었다. 이것은 이전 가섭불 때에 많은 비구들이 아침공양 때 다투었던 이숙과異熟果이다.

  이렇게 8열지옥과 8한지옥의 16개 지옥에 근변지옥과 고독지옥을 더하여 18지옥이라 부른다. 이들 지옥의 숫자·수명·받는 고통 및 지옥에 환생하는 인因 등을 마땅히 자세하게 이해해서 지옥에 태어난 유정들에게 연민심을 일으켜야 한다. 아울러 자타의 모든 중생들이 장차 지옥에 태어나지 않도록 각종 방편으로 정진 수지해야 한다. 그렇지 않고 비록 표면적으로는 법을 듣고 법을 행할지라도 아직 실질적으로 수행하지 않았다면, 장차 불교에서 오만하고 빤질빤질한 사람이 되는 인을 이룰 것이며, 또한 성자가 질책하고 지혜로운 자가 부끄러워하는 처지가 될 것이다.

---

[100] 건추犍椎: 종이나 목탁 등 승가를 모으는 악기의 하나.

이전에 상사 샹 린뽀체 앞에 외모는 준수하지만 내심은 매우 오만한 비구가 와서 알현하였다. 상사가 그에게 물었다.

"비구여! 그대는 불법에 대하여 어떻게 이해하였는가?"

그가 대답하였다.

"저는 불법에 대하여 널리 듣고 두루 배웠습니다."

상사가 또 물었다.

"그렇다면 18지옥은 어느 것을 가리키는 것인가?"

그가 대답하였다.

"8열지옥과 8한지옥 16개에 까르마빠의 흑모와 홍모 둘을 더해 18개입니다."

그는 결코 까르마빠를 공경하지 않아서 그들을 지옥에 넣은 것이 아니라 고독지옥과 근변지옥의 이름을 잊어버렸기 때문이다. 당시 까르마빠의 흑모와 홍모 두 사람의 명성이 사방에 자자했기 때문에 마음대로 지옥에 넣은 것이다. 만약 이렇게 법을 구하고 수행하되 글자의 의미에 대해서도 분명하게 이해하지 못한다면(하물며 그 의미를 이해하고 실제로 수행함에 있어서이겠는가?) 진실로 부끄러운 처지가 될 것이다.

(2) 아귀
아귀는 둘로 나뉘는데, 은주아귀隱住餓鬼와 공유아귀空遊餓鬼이다.

① 은주아귀
은주아귀는 셋으로 나뉘는데, 외장아귀外障餓鬼·내장아귀內障餓鬼·특장아귀特障餓鬼이다.

ㄱ) 외장아귀

수백 년 동안 심지어 물의 이름조차 일찍이 들은 적이 없다. 그러므로 심한 기아와 갈증의 핍박을 당하여 늘 음식을 찾기 위하여 사방을 기웃거리지만 결과는 하나도 얻을 것이 없다. 때로 먼 곳에 아주 푸른 물결이 있는 것을 보고는 뻣뻣한 사지로 힘들게 거대한 복부를 지탱하면서 고통스럽고 완전히 지쳐서 비틀거리며 달려간다. 가까운 곳에 이르면 모든 물은 이미 말라버리고 겨우 모래만 남아 있을 뿐이니 그 고통을 감당하지 못한다. 어떤 때는 멀리서 과일이 주렁주렁 달린 푸른 나무를 보지만 역시 이전처럼 앞으로 나아가면 이미 모두 말라버려 땔감으로 쓰일 장작이 되어버린다. 또 맛있는 음식과 풍요로운 일용품을 많이 보지만 가까이 다가갔을 때는 손에 병기를 든 많은 사람들이 지키면서, 그들이 몰아내고 병기로 때리니 그 고통을 참기 어렵다. 여름철에는 달빛이 매우 뜨거워 구워지는 듯이 느끼고, 겨울철에는 태양이 오히려 매우 차갑고 서늘하여 매우 고통스럽게 느낀다.

이전에 쉬로나 존자가 아귀의 경내에 이르렀을 때 아귀의 인색한 독에 중독되어 입이 마르고 혀가 타들어가는 것을 느꼈다. 커다란 철의 성문 앞에 검은 얼굴에 붉은 눈을 한 무서운 아귀가 있었다.

존자가 물었다.

"어디에 물이 있습니까?"

그 결과 타오르는 장작 같은 아귀들이 수없이 많이 모여들어 말하였다.

"원만하신 대존자시여, 저희들에게 물을 내려주십시오."

존자가 말하였다.

"나 역시 물을 얻을 수가 없어 지금 찾고 있는데, 그대들은 누구인가?"

그들이 대답하였다.

"저희는 이 산골짜기에 태어난 지 12년이나 되었는데, 물의 이름조차도 들은 적이 없습니다."

ㄴ) 내장아귀

입이 바늘 침 같은 아귀로, 바닷물을 마시더라도 말의 털끝처럼 가느다란 목으로 물이 들어갈 방법이 없다. 뿐만 아니라 입속의 독이 물을 마르게 한다. 비록 소량이 목으로 들어간다 해도 그들의 분지처럼 큰 복부를 만족시킬 수가 없다. 복부에서 다소 포만감을 느끼더라도 저녁이 되면 심장과 허파 등 모든 내장을 뜨겁게 태워버리는 참을 수 없는 고통을 받아야 한다. 움직이려고 할 때는 하얀 지푸라기로 타버린 것 같은 팔다리가 분지처럼 큰 복부를 지탱하기 어려우니 매우 고통스럽다.

ㄷ) 특장아귀

신체가 거대한 각각의 아귀 몸에는 무리를 이룬 작은 아귀들이 살면서 그들을 뜯어먹는다. 이 외에 고락을 느끼는 수량이 많지만 정해져 있지 않다.

예전에 쉬로나 존자가 아귀의 경내에 이르렀을 때, 무량궁전에 용모 단정하고 보기만 해도 기쁘게 하는 미녀가 앉아 있었는데, 진귀한 보물들로 장식한 보좌의 네 다리에 네 아귀가 매달려 있었다. 미녀 아귀는 쉬로나 존자에게 먹을 것을 공양하고 그에게 알려주었다. "만약 이 아귀들이 당신에게 먹을 것을 요구하면, 조금도 주어서는 안 됩니다."

그 후 그녀는 나가버렸다. 존자가 먹을 것을 받을 때, 이 네 아귀가 앞으로 와서 요구하였다. 존자가 한 아귀에게 주었더니 음식물이 쌀겨로 변하였다. 또 다른 아귀에게 준 것은 쇳물로 변하였고, 남은 아귀들에게 준 것은 하나는 그녀 자신의 육체로 변하였고, 다른 하나는 피고름으로 변하였다. 이때 미녀 아귀가 돌아와서 말하였다.

"내가 그들에게 주어서는 안 된다고 말하지 않았습니까? 설마 당신의 비심悲心이 나보다 더 낫다는 것입니까?"

존자가 물었다.

"그들은 당신과 무슨 관계입니까?"

그녀가 대답하였다.

"이쪽은 나의 이전 남편이고, 이쪽은 나의 아들이고, 이쪽은 나의 며느리이고, 이쪽은 나의 하녀입니다!"

존자가 또 물었다.

"그대들은 무슨 업력으로 이곳에 환생하였습니까?"

그녀가 말하였다.

"남섬부주의 사람들은 믿기가 매우 어렵습니다. 말한다 해도 믿지 않을 것입니다. 말하지 않는 것이 좋습니다."

존자가 말하였다.

"내가 이미 직접 보았는데, 어떻게 믿지 않을 수 있겠습니까?"

그러자 그녀는 말하기 시작하였다.

"나는 전생에 한 도시의 바라문 여자였습니다. 어느 기념일 밤에 맛있는 음식을 준비했는데, 다음날 까따야나 존자가 성안에서 탁발을 하였습니다. 나는 존자에게 신심이 일어나서 그를 공양하였고 환희심에 가득 차서 남편도 틀림없이 수희隨喜할 것이라고 여겼습니다. 바로 남편에게 말하길 '제가 붓다의 제자인 까따야나 대존자를 공양하였으니 당신도 수희해야 합니다'라고 하였습니다. 남편은 듣고 나서 수치스럽고 분한 나머지 성내면서 말하였습니다. '내가 바라문을 공양하지 않았고, 친척들에게조차도 공경하지 않았는데 당신이 먼저 그 중놈에게 공양하다니, 그 중놈은 어째서 쌀겨를 먹지 않는 거야?' 그러고 나서 나는 다시 아들에게 공양한 일을 말하였는데, 아들 역시 성내면서 말하였습니다. '중놈이 어째서 쉿물을 먹지 않는 것이죠?' 그날 저녁, 나의 친척들이 며느리를 통해서 나에게 맛있는 음식들을 보내주었습니다. 그런데 그녀가 몰래 먹고서 좋지 않은 음식을 나에게 주었습니다. 나는 그녀에게 물었습니다. '너는 좋은 음식물을 나에게 전해주지 않고 네가 먹은 것이냐, 아니면 친척들이 보내온 그대로의 좋지 않은 음식물을 나에게 준 것이냐?' 그녀는 거짓으로 대답하였습니다. '제가 어머니의 음식을 먹으니 차라리 제 살을 먹는 게 낫습니다.' 마찬가지로 나는 하녀를 통해 친척들에게 음식물을 보냈는데, 그녀가 길에서 몰래 먹었습니다. 내가 그녀에게 이에 대해 물었을 때 그녀는 대답하였습니다. '제가 마님의 음식물을 먹으니 차라리 피고름을 마시겠습니다.' 당시 나는 발원했습니다. '나는 장차 그들이 각자의 업보를 받는 것을 볼 수 있는 곳에 환생하기를 바라옵니다.' 그래서 지금처럼 큰 힘을 가진 아귀로 환생하였습니다. 그렇지 않았다면 존자를 공양한 공덕으로 33천에 태어날 수 있었습니다. 당신이 만약 내가 살았던 도시로 간다면, 기녀가 된 나의 딸에게 전해주세요. '내가 이미 너의 부모들을 보았는데, 이 업보가 사람을 마음 아프게 한다'고요. 그녀에게 법을 비난하는 악업을 끊어버리고 개과천선하라고 알려주세요. 만약 그녀가 믿지 않으면 다시 알려주세요. 그녀 아버지의 생전의 방안에 4개의 황금으로 장식된 구리 솥과 금 쟁반·금병이 있으니, 이 물건들을 찾았을 때는 그것들을 팔아 늘 까따야나 대존자께 공양하고, 그러고 나서 우리의 이름을 읽어 회향을 해달라고 전해주세요. 이렇게 하면 우리의 업력을 경감시켜줄 수 있고, 아울러 다 소멸시킬 수 있습니다."

이 외에 제따리(哲達日, Jetāri) 대사가 외유할 때 아귀계에 이르렀다. 5백 명의 아이가 있는 아주 못생긴 아귀 엄마가 제따리 대사에게 말하였다.

"저의 남편은 인도 금강좌(金剛座, 보드가야)로 먹을 것을 찾으러 간 지 12년이 되었는데, 지금까지 돌아오지 않았습니다. 당신이 만약 인도 금강좌에 가시면 그에게 전해주십시오. '만약 빨리 돌아오지 않으면, 아이들은 굶어죽을 것입니다'라고 말입니다."

제따리가 물었다.

"당신의 남편은 어떤 모습입니까? 모든 아귀들이 같은 모습인데 내가 알아볼 수 있을까요?"

그녀는 말하였다.

"틀림없이 알아볼 것입니다. 그는 큰 입, 납작 코, 작은 눈에 아홉 가지 못생긴 상호를 갖춘 아귀입니다."

제따리는 금강좌에 갔다. 한 사미가 공양한 물과 많은 먹이를 버릴 때, 많은 아귀들이 모여들어 먹을 것을 다투었다. 그 속에 그녀의 남편이 있었다. 제따리는 그에게 아내의 말을 전하였다. 그 아귀는 말하였다.

"내가 이곳까지 흘러들어온 지 이미 12년이 되었지만 단 한 번 청정한 비구가 콧물을 버렸을 때, 이렇게 많은 우리 아귀들이 쟁탈을 벌이고서야 아주 작은 한 점을 얻었을 뿐입니다. 이 외에는 무엇도 얻지 못하였습니다. 뿐만 아니라 제가 콧물을 쟁탈할 때, 다른 아귀들한테 온몸이 상처투성이가 되도록 맞았습니다."

이와 같이 볼 때, 아귀도의 어느 곳에 태어나든지 간에 똑같이 굶주림과 갈증을 위주로 하는 각종 고통을 받고 있다. 우리는 마땅히 진실한 마음으로 관수해야 한다. '현재 우리들은 단지 아침밥만을 먹지 못했을 뿐인데도 어떤 고통을 느끼는가? 만약 오랜 세월 동안 물의 이름조차도 들을 수 없는 곳에 태어난다면 어떻게 할 것인가?'

아귀계로 환생하는 주요 원인은 자신에 대한 인색과 타인이 보시하는 것을 방해하는 인색이다. 우리는 일찍이 무수하게 많이 이러한 악업을 지었기 때문에, 현재 우리 스스로가 할 수 있는 것을 다해서 악도에 환생하지 않도록 하고 진심으로 원만한 가행·정행·후행으로 수지해야 한다.

② 공유아귀

요정·왕귀[101]·사마死魔·여귀[102]·귀녀·독각귀獨角鬼 등등이다. 이 아귀들은 공포스럽고 두렵고 혼란스러운 경계 가운데 머물면서 늘 나쁜 생각을 일으킨다. 오로지 타인을 해치는 악업에 힘을 쓸 뿐이어서 그들은 죽은 뒤에 대부분 바로 지옥 등 악도의 심연에 떨어진다. 더욱이 그들이 생전에 병으로 죽었건 병기에 살해되었건 목매달아 자살했건, 어느 방식으로 횡사했는가를 막론하고 7일에 한 번씩 같은 방식으로 죽는 고통을 느껴야 한다. 그들은 이러한 고통을 다른 사람에게 전가하려고 하기 때문에 어느 곳을 가더라도 남을 해치고 자신을 이롭게 하지 못한다. 지난날의 친척이나 친구가 환희심에 가득 차서 앞에

---

101 왕귀王鬼: 사나운 마귀(여귀)의 일종.

102 여귀(厲鬼, 이매魑魅, 도깨비): 마귀의 일종이다. 범어로는 '부다(部多, bùduo)'라고 번역된다.

오더라도 그들을 병들게 하거나 미치게 하는 등 내키지 않은 고통을 느끼게 한다.

유가사(瑜伽士, 수증修證을 갖춘 주사呪師)들이 저소포詛燒抛[103] 의계를 할 때, 이 아귀들을 지하 암흑에 눌러 놓은 것이 수 겁에 달한다. 혹은 불 공양을 해서 그들을 불에 태우기도 한다. 혹은 마귀를 쫓는 겨자나 돌멩이를 던지면 이 아귀들의 머리는 백 조각으로 찢겨지고 몸은 천 년 동안 잘리는 등 항상 고통에서 벗어나지 못한다. 이 아귀들은 또 겨울철 태양의 차가움이나 여름철 달의 뜨거움 등 일상적이지 않은 현상의 고통을 받아야 한다. 이러한 것들은 보통의 아귀들과 같다. 일부 아귀들은 새·개 등 사람들이 싫어하는 모양으로 추측하기 어려운 무량한 고통을 받는다. 그래서 우리들은 성심성의껏 사유하여 스스로 저 아귀들의 고통을 대신 받아야 한다. 아울러 아귀계에 태어난 중생들에게 자비심을 일으켜 가행·정행·후행으로 수지해야 한다.

(3) 축생

축생은 해거축생(海居傍生, 바다에 사는 축생)과 산거축생(散居傍生, 흩어져 사는 축생)의 둘로 나뉜다.

① 해거축생

끝없이 펼쳐진 큰 바다에는 물고기·고래·소라·거북이·새우 등이 술찌끼처럼 한곳에 모여 있다. 그중에서 뱀·고래 등 큰 동물의 신장은 아미산을 여러 겹 에워쌀 수 있고, 작은 동물은 먼지나 바늘 침과

---

103 저소포詛燒抛: 땅에 눌러놓거나, 불에 태우거나, 겨자씨를 던지는 방식 등을 통하여 재앙을 없애고 복을 기원하는 밀종의 항마降魔의식이다.

같다. 큰 축생은 작은 축생을 삼켜버린다. 작은 것은 바로 큰 것을 찌르고 들어가 부패시켜 먹는다. 각각의 큰 동물 몸에는 많은 작은 함생(含生, 벌레)들이 집을 짓고서 부패시켜 먹는다. 어떤 것은 태양빛이 없는 섬에 살아 스스로 사지를 굽히고 펴는 것조차도 볼 수 없어 매우 고통스럽다. 매우 어리석기 때문에 취하고 버릴 것이 어떤 것인지를 모른 채 끝없는 고통 속에서 살기도 한다.

② 산거축생

비록 인간계나 천상계에 살더라도 오직 우매함의 고통과 노역을 해야 하는 고통을 받을 뿐이다. 예를 들어, 용왕龍王은 큰 붕새(大鵬鳥, garuda)의 위협과 뜨거운 모래비가 내리는 위험을 당한다. 이 축생들은 어리석고 멍청하고 야만스럽고 독 등을 갖고 있어 매우 불쌍하다. 더욱이 인간계의 축생 중에서 먹여줄 주인이 없는 들짐승 등은 늘 공포와 두려움 속에 산다. 설령 음식물 한 입을 먹는다 해도 편안할 수가 없다. 그들은 서로 잡아먹는 불행을 당하거나 사냥꾼에게 잡혀 죽거나 맹수에게 먹히는 등 매우 위험스럽다. 이를테면 새매는 참새를 먹고 다시 참새는 작은 벌레를 먹는 등 항상 서로 죽이는 악업을 지을 뿐이다. 또 사냥꾼들은 이 중생들을 해치는 기교에 정통하다. 함정을 설치하거나 그물을 쳐놓거나 화살을 쏘는 등 순식간에 그들을 죽일 수 있다. 어떤 축생들은 자기 몸에 난 뿔·털·가죽 등 때문에 죽게 된다. 예를 들면 진주 때문에 바다 조개를 채취하고, 상아 뼈 때문에 코끼리를 죽이고, 가죽 때문에 호랑이·표범·수달·여우 등을 죽인다. 사향 때문에 노루를 죽이고, 피와 고기를 취하기 위하여 들소와 야생말 등을 죽인다. 자신의 몸이 스스로 죽임을 당하는 원인이 되니 매우 고통스럽다.

　주인이 기른 축생은 어리석고 멍청해서 도살자가 손에 칼을 들고 그들 앞에 와도 단지 눈을 껌벅거리며 바라볼 뿐 도망칠 줄을 모른다. 또 젖을 짜고 짐을 실어 나르고 몸의 일부를 제거하기도 하며, 코를 뚫리고 땅을 경작하는 등 많은 노역의 고통을 받아야 한다. 소나 말 등은 등에 이미 겹겹의 상처가 났더라도 계속해서 짐을 운반하고 사람을 실어 나른다. 그들이 움직일 수 없을 때 주인은 채찍으로 후려치거나 돌로 때리기도 하지만, 그들도 역시 피로하고 아프다는 것을 근본적으로 생각한 적이 없다. 많은 야크·산양·면양들은 어려서부터 늙을 때까지 줄곧 주인에게 부림을 당하다가 늙어서는 주인에게 도살되거나 다른 사람에게 팔린다. 어찌되었건 간에 모두 도살될 것이며 자연적으로 죽는 경우는 거의 없어 상상할 수 없는 고통을 받는다.

　이러한 고통을 받는 중생들을 볼 때, 마땅히 자세하게 사유하여 자신이 이러한 고통을 받는다면 어떻게 느낄 것인가를 관상해야 한다. 축생도에 태어난 중생을 불쌍히 여기는 마음을 일으킬 것이며, 자신이 기르는 축생이 있다면 인자하게 그들을 보호해야 한다. 심지어 파리나 미물조차도 고락의 느낌이 없는 것은 하나도 없다. 모든 이러한 벌레들 역시 자신의 부모인 적이 있었으니 마땅히 그들에게 자비심을 일으켜야 한다. 그리하여 원만한 가행·정행·후행으로 수지해야 한다.

　이렇게 3악도 중 어디에 태어난다 해도 극악하고 긴 고통을 받아야 한다. 우매하여 알지 못하고 정법의 광명 없는 모든 행위는 오직 악도를 이루는 원인만 될 뿐이다. 만약 악도에 태어난 후라면 해탈하기 어렵다. 우리는 심식 가운데 이생이나 다른 세상에서 필시 많은 악도에 환생할

업을 지었으니 마땅히 성심성의껏 이전에 지은 악업을 참회하고 앞으로 다시는 악업을 짓지 않을 것을 맹서하고 정진 수지해야 한다. 악도에 태어난 중생에 대하여 강한 연민의 마음을 일으켜 자신이 삼세 동안 쌓은 모든 선과를 악도에 태어난 이 중생들에게 회향하여 그들이 악도에서 벗어날 수 있기를 바라야 한다.

아울러 관상하되 '내가 지금처럼 대승 정법을 만나 자타의 이익을 위한 정도를 수행할 기연이 있으니, 마땅히 열심히 법을 구하고 정진 수지하여 장차 악도의 모든 중생들이 청정찰토에 태어나도록 끌어올려야 한다'라고 발심해야 한다. 상사와 삼보에게 자신이 이 능력을 얻도록 가피해 주시기를 기원하고, 또 상사와 본존에게 기도하고 염송하며 발원해야 한다. 이와 같은 선근 역시 중생들에게 회향하며, 회향 등의 세 가지 수승한 법으로써 섭지하고 수지한다.

행여 '3악도에 태어나는 것은 모두 고통이 본성이니, 그렇다면 선도는 안락하고 행복한가?'라고 생각하는 사람이 있는가? 선도 역시 실제로는 안락하지 않다. 아래에서 그 이유를 설명하겠다.

(4) 인간의 고통

인간의 고통은 둘로 나뉜다. 3대 근본고통三大根本痛苦과 여덟 가지 고통(八支分痛苦)이다. 3대 근본고통은 변고變苦, 고고苦苦, 행고行苦이다.

① 3대 근본고통: 변고·고고·행고

ㄱ) 변고(變苦, 壞苦)

현재 껴안고 있는 잠깐의 안락은 한순간에 고통으로 변할 것이다. 예를 들면, 신체를 이익 되게 하는 음식을 먹은 뒤 배가 불러 매우 행복하다고 느낄 때, 생각지도 못하게 위장에는 기생충이 자라나 갑자기 심각한 낭답병[104]을 앓아 감당하지 못할 정도로 고통스럽다. 현재 쾌락으로 충만할 때에 만약 원수나 적으로부터 가축을 강탈당하거나, 큰불로 집이 불타거나, 갑자기 병마의 해침을 당하거나, 다른 사람의 나쁜 말을 들어 상처 등을 받게 된다면 쾌락의 순간은 고통으로 변할 것이다. 이러한 각도에서 말한다면, 윤회 속에서는 가지고 있는 것 같은 모든 안락·행복·명예는 사실 조금도 영원하고 고정된 것이 없으며, 모두가 고통의 본성을 벗어나지 못한다. 그러므로 마땅히 윤회하는 사실에 대하여 염리심을 일으켜야 한다.

ㄴ) 고고苦苦

앞에서의 고통이 아직 다 끝나지 않았을 때, 또 새로운 고통을 당한다. 예를 들면, 문둥병이 아직 다 낫지 않았는데 또 독옹[105]이 생기고, 두창이 다 낫기도 전에 또 종기가 나는 것이다. 아버지가 죽은 뒤에 이어서 어머니가 죽고, 또 강도가 친한 사람을 죽이는 일을 당한다. 윤회계의 어느 곳에 살더라도 고통 위에 고가 더해지면서 하루하루를 견뎌갈 뿐, 한 찰나도 안락의 기회는 없다.

---

104 낭답병浪踏病: 위와 장이 뒤엉켜 칼로 후비는 듯이 고통스러운 병. 한기와 열기가 교대로 공격하고, 위와 대장, 소장 안의 기생충이 함부로 움직이기 때문에 돌발적으로 격렬하게 고통스러운 것이, 마치 소뿔 끝으로 흉부와 복부를 치받는 것 같다.

105 독옹毒癰: 두창, 종기. 처음에는 정수리에 좁쌀 같은 것이 나다가 나중에는 뿌리부분이 넓어져 벌집처럼 된다.

ㄷ) 행고行苦

현재 스스로 안락하다고 여기는 우리들은 마치 직접 고통을 느끼지 않는 것 같지만, 실제로는 절대로 고통의 인因을 초월하지 못한다. 예를 들면 음식·의복·집·일용품·장식물과 연회 등등의 일체가 죄업을 짓는 인을 이루고, 일체 행위 역시 전부 악업을 짓는 허위의 행위에서 벗어나지 못한다. 이 일체의 업과가 고통을 받을 뿐이다. 예들 들면 겨우 차와 짬빠(tsampa)만을 가지고 말하더라도 고통의 인을 벗어나지 못한다. 차는 중국 땅에서 심어 기른 식물로, 파종하고 잎을 따는 등의 때에 무수한 중생을 죽인다. 다르쩨도(康定, 지명) 아래에서부터 인력에 의지해 옮겨올 때 각자가 62카[106]를 가져와야 한다. 그들 모두는 차를 머리에 이고 옮겨오기 때문에 앞이마의 피부는 마찰로 흰 뼈가 보일 정도로 문드러지지만, 그래도 계속 운송하고 있다. 다르쩨도 위에서부터 소·야크·노새 등으로 실어 나를 때, 모든 가축들 역시 등과 배에 상처가 나고 털이 빠지고 피부가 문드러지는 등 상상할 수도 없는 노역의 고통을 느낀다. 찻잎을 팔 때는 거짓말을 하거나 거짓 맹서를 하는 등 속이는 수단이나 다툼으로 팔 뿐이다.

대다수의 상품은 면·양모와 양가죽으로 바꾸어 온다. 이 면과 양모 역시 마찬가지이다. 여름철, 한 마리 양의 몸에는 이와 흡혈벌레 등의 함생(숨生, 벌레)가 그 몸의 양털만큼 많다. 칼로 양털을 자를 때 이 함생들 대다수가 베어져서 내장이 터진 채 죽는다. 아직 죽지 않은 것 역시 양털과 뒤섞여 있어 숨이 막혀 죽는다. 양가죽 역시 이와 같다. 작은 양이 막 태어났을 때는 제근諸根이 원만 구족하면서 아울러

---

[106] 카ㅑ: 티벳의 찻잎 계량 단위.

고락의 느낌이 있다. 신체가 성장 발육하면서 인간적인 쾌락을 막 느꼈을 때 바로 도살된다. 비록 우매하고 무지한 축생이지만 마찬가지로 생존을 갈망하고 죽음을 두려워하고 숨이 넘어가는 고통을 느끼는 것을 두려워한다. 도살된 작은 양의 어미 역시 외아들을 잃은 어머니처럼 비통해한다. 이것들은 모두 우리가 현재 보는 일들이다. 이와 같은 종류의 여러 상품 매매를 사유하건대, 한 모금의 차를 마시는 것도 악도의 인을 벗어나지 못한다.

짬빠 역시 이와 같다. 최초로 밭을 개간할 때 지하의 모든 작은 해충들은 갈아엎어져 지면으로 올라오고, 지면의 모든 해충들은 지하로 묻힌다. 밭가는 소가 가는 곳에 따라 까마귀・참새 등이 뒤따라오면서 끊임없이 작은 벌레를 쪼아 먹는다. 밭에 관개수로를 만들 때 물 안의 모든 함생들은 말라 죽고 마른 땅 위의 모든 함생들은 물에 빠져 죽는다. 파종하고 수확하고 찧는 것 등을 할 때 죽임을 당한 함생들 역시 이루 다 셀 수 없다. 만약 이것들을 생각한다면 우리가 짬빠를 먹는 것이 바로 벌레 가루를 먹는 것과 같다.

마찬가지로 식용 기름과 우유 등이 비록 3백 3첨[107]이라 불리고 아무 죄 없는 청정한 음식물이라고 해도, 사실은 결코 이와 같은 것이 아니다. 대다수의 새끼 양과 송아지들은 도살되고 아직 도살되지 않은 것은 막 태어나자마자 한 모금의 달콤한 모유도 먹을 수 없다. 주인이 밧줄을 이용하여 말뚝에 묶어두고, 다닐 때는 두 소를 서로 한 곳에 연결하여 어미젖 먹을 기회도 박탈한다. 주인이 우유에서 취한 정화(酥油, 버터기름), 어미의 신체에서 취한 정화는 새끼를 위한 생명의 원천이다. 우유를

---

107 3백 3첨三白三甛: 유즙, 버터(유락), 식용유지(소유)는 3백이고, 얼음사탕(빙탕), 자탕, 꿀벌이 3첨이다.

빼앗긴 뒤 송아지는 죽지도 살지도 못하는 처지에 놓인다. 비록 건장한 어미 소라 해도 주인이 매일 그 몸의 정화를 빼내가고 난 뒤, 봄철이 될 때면 누운 곳에서 일어서려고 해도 일어설 수가 없다. 정력이 다하여 겨우겨우 숨을 이을 뿐이다. 대다수의 송아지, 새끼 양들 역시 기아로 죽는다. 아직 죽지 않은 것들 역시 비쩍 말라 쇠약해져 걷기도 어려우며, 사지가 왜소해져 거의 죽을 지경인 것이 마치 불쏘시개 같다.

그래서 현재 우리들이 행복하다고 여기는 모든 사물들, 입속으로 먹을 것, 몸에 걸치는 일체의 재물·음식물·일용품을 포함하여 모든 것이 죄업을 지음으로써 이루어진 것들이다. 이 일체의 과보로 결국 끝없는 악도의 고통을 감수해야 할 것이다. 그러므로 지금 일체의 표면적인 쾌락 역시 행고의 본성이다.

② 여덟 가지 고통
여덟 가지 고통은 생, 노, 병, 사(四大瀑流)와 원증회고怨憎會苦, 애별리고愛別離苦, 불욕회고不欲會苦, 구부득고求不得苦이다.

ㄱ) 태어나는 고통(生苦)
남섬부주의 사람들은 대다수가 태생이다. 심향[108]의 의식으로 부모의 정혈로 좇아 들어가서 깔라라(凝酪)·피부·혈육·육단肉團과 지절支節 등의 사지를 이룬다.

태에 머물 때의 고통은, 신체와 사지 등 제근이 원만하게 구족되었을

---

108 심향尋香: 욕계 속에 있거나 혹은 중음신이 각각의 선악 인연에 따라서 각종 향이나 악취의 맛을 마시고 먹기 때문에 심향이라고 부른다. 범어로는 건달바(乾達婆, gandharva)로 번역한다.

때 모태 속이 매우 좁고 악취가 심하며, 칠흑같이 어두워 마치 감옥에 갇혀 있는 것과 같은 고통을 느낀다. 어미가 뜨거운 음식을 먹을 때는 불속에서 타는 것처럼 고통스럽고, 어미가 찬 음식을 먹을 때는 찬물에 빠져 있는 것처럼 고통스럽다. 어미가 배불리 먹었을 때는 산골짜기에 낀 것처럼 고통스럽고, 어미가 굶주릴 때에는 깊은 계곡에 떨어진 것처럼 고통스럽고, 어미가 걸어 다닐 때에는 바람에 날아가는 것처럼 고통스럽다. 이렇게 모태에 머물며 달이 차서 태어났을 때는 3유三有의 업풍에 날려 요동치고 머리와 다리는 거꾸로 된다. 태어나는 문을 지날 때는 마치 아주 힘센 용사에 의해 발이 끌어당겨져 나와 벽에 내동댕이쳐지는 것처럼 고통스럽다. 골반에서 나올 때는 (쇠도끼 머리의) 쇠 자루구멍을 통과하는 것처럼 고통스럽다. 만약 어미의 산문産門이 좁아 태어날 수 없다면 어미 뱃속에서 죽거나 혹은 모자 두 사람이 모두 죽는다. 설령 죽지 않더라도 이미 죽음에 가까운 고통을 받는다. 연화생 대사께서 일찍이 말씀하셨다.

> 모자 두 사람이 죽음에서 반걸음 나아감에, 어미의 턱뼈를 제외한 나머지 뼈들이 모두 분열된다.

태어난 뒤 방석에 놓였을 때는 마치 가시나무 덤불에 떨어진 것처럼 고통스럽다. 등의 태막이 벗겨질 때는 생으로 가죽을 벗겨내는 것처럼 고통스럽다. 몸의 더러운 것을 씻을 때는 마치 가시 채찍으로 때리는 것처럼 고통스럽다. 어머니가 품에 안고 있을 때는 새매가 병아리를 쪼아대는 것처럼 고통스럽다. 머리꼭지에 식용유지(酥油)를 바를 때는[109] 마치 밧줄에 묶인 뒤 구덩이에 던져지는 것처럼 고통스럽다.

침대에 뉘여 놓을 때는 마치 오물 속에 빠진 것과 같다. 굶주림·갈증·질병·통증 등 어떤 고통이 나타나도 단지 큰소리로 울 뿐이다.

자라나고 성장하여 꽃다운 나이가 되었을 때 겉으로 보기에는 청춘의 아름다움이 충만하지만, 실제로는 사람의 생명이 하루하루 끊임없이 줄어들어 한 걸음씩 죽음으로 걸어가고 있다. 금생의 세간적인 일체 자질구레한 일들이 원만하게 종결되지 않았을 때는 마치 수면의 물결처럼 오르락내리락하는 것이 끊임없이 나타난다. 이 모든 것 역시 죄업과 서로 관련되어 있다. 그러므로 악도의 인을 이룰 뿐이다.

ㄴ) 늙는 고통(老苦)

윤회의 일들은 실제의 의미가 없고 완결된 시점이 없으며, 먹고 마시고 놀며 향유하는 가운데 저도 모르게 이미 늙는 고통을 느낀다. 이때 온몸의 체력은 점차 쇠약해지고 맛있는 음식을 소화시킬 수 없으며, 안근이 약해져 먼 곳의 풍경이나 작은 물체를 볼 수 없으며, 이근이 쇠약해져 말하는 소리가 어떠한가에 상관없이 분명하게 들을 수 없다. 설근이 쇠약해져 음식의 맛을 맛볼 수 없으며, 말할 때 더듬거리기까지 한다. 의근이 쇠약해져 기억이 모호해지고 잘 잊어버리며 혼미해진다. 입 안의 치아가 빠져 딱딱한 음식을 씹을 수가 없을 뿐 아니라 치아가 깨끗하지 않다. 체온을 조절하지 못해 의복이 조금 얇으면 바로 춥다고 느낀다. 지탱하는 힘이 떨어지기 때문에 두꺼운 옷을 감당할 수 없고, 비록 좋은 일용품을 갈망하더라도 누릴 힘이 없다. 신체의 기맥(風脈)이 쇠약하기 때문에 감당하는 힘인 인내력이 취약해진다. 대중의 모욕을

---

109 티벳인의 풍속으로, 어린 아이가 태어난 뒤 상서로움을 축원하는 방식이다.

받기 때문에 마음속이 매우 고통스럽다. 신체의 사대가 문란하기 때문에 많은 질병과 손실을 당한다. 일체의 행동 역시 무력하여 곤란하다. 밀라래빠 존자께서 말씀하신 것과 같다.

> 목장의 소를 매는 말뚝을 뽑는 것처럼 일어서고,
> 작은 새를 조용히 잡는 듯한 구부정하게 걷고,
> 무거운 흙 자루가 땅에 떨어지듯이 털썩 주저앉고,
> 만약 이 세 가지가 함께 모이면
> 늙은 할미의 환과 같은 몸은 쇠하고 마음(心意)은 무너진다.
> 피부에 주름이 모이면
> 속으로는 피가 줄고 살에는 굴곡이 나타나며,
> 백치·벙어리·장님·귀머거리의 경계가 나타나 혼란스러워진다.
> 만약 이 세 가지가 함께 모이면
> 늙은 할미의 추한 모습, 찡그린 얼굴이 나타난다.
> 몸에는 무거운 낡은 옷을 걸치고,
> 입으로는 차갑고 혼탁한 음식을 먹고,
> 잠은 사방에 털가죽 덧댄 이불 밑에서 잔다.
> 만약 이 세 가지가 함께 모이면
> 사람과 개들이 밟고 지나가는, 깨달음을 성취한 성자와 같다.

존자가 설하듯이, 나이 많은 노인이 일어날 때는 즉각 일어설 수 없다. 두 손을 이용하여 땅에 버티고자 하면 딱딱한 땅에서 말뚝을 뽑아내는 것과 같다. 걸을 때 허리는 굽고 머리는 아래로 숙여져 있으며 두 발은 신속하게 오르락내리락할 수 없어 천천히 다닌다. 마치 어린이가 조심스럽게 작은 새를 잡는 것과 같다. 앉을 때 손발의 모든 관절이 아파서 참기 어렵기 때문에 가볍게 앉을 수 없다. 신체가 무겁게 내려앉을 때는 마치 무거운 물건이 땅에 떨어지는 것과 같다. 신체의 살은 이미 다 소모가 되었기 때문에 피부의 막이 모여 신체와 얼굴이 모두 주름으로 가득 찬다. 체내의 혈육이 감소하기 때문에 골절이 전부 분명하게 드러난다. 광대뼈와 관절이 전부 밖으로 돌출되고 기억력이 감퇴되기 때문에 백치·벙어리·장님·귀머거리가 되고, 의식이 모호해지고 체력이 약해진다.

뿐만 아니라 아름다운 모습은 이미 소실되고, 모든 의복은 무겁고 낡았으며 음식 역시 남은 죽과 밥뿐이다. 혀의 기능을 상실하기 때문에 모든 음식물을 느끼는 것 또한 차갑고 혼탁하다. 신체가 무겁기에 어떤 일을 하더라도 매우 불편하다. 설령 사방에 의지물이 있다고 해도 늘 침대에서 잘 일어날 수 없다. 그때에 외부의 환신幻身은 쇠약하고 늙었으며, 내면의 의식은 무너져서 매우 고통스럽다. 얼굴의 미모를 잃고 나면 피부에는 많은 주름이 나타난다. 그래서 못생기고 분노한 어머니의 모양이 나타난다. 대중의 속임과 모욕을 당하고 나아가 머리에서 짓밟히고 다시는 일어날 수 없게 되니, 정말 깨끗함과 더러움의 분별이 없는, 마치 깨달은 자와 같이 지낸다. 이러한 쇠약해지고 늙는 고통을 참을 방법이 없기 때문에 내심 되도록 빨리 죽기를 희망한다. 그러나 실제로는 또 죽음에 가까이 가는 것을 매우 두려워한다. 그래서 이러한 늙음의 고통은 또한 악도 중생의 고통과 같다.

ㄷ) 아픈 고통(病苦)
이 신체는 사대가 조합된 본성이기 때문에 사대가 조화롭지 못할 때

풍(風, 氣, 룽)·쓸개(膽, 火, 티빠)·침(涎, 점액) 등에 각종 질병을 만나 괴롭힘을 당하는데 매우 고통스럽다. 신체와 제근이 왕성하여 비록 정력이 충만하고 얼굴빛이 빛나고 원기 왕성한 강건한 사람이라도 질병에 걸리면 돌에 맞은 참새처럼 체력이 완전히 소실되어 침대에서 일어나지 못하고 신체를 조금 움직이는 것도 어렵다. 그에게 "당신은 어디가 아픕니까?"라고 물으면, 그는 재빨리 대답할 능력도 없으며 말할 기력도 없다. 잠잘 때는 엎치락뒤치락하며 어떻게 자도 편안할 때가 없다. 뿐만 아니라 식욕이 없고 밤에는 잠을 자지 못하고 밤과 낮이 지루하고 길다고 느낀다. 어쩔 수 없이 맛이 시고 떫고 쓴 약을 먹어야 하는 고통과 침을 맞는 등의 고통을 감수해야 한다. 이 병으로 갑자기 죽을 수도 있다는 것을 생각하면 또 매우 무섭고 두렵다. 마장魔障이나 악연을 만나기 때문에 심신이 자유로울 수 없고 오로지 혼란스러운 경계에 처할 뿐인데, 이 때문에 자살하는 경우도 있다. 만약 나병·중풍 등의 병을 앓으면 살아 있어도 죽은 것과 같다. 사람들에게 쫓겨나고, 자신이 자신의 모습을 보아도 매우 혐오스럽다.

　총괄하건대, 모든 환자들은 생활을 스스로 관리할 수 없고, 난폭하여 쉽게 성내고, 다른 사람이 해주는 일체 일들도 눈에 거슬리며, 성격 역시 이전보다 고집스럽다. 만약 병이 너무 오래가면 간호하는 사람 역시 한결같이 참을성 있게 돌볼 수가 없다. 질병의 고통을 당하는 것은 이처럼 매우 고통스럽다.

ㄹ) 죽음의 고통(死苦)
침대에 누워 몸을 일으킬 줄 모르고, 음식을 보아도 식욕이 없으며, 죽음의 고통을 받으므로 마음은 기쁘지 않고, 과거의 용기와 오만을 상실한 채 혼란스러운 상태에 처한다. 영원히 이별할 때가 되어 친척과 친구들이 둘러싸고 있다고 해도 붙잡을 방법이 없다. 오직 혼자서 숨이 분해되는 고통을 감수할 뿐이다. 설령 헤아릴 수 없이 많은 재산을 가지고 있더라도 가져갈 수 없다. 마음속으로는 버리기 어려워도 이 재산들 역시 따라갈 수 없다. 과거에 지은 악업을 기억하면 마음에 후회가 일고, 악도의 고통을 생각하면 매우 두렵다. 죽음이 갑자기 찾아오면 매우 가련해 보이니, 인간적인 모든 것이 여기에서 사라진다. 생존의 드러나는 모습이 이미 사라졌기 때문에 심신이 불안하다. 만약 죄악이 매우 심각한 사람이 죽으면 임종할 때에 손으로 가슴을 긁어 가슴에 손톱자국을 남기면서 죽는다. 즉 이전의 지은 죄업을 생각할 때 악도에 환생하는 것을 두려워하고, 자신이 자유로웠을 때 임종에 유리한 정법을 수지하지 못한 것을 생각한다. 그래서 후회막급이 되어 매우 고통스러워하며 손으로 가슴을 움켜잡고 가슴에 아주 깊은 손톱자국을 남기며 죽는 것이다. 밀라래빠 존자께서 말씀하신 것과 같다.

악업 지은 이가 죽는 것을 보면,
이는 인과를 보여주는 선지식이다.

이렇게 숨이 깔딱깔딱할 때 악도의 경계는 이미 나타난다. 모든 광경이 매우 공포스럽고 일체의 느낌이 고통스럽다. 신체의 사대가 안으로 거두어지고, 호흡이 곤란하고 사지가 떨리며, 의식이 혼란하고 눈이 회백색으로 변했을 때면 이미 인간계를 떠난 것이다. 죽음의 주인인 염라가 오고 중음의 경계가 나타나면 아무런 의지할 데 없이 맨몸에 빈손으로 인간계를 떠난다.

우리는 이러한 죽음이 오늘 오지 않는다고 확실하게 보장할 수 없다. 그때는 오직 정법만이 확실하게 유익함을 줄 뿐, 달리 의지처가 없다. 다음과 같은 말이 있다.

> 법을 염송함은 모태 안에서 태어나기 전부터 시작하고, 처음 태어날 때 죽음에 대한 가르침을 기억하라.

늙고 어리고를 막론하고 죽음은 모두 갑자기 온다. 그러므로 태어난 이후에는 임종에 유익한 정법을 수지해야 한다. 그러나 우리는 이전의 죽음을 기억하지 않으며, 줄곧 친척을 돕고 적을 없애고, 거처와 재산 등을 위하여 분주히 돌아다닌다. 친척과 친구 등의 이익을 위하여 탐욕·성냄·어리석음으로 부질없이 세월을 보낸다. 이것은 확실히 유감스러운 일이다.

ㅁ) 원증회고怨憎會苦

원한 맺힌 적을 만날까봐 근심하고, 재산에 대하여 낮에 지키고 밤에 순찰을 돌면서, 가족을 부양하기 위하여 하루 종일 쓸데없이 바쁘게 애쓰지만 그 결과는 실제로 아무런 도움이 되지 못하고, 일체의 재산과 일용품도 역시 적이 쓰게 될 것이다. 낮에는 강도를 만나고 밤에는 도적을 만나거나 승냥이나 야수 등이 돌연 나타나 해를 입힌다. 총괄하건대, 재산과 일용품이 얼마나 있는가를 막론하고 축적하고, 지키고, 늘리는 등은 역시 무량한 고통의 본성일 뿐이다. 보호주 용수께서 말씀하신 것과 같다.

재산을 축적하고 지키고 늘리는 것이 모두 괴로움이 된다.
재산은 끝없는 화의 근원이 된다는 것을 알아야 한다.

밀라래빠 존자 역시 말씀하셨다.

재산은 처음에 스스로 즐겁고 타인이 부러워하고
많이 있어도 만족할 줄 모른다.
중간에 인색에 속박당하여
선한 방면에 쓰지 않는다.
바로 마가 끼는 근원이 되어
자신은 쌓고 타인은 쓰게 한다.
최후에는 재산이 생명을 위협하는 마구니가 되니,
적을 위해 재산을 희구함은 통탄할 일이다.
마땅히 윤회의 유혹을 끊어야 하나니,
나는 마구니의 재산을 희구하지 않는다.

얼마간의 재산을 가지고 있으면 그것과 동등한 고통을 가질 것이다. 예컨대 말 한 필을 가지고 있더라도 그것이 적에게 탈취될까, 도적이 훔쳐갈까, 사료가 부족할까 등을 걱정할 수 있다. 단지 말 한 필을 가지고 있는데도 많은 고통이 있다. 마찬가지로 양 한 마리를 가지고 있으면 역시 한 마리 양의 고통이 있다. 심지어 겨우 한 조각의 찻잎을 가지고 있을 뿐이어도 반드시 찻잎 한 조각을 갖는 고통이 있다. 이를테면 "만약 재산이 없다면 적과 멀어진다"라고 말하는 것과 같다. 만약 재산이 없다면 적과 멀어질 것이니, 비할 데 없이 안락하다. 그러므로 마땅히 과거 세상에 출현하신 제불, 선배 성자들의 전기에서 말한 것처럼 그렇게 해야 한다. 일체의 재산과 일용품에 대한 집착을 뿌리째 끊어버리고 마치 참새가 생활하는 것처럼 살 것이며, 오로지 정법을 수지해야 한다.

ㅂ) 애별리고愛別離苦

세간의 윤회하는 일체중생들은 모두 자기편을 지나치게 사랑하고, 남의 편에 대해서는 성내며, 친척·친구·가족을 편애하며 그들을 위하여 모든 고통을 감수한다. 친척과 친구는 잠시 보이는 것이어서 이 역시 무상하며, 모두 이별의 본성을 지니고 있다. 대다수 사람들 입장에서 말하자면, 만약 친척·친구들이 죽거나 타향에 살거나, 혹은 적 등에게 해를 입으면 직접 고통을 당한 그들보다 더 고통스러워한다. 특히 부모는 자식을 사랑하고 가엽게 여기어 자식이 추울까, 굶주릴까, 목마를까, 병이 날까, 혹은 죽을까를 걱정한다. 자식이 병이 나면 자신이 차라리 죽을지언정 자식의 고통을 대신 받기를 원한다. 마찬가지로 친척·친구 등을 사랑하여 그들과 헤어질 것을 걱정하고 고통을 감수한다.

그러나 만약 잘 관찰을 한다면 친척·친구들도 반드시 진정한 친척·친구들이 아니다. 부모 등도 비록 자신이 아이들을 사랑한다고 여기지만, 사랑하는 방법이 완전히 거꾸로 되어 결국에는 그들을 해칠 뿐이다. 음식물과 재산을 주고, 그들을 위해 평생의 배필을 찾아 결혼도 시키지만, 실제로는 그들을 윤회의 밧줄에 속박하는 것이다. 뿐만 아니라, 그들에게 어떻게 적을 제압하고, 어떻게 친척과 친구들을 돕고, 어떻게 재산을 불릴 것인가 등의 불선업을 짓는 방법을 가르친다. 그들이 악도의 심연 속에서 해탈을 얻을 수 없게 인도하니, 실제로는 이보다 더 심각하게 그들을 해치는 것은 없다.

 자녀 등도 이와 같다. 최초에는 부모 몸의 정화를 취하고, 중간에는 부모 입속의 음식을 빼앗고, 최후에는 부모 손안의 재산을 빼앗는다. 부모는 어찌되었건 자녀를 사랑하지만 그들은 도리어 부모를 괴롭힌다. 부모는 일생 고통과 죄업, 악업을 돌아보지 않고 쌓은 모든 음식, 재산을 조금도 아까워하지 않고 자녀들에게 준다. 그러나 그들은 조금의 감격스러운 마음도 없다. 보통 사람들에게는 겨우 찻잎 한 주먹을 주어도 그들은 아주 기뻐할 것이지만, 자기의 아들에게는 50냥의 은을 주어도 자식은 별 게 아니라고 여긴다. 게다가 자기 부모의 재물은 마땅히 자신이 써야 하는 것이라 여기고 형제자매 등도 스스로 부모의 재산을 얻을 수 있다고 여겨 서로 다툰다. 재물을 받더라도 그들 역시 감사의 뜻이 없을 뿐 아니라 받았어도 더 얻으려고 한다. 심지어 부모의 염주 안에 있는 아주 좋은 진주 한 알조차도 가져가려고 한다. 만약 어진 딸이라면 시집가서 다른 집안의 영광을 이루겠지만 자신에게는 이익이 없다. 만약 아주 나쁜 자녀라면 집으로 돌아와서 식구들을 고통스럽게 한다. 다른 친척들도 모두 이와 같다. 자신이 부유하고 행복하고 원만할 때는 모든 사람들이 천인처럼 대해주고 힘껏 이익을 얻게 해준다. 필요로 하지 않아도 음식과 선물을 보낼 것이다. 자신이 쇠락으로 떨어졌을 때는 설령 그 어떤 작은 잘못이 없어도 원수 같은 대우를 받는다. 그들을 이익 되게 해도 도리어 해치는 것으로 갚는다. 그러므로 아들·딸·친척·친구 등은 조금도 진실한 의미가 없다. 밀라래빠 존자께서 말씀하셨다.

 아들은 처음에는 기쁘기가 천신의 아들 같아

사랑하고 가엾이 여기는 마음을 형용하기 어렵다.
중간에는 지나치게 빚을 독촉하는 놈이 되어
비록 일체를 주더라도 만족함이 없다.
다른 사람의 딸이 시집오면
큰 은혜를 입은 부모를 밖으로 내몬다.
아버지가 불러도 대답하지 않고
어머니가 불러도 못 들은 체한다.
나중에는 냉담한 이웃이 되어
간사한 사람과 결탁하여 악업을 짓고,
스스로 원수를 만들어 마음을 아프게 하니,
마땅히 나는 윤회의 끈을 끊어버리고
세간의 아들을 구하지 않는다.

또 말씀하셨다.

딸은 처음에 웃는 얼굴이 어린 여신 같으며,
재보를 빼앗아가는 큰 힘을 지닌 여왕 같다.
중간에는 빚을 독촉하는 데 끝이 없어
아버지 앞에서 노골적으로 빼앗아 달아나려 하고,
어머니 앞에서 몰래 훔쳐 간다.
베풀어 주어도 은덕을 갚을 줄 모르고
큰 은혜를 베푼 부모에게 화내고 한을 품어
나중에는 붉은 얼굴의 나찰녀가 된다.
결국에는 타인의 재산을 늘려주고

자신의 실수로 불행의 근원이 된다.
화를 초래하는 마녀같이 마음을 상하게 하니,
나는 쓸모없는 근심걱정을 끊고
화근이 되는 딸을 원하지 않는다.

또 말씀하셨다.

친척·친구들은 처음에는 웃는 얼굴로 만나
긴밀하게 오가며 두루 다닌다.
중간에는 술과 고기를 빚을 갚는 것처럼 주고받으며,
그에게 한 번 보내고 한 번 돌려받는다.
나중에는 탐하고 성내고 싸우는 인因을 이루고,
나쁜 친구는 소송하여 마음을 아프게 하니,
먹고 즐길 때의 술친구를 버리고,
세간의 친구를 나는 원하지 않는다.

ㅅ) 구하여도 얻지 못하는 고통(求不得苦)

이 세간에서 행복과 즐거움을 바라지 않는 사람은 한 명도 없다. 그러나 누구도 원하는 대로 될 수는 없다. 어떤 사람은 행복하기 위하여 집을 짓지만 집이 무너져 자신이 목숨을 잃는다. 어떤 사람은 굶주림에서 벗어나기 위하여 음식을 먹지만 오히려 질병을 불러와 생명에까지 위험이 미친다. 어떤 사람은 승리를 얻기 위하여 전쟁터에 나아가지만 일순간 황천길로 간다. 어떤 사람은 이윤을 추구하기 위하여 경영을 하지만 도리어 적을 만나 거지가 된다. 이생의 행복, 일용품의 만족을 얻기 위하여 최선을 다해 열심히 일하지만 전생의 복덕 인연이 없다면 잠시의 충족도 어렵다. 뿐만 아니라 자신과 타인이 고통을 받으며, 결국에 얻는 것은 악도의 심연으로 떨어져 해탈할 방법이 없게 되는 것뿐이다. 그러므로 옛 대덕은 "높은 산처럼 부지런히 일하는 것이 작은 복을 쌓는 것에 미치지 못한다"라고 말하였다.

끝나지 않는 윤회에서 자질구레한 일들이 무슨 소용이 있겠는가? 무시이래로 이 윤회계의 자질구레한 일들을 부지런히 해왔지만 결과는 단지 고통을 받는 것일 뿐이다. 어떠한 사람이 이생의 세간적인 목표를 위하여 청년기나 만년에 열심히 정진하여 정법을 수지하는 데 썼다면 현재는 이미 불과를 성취했거나, 설령 아직 성불하지 못하였더라도 근본적으로 다시는 악도의 고통을 받지는 않을 것이다. 마땅히 이렇게 관수해야 한다. '지금 이미 선악을 취하고 버리는 경계를 알았으니, 이때 끝나는 때가 없는 윤회의 자질구레한 일들에 빠져서 힘을 다 기울여서는 안 되고, 진실한 정법을 수행해야 한다.'

ㅇ) 원하지 않는 것과 만나는 고통(不欲臨苦)
이 세간에는 비록 각종 고통을 받길 바라는 사람이 한 명도 없지만, 원하지 않아도 받아야 한다. 과거의 업력에 따라 왕의 신하, 부자의 하인 등과 같은 사람이 되어 찰나의 자유도 없으니, 원하지 않지만 어쩔 수 없이 그렇게 되고 만다. 그들은 단지 작은 잘못을 저질렀을 뿐이지만 많은 고통을 감수해야 하는 것 역시 어찌할 수 없다. 만약 현재 형장에 끌려가도 할 수 없이 따라가야 할 뿐, 이 외에 달아날 방법이 없다. 비록 원하지 않아도 그 고통들을 받아야 한다. 모든 것을 아시는 롱첸빠(무구광 존자)께서 말씀하신 것과 같다.

부부나 가족은 항상 서로 떠나지 않으려고 하지만 반드시 헤어져야 한다. 행복한 거처를 항상 떠나지 않고 안주하려 하지만 반드시 떠나야 한다. 가만暇滿한 인간의 몸이 영원하기를 바라지만 반드시 죽어야 한다. 어질고 덕 있는 스승 곁을 항상 떠나지 않고 법을 듣고자 하지만 반드시 떠나야 한다. 수승한 벗을 항상 떠나지 않고 짝이 되고자 하지만 반드시 떠나야 한다. 지금부터 정진의 갑옷을 입고서 헤어짐이 없는 큰 즐거움의 땅에 이르러야 한다. 깊이 세간에 대해 염리심을 일으킨 모든 수행자들 앞에 깨달음 없는 걸인(無法乞人)인 내가 간곡히 권고한다.

그러므로 재산·일용·행복·명성 등을 만들어낸 원인은 자신이 과거에 쌓은 선업이다. 만약 이러한 인이 있다면 그 선과는 구하지 않아도 저절로 얻을 수 있다. 그렇지 않으면 설령 어떻게든 부지런히 이루려고 해도 원하는 것으로 보상받지 못할 것이며, 단지 내키지 않은 고통을 당할 수 있을 뿐이다. 그러므로 마땅히 만족을 알고 욕심을 줄이는 이 다함없는 재보에 의지하여 진실한 묘법을 수지해야 한다. 비록 불법에 들어왔으나 불법에 정근하지 않고, 이생의 세간적인 자질구레한 일에 애쓴다면 스스로를 고통스럽게 하고 성자들에게 질책만 당할 뿐이다. 밀라래빠 존자께서 말씀하신 것과 같다.

본래 인간의 왕이신 붓다께서는 세속팔법을 꺾기 위하여 여러 법을 설하셨는데, 지금처럼 스스로 허풍 치는 유식한 자들이여! 어찌 그릇되게 도리어 세속팔법이 증가되었는가?
여래께서 모든 계율을 세우신 것은 속세의 일을 끊기 위하여 펴신 것이다. 그런데 지금처럼 계를 지키는 존자들이여! 어찌 그릇되게 자질구레한 일들이 도리어 많아졌는가?

옛날 스님들의 계율과 위의는 가족을 끊게 하기 위하여 붓다께서 펴신 것인데, 지금처럼 위의를 뽐내는 스님들이여! 어찌 그릇되고 과분하게 세속적인 체면을 고려하는가?

요컨대 항상 죽음의 무상을 생각하지 않는다면 정법을 수지하는 것은 헛수고일 뿐이다!

전체적으로 말하자면, 세간의 4대주 중생들에게는 안락이 없다. 더욱이 우리 이 남섬부주에 살고 있는 사람들은 지금처럼 오탁악세[110]에 처하여 조금도 안락한 때가 없으며 오직 고통을 감수할 뿐이다. 한 해가 다시 가고, 한 달이 다시 가고, 하루가 다시 가고, 아침저녁이 가면서 점점 더럽고 탁해진다. 겁의 시기는 점점 열악해지고 불법은 점점 쇠퇴하며, 중생의 행복은 점점 줄어들어 저열해진다.

이러한 도리들을 사유하여 염리심을 일으켜야 한다. 이 외에 남섬부주는 업력의 땅이기 때문에 모든 우열·고락·선악·고저·법과 비법 등이 모두 일정하지 않다. 보이는 상황들을 헤아리는 것에 대하여 마음속에서 버리고 취함을 진행해야 한다. 모든 것을 아시는 무구광 존자께서 말씀하셨다.

때로 스스로 드러나는 순연을 관찰하여 스스로 드러나는 응보가
서로 짝이 됨을 이해하라.

---

[110] 오탁악세五濁惡世: 말겁에 수명 등이 점점 찌꺼기처럼 비루해졌기 때문에 탁세라고 부른다. 오탁은 수명탁, 번뇌탁, 중생탁, 겁탁, 견탁이다.

때로 해를 끼치는 역연의 드러남을 관찰하여 집착하고 어지럽게 하는 요점을 끊어라.

때로 도반과 타인의 스승을 관찰하여 어질고 어리석음을 알아 자신의 수행을 독려하라.

때로 사대가 환과 같이 변화함을 관찰하여 심성에는 유위조작이 없음을 이해하라.

때로 자신의 환경과 집과 일상을 관찰하여 환과 같음을 알아 미혹된 현실의 집착을 끊어라.

때로 타인의 재물과 그 소유물을 관찰하여 불쌍히 여기는 마음으로 윤회의 탐욕을 끊어라.

다시 말해, 일체 모든 드러난 현실의 법에 대하여 자성을 관찰하여 실제라고 집착하는 미혹된 인식을 끊어버려라.

우리는 마땅히 존자의 가르침처럼 수지해야 한다.

(5) 아수라의 고통

본래 아수라의 재산·일용품은 천인과 서로 필적할 만하다. 그러나 과거의 질투와 싸움을 좋아하는 불선업의 습관에 물들었기 때문에 아수라신의 질투심은 매우 거칠고 무겁다. 자신의 범위 내, 혹은 구역과 구역 사이, 부락과 부락 사이에서 다툼을 벌여 서로 화목하지 못하고, 오직 전쟁으로 나날을 보낼 뿐이다. 위쪽의 천인들은 재산·일용품이 원만한데, 일체의 원하는 것들이 모두 뜻대로 이루어주는 나무에서 생겨난다. 그런데 그 나무의 뿌리가 자신의 구역에서 자라는 것을 보고 참을 수 없는 질투심이 일어나, 몸에 회색 갑옷을 두르고 손에는 병기를 든 채 앞으로 나아가 천인들과 전쟁을 한다.

    같은 때에 천인들은 조악원[111]에서 무기를 가져와 호지신의 코끼리를 타고, 제석천왕은 가운데 코끼리의 위에 타고, 32권속은 그 나머지 32마리 코끼리의 위에 타며, 불가사의한 하늘 병사·하늘 장군들이 에워싸고는 천둥 같은 소리를 내는데, 그 형세를 아무도 막을 수 없다. 전쟁을 할 때는 천인의 금강보륜·짧은 창·철궁 등이 비처럼 떨어진다. 천인들은 신통변화를 갖추고 있기 때문에 큰 산을 끌어안아 뽑을 수 있다. 과거의 업력으로 인해 신체는 서 있는 일곱 사람을 포갠 만큼 키가 큰데, 이에 비해 아수라들은 오히려 아주 작다. 천인들은 머리를 잘리는 것 이외에는 아무리 다쳐도 천상계의 감로수를 이용하여 즉시 회복할 수 있어 죽음에 이르지 않는다. 아수라는 사람과 똑같아 주요 부위를 공격당하면 바로 죽을 수 있기 때문에 늘 실패한다. 천인은 또 취한 코끼리의 코에 보검륜寶劍輪을 매달아 놓고, 하늘 코끼리를 파견할 때는 수만의 아수라를 죽일 수 있기에, 그들의 시체는 수미산에서부터 굴러 내려와 유희해[112] 속에 떨어지니, 바닷물이 붉은 핏빛을 이룬다. 이처럼 늘 오로지 전쟁으로 세월을 보낼 뿐이다. 마땅히 아수라의 처지 역시 고통을 떠나지 못하는 본성을 가지고 있음을 진실한 마음으로 관수해야 한다.

---

111 조악원粗惡苑: 제석천이 거주하는 선견성 남쪽에 동산이 있는데, 연못과 숲으로 장식되어 있다. 발걸음이 그 땅에 이르면 거칠고 난폭한 마음이 생겨난다.

112 유희해遊戲海: 수미산을 밖에서 7겹으로 에워싸고 있는 금산과 교대로 간격을 두고 있는 6겹 대해는 8공덕수로 가득 차 있으며 모든 용왕들이 노니는 곳이다.

(6) 천인의 고통

천인이 살아 있을 때는 본래 쾌락과 행복이 원만하다. 그러나 산란하게 세월을 보내는 까닭에 정법을 수지할 생각을 가지고 있지 않다. 수명은 수 겁에 달할 정도로 길지만, 그들의 감각으로는 단지 찰나로 드러나고 순간이면 지나갈 뿐이어서 산란함과 미망 속에서 수명이 다하며 죽음으로 다가간다. 사대천왕(사천왕천)에서부터 타화자재천에 이르기까지 어디에 살고 있는가를 막론하고 모두 죽음의 고통을 받아야 한다. 천인들은 이전에는 각자 신체의 빛이 1유순 혹은 1문거를 비출 수 있지만, 죽음에 임박할 때에는 몸의 빛은 이미 소실되어 버린다. 이전에는 어떻게 보좌에 앉더라도 또한 기쁘지 않은 적이 없었는데, 이때는 보좌에 앉기를 원하지 않으며 심지어 몸에 맞지도 않아 기쁘지 않다. 이전에 천인의 꽃 장식은 오래되어도 시들지 않았는데, 이때는 이미 전부 시들게 된다. 이전에 천의天衣는 아무리 더럽혀도 때가 묻지 않았는데, 이때는 예전 옷들이 이미 때에 더러워져 있다. 이전에 천인의 몸에는 땀이 나지 않았는데, 이때는 몸에서 땀이 난다. 이 다섯 가지 죽음의 모양이 나타날 때면 그들 스스로도 장차 죽을 것임을 알아서 마음속으로 매우 고통스럽다. 다른 천자·천녀들도 그들이 죽을 것임을 알기 때문에 그들 몸에 다가가지 못하며 먼 곳에서 꽃을 뿌리며 다음과 같이 축원할 뿐이다.

"당신이 여기서 죽은 뒤에 인간으로 환생하여 선업을 행하여서 다시 천계에 나기를 원하옵니다."

이렇게 축원한 후 전부 떠나가 버리고 홀로 외롭게 남아서 매우 처량하다. 뿐만 아니라 천안으로 관찰한 후 내생에 어느 곳으로 환생할 것인지를 안다. 죽음의 고통이 아직 없어지지 않은데다 환생하는 곳의 고통을 보고 또 타락의 고통이 더해져서 고통이 두 배 세 배 늘어나게 되어 대성통곡하며 슬퍼한다. 이러한 상황은 7일 동안 지속되는데 33천의 7일은 인간의 7백 년이다. 과거의 즐거움과 행복을 기억하지만, 그때처럼 자주적으로 계속 머물지 못하고 곧 죽을 고통을 감수하고, 내세에 태어나는 곳의 비참함을 보고 타락의 고통을 받는다. 이 두 가지 고통의 시달림을 만나 마음속으로 근심하고 슬퍼하니, 그 고통은 이미 지옥의 고통을 넘어선다. 위쪽의 두 천계(색계·무색계)는 비록 현재 행하는 죽음의 고통은 없지만 인업[113]이 다한 뒤에는 꿈에서 깨어나는 것처럼 하취로 떨어질 것이므로 매우 고통스럽다. 보호주 용수보살께서 말씀하신 것과 같다.

    범천이 탐욕에서 벗어나 안락을 얻으나
    나중에는 무간지옥에 떨어져 불태움을 만나
    끊임없이 고통을 받을 것이다.

이처럼 육도 중생은 어디에 태어나는가를 막론하고 모두 고통의 본성에서 떠날 수 없고, 고통의 범위를 벗어날 수 없으며, 다만 고통에 얽매일 뿐이다. 마치 불구덩이 같고, 나찰의 섬(羅刹洲)과 같고, 바다의 파도 같고, 칼 끝 같고, 깨끗하지 않은 집과 같아서 털끝만한 안락의 기회도 없다. 『염주경念住經』에서 말씀하셨다.

지옥 유정은 지옥 불을 받고, 아귀는 배고픈 고통을 받고, 축생은

---

[113] 인업引業: 총보를 일으키는 것으로 어느 곳, 어느 취에 태어나게 할 수 있는 업.

서로 잡아먹는 고통을 받고, 인간은 단명의 고통을 받고, 아수라는 싸움의 고통을 받고, 하늘 세상에서는 방일의 고통을 받는다. 윤회는 날카로운 침 끝과 같아서 어느 때에도 안락이 없다.

미륵보살께서 말씀하셨다.

오취에는 안락이 없고 깨끗하지 못한 방에는 묘한 향이 없다.

우갠국의 연화생 대사께서 말씀하셨다.

이 윤회계에는 바늘 끝만큼도 안락이 전혀 없고, 약간의 행복도 고통으로 변한다.

그러므로 우리들은 마땅히 이 윤회하는 곳, 즉 위로는 삼유의 정수리인 비비상천에 이르고 아래로는 무간지옥에 이르기까지 어느 곳에 태어나더라도 조금의 안락할 기회도 없으며, 털끝만큼의 실제적 의미도 없음을 관상해야 한다. 그러므로 우리는 철저하게 윤회에 대한 집착을 끊어버려야 하며, 담병에 걸린 사람이 기름진 음식을 보는 것처럼 희구하는 마음이 일어나지 않아야 한다. 그러므로 단지 표면적으로 윤회의 각종 고통을 들어 이해하는 것만으로는 안 되고, 마음 깊은 곳에서부터 이 고통들을 체득해야 하며, 아울러 여기에 대하여 바른 견해를 일으키고 수지해야 한다. 만약 이렇게 바른 견해를 일으킬 수 있다면 악업을 막는 데 정진할 필요가 없다. 선법을 좋아하므로 저절로 선을 행하고 악을 끊을 수 있다.

예전에 세존의 동생인 난타는 아내를 지나치게 사랑하여 출가하려고 하지 않았는데, 세존께서 각종 방편을 써서 그를 불법에 들어오게 했다. 비록 출가를 하였지만 그가 율의를 배우지 않고 도망가려고 할 때, 세존께서 신통력으로 그를 설산으로 데려가 그곳의 눈먼 어미 원숭이를 가리키며 그에게 물으셨다.

"이 장님 원숭이와 너의 아내 백련화 둘 중에 누가 아름다운가?"

난타가 대답하였다.

"제 아내가 아름답습니다. 이 장님 원숭이는 그녀의 10만분의 1에도 미치지 못합니다."

세존께서 말씀하셨다.

"그렇다면 우리는 하늘나라로 가보자!"

난타를 하늘나라로 데려간 세존께서 같이 앉아 난타에게 말씀하셨다.

"네가 스스로 가서 좀 보아라."

그는 모든 천자들이 각자의 무량궁전에서 많은 천녀들에게 둘러싸여 상상할 수 없이 안락한 삶을 누리는 것을 보았다. 한 무량궁전에는 많은 천녀가 있었지만 천자가 없었다. 난타가 물었다.

"이것은 무슨 까닭입니까?"

그녀들이 대답하였다.

"인간에서 세존의 아우인 난타가 계율을 수지하여 그는 장차 인간에서 천계로 환생할 것인데, 여기가 그의 무량궁전입니다."

난타는 기뻐하며 세존 앞으로 돌아왔다. 세존께서 물으셨다.

"너는 천경을 보았느냐?"

"보았습니다."

"천녀와 너의 아내 둘 중에서 누가 예쁘냐?"

"천녀들이 아름답습니다. 이전의 눈먼 어미 원숭이와 백련화의 차이와 같습니다."

이후 인간으로 돌아와서 난타는 청정 계율을 수지하였다. 그러나 세존께서는 여러 비구들에게 말씀하셨다.

"난타는 선도의 과보를 얻기 위하여 출가한 것이고, 너희들은 열반의 안락을 위하여 출가한 것이니 너희들이 가는 것과는 다른 길이다. 그러므로 난타와 말하지 말고, 그가 하고 싶은 말을 다 말하게도 하지 말고, 그와 같은 좌석에도 앉지 말라."

모든 비구들은 가르침에 따라 행하였다. 그래서 난타는 매우 괴로웠다. 그는 생각하였다. '다른 비구들은 나를 버렸지만 아난은 나의 동생이니 틀림없이 나를 사랑할 것이다.' 그래서 아난에게 갔는데, 아난 역시 똑같이 자리에서 일어나서 가버렸다. 난타가 물었다.

"너희들은 왜 이렇게 나를 대하지?"

그들은 이것이 세존이 가르침이라고 말하였다. 그는 비로소 세존이 그들에게 그를 아는 체하지 말라고 가르쳤음을 알았다. 그래서 매우 슬퍼하였다. 이때 세존께서 다가와 물으셨다.

"난타야, 너는 지옥에 좀 가보고 싶지 않니?"

"가보고 싶습니다."

세존께서는 신통변화를 써서 그를 지옥으로 데려가시어 스스로 보게 하였다. 난타는 그곳에서 지옥의 광경들을 보았다. 그런데 한 곳의 빈 솥에 이글거리는 불길이 타오르고 있고 많은 옥졸들이 둘러싸고 있었다. 난타가 물었다.

"솥 안에는 왜 중생이 없습니까?"

"세존의 동생 난타가 천인의 안락을 얻기 위하여 계율을 지키기 때문에 그는 천계에 환생해서 안락을 누립니다. 선과가 다한 이후에는 이곳으로 환생할 것입니다."

이 말을 듣고 난타는 매우 두려워하며 인간세상으로 돌아왔다. 이때부터 천계에 환생하더라도 결국에는 악도에 떨어진다는 것을 깨달았다. 그래서 선도 과보에 실제의 의미를 두지 않고 진정으로 출리심을 일으켰다. 이미 눈앞에서 지옥을 직접 보았기 때문에 아주 세밀한 계율의 학처[114]도 역시 위반한 적이 없었다. 그래서 세존께서는 "나의 교법 중에서, 그는 육근의 문을 호지(護持根門)하는 데 있어 제일(계율제일)이다"라고 말씀하셨다.

겨우 지옥의 그림만을 보아도 공포심과 두려움이 일어나 마음에 염리심이 일어날 것인데, 하물며 실제로 지옥의 모습을 봄에 있어서이겠는가? 그래서 세존 역시 절의 문에 오분윤회도[115]를 그려야만 한다고 말씀하셨다. 보호주 용수보살 역시 말씀하셨다.

> 지옥의 그림이나 만든 조형을 보고서 생각하더라도 공포심이
> 생겨나는데, 하물며 정말로 이숙과를 받음에 있어서이겠는가?

이렇게 많은 윤회의 고통을 사유하여 마땅히 마음속 깊은 곳에서부터 이 세간의 일체 자질구레한 일들을 버려야 한다. 만약 마음속에서 이생의 일을 버리지 않는다면 비록 겉으로는 법을 닦는다고 해도 진실한 정법의 길로 들어갈 수가 없다.

아띠샤 존자가 원적할 때가 가까웠을 때, 유가사가 도를 물었다.

---

114 학처學處: 배우고 익혀야 할 사항, 지켜야 할 것, 계율의 세세한 항목 등을 말함.
115 오분윤회도五分輪廻圖: 절 문에 그려놓은 생사오도의 윤회도.

"존자께서 원적한 뒤에 제가 수행해도 됩니까?"

존자가 대답하였다.

"수행하면 바로 정법에 들어갈 수 있겠는가?"

"그렇다면 저는 불법을 전하러 갈까요?"

이에 존자는 앞에서와 똑같이 대답하였다. 그는 또 물었다.

"그렇다면 저는 무엇을 해야 합니까?"

존자가 대답하였다.

"너의 모든 수행은 마땅히 중돈빠[116]에 의지하고 금생을 버려야 한다."[117]

스님 한 명이 '라뎅'[118]을 돌다가 중돈빠를 우연히 만났다. 중돈빠 게쉐가 말하였다.

"존자가 탑을 도는 것[119]은 진실로 기뻐할 가치가 있지만, 만약 진실한 법을 수지할 수 있다면 더 좋지 않습니까?"

당시 그 존자는 생각하였다. '대승 경전을 독송하는 것이 불사와 불탑을 도는 수행법의 공덕보다 더 클 것이다.' 그래서 강당의 복도로 가서 경을 읽었다. 중돈빠 게쉐가 말하였다.

"경을 읽는 것은 진실로 기뻐할 만한 가치가 있지만, 만약 진실한

---

[116] 중돈빠(돔뙨빠 'Brom ston 1004~1064): 아띠샤의 수제자.

[117] 금생을 버리다(捨棄今世): 금생의 세간팔법을 구하지 않고 오직 내세의 해탈을 구할 뿐이다.

[118] 라뎅(Ra bsGreng, 熱振): 까담빠의 첫째가는 절로, 교파 개창자인 중돈빠를 위하여 창건한 곳이다. 라싸 북쪽에 위치.

[119] 탑돌이: 불경에 기록된 것에 근거하자면, 오른 쪽으로 불탑, 절, 불상 등을 돌면 아주 큰 공덕이 있다고 한다.

법을 수지할 수 있다면 더 좋지 않습니까?"

그 존자는 또 생각했다. '경을 읽는 것보다 참선을 닦는 것이 더 큰 공덕이 될거야.' 그래서 경전 독송을 그만두고 자리에 앉아 눈을 감고 좌선했다. 중돈빠 게쉐가 말하였다.

"참선을 하는 것은 진실로 기뻐할 만한 가치가 있지만, 만약 진실한 법을 수지할 수 있다면 더 좋지 않습니까?"

이때 이미 그는 다른 수행법을 생각할 수 없었다. 할 수 없이 게쉐에게 물었다.

"존자여! 그렇다면 저는 무슨 법을 수행해야 합니까?"

중돈빠 게쉐가 답하였다.

"금생을 버리십시오! 금생을 버리십시오!"

그러므로 이 세간의 모든 자질구레한 일들은 현재와 미래에 이르도록 윤회의 고통으로부터 해탈할 방법이 없다. 따라서 마땅히 이생의 끈을 끊어버리고 후세의 보리를 닦아야 한다. 법상法相을 갖춘 상사 이외에는 그 누구도 훌륭하게 생사윤회에서 벗어나는 가르침을 열어 보일 수 없을 것이다. 그러므로 상사에 의지해야 한다. 이생의 부모·가족·친구·음식·재산·일용은 콧물처럼 버려야 한다. 의복과 음식 등은 인연 따라 만나는 것을 편안히 여겨야 하고, 만족을 알아 욕심을 줄이고서 오직 정법을 수지해야 한다. 인도의 파담빠 상게께서 말씀하셨다.

> 눈앞의 일과 이러한 물질은 구름과 같으니
> 실제 있는 것으로 집착하지 말라!
> 모든 명예는 골짜기의 메아리 소리와 같으니
> 명예를 추구하지 말고 법성을 수행하라!

아름다운 옷은 무지개와 같으니
몸에는 낡은 옷을 걸치고 수행하라!
자신의 신체는 피고름·똥물의 가죽 주머니이니
집착하여 아끼지 말라!
맛있는 음식물 역시 부정물의 인이니
굶주림을 채우기 위하여 동분서주하지 말라!
모든 외부 환경에 반응하는 것은 원수와 적을 불러들이는 것이니
절이나 깊은 산속에 안주해라!
어리석고 혼란스러움은 마음속을 찌를 수 있으니
평등성을 수지하라!
모든 필요는 자기 마음속에서 생기는 것이니
자신의 마음을 닦아 지켜라!
여의보배를 스스로 갖추고 있으니
음식과 재물을 탐착하지 말라!
말이 지나치게 많은 것은 다툼의 인이 되니
벙어리와 같아라!
심성은 갖가지 업을 드러낼 수 있으므로 음식 등 오욕에 따라
방일하지 말며
가피는 마음속에서 생겨나니 마땅히 상사 본존에게 기도하라!
장기간 한곳에 안주하면 붓다일지라도 허물이 생기리니
장기간 한곳에 안주하지 말라!
늘 낮은 위치에 머물러 겸허하며 아만 높이는 것을 끊어라!
세월은 무상하여 장기간 세간에 안주할 수 없으므로
제때에 수행해야 한다!

이생의 자신은 나그네와 같으니
잠시 쉬는 곳인 집을 짓는 데에 힘을 다 쓰지 말라!
어떤 자질구레한 일이라도 이익이 없으니
성불하는 법을 실답게 수행해야 한다!
자신의 신체는 결국 벌레들에게 먹혀 자취도 없을 것이며
언제 죽을지 또한 확정되어 알 방법이 없으니
이생의 아기자기함에 빠져 산란하고 부질없이 보내지 말라!
가족과 친지들은 숲속의 작은 새와 같으니
그들을 집착하여 그리워하지 말라!
성실한 믿음은 좋은 밭과 같으니
무관심으로 번뇌의 황무지에 방치하지 말라!
금강의 계율은 망루와 같으니
죄업의 잘못에 오염시키지 말라!
금강상사가 세상에 머물 때
부디 정법 수지하는 것을 게을리 하지 말라!

그러므로 만약 실답게 진실한 정법을 수행하고자 한다면 반드시 전심전력으로 일체 윤회의 만사만물이 모두 환이며 어떤 실제 의미도 없음을 이해해야 한다. 이러한 도리의 원인을 심식 중에 일으켜 오직 윤회의 고통을 관수해야만 한다. 심식 가운데 이러한 정해定解가 생겨날 때까지 마음을 진실하게 하여 수지해야 한다.

그렇다면 윤회의 과환過患을 심식 가운데에 일어나게 하는 수행은 어느 정도 해야 하는가?

마땅히 량리탕빠[120] 존자의 경우와 같이 해야 한다.

한번은 시자가 그에게 말하되, "다른 사람들은 모두 상사를 근심스런 얼굴의 랑리탕빠라고 부릅니다"라고 하였다.

랑리탕빠 존자가 말하되, "삼계 윤회의 고통을 생각한다면 어떻게 웃는 모습일 수 있겠느냐?"라고 하였다.

한번은 존자의 만다라 쟁반 위에 송이석이 있었는데 생쥐 한 마리가 그것을 가져가고자 하나 움직일 수 없자 "찍찍"거리며 다른 생쥐를 불렀다. 그러고 나서 밀고 끌어 옮겨가는데, 이 모습을 보고서 존자가 웃음을 지었고, 이 외에는 어떤 경우에도 웃는 모습을 드러낸 적이 없다.

윤회의 고통을 관수하는 것은, 마음속에서 정법으로 들어가 진실로 인과를 믿고, 금생을 버리고 중생에게 자비심 등을 일으키는 일체의 성도聖道를 이루는 공덕의 바탕이 된다. 세존께서는 순서대로 세 차례의 법륜을 설법하였는데, 초전법륜 때 여러 비구들에게 먼저 선포하시되 "이것이야말로 고통이니 마땅히 고통을 알아야 한다"라고 하셨다. 그러므로 심식 속에서 아직 이와 같은 결정된 신해(定解)가 일어나기 전이라면 마땅히 윤회의 과환을 수행해야 한다.

> 비록 윤회의 고통을 보되 계속 집착하고
> 악도를 두려워하나 계속 악을 짓는
> 나와 기타 방황하는 중생들이
> 금세를 꿰뚫어 보도록 가피하소서!

---

120 랑리탕빠(Geshe Langri Thangpa, 1054~1123): 아띠샤 존자의 6대 제자 가운데 하나인 뽀또와 게쉐의 2대 제자 중 한 분이다.

4. 인과불허

인과를 취사함은 교법을 의거해 행하시고
행위는 구승차제를 의지해 오르시며
진실한 지혜로 밝게 보아 무엇도 탐하지 않으시니
비할 바 없이 뛰어난 스승의 발아래 정례하옵니다.

인과불허因果不虛는 세 가지로 나누어진다. 첫째는 끊어야 하는 불선업, 둘째는 마땅히 행해야 하는 선업, 셋째는 일체 업의 자성이다. 첫째의 끊어야 하는 열 가지 불선업은 셋으로 나뉜다. 몸으로 짓는 세 가지 악업, 말로 짓는 네 가지 악업, 뜻으로 짓는 세 가지 악업이다.

1) 불선업

중생이 각자 쌓은 선악의 업이 원인이 되어 육도 가운데 몸을 받아 태어난다. 사실 윤회는 업력으로 생기며 업의 결과로 이루어지는 까닭에 선도에 생을 받고 악도에 떨어짐은 조물주의 작용이 아니며, 우연한 인연으로 해서 생기는 것도 아니다. 이로써 우리는 반드시 때와 장소에 따라 선과 불선의 인과법칙을 관찰하며 전심전력으로 악을 막고 선을 행해야 한다.

(1) 열 가지 악업
① 살생

살생은 곧 사람이나 혹은 축생 등 상대방에 대하여 마음 가운데 죽이고자 생각하는 동기를 가지고 그들의 목숨을 끊는 것이다. 예를 들면, 군사가 전쟁터에서 적과 싸우면서 성내는 마음으로 죽이는 것이나, 짐승의 고기와 가죽을 얻기 위하여 탐심으로 사냥하여 살생하는 것이나, 선악인과에 밝지 못하여 외도처럼 살생이 선업이 된다고 하여 어리석은 마음에 이끌려서 살생하는 것이다. 그 중에 더욱 심한 것은 아버지를 죽이거나 어머니를 죽이거나 아라한을 죽이는 것으로, 이 세 종류의 살생 업을 무간업이라고 한다. 이러한 하늘을 채우는 큰 죄는 금생과 내세 사이의 중음(바르도)을 거치지 않고 바로 지옥에 떨어져 무간지옥에 들어가는 원인이 된다.

어떤 사람은 생각하되, 다만 자기가 자기 손으로 죽이지 않으면 살생의 죄가 되지 않는다고 한다. 일반적으로 높고 낮음이나 강하고 약함을 막론하고 모든 사람들은 걸으면서 발 밑에 많은 생명을 밟아 죽이는 죄를 지은 것이 수를 헤아릴 수 없다.

특히 지적하고자 하는 한 가지는, 스승과 승려들이 시주자의 집을 방문했을 때 신도들이 가축을 죽여서 살코기를 삶아 가져오는데, 그때 죽은 동물에 대해서 측은한 마음이나 자비심이 조금도 없이 고기의 맛을 탐하면서 거침없이 먹고 마시는 경우, 살생의 죄업은 공양을 올린 사람과 공양을 받은 사람이 똑같이 받게 된다. 그러한 막행막식을 하는 승려들과 정부 관리들이 어디에 가든지 그들의 접대 때문에 살생되는 생명은 헤아릴 수 없다. 부자들에게는 소와 양이 많은데 그 모두가 점차로 나이가 들면 한 마리씩 죽임을 당하는 신세를 면치 못한다. 그렇지 않고 자연적으로 죽는 일은 거의 없기 때문에 생명을 죽이는 일은 헤아릴 수 없다. 봄이 되면 그 풀을 먹으려는 가축들에게 곤충, 개미, 물고기, 개구리들이 발굽으로 밟히며 말똥과 쇠똥 등으로 죽는 생명들이 셀 수 없다.

그러한 것들의 악업이 그 가축뿐만 아니라 주인에게도 온다. 특히 양은 말, 소 등 다른 가축들보다도 더 큰 악업의 근원이 된다. 양은 뱀, 개구리, 작은 새 등 모든 작은 생물을 먹이로 한다. 봄에 털옷을 지으려고 양털을 깎을 때 양의 등에 있는 수십만 마리의 생물이 모두 죽게 된다. 겨울에 새끼를 낳을 때 어린 양은 태어나자마자 절반 정도가 살지 못하고 죽는다. 암컷 양들도 나이가 들어서 힘이 소진될 때까지 우유를 짜고, 새끼를 낳는 데 이용당하다가, 늙어 쓸모없이 되면 모두 죽여 고기와 가죽을 이용한다. 숫양은 어린 양이든 다 자란 양이든 어디로 가든지 죽는 일밖에 없다. 양의 몸에 이가 무더기로 살 경우, 양 한 마리에서 일억 마리나 되는 이들이 또한 죽는다. 따라서 백 마리 양을 가진 사람은 앞으로 최소한 한 번은 지옥에 태어날 것이 분명하다.

여자들이 생존을 위해 살생 업을 짓는 경우는 다음과 같다. 여인이 장성하여 다른 사람과 결혼하여 결혼 지참금을 보낼 때, 신부를 떠나보낼 때, 신부를 맞이할 때 등 헤아릴 수 없는 양들이 도살된다. 그 후에 여인이 친정집에 다시 갈 때 가족은 가축을 잡아 환대하여 동물 몇 마리가 희생된다. 또한 친구나 친척들이 불러서 간 경우에도 교활함으로 가득 찬 여자는 고기가 없는 다른 음식을 주면 불만스런 표정을 하고, 고기 아닌 음식은 마치 맛없는 듯이 먹는다. 만일 살찐 양 한 마리를 잡아서 가슴살과 내장 등 큰 덩어리를 앞에 놓으면 붉은 얼굴의 나찰녀가 대장장이의 자세를 하여 한 무릎을 세우고 앉아서 작은 칼을 가지고 침을 삼키며 소리를 내면서 게걸스럽게 먹는다. 다음 날에는 붉은 피가 뚝뚝 떨어지는 생고기 덩이를 짊어진 채로 마치 사냥꾼이 자신의 집으로 되돌아가는 것처럼 돌아간다. 언제든 친정에 갈 때마다 빈손으로 가서 잔뜩 메고 돌아오는 것은 사냥꾼보다도 더 억척스럽다.

그러면 어린애들은 어떻게 살생 업을 짓는가? 어린애들이 놀 때, 알고 혹은 모르고 죽인 것이 헤아릴 수 없다. 심지어 여름에 긴 소몰이용 채찍 등을 들고 땅바닥을 치면서 가는 경우 셀 수 없는 곤충들이 맞아 죽는다.

그러므로 우리 인간들은 매우 잔인하며 오로지 생명을 죽이는 일로 시간을 보낸다고 할 만하니, 마치 나찰귀와 같다. 젖소는 일생 동안 사람에게 이용당하고 사람에게 우유를 제공하며 마치 부모와 같은 친절로 보살펴 준 은혜가 바다보다 큰데, 우리는 그들을 어떻게 대하는가? 곧 그들을 잡아 죽여서 살코기와 피를 즐기는 것에 생각이 미치면 우리는 나찰보다도 더 독하고 나쁘다.

살생 업을 짓는 사람이 만약에 네 가지 항목을 구족한다면 곧 반드시 살생의 과보를 받을 것이다. 그렇다면 무엇이 네 가지 항목인가? 하나의 예를 들어 설명하면 다음과 같다. 한 사람의 사냥꾼이 짐승을 사냥할 때, 먼저 눈으로 직접 한 마리의 사슴이나 노루 등 산짐승을 본다. 그리고 그 짐승이 어떤 짐승인가를 정확히 파악하면 곧 죽일 대상의 중생임을 분명히 알게 되는데, 이것이 첫 번째 항목이 된다. 그런 후에 이 짐승에 대해서 죽이고자 하는 동기를 일으키면, 이것이 죽이고자 하는 습관이 생기는 것이며, 곧 두 번째 항목이 된다. 그 후에 사냥꾼이 화살이나 창 등을 쏴서 그 짐승의 몸에 맞히면, 한층 더하여 행동을 취하는 것이라 하며 세 번째 항목이 된다. 이어서 이 짐승의 목숨이 끊어지면 그 몸과 마음이 분리되는데, 이를 구경에 목숨이 끊어졌다 하며 네 번째 항목이 된다.

이것은 사람이 기른 염소를 죽이는 것으로써 다시 예를 들어보자.

먼저 주인이 종업원이나 백정에게 염소를 죽이라고 말할 때, 분명히 죽일 중생이 그 염소인 줄을 알면 이미 제1 항목을 갖춘 것이다. 그들의 마음속에 한 마리 염소를 죽이려는 생각이 있을 때, 곧 살생의 습관이 생겨서 제2 항목을 구족한다. 저 백정이 하나의 밧줄을 들고서 죽이려는 양의 다리를 묶고, 이어서 가는 줄로 주둥이를 묶은 후에 땅에 쓰러뜨리면 이것이 제3 항목이 된다. 이때 다만 저 중생은 그 숨이 끊어지는 강한 고통이 따르며, 안팎으로 호흡이 이미 중단되고, 눈을 바로 크게 뜨고 눈물이 쏟아지며 시체가 장막으로 끌려올 때, 이것이 마지막으로 목숨이 끊어진 것으로 이미 제4 항목을 구족한 것이다. 이어서 주인이 날카로운 칼로 껍질을 벗길 때, 저 짐승의 살은 아직도 움직이는데, 이는 풍의 기운이 아직 완전히 다 없어지지 않은 것으로 살아 있는 것과 한가지이다. 이때 주인은 바로 신선한 고기를 가져다 불에 굽거나 솥에 넣어 삶은 후에 통쾌한 듯이 먹기 시작한다. 이것을 생각해보면, 중생을 잡아먹는 이 사람은 곧 흉폭한 맹수와 다름이 없다.

어떤 사람이 한 중생을 죽이려는 생각을 일으키거나 혹은 입으로 말하는 이러한 종류 것들은, 비록 그들의 살생 행동이 실현되지는 않았으나 이미 중생에 대해서 알고, 또 중생에 대해서 죽이고자 하는 동기를 일으킨 것으로서 두 가지 죄의 항목을 갖춘 것이다. 비록 완전히 살생한 죄업과 같이 중하지는 않으나 거울에 비친 그림자와 같아서 자기의 심식이 오염된 것이다. 또한 어떤 사람이 생각하기를, 자기가 친히 죽이지 않고 다른 사람을 시켜서 죽인 것은 죄업이 없다고 생각하기도 하며, 혹은 비록 죄업이 있으나 적어서 말할 것도 없다고 생각한다. 그러나 사실은 살생을 보고 기뻐하는 사람 또한 같은 죄업이 되거늘, 하물며 남을 시켜서 죽인 사람이겠는가! 바꿔 말하면, 살생에 참여한 하나하나의 사람은 모두 반드시 살생한 죄업 전체를 동등하게 받으며, 살생에 참여한 죄업이 여러 사람에게 분배되는 것이 아님을 분명히 알아야 한다.

② 주지 않은 것을 취하는 것(不與取)

주지 않은 것을 취하는 것에는 세 가지가 있다. 권위로 주지 않은 것을 취하는 것, 도적질로 주지 않은 것을 취하는 것, 속여서 주지 않은 것을 취하는 것이다.

국왕과 같이 세력이 큰 사람이 합법적으로 세금을 거두지 않고 비법과 폭력을 통해 강제로 탈취하거나 군대의 무력을 써서 빼앗는 것은 '권위 혹은 세력으로 주지 않은 것을 취하는 것'이라 한다.

도적과 같이 주인이 보지 않는 틈을 타서 몰래 음식·재물 등을 가져가 자기 것으로 삼는 것은 '도적질로 주지 않은 것을 취하는 것'이라 한다.

장사나 무역을 함에 상대방을 속이려고 입으로 허황된 말을 하고, 저울눈을 속이는 등의 수단으로 상대방의 재물을 취하는 것은 '속여서 주지 않은 것을 취하는 것'이라 한다.

어떤 사람은 자기가 몸소 도적질만 하지 않으면 장사 등과 같은 속임수의 수단으로 재물을 얻는 것은 죄업이 없다고 생각한다. 사실 사기와 속임수의 수단으로 경영하면 그 이익이 많고 적고 간에 모두 직접 도적질을 한 것과 차별이 없다.

이 같이 장사하는 사람들은 밤낮으로 영업 항목만 생각하며 항상 산란하고 어지러운 가운데 세월을 낭비하다가, 죽을 때에는 혼란한 가운데 죽어간다. 이뿐 아니라 또한 물건을 파는 과정 중에 본래 자기가 사올 때는 싸고 나빴던 상품을 도리어 부풀려 말해서 자기가 많은 돈을 들여 사온 좋은 물건이라고 거짓말한다. 사고파는 쌍방이 흥정할 때에 자기는 다른 물건을 사고 싶다고 거짓으로 말하여 사고파는 사람 간에 불화를 만들면, 이것은 이간의 말이 된다. 입으로 양심 없이 말하되, 저쪽 편 물건은 매우 나쁘다고 하며 혹은 여러 가지 원인에 의거해서 싸우는 등은 일시의 악한 말이다. 조그마한 의미도 없이 가격을 너무 높게 하며, 본래 사고자 하지 않음에도 꼬여서 상대방과 물건 값을 흥정하는 등은 속이는 말에 속한다. 야심이 커서 상대방의 재물을 방법을 써서 자기가 얻으려고 하면 탐심이 되며, 마음에 다른 사람을 크게 손해 보게 하려는 마음을 품으면 이는 해하는 마음이 되고, 짐승을 잡아서 매매하는 것은 살생이 된다.

이로 보면, 장사하는 과정 중에서 십불선업 중의 사견과 사음을 제하고는 이미 전부 범한 것이 된다. 만일 장사가 순조롭지 않으면 재산을 탕진하고 망하며, 많은 사람이 매우 고통스럽게 되고, 결국에는 자기를 해치고 남을 손해 보게 하며, 심지어 자신이 배고파 죽는 처지를 당하게 된다. 만약 장사를 잘하면 장사가 점점 흥성해지고, 그러면 많고 적고 간에 얼마를 벌든 만족할 줄 모르고 줄곧 탐냄을 싫어하지 않으며, 가진 재산이 다문천왕多聞天王과 다름이 없이 된다 해도 그는 여전히 죄악이 큰 욕망으로써 장사를 한다. 이와 같이 바쁘고 어지러운 가운데 인생의 여정은 이미 죽음에 이르며, 죽을 때에는 손으로 가슴을 쥐고 발광하니, 이는 악도에 떨어지는 기초가 된다.

악업이 끊어지지 않고 늘어나며 자기의 심식을 해치는 것에는 장사보다 더 심각한 것이 없다. 상가에서 장사하는 사람들이 평소 마음에 가지고 있는 것은 곧 남을 속이는 음모와 계략이며, 모두 악한 생각을 품은 것이고, 곧 칼날과 송곳바늘과 같이 다른 사람과 첨예하게 대립하며, 항상 나쁜 마음을 가지고 있어 다른 사람을 온전히 이롭게 하는 보리심을 위배하고, 결과적으로 한량없는 악업만 더욱 증가하게 할 뿐이다.

도둑질 또한 살생과 한가지로 죄업의 네 항목이 있다. 우리는 이를 분명히 알아야 한다. 심지어 단지 사냥꾼과 혹은 강도 등에게 조그마한 음식을 공급해 주어도 또한 그들이 지은 바 살생과 도적질의 죄와 더불어 털끝만큼도 차이가 없다.

③ 사음

사음은 세속 사람들에 대한 금지의 계율이다. 옛날에 티벳의 법왕이었던 송쩬감뽀는 재임 중에 열 가지 선법 규정(十善法規)을 제정하였는데, 세속 사람은 반드시 인륜 도덕을 지키며, 또한 정법으로써 가문의 법통을 엄하게 지키며, 사음을 금지하고 반드시 불법을 수호하며 계율을 가지게 했다. 출가한 사람에 대해서는 반드시 근본적으로 범행이 아닌 것을 끊게 했다.

사음에 관한 것은 특별히 엄중하며, 또한 기타 계율을 범하는 것을 더욱 조장하는 작용을 한다.

이 외에도 사음에는 다양한 종류가 있다. 남자들이 정액을 내거나, 다른 사람의 부인, 혹은 다른 사람이 이미 돈을 내서 산 여인과 부정한 행위를 하는 것, 비록 자유가 있다 해도 대낮이나 병이 났을 때, 임신했을 때, 근심이 닥친 때, 월경기간, 산부가 회복하지 아니했을 때 및 삼보가 있는 곳 등에서 음행을 행하는 것은 모두 사음에 속한다. 그밖에 자기의 직접적인 가족에 대해서나 미성년의 소녀 또는 입과 항문 등으로 음행을 행하는 것 등이다. 이와 같이 마땅히 환경과 시간의 구분에 따른 사음의 종류를 잘 알아 일체의 사음을 모조리 다 끊어야 한다.

④ 망어
망어에는 일반적인 망어, 대망어, 상인법망어上人法妄語가 있다.

일반적인 망어는 곧 다른 사람을 속이는 마음으로 말하는 일체의 자성自性망어를 가리킨다. 대망어는 입을 크게 열고 선행에는 공덕이 없다고 말하거나, 악행에는 죄가 없다고 말하거나, 청정한 정토에는 안락이 없다 하고, 악도에 고통이 없다고 하며, 불타는 공덕이 없다고 하는 등이다. 이보다 더 엄중한 거짓말은 없으니, 이로 인해서 대망어라고 부른다.

상인법망어(승려가 법에 대해 거짓말하는 것)는 본래 과위를 얻지 못했으면서 과위를 얻었다고 하고, 신통이 없으면서 신통이 있다고 말하는 등 무릇 자기가 공덕이 없으면서도 공덕을 이루었다고 말하면 이 모두는 다 상인법의 망어에 속한다. 그래서 요즘 시대에 거짓말쟁이와 성현을 비교하면 거짓말쟁이가 더욱 활개를 쳐서, 이에 영향을 받아 사람들의 사상과 행동이 매우 쉽게 변한다. 어떤 사람은 자기 자신이 선지식이나 성취자라고 표방하며 수단을 가리지 않고 남을 속이며 선전한다. 예를 들어, 어떤 사람이 말하되 "나는 이미 본존을 보았으며, 본존에게 공양을 올리고 감사의 예를 올렸다"라고 말한다. 또한 어떤 사람은 말하되 "나는 이미 마귀를 보았으며, 아울러 그 모두를 없애버렸다"라고 한다. 입으로 이러한 말을 하는 사람의 대부분은 상인법의 망어를 하는 것이다.

그러므로 우리는 마땅히 편리함에 따라서 가볍게 스스로를 속이고 남을 속이는 거짓말을 하지 말고, 반드시 매우 진실하고 겸허하고 삼가하며 겉과 속이 한결같은 한 분의 수행인을 의지하여 선지식으로 삼아야 하며, 그분 앞에서 금생과 후생의 해탈의 정법을 구해 얻어야 하니, 이는 매우 중요하다. 어떤 사람이 비록 세간의 조그마한 유루의 신통을 갖추었어도 그것은 다만 잠시일 뿐이기에, 어떤 때에는 영험하지만 어떤 때에는 영험하지 않다. 무루의 신통은 오직 성자만이 획득할 수 있고 기타의 사람에게는 없으니, 이와 같은 무루의 신통을 얻기는 매우 어렵다.

⑤ 이간어

이간어(離間語, 이간질)에는 공개적인 이간어와 암중의 이간어가 있다. 일반적으로 공개적인 이간어는 두 사람이 같이 있는 장소에서 권위가 있는 사람이 이간어로 그들의 관계를 깨트려 갈라지게 하는 것을 가리킨다. 예를 들면 "이 사람은 네가 안 볼 때 너에 대해 나쁜 말을 하고 욕했으며, 게다가 간도 크게 너에 대하여 비난했다. 오늘 너희들 두 사람은 서로 이렇게 하지 않았느냐?"라고 이와 유사하게 직접적으로 이간의 말을 내뱉어서 다투게 하면 공개적인 이간어라고 한다.

  암중의 이간어란, 본래 두 사람이 의기가 투합했으나 다른 한 사람이 둘 중의 한 사람에게 가서는 "네가 비록 그에 대하여 마음으로 깊은 관심을 주고 있지만, 그는 너에 대하여 좋은 점을 나쁘게 말하며 이로운 점을 해롭게 말한다"고 말하는 경우가 있다. 이렇게 배후의 이간어로써 쌍방으로 하여금 서로 갈라지도록 말하는 것을 암중의 이간어라고 한다.

  모든 이간어 중에서 가장 심각한 죄업이 되는 것은 승단의 화합을 파하는 것이다. 더욱이 밀승의 법을 전하는 스승과 제자 사이에 모순이 생기게 하여 그들의 관계를 깨지게 하거나, 혹은 금강의 법우 사이에 불화를 조장하게 하면 이 죄업은 심각한 죄업 중에서도 더욱 심각하다.

⑥ 악어

악어惡語는 모습이 추한 사람에 대해서 공개적으로 그들의 결점을 드러내는 것이다. 예를 들면 봉사나 귀머거리 앞에서 봉사나 귀머거리라고 부르는 것 등이다. 이밖에 상대방의 허물을 지적하거나, 혹은 공손하지 않은 말을 내뱉는 것은 모두 악어에 속한다. 거친 말이 아닐 지라도 온화한 말로 상대방의 마음을 유쾌하지 않게 말하는 것 등도 또한 악어에 속한다. 특히 스승이나 선지식이나 고승대덕의 면전에서 두서없이 귀에 거슬리는 말을 하는 것은 죄가 더욱 크다.

⑦ 기어

기어綺語가 포함하는 범위는 비교적 넓다. 바라문의 주문 등은 본래 정법이 아니나 반대로 그것이 정법인 것처럼 생각되게 하거나, 혹은 기생들의 음란한 말, 다른 사람의 탐욕심을 부추기는 소리, 군사나 도적질 등에 관한 말 등 이와 같은 종류로 능히 삼독심을 일으키게 하거나, 근거 없는 말들은 모두 기어의 범위에 속한다. 더욱이 다른 사람이 독경을 하거나 다라니를 외울 때에 그들의 마음을 산란하게 하는 의미 없는 말을 끝없이 하거나, 다른 사람의 선행공덕을 끊게 하는 말은 죄가 더욱 엄중하다.

갖가지 꾸미는 말들은 겉으로 보면 자연스럽게 입을 통해서 나오는 것 같지만, 자세히 관찰하면 대부분의 꾸민 말이 모두 탐심과 진심으로 말미암아 생긴 것인 줄을 알게 된다. 기어를 말하는 중에 나와 남의 심식 가운데 다소간의 탐욕과 진심이 일어나게 하면 죄업이 더욱 크다.

다시 말하면, 경을 외우고 주문을 염하는 기간에 만일 조금 불경스러운 말을 섞으면, 얼마나 많은 횟수를 염송하는가에 관계없이 어떠한 수확도 없다. 특히 승중이 행렬할 때, 만일 한 사람이 쓸데없는 말을 하면 승중 전체의 선근자량이 모두 이 한 사람의 실수로 없어지며 시주자가 쌓은 바 공덕까지도 다 손상된다.

본래 인도 성지에서는 공덕을 구족한 사람과 허물을 멀리한 사람을 제외하고는 그 밖의 기타 사람은 신심 있는 보시물을 사용할 자격이 없었으며, 세존 또한 인정하지 않으셨다. 그러나 현재 일부 사람들은 한두 종류의 밀종 기도문을 배워 금방 염송하고서는, 곧바로 거리낌 없이 신심 있는 신도의 보시물을 받아 누린다. 밀종의 기도 방식을 통해서 보시물을 받아쓰는 데 있어, 만약 관정을 얻지 못하거나 서언誓言을 구족하지 못하고, 더욱이 생기차제와 원만차제[121]에 대해서 하나도 통달하지 못하고 원만하게 닦음이 없는 사람이 편리함에 따라서 밀주의 기도문을 염송한다면, 그것은 곧 뵌교[122]의 염송과 똑같은 것이 되기 때문에 그 죄업이 매우 무겁다.

검은 보시물은 마치 불에 달궈진 쇳덩어리와 같아서, 생기차제와 원만차제의 쌍운을 구족한 무쇠의 이빨을 지닌 사람(유가사)이어야만 비로소 받아쓸 수 있으며, 만일 보통 사람이 받아쓰면 스스로 고통을

---

121 생기차제와 원만차제(生圓次第): 밀교에서 본존 삼신을 수습하는 것이 생기차제生起次第이고, 기맥(風脈) 등을 수습하는 것이 원만차제圓滿次第이다.

122 뵌교(笨敎, bönpo): 고대 티벳의 전통 무속 종교. 창시자는 톤빠 센랍 미오체라는 인물인데, 중앙아시아에서 태어난 그는 중생의 복락을 위해 3개 대륙에 걸쳐 영향력을 미치며 중생을 교화하였다 한다. 뵌교의 가르침 중 최상승법으로 알려진 족첸은 밀교의 가르침과 유사한 부분이 많다.

불러들여 자신의 심식을 불태워버린다. 게송에 이르되

　　검은 보시물은 생명의 날카로운 칼날이니
　　지나치게 받아쓰면 해탈의 목숨을 끊는다.

라고 하였다. 잠깐 동안 생기·원만차제를 구족함은 두고라도, 심지어 어떤 사람은 경문을 원활하게 독송하지 못하고 다만 그 글자를 아는 것에 불과하다. 더욱이 기도문의 가장 중요한 부분은 염송인데, 만일 염송하는 사이에 기어를 하게 되면 곧 각종 탐욕과 진심의 쓸데없는 말로 시일을 허비하여 장차 자기와 남을 모두 해치게 된다. 이러한 까닭에 모든 스승과 승려들은 마땅히 기어를 끊고서 묵언으로 정진하고 염송하는 것이 매우 중요하다.

⑧ 의악업

의악업意惡業에는 탐심貪心, 해심害心, 사견邪見의 세 가지가 있다. 타인의 재물에 대하여 마음에서 계산하되 '만일 이 재물이 내 것이 되면 얼마나 좋을까?'라고 하며, 아울러 여러 차례 '내가 무슨 방법으로 능히 이 재산을 내 수중에 가져올까?'라고 생각한다. 무릇 이것은 다른 사람의 재물에 대해 구하는 마음을 일으키는 탐심에 속한다.

　다른 사람에 대해서 매우 아픈 한스러움이 마음에 있으면, 분노의 감정이 가득해서 생각하기를 '내가 응당 어떻게 해서든 그 사람을 해쳐야겠다'고 하고, 다른 사람이 누리는 부귀영화를 보면 기쁘지 않고 아울러 몰래 저주하되 '만일 저 사람이 행복하지 않고 안락하지도 않으며, 이 같은 공덕이 없다면 얼마나 좋을까?'라고 하며, 또한 다른 사람이 불행을 만나거나 좌절할 때, 곁에서 재난과 화근을 기뻐한다. 모든 이 같은 부류는 다른 사람에 대하여 손해를 입게 하는 마음을 일으키며 모두 해치는 마음인 해심에 속한다.

사견에는 두 가지가 있다. 첫째는 인과가 없다는 견해이고, 둘째는 상견과 단견이다.

선을 행하나 공덕이 없고, 악을 행하나 과실이 없다고 생각하는 관념을 일러 인과가 없다는 견해라고 한다. 총체적으로 말해서, 사견은 360종으로 나누기도 하고 62종으로 나누기도 한다. 이 모든 사견을 귀납하면 상견과 단견의 두 가지에 포괄된다. 이른바 상견은 자아가 항상 있다고 생각하는 견해이며, 대자대천(이슈와라)과 편입천(비슈누)이 세상을 만든 조물주라고 하는 등의 사상이다. 단견은 일체제법은 자연적으로 생긴다고 보며, 전생과 후생, 인과의 헛되지 않음과 해탈 등을 인정하지 않는 견해이다. 『흑자재서黑自在書』에서 말한 것과 같다.

> 마치 해가 뜨고 물이 아래로 흐르고, 콩은 둥글고 가시는 길고 날카로우며, 공작의 깃털이 고운 것은 자연적인 것과 같이, 모든 고와 낙은 누가 만든 것이 아니라 스스로의 본성에서 생긴 것이다.

바꾸어 말하면, 태양이 동쪽에서 뜨는 것은 누가 끌어내서 떠오르는 것이 아니며, 시냇물이 아래를 향하여 흐르는 것은 누가 아래로 끌어내린 것이 아니며, 모든 완두콩이 둥근 것 또한 누가 둥글게 만든 것이 아니고, 모든 가시가 길고 뾰족한 것도 누가 깎아서 만든 것도 아니며, 공작의 깃털이 다섯 가지 색깔로 무늬지어 있는 것도 누가 그려서 된 것이 아니라, 그들 스스로의 본성이 이와 같기 때문이라는 것이다.

마찬가지로 세간 가운데 나타나는 각종 희로애락이나 선악길흉 또한 모두 본성을 말미암아 이루어진 것이라고 생각한다. 그래서 그들은 함부로 과거의 업력이나 전생과 후생 등을 한꺼번에 몰아서 존재하지 않는다고 단정한다.

우리가 만약 그들의 종지가 정확하다고 생각하고서 따라서 행하거나, 비록 따라서 행하지는 않더라도 부처님의 경전이나 스승의 가르침, 지혜 있는 자의 논전 등이 진실하지 않다고 생각하여 의심하거나 망령되이 비방한다면, 이것들은 모두 사견에서 온 것이다. 열 가지 불선업 중에 살생과 사견의 두 가지가 가장 심하게 무거운 죄업이다. 그래서 "살생 위에 더 큰 죄가 없고, 열 가지의 불선업 가운데 사견이 제일 무겁다"라고 하였다.

지옥중생을 제외하고는 누구라도 생을 탐하고 죽음을 두려워하며, 또한 각자 자기 목숨보다 더 아끼는 것은 없다. 이 때문에 살생의 죄업이 특별히 큰 것이다. 한 중생을 죽이면 오백 번을 생명을 바쳐서 갚아야 한다. 이밖에 『염주경念住經』에서 다음과 같이 말했다.

> 한 중생을 죽이면 지옥 가운데서 일중겁一中劫을 머무르게 된다.
> 더욱이 불상을 제조하고 불경을 찍으며 불탑을 세우는 등의 선행을
> 빙자해서 살생 등의 악업을 지으면 죄업이 더욱 중하다.

파담빠 존자께서도 "악업에 의지해서 삼보의 상을 조성하면 장차 후세에 바람에 날려가게 된다"고 말씀하셨다. 어떤 사람은 스스로 '스승과 승중을 집에 초청해서 중생을 죽인 고기로 그들을 공양하는 것이 선을 행하는 것이다'라고 생각한다. 그러나 실제로 이러한 행위는 반드

시 일체의 시주와 복전(福田, 공양을 받는 사람)의 심식 가운데에 살생의 죄업이 쌓이게 하며, 시주가 공양한 음식은 청정하지 못한 공양이 되고, 복전에게도 그릇된 업으로 생명을 도모함이 된다. 이러한 죄업은 이미 지어놓은 선행을 훨씬 크게 초과한다. 고승대덕에 의해 중생이 살해된 후에도 곧바로 살려내는 경우를 제외하고는 일반인의 심식이 살생 죄업으로 물들지 않을 가능성은 없으며, 스승들이 이 같이 행함도 또한 반드시 자신들의 수명과 사업에 위험이 따른다. 이 때문에 죽은 중생의 심식을 분명히 극락세계로 인도하지 못한다면 반드시 전력을 다하여서 살생의 악업을 끊어야 한다.

다시 사견에 대해서 말하면, 어떤 사람의 심식 가운데 한 찰나의 사견이 생기면, 장차 일체의 계율을 무너뜨리고 불제자 가운데 들지 못하며, 가만(暇滿: 八有暇 十圓滿)의 인생이라고 할 수 없다. 일단 심식이 이미 사견에 물들면 이후에 선법을 받들어 행하여도 해탈의 도에 들지 못하며, 죄를 지어도 참회할 대상이 없어지게 된다.

(2) 불선업의 과

십불선업의 과는 한 가지 불선업에 각각 네 종류의 과보가 있는데, 곧 이숙과異熟果・등류과等流果・증상과增上果・사용과士用果이다.

① 이숙과

이숙과異熟果는 십불선업 중의 어느 한 가지라도 만일 진심嗔心으로 지은 것이면 지옥에 떨어지고, 만일 탐심으로 지은 것이면 아귀에 떨어지고, 만일 치심으로 지은 것이면 축생에 떨어지는 것이다. 삼악도에 떨어지면 반드시 각각의 고통을 받는다. 혹은 번뇌의 정도에 따라서,

또 동기의 대소에 따라 상중하의 삼품으로 나눈다. 이른바 상품의 악업은 탐진치가 매우 거칠고 무거운 것을 가리키고, 아울러 장기간 악업이 쌓였으며, 하늘에 가득 죄악이 쌓이면 최후에는 지옥에 떨어진다. 중품의 악업을 지은 사람은 아귀에 떨어지며, 하품의 악업을 지은 사람은 축생에 떨어진다.

② 등류과
등류과等流果는 이숙과에 끌려 떨어진 악도에서 바로 벗어나온 후, 사람의 몸을 얻었을 때 받는 과보를 가리킨다. 그러나 악도에 있을 때도 허다하게 각자의 업인과 동등한 여러 가지 고통을 받는다. 등류과는 동성등류과同性等流果, 감수등류과感受等流果의 두 가지로 나눈다.

ㄱ) 동성등류과
동성등류과는 전생에 지은 업과 금생의 습성이 서로 같음을 말한다. 만일 전세에 살생으로 생업을 삼았던 사람은 현세에서도 살생을 즐기며, 만약에 전세에 도둑질로 생업을 삼았던 사람은 현세에서도 도둑질을 좋아한다. 그러므로 어려서 곤충이나 파리 등을 보면 곧 그들을 죽여 살생을 즐기던 사람은 전세에 악독하게 생명을 해친 업의 등류과를 받은 것이다. 어릴 때부터 사람들은 각자 전세에 지은 업력으로 말미암아 분명히 다른 모습을 보인다. 어떤 사람은 중생을 죽이기를 좋아하며, 어떤 사람은 닭이나 개를 훔치는 것을 좋아하며, 어떤 사람은 악행에 대해서는 조금도 흥미가 없고 선을 행하고 복을 닦는 데 열중하는데, 이는 모두 전세에 지은 업의 습관성이며, 등류과로 이루어지는 것이다. 경에서 이른 바와 같다.

과거에 어느 곳에 살았는가? 마땅히 금생의 이 몸을 보라.
미래에 어느 곳에 태어날 것인가? 마땅히 금생의 이 삶을 보라.

사람뿐 아니라 동물도 이와 같아서 독수리나 표범 등이 살생을 좋아하며, 쥐가 도둑질을 좋아하는 이러한 것들은 모두 각자 전생에 지은 악업과 같은 등류과이다.

ㄴ) 감수등류과

십불선업 중에 매 한 가지마다 각 두 종류의 감수등류과가 있다. 살생으로 받는 등류과는 전세에 살생의 업을 지으면 금세에 반드시 단명하고 병이 많은 과보를 받아야만 하는 것이다. 어떤 어린아이는 태어나자마자 죽는데 이는 전세에 살생업을 지은 등류과이며, 이러한 사람은 대부분이 다겁생 중에서 막 태어나자마자 숨이 끊어져 죽는다. 또 어떤 사람은 어릴 때부터 여러 가지 다른 많은 질병으로 계속 고통을 받으며, 죽음의 순간에 이르기까지 거의 병이 없는 때가 없다. 이것 또한 과거 생에 생명을 죽이고 때린 악업이 성숙하여 나타난 과보이다. 그러므로 우리가 병이 났을 때는 계속해서 눈앞의 이 질병을 나으려고 이 생각 저 생각하며 치료하는 방법을 찾을 것이 아니라, 마땅히 정성을 다하여 과거 생에 지은 바 죄업을 드러내어 참회하여야 하며, 결심을 세워 이전의 그릇됨을 힘써 고치고, 악을 버리고 선을 행하는 등 악업에 대처하는 법으로 힘써 수행해야 한다.

도둑질(不與取, 주지 않은 것을 취함)로 받는 등류과는 전생에 도둑질을 하면 곧 금생에 매우 가난함을 얻고 조금 있는 재산마저도 강도나 도둑 등에게 뺏기거나 적과 더불어 같이 쓰게 된다. 그러므로 현재

가난해서 먹을 것도 없는 사람은 근심걱정하며 애쓰고 노력해서 태산 같은 힘을 쏟는 것보다 털끝만큼의 조그마한 복덕을 짓는 것이 더 낫다. 만약 자기가 과거에 지은 보시의 공덕이 없으면 부자가 되는 복도 없으며 금생에 전력을 다해도 별 수확을 얻지 못한다. 대부분 무기를 가지고 강도질하는 산적과 몰래 훔치는 도둑들이 매번 얻는 재물을 보건대, 만약 그들이 항상 그렇게 많이 얻는다면 아마도 온 세상에 강도와 도둑이 가득 차서 용납하기 어려울 것이다. 그러나 사실상 일 삼아서 강도질하고 도둑질하면서 날을 보내는 사람들은 마침내 모든 것이 다 없어져 굶어 죽는 지경에 떨어지게 된다. 저 일부 장사하는 사람이나, 혹은 시주의 재물을 받아 누리는 사람은 아무리 풍부한 재물을 얻을지라도 어떠한 이익도 얻은 게 없다.

만일 자신이 과거에 남에게 보시한 과보가 있다면 이 사람은 조금의 힘을 쏟지 않아도 일생 쓰고도 남는 재물을 가지게 된다. 만일 당신이 재물이 한없이 들어오기를 바란다면 곧 반드시 부처님께 공양하고 불쌍한 사람에게 보시하는 일에 힘써 노력해야 한다. 본래 남섬부주는 업력의 땅이라 전반부 생에 지은 업이 후반부 생에 과보가 성숙할 수 있으며, 만일 수승한 복전福田을 하나 만나면 눈 깜짝할 사이에 좋은 과보를 얻는다. 그러나 재산을 누리기 위하여 속이는 수단을 써서 장사하는 사람이나, 혹은 오로지 마음에 훔칠 것을 생각하는 도둑들은 마음에 바라는 바와 몸으로 행하는 바가 자주 상반되며, 마침내 수많은 세월 가운데 아귀의 처지에서 벗어나지 못하는 과보를 당하게 된다.

금생 또한 마찬가지로 최후의 업력을 받아 더욱더 가난해지고 더욱더 처참해지며, 혹은 조그마한 재산을 가져도 자기가 쓰기 어려우며, 혹은 자기가 인색한 원인으로 말미암아 더욱 부유할수록 더욱 가난한 것 같은 처지가 되며, 재산이 하나도 없는 것 같거나 그 재산이 도리어 악업을 짓는 원인이 된다. 어떤 사람은 비록 재산을 가졌으나 유익하게 쓰지 못하고 마치 아귀가 보배창고를 지키기만 하는 것과 같다. 그러므로 겉보기에는 부자처럼 보이는 사람들도 잘 관찰해 보면 그들의 재산이 만일 금생과 내세의 행복의 원인이 되는 부처님 법에 쓰이거나 생활상의 옷과 밥, 음식을 편안하게 마련하는 데 쓰이지 않으면, 그들은 가난한 사람과 같이 불쌍하기 이를 데 없다. 또한 그들은 현재 아귀의 등류과를 받은 것이나 다름이 없으니, 이는 완전히 청정하지 못한 과보이다.

사음邪淫으로 받는 등류과는 남편이나 혹은 부인이 모습이 추하거나 게으르고 어지러우며 서로 원수같이 싸우기만 한다. 현재 많은 부부들이 하루 종일 쉬지 않고 싸우며, 심지어 서로 때리고 더 나아가서 마음으로 한을 품으며, 그들 부부가 자주 불화가 많은 원인이 상대방의 성격이 악독해 그렇다고 생각하지만, 실지로는 각자가 전세에 사음을 행한 등류과로 생긴 것이다. 때문에 부부 간에는 마음에 성낼 필요가 없으며, 화가 치밀어도 마땅히 이것이 자기가 과거에 지은 업의 과보인 줄 알아 가능한 잘 참아야 한다. 바로 파담빠 린뽀체께서 설하신 것과 같다

부부가 서로 무상함은 마치 시장에 모인 사람들과 같으니,
결코 끓는 물같이 악한 말로 싸워서는 안 된다.

망어妄語로 받는 등류과는 자기가 항상 다른 사람의 비방을 만나거나 혹은 속임을 받는 것이다. 그러므로 만일 현재 자기가 까닭 없이 분명하

지 않은 원망을 받거나 재수 없게 비방 등을 만나는 것은, 곧 자기가 전세에 망어를 한 과보임이 분명하다. 따라서 우리는 나쁜 말을 일삼는 사람에 대해서 원망할 필요가 없으며 혹은 욕하고 나무랄 필요도 없으며, 마땅히 생각하되 '이것은 나의 많은 악업을 깨끗이 없애줄 수 있기 때문에 그들의 은덕이 매우 크다'라고 기쁘게 생각해야 한다. 릭진 직메링빠께서 말씀하셨다.

> 원수는 반대로 나의 수행을 도와주며
> 부당한 모함은 선행을 독려하는 채찍질이니
> 이런 사람을 만나면 이는 자기 탐욕을 소멸시키는 스승으로
> 그 은혜를 갚을 길 없음을 알아야 한다.

이간어離間語로 받는 등류과는 고용인 간에 일마다 맞지 않거나 혹은 주인이 공격을 당하는 등이다. 예를 들면, 어떤 스승의 제자나 관청의 부하나 가정의 고용인 등 내부에 많은 사람이 서로 간에 불화하고, 스승과 주인이 어떻게든 애써서 그들을 설득해도 따르지 않고 반박하며 대든다. 일반 가정에 고용된 사람에게 비록 주인이 한 가지 쉬운 일을 그들에게 시키는 데 있어 두세 번 말해도 그들은 듣지 않으며, 주인이 얼굴을 붉히고 성내어 고함을 쳐야 겨우 천천히 불만스럽게 일을 한다. 일을 마친 후에는 주인에게 보고하지도 않고 성격도 하나같이 악독한데, 이는 주인이 전세에 이간질을 행한 업보가 자신에게 성숙되어 나타난 것이다. 그러므로 마땅히 자기가 지은 바 악업에 대해서 후회하는 마음을 일으키며, 자타 간의 원한을 해소시키려고 노력해야 한다.

악한 말(惡語)로 받는 등류과는 항상 귀에 달갑지 않은 말을 들으며

자기가 하는 말도 남과 다투는 원인이 된다. 한마디로 말해 악한 말은 모든 불선업 중에 죄업이 매우 심한 것이 된다. 마치 세간에 이런 속담이 있는 것과도 같다. "비록 화살이나 칼날 같은 말을 안 해도 또한 능히 사람의 가슴을 자극한다." 입으로 거친 말을 하여 상대방으로 하여금 바로 화나게 하며, 더욱이 윗사람에 대해서 한마디의 악한 말을 해도 또한 여러 생에 삼악도로부터 벗어나지 못하는 고통의 과보를 이룬다.

또 예를 들면 이전에 바라문 가비라가 가섭불의 많은 비구들에게 "말대가리 같고 소대가리 같다"라고 많은 악한 말을 하였는데, 그 결과 환생해서 열여덟 개의 머리가 달린 고래가 되어 일겁 동안 벗어나지 못했고, 그 과보가 다한 후에는 지옥에 떨어졌다. 이밖에 한 사람의 비구니가 다른 비구니를 "어미 개"라고 불렀는데, 그 결과 오백 세 동안 개의 어미로 환생한 일이 있다. 이 외에도 그와 같은 실례는 매우 많다. 그러므로 우리도 평시에 부드럽게 말하고 온화한 말을 해야 한다. 특별히 강조하고 싶은 한 가지는, 우리들은 근본적으로 성인이나 보살의 몸이 어느 곳에 거처하는 누구인지 알지 못하기 때문에, 이치적으로 당연히 일체중생에 대하여 청정한 마음으로 볼 것이며 다른 사람의 공덕을 칭찬해야 한다는 것이다. 만약에 한 분의 보살에 대하여 망령되게 비방하며 악한 말로 해치면 이 죄악은 삼계의 모든 중생을 죽인 것보다 더 무겁다. 치아매이 린뽀체가 『극락원문極樂願文』 가운데서 말한 것과 같다.

보살을 비방한 죄는 삼계 중생을 죽인 것보다 무거우니
무의식중에 지은 죄를 드러내어 참회해야 한다.

꾸미는 말(綺語)로 받는 등류과는 자기의 말이 위력이 없고 효과가 없으며, 말재주가 없고 언변이 졸렬하여 분명하고 솔직하게 말해도 다른 사람은 옳다고 믿지 않고, 많은 사람 앞에서 말하여도 자기의 말이 신용이 없음을 느끼게 되는 것이다.

탐심으로 받는 등류과는 모든 일이 뜻과 같지 않으며 하는 일마다 바라는 것과는 달라지고 불행과 만나게 되는 것이다.

해치는 마음으로 받는 등류과는 항상 놀래고 두려워하며 사방에서 위험스러운 일이 도사리고 있는 것이다.

사견으로 받는 등류과는 자주 악한 견해 가운데 빠지며, 항상 꼬여들어 속임을 당해서 마음이 번거롭고 어지럽게 되는 것이다.

③ 증상과

증상과增上果는 바깥 경계상의 과보가 성숙한 것을 가리킨다. 살생업을 지은 사람은 환생해서 환경이 좋지 않은 데에 처하며, 혹은 깊은 골짜기의 험한 땅이나 생명을 위협받는 지방에 살게 된다. 도둑질을 한 악업의 과는 환생해서 농사짓는 땅이 항상 얼거나 우박을 맞는 습격을 받으며, 과일 나무에 열매가 맺지 않고, 가뭄이 발생하는 지방에 태어나게 된다. 사음한 사람은 더러운 냄새가 하늘을 찌르는 똥구덩이나 더러운 시궁창 등 사람으로 하여금 구역질나게 하는 곳에 살게 된다.

입으로 망어를 하면 환생해서 재물이 안정되지 않는 환경에 처하며, 아울러 마음이 항상 불안하고, 또한 자주 사람들의 마음이 불안하고 걷잡을 수 없는 장애를 만나는 곳에 태어난다. 이간하는 말의 악업을 지은 사람은 환생해서 낭떠러지가 있는 험한 절벽과 깊은 계곡 등 다니기 어려운 지방에 탄생하며, 입으로 악담하는 말을 한 사람은 환생해서 돌무더기가 거칠게 쌓여 있고 가시나무 숲이나 사람의 마음을 편하지 않게 하는 그런 지방에 태어나며, 꾸민 말의 악한 업을 지으면 다만 죽도록 고생해서 농사지어도 곡식을 수확하기 어려우며, 계절이 반복해서 바뀌어도 불안하여 근심하는 곳에 환생한다.

탐심으로 악업을 지으면 장차 황무지에 환생하게 되는데, 땅이 거칠어서 농사짓는 것이 고통스럽기 그지없다. 해치는 마음으로 악업을 지으면 재난이 많은 지방에 태어나며, 사견으로 악업을 지으면 물자가 적고 의지할 보호자가 없으며 친구도 없는 지방에 태어나게 된다.

④ 사용과

사용과士用果는 무슨 일을 하든 악업을 지음이 날로 증가하는 것을 가리킨다. 세세생생에 더욱더 연속적으로 끝없는 고통이 이어지고 악업이 더욱더 심하게 늘어나며, 이로써 마침내 아득해서 끝이 없는 윤회 가운데를 떠돌아다니게 된다.

2) 해야 할 선업

마땅히 지니고 실천해야 할 열 가지 선업을 말한다. 요컨대 우리가 십불선업의 환난을 인식한 후에 마음에 굳건한 서원을 세워 악행을 엄금하는 계율을 진실하게 지니는 것을 십선업이라 부르는데, 곧 이것은 불살생과 불투도 등 열 가지를 가리킨다. 일반적으로 십선법의 계율을 지키는 것은 스승이나 혹은 법사 앞에서 서원을 세우지 않아도 되며, 다만 자기의 마음 가운데 묵묵히 생각하여 '내가 지금부터 다시 영원히 살생하지 않으며, 혹은 내가 어느 때 어느 곳에서도 절대로 살생하지 않으며, 혹은 내가 어떠어떠한 중생도 죽이지 않겠다'고 다짐하는 것이다. 만약 스승이나 선지식·불상·불경·불탑 등 삼보 앞에서 선행의 맹세를 하고 승낙을 구하면 그 공덕은 특별히 분명하게 나타난다. 그러나 다만 평범하게 생각하기를 '내가 살생하지 않겠다'라고 하면 아직 충분하지 않으며, 반드시 마음 가운데 이 같이 굳건한 서원을 세워야 하며, 이때 이후로 절대 악업을 짓지 않겠다고 맹세해야 한다.

만일 세속 사람이 실제로 철두철미하게 영원히 살생업을 끊을 수 없으면, 또 서원을 발하기를 '일 년 중 한 달, 혹은 4개월 간 살생하지 않겠다'고 맹세할 수 있으며 혹은 '매월 중에 보름날과 그믐날에 살생하지 않겠다'고 맹세할 수 있다. 이밖에 서원을 세우기를 '일 년이나 1개월 혹은 하루 기간에 살생하지 않겠다'고 함도 또한 적지 않은 이익을 얻으며 매우 큰 공덕이 있다.

예전에 까따야나 존자께서 사시는 시내에 한 백정이 저녁에는 살생하지 않는다는 계를 세웠는데, 그 결과 그가 죽어서 고독지옥에 떨어졌을 때에 낮에는 이글거리는 쇳물 속에서 고통을 받았으나 저녁이 되면 무량궁전 가운데에서 네 명의 천녀에게 둘러싸여 시중을 받으며 안락을 누리는 과보를 받았다. 그러므로 십선업은 곧 이 실제 행동 중에 열 가지 불선업을 끊어 선법을 받들어 행함을 가리킨다.

① 세 가지 몸의 선업
불살생은 살생을 끊고 생명을 보호하는 것이며, 불투도는 주지 않은 것을 가지는 일을 끊고 즐거이 보시하는 것이고, 불사음은 사음을 끊고 계율을 지키는 것이다.

② 네 가지 말의 선업

불망어는 망어를 끊고 진실한 말을 하는 것이며, 불양설은 이간하는 말을 끊고 원수끼리 화해하는 것이며, 불악어는 악어를 끊고 부드러운 말을 하는 것이고, 불기어는 기어를 끊고 염송하며 정진하는 것이다.

③ 세 가지 뜻의 선업

불탐심은 탐심을 끊고 욕심 없는 마음을 가지는 것이며, 불해심은 해치는 마음을 끊고 이해해주는 마음을 닦는 것이며, 불사견은 사견을 버리고 정견에 의지하는 것이다.

십선업의 이숙과는 환생하여 선업에 상응하는 삼선업도에 태어난다.

동성등류과는 세세생생 선을 행하는 것을 기뻐하며, 아울러 선의 행동이 날로 더욱 증가한다.

감수등류과는 살생을 끊은 과보로 장수하며 병이 없다. 도둑질을 하지 않음으로 재물이 풍족함을 얻고 도적과 원수가 없으며, 사음을 끊으면 부부가 화목하며 원수와 적이 적어진다. 망어를 끊으면 많은 사람이 칭찬하고 아껴줌을 받으며, 이간어를 끊으면 식솔과 고용인의 공경을 받으며, 악어를 끊으면 항상 귀에 기쁜 말을 듣고, 꾸미는 말을 끊으면 말에 위엄이 있다. 탐심을 끊으면 소원대로 이루어지며, 해치는 마음을 끊으면 손해 보는 고통을 떠나며, 사견을 끊으면 수승한 견해가 생긴다.

증상과는 바깥경계에서 성숙하는 것으로 앞의 십불선업의 과보와는 반대되며, 장차 일체의 원만한 공덕을 충분히 구족한다.

사용과는 지은 바 어떠한 선업도 다 현저하게 늘어나며, 복덕이 끊이지 않고 연속하여 샘물 솟아나듯 나타난다.

3) 일체 업의 자성

위로는 유정천에서부터 아래로 무간지옥의 제일 아래층에 있는 모든 중생들에 이르기까지 각자는 불가사의한 각종 고통과 안락을 받는데, 이것은 모두 각자가 과거 생에서 쌓은 악업과 선업으로 말미암아 생긴다.『백업경百業經』에서 말하였다.

> 중생의 모든 고락은 업으로 말미암아 생긴다고 부처님께서 말씀하셨다. 모든 업은 또한 가지가지여서 갖가지 중생들이 생겨 윤회에 떠다니게 만드니, 업의 그물은 매우 광대하다.

어떤 사람이 비록 지금 큰 권리가 있고 지위가 빛나며 많은 복을 가졌으나, 다만 죽음의 때가 닥쳐오면 그 가운데 어떠한 것도 그를 따라갈 수 없다. 다만 자기가 금생에 쌓은 선업과 악업만이 뒤를 바짝 따를 뿐이며, 자기를 윤회의 선도와 악도 가운데로 끌어들인다.『교왕경敎王經』에서 말하였다.

> 국왕이 죽음의 때가 당도했을 때 재물과 권속이 그를 따르지 못하며, 그가 어느 곳에 이를지라도 업은 몸에 그림자 따르듯이 바로 뒤를 따른다.

따라서 현재 지은 선업과 악업이 바로 눈앞에서 과보를 받지는 않는다 해도 어떤 경우이든 조금도 소멸되지 않으며, 인연이 한데 모일 때 반드시 각자가 그 과보를 받는다.『백업경』에서 말한 것과 같다.

중생의 모든 업은 백겁이 지나도록 없어지지 않으며, 인연이 한데 모일 때 그 과보는 반드시 익는다.

또 『공덕장』에서 말한 것과 같다.

높은 공중을 나는 금시조도 비록 잠시 동안 몸의 그림자가 나타나지 않는다고 해서 그 몸과 분리되고 합해지는 것이 아닌 것처럼, 인연이 모일 때면 반드시 앞에 나타난다.

예컨대 금시조가 두 날개를 펴고서 높은 허공을 날 때, 그 몸 그림자가 나타나지 않아도 몸 그림자가 없는 게 아니라 최후에 어느 곳에 내리더라도 검은 그림자는 그곳에 나타난다. 이와 한가지로, 지은 선업과 악업의 과보가 비록 잠깐은 눈앞에 나타나지 않는다 해도, 최후에는 반드시 자기 머리에 내려오지 않을 수 없다. 뿐만 아니라 일체 악업의 미혹함과 장애를 끊어버린 부처님과 아라한도 자기의 업과를 받는데, 하물며 우리 같은 범부중생에 있어서이겠는가?

예전에 사위성의 비루다까 국왕이 군대를 거느리고 석가족이 거주하는 도시를 쳐들어가 8만 명의 석가족을 잔혹하게 살해하였다. 이때 세존께서도 또한 두통이 일어났다. 많은 제자가 여쭙기를 "이것은 무슨 까닭입니까?"라고 하자, 세존께서 다음과 같이 설명하셨다.

과거에 석가족 사람들이 어부였을 때 수많은 고기들을 잡아먹었다. 하루는 두 마리의 큰 고기를 낚았는데 바로 죽이지 않고 그들을 잡아서 기둥 위에 매달았다. 그 두 마리의 큰 고기가 물 없는 곳에 매달렸기 때문에 더욱 펄떡거리며 속으로 '우리들이 사람들에 의해 이유 없는 죽음을 만났으니, 원컨대 장래에 우리가 이유 없이 그들을 죽여야겠다'라고 생각했다. 이 업력의 과보로 이 고기가 환생해서 비루다까 국왕과 마퇴빠가라 대신이 되었으며, 함께 죽게 된 다른 고기들은 그 두 사람의 군대가 되어, 오늘 석가족 사람들을 다 몰살시켰다. 나는 당시에 한 사람의 어부의 아이로 태어나 두 마리의 큰 고기가 마른 땅으로 끌려나와 참을 수 없이 목마른 고통을 받고 점점 더 펄떡거리는 것을 보고 웃었기 때문에 그 업력으로 지금 두통을 받고 있다. 만약 내가 현재 이런 원만한 공덕의 불과를 얻지 못했다면 오늘 또한 비루다까 국왕의 군대에 의해 살해당했을 것이다.

이밖에 세존의 다리에 강향목[123]의 가시가 박힌 적이 있었는데, 이는 보살이었을 때 짧은 창을 든 검은 사람을 죽인 업보였다.

이 외에 아라한이 받은 업보의 실례로는, 세존의 성문제자이며 신통 제일인 목건련이 업력으로 말미암아 떠돌아다니는 편행외도遍行外道에게 살해당한 것이다. 목건련과 사리자 두 분 존자는 항상 지옥과 아귀 등 악도에 가서 중생을 이롭게 하였다. 하루는 그들이 지옥세계에 가서 외도의 근본스승인 뿌라나까싸빠(飮光能圓)가 죽은 후에 이 지옥에 환생해서 각종 고통을 받는 것을 보았다. 뿌라나까싸빠가 말하였다.

당신들 두 분 존자께서 인간 세상에 돌아갈 때, 청컨대 나의 이

---

123 강향목降香木 : 범어로는 Khadiraka. 약재나 가구재로 쓰이는 식물. 황화리黃花梨, 화리모花梨母, 향홍목香紅木이라고도 한다.

말을 나의 제자들에게 전달해 주시오. '너희들 본사 뿌라나까싸빠는 지옥에 환생했다. 편행종파[124]에는 사문의 선행이 없으며, 사문의 선행은 오직 불교 안에만 있다. 우리의 종파는 전도된 교파이니 너희들은 응당 자신의 종파를 버리고 석가모니부처님의 제자를 따라 배워라. 더욱이 너희들이 스승인 나의 유골을 가지고 영탑을 조성한 후에, 매번 공양할 때마다 매우 뜨거운 쇳물비가 나의 몸 위에 떨어진다. 그러므로 나의 영탑에 공양하지 말아달라'라고 말입니다.

두 분 존자가 인간 세상에 돌아온 뒤 사리자는 먼저 외도에게 가서 뿌라나까싸빠의 말을 전했으나 선업의 인연이 없었기 때문에 외도들은 듣지 않았다. 후에 목건련 존자가 사리자에게 물었다.
"뿌라나까싸빠의 말을 그 제자들에게 전해 주었는가?"
사리자가 답하였다.
"내가 말하긴 했으나 그들이 아무 말도 하지 않았다."
목건련이 말하였다.
"그들이 아마도 알아듣지 못한 것 같으니 내가 다시 가서 말해 보겠다."
그래서 그는 편행외도의 무리가 거주하는 곳에 가서 뿌라나까싸빠의 말을 원래대로 그들에게 전해 주었다. 외도들은 성난 기세를 그치지 않고 말하되
"이 사람은 우리들에 대해서 망령스럽게 꾸짖을 뿐만 아니라, 또한 우리의 스승을 비방했다."

---

124 편행종파遍行宗派 : 편행외도. 고대 인도의 6대 외도의 하나. 중생의 고락은 인과 연으로 생기는 것이 아니고 자연적으로 생긴다고 주장했다.

그래서 수많은 외도 무리가 소리를 지르며 와서 목련존자를 때려서 그 몸이 갈대 모양처럼 갈래갈래 찢겨 떨어졌다. 이전 같으면 이러한 편행외도가 때려서 피골이 찢어지는 것은 말할 것도 없고, 삼계 모든 중생이 함께 공격해도 목련존자의 털끝 하나도 건들지 못했을 것이다. 그러나 당시에 과거 생의 업력이 성숙됨으로 말미암아서 신통을 일으키려는 생각 또한 일어날 수 없었으며, 신통 변화는 말할 것도 없고 이때의 존자는 평상시의 중생과 똑같았다. 그 후 사리자가 가사로 목건련의 법체를 싸서 등에 메고 돌아와 기수급고독원으로 돌아왔다. 사리자가 말했다. "나의 친구 목련존자가 죽었다는 소식을 듣는 것조차도 듣기를 원하지 않았는데, 친히 눈으로 보는 것이겠는가?" 이에 사리자는 많은 아라한들과 함께 먼저 열반에 들었다. 곧 이어서 목건련 존자도 열반에 들었다.

또 하나의 설화가 있다. 옛날 카슈미르 지방에 라와띠라고 불리는 신통을 가진 비구가 있었는데, 그 회상에는 제자가 많았다. 하루는 그가 숲속에서 가사장삼을 물들일 때 주변 민가에서 속인 한 사람이 잃어버린 소를 찾으러 다녔다. 그가 숲속에서 연기가 일어나 자욱한 것을 보고 그곳에 가보니, 한 비구가 불을 때는 것이 보였다. 그가 묻되 "무엇을 하고 계십니까?" 하니, 라와띠가 답해 말하되 "나는 법의를 물들인다"라고 하였다.

소 주인이 물들이는 솥뚜껑을 열어서 보니, 솥 안에서 끓는 것은 법의가 아니고 고기였다. 비구 또한 놀라서 솥 안의 고기를 바라보았다. 주인은 그를 끌고 국왕 앞에 데려가서 고하였다.

"이 비구는 나의 소를 훔쳤습니다. 청컨대 국왕께서는 그를 처벌해

주십시오."

 그리하여 국왕은 이 비구를 감옥에 넣었다. 며칠 후에 그 사람의 소가 집으로 돌아왔다. 주인이 급히 국왕 앞에 와서 아뢰기를

 "저 비구는 우리 소를 훔치지 않았으니 청컨대 국왕은 그를 풀어 주십시오"라고 하였다. 그러나 국왕은 바빠서 6개월간 그를 풀어 주지 않았다. 후에 신통을 얻은 비구의 제자들이 공중으로 날아와서 국왕에게 아뢰었다.

 "이 비구는 광명정대한 군자이시며 그는 결백하니 청컨대 국왕은 그를 석방해 주소서!"

 이때 국왕이 친히 비구를 석방할 때, 그 얼굴이 초췌해지고 고통을 견딘 모습을 보고 국왕이 매우 뉘우치는 말로서 말하길, "이 일을 오랫동안 끌어서 내가 참으로 하늘에 가득할 큰 죄를 지었습니다"라고 하니 비구가 말하되 "국왕은 잘못이 없으며 내가 스스로 짓고 스스로 받은 것입니다"라고 하였다.

 국왕이 물었다.

 "이전에 도대체 무슨 업을 지었습니까?"

 이에 대해 비구가 설명하였다.

 "내가 과거에 일찍이 환생해서 도둑이 되었는데, 한 마리의 송아지를 훔치는 바람에 주인이 쫓아왔습니다. 숲속에 이르러 놀랜 나머지 나는 선정에 들어 있는 독각의 앞에다 소를 버리고서 도망갔는데, 도리어 독각이 체포되어 6일간 옥살이를 하는 액운을 당하게 되었습니다. 이 악업의 이숙과로 인하여 나는 여러 생 동안 악도에서 고통을 받아왔으며, 금생에 또한 이러한 고난을 받은 것인데, 이것이 최후의 이숙과보입니다."

또한 보살도 과보를 받는 실례를 설명한다. 인도의 수라비바드라 왕에게 한 태자가 있었는데, 하루는 어머니가 왕자에게 바느질의 이음새가 전혀 없는 능라 비단옷을 주었다. 그러자 태자가 "저는 이 옷을 지금 입지 않겠습니다. 제가 왕위를 물려받을 때 입어도 늦지 않습니다" 하고 말씀드렸다. 어머니가 말하기를 "아마도 너는 왕권을 물려받을 기회를 얻지 못할 것이다. 왕이 서거하고 나서 왕자는 왕위를 물려받는 것이다. 그렇지만 너의 아버지와 스승인 나가르주나의 목숨은 한 몸체이므로 나가르주나께서 돌아가시지 않고서는 너의 아버지도 저세상으로 가지 않는다. 나가르주나께서는 수명을 자유자재로 할 수 있으니 네 아버지께서는 결코 저세상으로 가는 일이 없을 것이다. 그래서 너의 수많은 형들도 왕위를 물려받지 못하고 저세상으로 갔다"고 하였다.

이에 태자가 "그에 대해 어떤 방법이 있습니까?"라고 물으니 어머니께서 말하기를 "나가르주나는 보살이므로 머리를 요구하면 줄 것이다. 그 외에 다른 방법은 없다"고 하였다.

그래서 태자는 나가르주나가 계신 곳으로 가서 머리를 요청했다. 나가르주나는 기분 좋게 "잘라서 가져 가거라" 하고 대답하였다. 그래서 태자는 보검을 치켜들고 목을 내리쳤는데 아무리 내리쳐도 허공에 휘두르는 것처럼 보살의 목은 잘라지지 않았다. 이때 나가르주나께서 말씀하시기를, "내가 전에 무기를 사용해 베었던 이숙과보가 있었는데, 그 업이 성숙한 과보를 500생 이전에 이미 다 닦았으니 나를 칼로 자를 수 없을 것이다. 그렇지만 내가 과거에 길상초를 벨 때 벌레를 한 마리 죽였는데, 그 행위가 성숙한 이숙과보를 아직 철저히 닦지 못했으니 너는 길상초를 써서 나의 머리를 벨 수 있다"고 하셨다. 태자는 길상초 한 개를 취해 목을 치니 머리가 바닥에 떨어졌다. 이와

동시에

나는 이제 극락정토로 갈 것이다.
미래세에 이 몸으로 다시 들어오게 될 것이다.

라는 소리가 나면서 나가르주나는 니르바나에 드셨다.

이 같은 전설은 우리에게 다음과 같은 교훈을 준다. 그처럼 성스러운 보살도 그와 같이 과거의 행동이 성숙한 이숙과보를 받아야 되는데, 하물며 우리들 각자 무시이래로 이 윤회계에서 떠돌면서 옳지 못한 행위를 하여 숫자로 헤아릴 수 없는 악업을 쌓은 사람들이겠는가? 게다가 현재 우리는 아직도 미혹으로 깨닫지 못하고 죄악을 쌓고 있으니 윤회계로부터 언제 벗어날지 알 수 없으며, 아마 악도의 세계에서 벗어나기도 용이하지 않을 것이다.

그러므로 우리는 때와 장소에 따라 모든 인과를 조심해야 한다. 조그마한 죄업이라도 전심전력으로 막아서 끊어야 하고, 비록 너무 작아서 말할 것 없는 착한 일일지라도 정성스런 마음으로 지어야 한다. 만일 이 같이 작은 것에서부터 조심하지 않으면 매순간의 악업으로 인해 악도 중에 한없는 세월을 머물러야 한다. 그러므로 아주 작은 죄업이라도 이것이 가벼운 죄라고 하여 경시하는 태도를 가져서는 절대 안 된다. 적천보살께서 말씀하셨다.

찰나 간에 지은 죄업도 한없는 겁을 무간지옥에서 지내게 하는데,
하물며 무시 겁의 윤회로 쌓은 죄가 선도에 태어남을 잃게 함이랴.

『현우경賢愚經』에서 말했다.

어떤 아주 작은 악행들도 해가 없다고 생각하여 가벼이 보지 말지니, 작은 불씨가 비록 작으나 능히 산과 같은 풀더미를 태워버린다.

이와 같이 작아서 말할 것도 없는 선업이라도 능히 거대한 과보를 생기게 한다. 그러므로 이렇듯 작은 것이기에 필요없다고 생각하여 가볍게 보아서는 안 된다.

만다뜨리(Māndhātṛi, 乳輪王) 왕이 과거 생에 가난한 사람이 되었을 때, 하루는 한 줌의 완두콩을 준비해 결혼할 신부를 만나러 갔다. 가는 도중에 그 성안으로 가시는 덕호여래德護如來를 만났다. 그는 매우 큰 신심이 생겨서 한 주먹 완두콩을 가지고 부처님을 향해 뿌렸고, 그 가운데 네 알이 부처님의 발 가운데로 떨어지고 두 알은 부처님의 가슴에 닿았다. 이 이숙과로 인해 그는 환생해서 남섬부주의 전륜왕이 되었다. 네 알의 완두콩이 부처님 발에 떨어진 과보로써 사대부주의 팔만 년 동안 국가의 정사를 다스렸으며, 두 알의 완두콩이 부처님의 가슴에 떨어진 것 가운데 한 알의 과보로 팔만 년을 사대천왕의 주존이 되었고, 나머지 한 알의 과보로 33천에서 제37대 제석천왕의 조정에서 제석천왕과 함께 살며 동등하게 국정을 관장했다. 이밖에 경 가운데는 불타를 관상하거나 심지어는 공중을 향하여 한 송이 꽃을 던져 뿌려서 공양하는 선업의 과보로 제석천과 전륜왕의 과보를 얻는다고 설하고 있다. 또 『현우경』에서 말했다.

모든 선이 작다고 생각하지 말며 이익이 없다고 가벼이 보지
말아야 하니, 물방울도 또한 쌓아 모으면 점차 큰 그릇에 가득
찬다.

『공덕장』에서도 말했다.

무우수 나무의 종자는 겨자씨와도 같으나
매년 열매가 맺을 때면
한 가지가 또한 일 유순이나 뻗어나지만,
선악의 과보가 늘어나는 것과는 가히 비교할 수가 없다.

본래 무우수의 종자는 겨자씨보다 더 작으나, 나무는 성장하는 과정에 있어 매년마다 그 나뭇가지가 모두 자라서 일 유순 정도에 다다른다. 그러나 이것도 선악의 과보가 자라는 것에는 감히 비교할 수 없다.

이 외에 자그마한 계율을 범했어도 또한 한량없는 과보를 받는다. 예전에 엘라빠뜨라 용왕이 전륜왕의 모습으로 세존 앞에 왔다. 세존께서 말씀하셨다.

"너는 가섭불의 교법을 파괴했을 뿐 아니라, 또 나의 교법까지 무너뜨리려고 하는가? 너는 자신의 원래 모습을 드러내어 법을 들으라."

엘라빠뜨라 용왕이 말하였다.

"저를 해치려고 하는 중생들이 많은 까닭에 저는 자기본래의 모습으로 올 수가 없습니다."

이에 세존께서는 금강수보살(Vajrapāṇi)로 하여금 그를 보호하게 하셨다. 이때 그는 몇 유순이나 되는 큰 뱀의 모습으로 나타났다. 뱀의

머리 위에 자라는 한 그루의 큰 엘라빠뜨라 나무가 무겁게 누르고 있었으며, 또한 나무뿌리 부분에는 곤충이 가득 차 있어 큰 고통을 받는 것을 보았다. 제자들이 세존께 "이것은 무슨 원인입니까?" 하고 여쭈니, 세존께서 말씀하시기를 "일찍이 가섭불의 교법이 있을 때에 그는 한 사람의 비구였다. 한번은 길가는 도중에 한 그루의 큰 엘라빠뜨라 나무가 그의 법의를 찢었다. 이때 그는 크게 화를 내어 계율을 생각지 않고 그 큰 나무를 잘랐으며(율장 가운데 비구는 나무를 자르지 못한다), 이 과보로 인해 금생에 용왕이 된 것이다"라고 하셨다.

이와 같이 일체의 선업과 악업 가운데 검은 업(악업)인가 하얀 업(선업)인가, 혹은 가벼운 업인가 무거운 업인가를 판별하는 관건은 오직 그의 마음이 선이 위주가 되는가, 불선이 위주가 되는가의 동기에 달려 있다. 예를 들어 말하면, 한 그루의 큰 나무가 만일 그 뿌리에 약성이 있으면 그 나무줄기와 잎에도 약성이 있으며, 만일 그 뿌리에 독성이 있으면 그 나무의 잎과 줄기 또한 반드시 독성이 있으니, 독성이 가득한 나무뿌리는 절대로 묘약의 가지와 잎을 길러내지 못한다. 마찬가지로 만일 탐욕과 진심의 동기를 가지고, 마음에 양심이 없고 뜻이 청정하지 못하면 표면상으로 짓는 것이 선업일지라도 실제로는 불선업을 이룰 뿐이다. 만약 내심이 청정하고 순정해서 티가 없다면 비록 바깥으로 보아 악업을 짓는 것 같으나 실제로는 이미 선업이 된다. 『공덕장』에서 말했다.

나무뿌리가 약이 되면 싹 또한 약이며,
뿌리가 독이 되면 싹 또한 말할 것이 없다.
오직 선악은 뜻의 차별을 따르며

선악의 겉모양이 크고 작음을 따르지 않는다.

이 때문에 근본이 본래 털끝만큼의 사리사욕이 없고 속마음이 비할데 없이 깨끗한 보살에 대해서는 몸과 말의 일곱 가지 불선업이 직접 허락될 때가 있다. 예컨대 큰 자비심을 지닌 상단주인(商主)가 창 쓰는 검은 강도를 죽인 경우와, 성수星宿 바라문의 아들이 바라문의 딸에게 부정한 행을 행한 그러한 경우와 같다. 간단명료하게 이 두 가지의 예를 들겠다.

예전에 우리의 스승 석가모니불께서 환생해서 대자비의 상주가 되셨다. 그때에 오백 명의 상인과 함께 큰 바다로 항해하는 도중, 단모흑인短矛黑人이라고 부르는 이는 마음이 독하고 사나운 강도였는데 오백 명의 상인을 죽이려고 하였다. 대자비의 상주는 이를 알고 마음속으로 생각하기를 '이 오백 명의 상인은 모두 불퇴전의 보살이어서, 만일 이 사람이 그들을 죽이면 그 과보는 반드시 몸이 지옥에 떨어져서 무량겁을 지내야 하니 실로 불쌍하다. 만일 내가 이 사람을 죽이면 곧 그가 지옥에 떨어지는 것을 면하게 된다. 비록 나 자신은 지옥에 떨어져도 마음에 달게 받을 수 있다.' 이렇게 생각한 후에 대자비의 상주는 비범한 용기로 용감하게 그 강도를 죽이고서 칠만 겁의 복덕자량을 원만하게 성취했다.

이 설화는 표면상으로 보아서는 악업을 지은 것이니, 왜냐하면 보살이 되어서 친히 한 사람을 죽였기 때문이다. 그러나 실제로는 완전히 선업이니, 왜냐하면 대자비 상주의 마음에는 한 점의 사심도 없었기 때문이고, 눈앞의 사실로 보아서도 오백 상인의 목숨을 보호했으며, 길게 보아서는 단모흑인을 지옥의 고통으로부터 구해내었기 때문이다. 그러므로 이는 매우 위대한 선행이 되었다.

마찬가지로 성수 바라문의 아들은 긴 세월 동안 숲속에서 청정한 범행을 지녔다. 한번은 그가 도시에 나가서 시주를 받는데, 한 바라문의 딸이 그에 대해서 사모하는 마음을 내어 탐애심을 일으키며 목숨을 끊고자 했다. 성수 바라문의 아들은 그 여인에 대해 크게 연민하는 마음이 생겨서 이로 인하여 그녀와 결혼했으며, 이로써 4만 겁의 복덕자량을 원만하게 이루었다.

이 같은 여러 종류의 살생 및 청정행을 파계한 행위도 곧 허락될 수 있다. 그러나 자기 한 사람의 사욕을 위해서 탐진치의 습관으로 행하면, 시간과 장소를 막론하고 어느 사람에 대해서도 허락되지 않는다.

불투도 또한 예외가 없다. 근본적으로 사욕과 잡념이 없으며, 양심이 있고 정의가 분명한 보살이 재물을 아끼는 부자들을 위하여 그들이 가지고 있는 것을 훔쳐 삼보에 공양하며 거지에게 베푸는 것은 허락된다.

망언도 또한 마찬가지이다. 죽음의 위험에 처해 있는 중생의 생명을 보호하기 위해서 혹은 삼보정재를 보호하기 위해서 거짓말 하는 것은 허락되나, 다만 사심으로써 다른 사람을 속이는 것은 절대 허락하지 않는다.

이간어 또한 마찬가지이다. 예를 들어, 선을 행하는 사람과 악을 즐기는 사람이 서로 친구가 되었는데, 죄업을 행하는 사람의 세력이 강대하여 마음에 선을 행하는 뜻을 가진 사람이 그의 악행에 의해 삿된 길에 들게 되면, 이간어를 말하여 그들로 하여금 갈라지게 해서 악에 끌림을 막는 것은 허락되는 것이다. 반대로 의기가 투합하는 두 사람의 관계를 사분오열되게 하여 이간어를 말함은 허락되지 않는다.

악어 또한 이와 같다. 부드러운 방법으로 조복하기 어려운 사람에 대하여는 다만 강제적인 수단으로써 그들로 하여금 정법에 들게 할 수 있으면 허락된다. 혹은 스승 등이 법을 가르치면서 제자의 죄악 등을 밝히는 등의 상황 아래서는 입으로 거친 말, 악한 말을 하는 것은 허락된다. 아띠샤 존자께서 말씀하셨다.

> 수승한 스승은 숨겨진 허물을 밝혀 알리는 사람이며, 수승한 구전 비결은 감춰진 약점을 바로 지적해 주는 사람이다.

그러나 상대방을 경멸하고 모욕하는 거칠고 악한 말은 허락하지 않는다.

꾸미는 말도 또한 마찬가지이다. 말하고 설명하기 좋아하는 사람들에 대해서 묵언하고 묵묵히 하는 방식으로는 그들이 정법에 들어가게 할 수 없다. 다만 수단과 방법을 사용해 그들로 하여금 불문에 들게 할 수 있으며, 이러한 상황 하에서 꾸민 말을 하는 것은 허락되나, 자타의 마음을 산란하게 해서 근거 없는 말을 하는 것은 허락하지 않는다. 탐심·진심·사견의 세 가지 뜻의 죄업으로는 선업으로 바뀌어 변하게 할 수 없고, 한번 나쁜 분별을 일으키면 곧 반드시 불선업이 된다. 그러므로 어떠한 때에 있어서나 어떠한 사람에 대해서도 허락되지 않는다.

모든 선과 불선의 업을 짓는 자는 오직 자기의 이 한마음이며, 비록 신체의 일거일동과 한 마디의 말이 없어도 이 마음의 분별념이 또한 가끔 큰 선의 과보와 엄중한 죄의 과보를 가져온다. 그러므로 우리들은 항상 자기의 마음상태를 관찰해야 하며, 만일 선한 마음 가운데 있으면 이치에 따라 환희심을 내고 오직 선업이 날로 더하게 해야 한다. 만일 악한 뜻의 상태에 있으면 그는 곧 반드시 참회해야 하며 가만히 스스로를 꾸짖으며 '나는 진실로 사나우며, 비록 그렇게 많은 정법을 들었어도 마침내 이 같은 악한 생각을 일으키다니 참으로 부끄럽다'라고 하고, 아울러 결심하되 '지금부터 나는 노력해서 반드시 이 같은 나쁜 마음이 나의 심식 중에 영원히 다시 나타나지 않게 하겠다'고 해야 한다.

우리는 어떠한 일을 하든지 간에 먼저 힘써서 자세하게 자신의 동기를 관찰해 보아 정확히 선의 동기면 그 선한 일을 해야 한다. 그러나 만일 다른 사람과 경쟁하는 심리 상태에 있거나 혹은 바깥으로 모습을 보여서 명예를 추구하는 탐심 등의 상태에 있으면 반드시 성실하게 바로 잡으며 보리심으로써 갈무리해 지닌다. 어떻든 간에 자기의 동기를 바꿀 방법이 없으면 또한 지속적으로 선한 일을 짓는 것이 좋다.

이전에 게쉐 밴 궁걜[125]에게는 많은 시주자가 있었는데, 한번은 그들이 스님을 친견할 것을 미리 약속하였다. 그날 오전에 게쉐 밴은 삼보 앞에서 공양물을 바쳐 올리고 매우 보기 좋게 꾸몄다. 당시에 그가 자기의 동기를 살펴보니, 시주들의 앞에서 잘 꾸민 모습을 보여주고자 하는 불청정한 마음 상태를 발견하게 되었다. 그래서 손에 한 주먹의 재를 가져와서 불단의 공양물에 뿌리고서 말하기를, "너 비구여, 그렇게 가식적이지 말라!" 하며 자신에게 말했다. 빠담빠 존자가 이 사실을 듣고 난 후에 말하되 "티벳의 모든 공양물 가운데 밴 궁걜의 그 재 뿌린 공양물이 가장 훌륭하다"라고 하였다.

그러므로 우리는 때와 장소를 가려서 자기의 심식을 자세히 관찰하여, 일단 마음이 바르지 못하여 죄를 지으려는 싹이 나타나면 곧바로 알아야

---

[125] 게쉐 밴 궁걜Geshe Ben Gungyal: 까담빠의 승려. 11세기 까담빠의 조사인 왕축갤챈(Wangchuk Gyaltsen, 1016~1082)의 수제자.

하고, 아울러 참회하고 경계한 후에는 절대 자기의 심식으로 하여금 악업과 함께 오염되는 곳으로 흐르지 않게 해야 한다. 그러나 우리들 범부의 지위로서는 심식 중에 악한 분별념이 생기지 않게 하는 의요意樂와 가행加行이 현실적으로 불가능하다.

게쉐 밴 궁걜이 한번은 시주 집에 갔는데 마침 시주들은 외출하여 밖에 있었다. 게쉐 밴은 생각하기를 '나에게 찻잎이 없으니 약간의 찻잎을 몰래 가져가 나중에 산에 머물며 수행할 때 사용하는 것이 좋겠다'라고 하였다. 그가 손을 뻗어서 찻잎 포대 속에 차를 쥐었을 때 문득 정념正念이 생겼다. 이에 그는 큰 소리로 시주들에게 고함을 지르기를 "나는 바로 차를 훔치는 도둑이 되었으니, 이 손을 끌어다가 팔목을 잘라버려라!"라고 하였다.

아띠샤 존자도 또한 이 같은 예를 설한 적이 있으며, 존자 스스로 별해탈문에 들어간 후부터는 한 점도 오염되지 않을 수 있었다고 하였다. 보리심의 학처(보살계)에 들어가서는 어쩌다 한두 번의 실수가 나타났으며, 밀종금강승(비밀 만뜨라 바즈라야나)에 들어온 이후로는 비록 조그마한 실수가 자주 나타났으나 바로 참회해서 그 죄가 밤을 넘기게 한 일이 전혀 없었다고 한다. 존자께서는 길 가는 가운데도 또한 이와 같아서, 매번 나쁜 생각이 번개처럼 일어날 때마다 바로 나무로 만든 만다라를 꺼내어 즉시 참회하고 경계하였다.

빤야쟈라는 지방에서 어떤 시주가 많은 강백(게쉐)들이 모인 행렬 가운데에 요구르트를 공양하고 있었다. 당시 게쉐 밴 궁걜은 행렬의 중간에 앉아 있었다. 그가 시주들이 앞줄에 있는 사람에게 많은 양의 요구르트를 공양하는 것을 보고서 참지 못하고 마음에 생각하기를 '이렇게 좋은 요구르트가 차례로 여기까지 이르려면 아마 나의 몫은 없을 것이다'라고 했다. 이 같은 생각이 일어나자마자 그는 문득 생각의 여유를 주지 않고 정념을 일으켰으며, 자기의 생각이 옳지 않은 것을 알고서 가만히 스스로 꾸짖기를 "너, 이 비구야! 요구르트를 마시는 것에 대해서 이렇게도 큰 신심이 있구나!" 하고 곧 그릇을 아래로 내려버렸다. 공양물 나누는 이가 자기 앞에 와서 요구르트를 받아 드시기를 청함에, 게쉐 밴은 탐욕의 망념을 일으켰기 때문에 그에게 말하기를 "나는 이미 먹어버렸소. 다시 받을 생각이 없소"라고 하였다. 본래 그는 단지 다른 비구와 동등하게 한 사람 몫을 얻고자 생각하였으므로 착하지 않은 어떤 의도도 없었다. 다만 곧 자기가 좋은 요구르트를 얻기를 희망하는 사욕이 생겼기 때문에 곧 받아먹는 것을 포기한 것이다. 우리가 만약 때와 장소에 따라서 자기의 심식을 관찰해서 악을 끊고 선을 좇으며 자기 마음을 조절하여 오래오래 하면, 자기 심식은 곧 완전히 선업으로 변하게 된다.

이전에 라비Ravi라는 바라문이 항상 자기 마음을 관찰함에, 매번 한 번의 선하지 않은 분별념이 생길 때마다 그는 하나의 검은 색 돌을 집어놓고, 한 번의 선한 생각이 일어날 때는 하나의 백색 돌을 놓았다. 처음에는 전부가 검은 색 돌뿐이었다. 부지런히 대치하고 정진하여 악을 제거하고 선을 취하니, 중간 정도에 이르렀을 때 검은 돌과 흰 돌이 각각 반으로 나타났으며, 최후에는 전부가 백색 돌뿐이었다. 그러므로 우리는 일체의 때와 장소에서 응당 바른 몸과 바른 생각으로써 마음을 다스리고 지니며, 선행을 힘써 행하여 조그마한 죄업에도 물들지 않아야 한다.

비록 금생에 악업을 쌓은 것이 없더라도 무시이래로 윤회하면서 쌓은 죄업이 또한 끝이 없으며, 따라서 생각할 수 없는 업의 과보를 반드시 받아야만 한다. 그러므로 현재 오직 선을 행하며 공성을 닦는 사람이라면, 현재 행하는 대치력에 의지해 후세에 악도로 환생하는 업력과 수면·습기를 금생에 성숙시켜서, 금생에서 악도의 고통을 달게 받는 수가 있다. 마치 『능단금강경』에서 말한 것과 같다.

> 바라밀다를 행하는 보살이 손해를 입거나 혹은 큰 고통을 받는 것, 이것은 미래에 받을 업이 금생에 성숙한 것이다.

이와 반대로 금생에 악을 짓는 사람이 전생에 지은 조그마한 선업이 눈앞에서 성숙했기 때문에 선의 과보를 받는 경우가 있다. 예를 들면 이전에 아빠란따까(Aparāntaka, 尼洪) 국가에 처음 7일은 보배의 비가 내리고, 이어서 의복과 양식의 비가 내렸으며, 최후에는 흙비가 내려 모든 사람이 흙에 묻혀서 목숨을 잃고 죽은 후에 지옥에 떨어졌다. 이로 보면 선을 행하는 자가 고통을 받는 것이나 악을 짓는 자가 쾌락을 받는 것은 모두 과거 업력이 성숙한 과보이다. 또한 현재에 선을 행하거나 악을 짓거나 간에 그 과보가 내세나 혹은 내세의 내생에서 또한 반드시 성숙한다. 그러므로 우리는 항상 인과의 도리에 대하여 바르고 확고한 이해를 하고, 취하고 버릴 줄 아는 것이 매우 중요하며, 마땅히 높고 깊은 견해에 빠져 인과를 가볍게 보지 말아야 할 것이다. 마치 우갠국의 연화생 대사께서 국왕 티송데짼에게 말씀하신 바와 같다.

> "왕이시여! 우리 밀승은 견해가 아주 중요하지만 행위가 견해 쪽에 치우쳐 떨어져서는 안 됩니다. 그렇지 않으면 선도 공하고 악도 공하다 하고 나쁜 법이 가득 차서 장차 마구니의 견해를

이루게 됩니다. 마찬가지로 견해도 행위 쪽에 치우쳐 떨어져서는
안 됩니다. 그렇지 않으면 장차 실체나 유상有相에 묶여서 해탈의
기회가 없게 됩니다." 또 말씀하시되 "이러한 연고로 견해는 허공과
같이 높되, 인과를 취하고 버림은 가루와 같이 세밀해야 합니다"라
고 하였다.

곧 실상의 견해를 증오하는 동시에 반드시 자세하고 세밀하게 인과를
가리는 것을 필요로 한다.
또 어떤 사람이 파담빠 린뽀체에게 여쭈었다.
"만일 공성을 증오하고서 죄를 지으면 도대체 해가 됩니까, 해가
되지 않습니까?"
파담빠 린뽀체가 대답해 말씀하셨다.
"만일 참으로 공성을 깨달았다면 절대로 죄를 지은 것이 아니다. 왜냐하
면 공성을 깨닫는 것과 자비심을 일으키는 것은 동시이기 때문이다."
그러므로 만일 진실로 정법을 닦기를 바라면 반드시 인과를 가리는
것을 가장 중요한 자리에 놓고, 아울러 견해와 행위가 서로 떠나지
않게 하여 실제로 수행해야 한다.
그러면 인과가 헛되지 않다는 가르침이 심식 가운데서 얼마만큼
일어나야 하는가? 마땅히 밀라래빠 존자와 같아야 한다. 제자들이
밀라래빠 존자께 여쭈었다.
"존자님, 당신의 행위는 모두가 이미 완전히 범부중생의 경계를 뛰어
넘었습니다. 고귀하신 분인 스승께서는 최초에 금강지[126]나 아니면

---

[126] 금강지金剛持: 티벳어는 도제창Dorje Chang, 범어는 바즈라다라Vajradhara. 지금강
불이라고도 한다. 티벳불교, 특히 겔룩빠와 까규빠에서는 원초불(Adi-Buddha)로

불보살의 화신 중 한 분이 아니셨습니까?"

밀라래빠 존자께서 답하셨다.

"너희들이 생각하기를 내가 금강지나 어떤 불보살의 화신이라고 하면, 이는 너희들이 나에 대한 하나의 경건한 심신을 가지고 말한 것이나, 정법으로 말하자면 다시 이보다도 더 무거운 사견은 없다. 왜 그러한가? 나는 처음에 주력을 의지해서 우박을 내리며 사람을 해쳐 하늘을 덮는 엄청난 죄를 지었다. 당시 생각하기를, 분명히 지옥에 떨어지며 달리 벗어날 길이 없을 것이라고 인정했다. 그리하여 심지를 바르게 하여 전심전력으로 정법을 닦았으며, 밀종의 깊은 방편의 요결에 의지하였기에 심식 가운데에서 수승한 공덕이 생긴 것이다. 너희들은 인과에 대하여 성실한 믿음을 일으키지 못하기 때문에 정법에 대해서 이와 같이 정진하지 못하는 것이다. 만일 너희들이 능히 내심으로부터 인과에 대해서 깊은 믿음을 발한다면 나와 같이 고통을 무릅쓰고 정진할 것이며, 범부인 사람들도 다 능히 행할 수 있다. 너희들의 심식 가운데에도 또한 이와 같은 공덕이 생기는 그때에 이르러서는 너희들 또한 금강지나 또는 불보살의 화신이라고 일컬어질 것이다."

밀라래빠 존자께서 최초에 발심한 것은, 죄업을 지어서 지옥에 떨어진다는 견고한 확신이 있었고, 또한 깊이 인과를 믿음으로 말미암은 것이다.

인과에 대한 진실한 믿음이 있으면 곧 정법을 닦는 데에 정진하게 된다. 당연히 밀라래빠 존자와 같은 고행과 정진의 발자취는 인도와 티벳 두 곳에 매우 드물게 보이는 것이다. 이 때문에 인과의 이 같은

여기어 중시한다.

요점에 대하여 우리는 반드시 마음 깊은 곳으로부터 인과가 허망하지 않다는 진실한 믿음을 일으켜야 한다. 아울러 내면으로 서원을 발하되, 때와 장소에 따라서 조그마한 선업일지라도 세 가지 수승함으로써 거두어 지녀 힘을 다해 받들어 행하며, 설사 생명의 위험에 당해서도 조그마한 악업도 짓지 않고자 해야 한다.

우리가 아침에 일어날 때 소와 양이 일어나는 것과 같이 갑자기 풀쩍 뛰어 일어나지 말고, 마땅히 침대에 정좌하여서 자기의 마음을 여유롭고 편안히 하고 안을 향하여 돌이켜보아야 한다. 자기의 심식을 깊이 관찰하며 어젯밤에 길몽을 꾸었나, 악몽을 꾸었나를 돌아보고, 만일에 꿈속에서 악업을 짓는 것이 나타났으면 마땅히 후회하는 마음을 내고 성실한 마음으로 참회할 것이며, 만약 선을 행하는 것을 꿈꾸었다면 곧 기쁜 마음을 일으켜 선근을 중생에게 회향해야 한다. 마음으로 묵묵히 발심하되, '오늘 내가 끝없는 일체중생이 원만한 큰 깨달음의 과위를 얻게 하기 위해서 마음과 힘을 다해서 선법을 행하며, 전력을 다해서 죄악을 끊어버리겠다'고 발원한다.

밤에 잠잘 때에도 또한 생각 없이 침대에 눕지 말고, 응당 침대 위에 편안하게 안좌하여 앞과 같이 관찰하고 사유하되 '아아! 내가 낮에 얼마나 의미 있는 일을 지었는가?', '무슨 좋은 법을 닦았는가?'를 관찰해야 한다. 만일 좋은 일을 했다면 응당 기쁨을 느끼고 마음에 환희심을 내며, 아울러 일체중생이 부처님의 과위를 얻게 하기 위하여 회향한다. 만일 악업을 지었다면 곧 내면에서 스스로 꾸짖어 '나 이 사람은 실로 악독하며 오늘 이미 자기를 해쳤구나!'라고 후회하는 생각을 일으켜서 성심성의로 참회하며, 아울러 맹서를 하되 '지금부터 이후로는 내가 절대로 그 같은 악업을 짓지 않겠다'라고 한다.

때와 장소에 따라 우리는 모두 정지正知와 정념正念을 여의지 않아야 하며, 안과 밖으로 중생의 일체 나타냄에 대하여 또한 깊이 집착하지 말아야 한다. 마땅히 아득하여 실답지 않고 환과 같고 연극과 같이 여기는 가운데 자기 마음을 닦을 것이며, 자기 심식으로 하여금 항상 선법과 정도 가운데 안주하게 하며 내심을 다스려야 한다.

이상은 네 가지 염리심(人生難得, 壽命無常, 輪迴過患, 因果不虛)을 닦는 핵심요의를 모두 모아 총결한 것이다. 만일 충분히 이렇게 할 수 있다면 어떠한 착한 일을 지어도 자연히 세 가지 수승을 여의지 않을 것이다. 게송에 말하였다.

선을 행하는 사람은 약나무(藥樹)와 같아
그를 의지하면 일체를 이기며,
악을 행하는 사람은 독나무(毒樹)와 같아
그를 의지하면 일체를 해친다.

이러한 종류의 어진 보살은 자신의 인내력으로써 그와 인연을 맺은 사람들의 내심으로 하여금 정법의 길로 전향하게 하며, 자타의 광대한 선업을 날로 늘어나게 하며, 세세생생에 악도와 사도 가운데 떨어지지 않게 하며, 선계인 사람과 하늘의 수승한 신체를 얻게 한다. 더욱이 이와 같이 법상을 갖춘 고승 대덕이 어떠한 지방에 안주하면 그곳 사람들은 모두 선법을 받들어 행하며, 만사가 길상하고 모든 하늘과 사람이 또한 항상 보호한다.

비록 인과의 차별을 알지만 믿음이 약하며
비록 많은 정법을 듣지만 닦지 아니하니
저와 더불어 저의 악행과 같이하는 많은 중생이
자신의 마음이 불법과 더불어 상응하도록
가피를 주시기를 기도드립니다.

5. 해탈이익

많은 지혜 성자와 성취자의 가피로
스승의 가르침을 의지해 수행하시며
해탈의 뛰어난 도를 잘못됨 없이 중생에게 보여주시는
비할 바 없이 뛰어난 스승의 발아래 정례하옵니다.

1) 해탈의 정의

이른바 해탈은 윤회의 고해를 벗어나는 것을 가리키며, 성문·연각·원만정각 가운데 어느 한 종류의 과위를 얻는 것을 말한다.

2) 해탈의 분류

① 해탈의 과위를 얻는 인因

인신난득人身難得으로부터 시작하여 네 가지 염리심의 수행방법으로써 마음의 평안을 얻어 자기의 심식을 조절할 수 있게 하고, 다시 일체 성도의 기초인 귀의로부터 시작해서 본수행을 완전하고 원만히 하는 데 이르도록 매 하나의 수행법이 모두 각자의 해탈 공덕이 됨을 앞에서 이미 강설했으며, 뒤에 다시 설명하려고 하는 것이 곧 해탈의 인이다.

② 삼보리의 과위

물론 해탈의 결과로 성문·연각·원만보리의 세 가지 중 어느 한 종류의 과위를 얻는 것도 모두 적정하고 청량한 것이며, 이미 윤회의 고통이라는 좁은 길을 벗어난 것이기에 각자가 진실로 기쁨을 금할 수 없다. 더욱이 우리는 현재 대승불법을 만났으므로 십선을 봉행하고 사무량심·육바라밀·사정려·사무색·지관 등 일체 법문을 수행하는 데 있어 마땅히 오직 원만보리를 구하기 위해 정진하며, 아울러 가행발심加行發心과 정행무소연正行無所緣과 후행회향後行廻向인 세 가지 수승을 섭지하고 실지로 수행해야 한다.

6. 스승을 의지함

1) 의지할 스승의 필요성

일체 경전과 속부(續部, 딴뜨라 경론)와 논전 가운데에는 스승에게 의지하지 않고 성불한 경우를 예로 든 것이 없다. 우리의 현실생활 가운데서도 자신의 담대함이나 지식을 통해 수행하여 오도五道와 십지十地의 공덕을 일으킨 사람은 한 사람도 없음을 볼 수 있다. 자신을 포함한 일체중생은 삿된 길에 나아가 전도되는 일은 많이 있으나, 해탈과 큰 지혜의 거룩한 길(聖道)에 대해서는 오히려 의지할 것이 없는 눈 먼 봉사와 같고 넓은 황야 가운데 길을 잃은 것과 같아, 일반적으로 아는 것이 매우 적다. 그리고 상주商主를 의지하지 않고 보배 성 가운데에서 보배를 얻는 예는 없다. 이 때문에 선지식과 좋은 도반은 해탈과 큰 지혜의 성스러운 길에서 진실한 안내자가 되므로, 우리는 힘써 공경스럽게 의지해야만 한다.

2) 스승께 의지하는 차제

스승께 의지하는 차례는 셋으로 나눈다. 먼저 스승을 관찰함, 중간에 스승을 의지함, 마지막에 스승의 의취를 배우고 닦음이다.

① 먼저 스승을 관찰함

범부 중생은 본래 매우 쉽게 벗을 따르고, 혹은 각각 인연을 따라 바뀌기 때문에 우리는 어느 때 어느 장소에서나 어진 스승이나 좋은 벗을 의지하는 것이 중요하다. 예를 들면, 보통의 나무 한 그루가 히말라야 산의 전단향 숲속에서 자라는데, 몇 년이 지난 후에는 전단향 나무의 묘한 향이 배어서 결국 보통의 나무 또한 자연적으로 향내가 나는 전단향 나무와 같이 된다. 이와 마찬가지로, 만일 덕을 가진 한 분의 고승대덕을 오랫동안 의지하게 되면 그분의 공덕의 묘한 향에 물들게 되며, 일체의 행위와 태도 또한 모두 그분과 같게 변한다. 지비광 존자(직메 링빠)께서 『공덕장』 가운데 말씀하신 것과 같다.

> 마치 히말라야의 전단향 나무 가운데
> 보통의 나무 씨가 떨어졌는데
> 가지와 잎이 무성해짐에 묘한 향이 나는 것과 같아서,
> 스승을 의지하며 따라서 행함도 이와 같다.

그러나 지금은 오탁악세에 처한 만큼, 많은 속부續部의 보전 가운데서 이야기하는 모든 법상을 갖춘 스승을 찾기가 매우 어렵다. 다만 사람들이 의지하는 스승은 아래와 같은 공덕을 구비해야 한다는 것을 일반적으로 말할 수 있다.

①상속청정相續淸淨: 별해탈계와 내적 보살계와 밀승의 삼매야계를 조금도 범하지 않는다.

②널리 듣고 배움: 경과 속부와 논전을 통달한다.

③대비심을 갖춤: 한량없는 중생에 대해서 어머니가 외아들을 대하는 것과 같이 자비스럽게 대한다.

④통달현밀通達顯密: 바깥으로 삼장과 안으로 밀교의 4속부[127] 의궤에 정통한다.

⑤현전단증現前斷證: 실질적인 뜻을 의지하여 닦음으로써, 자기의 심식 가운데에서 현전의 수승한 끊음과 증득의 공덕을 드러낸다.

⑥사섭법을 원만히 함: 보시와 애어와 이행과 동사의 사섭법으로써 착한 인연을 가진 제자를 받아 드린다. 『공덕장』 가운데 말씀하신 것과 같다.

오탁악세의 영향을 받는 연고로 모든 수승한 법상을 원만히 한 자는 얻기 어렵다. 그는 삼승의 계율을 청정히 지니는 바탕 위에 다문과 대비심으로 마음의 심식을 윤택하게 하고, 바다와 같은 현밀의 뜻에 정통하며, 끊음과 증득(斷證)의 청정한 지혜의 과보가 풍부하고, 사섭법의 깨끗한 꽃이 아름답게 빛나며, 인연 있는 제자들이 벌떼와 같이 모여들어 따른다.

더욱이 밀종 금강승의 깊은 비밀구의 구전 비결을 설하는 스승은 반드시 일체 속부의 보배스런 논전 가운데 이야기한 아래와 같은 조건들

---

127 4속부四續部: 사부事部, 행부行部, 유가부瑜伽部, 무상유가부無上瑜伽部의 4부 딴뜨라를 말한다.

을 갖춘다.

①마음의 흐름을 성숙케 하는 끊어짐 없는 전승법맥의 관정을 얻는다.

②관정 때 받은 서원의 삼마야와 계율을 범함이 없이 청정하게 가진다.

③번뇌와 분별념은 거의 없어 마음의 흐름을 조복시킨다.(調柔)

④밀종 금강승의 기(基, 정견을 결택)·도(道, 수습행지)·과(果, 현증보리)에 관한 일체 속부의 의의에 정통함이니, 이는 밀종에 정통함(精通顯密)이다.

⑤진언을 염송하고 본존을 관상하며 본존을 친견하는 등 성취의 징후를 원만하게 하니, 이는 닦음을 의지한 원만(念修圓滿)이다.

⑥현량에 실상의 뜻을 깨달으니, 이는 해탈상속이다.

⑦심식 중에 대비심이 두루하니, 오직 이타利他를 구함이다.

⑧금생의 세속적인 집착을 끊으니, 번거로운 일이 아주 적다.

⑨내생을 위해서 정법을 기억하고 정진하니, 이는 정진수지이다.

⑩윤회세계를 고통으로 보고 강렬한 염리심을 일으키고, 아울러 다른 사람에게도 일깨워 권하니, 이는 염세권타厭世勸他이다.

⑪갖가지 좋은 방편으로써 제자를 조복하고 가르치니, 이는 제자를 섭수함이다.

⑫스승의 가르침대로 비추어 보아서 실천하니, 이는 전승의 가피를 갖추고 있는 것이다.

우리는 응당 이러한 스승을 의지해야 한다.『공덕장』가운데 말씀하신 것과 같다.

더욱이, 핵심구결을 가르쳐주는 스승의 요건은 관정을 얻은 분이고, 청정한 삼마야를 지키며 마음이 고요하고 엄정하며, 기·도·과의 속부의 뜻에 통달하고 생기차제와 원만차제를 닦아서 스스로 대원만의 경지를 증득한 분, 또한 자비심이 한량없어 오직 남을 이롭게 하며, 정진하고 법을 생각하여 번거로운 일이 적고, 매우 큰 염리심을 갖추어 또한 남에게 권하며, 좋은 방편과 전승의 가피를 지니고 있는 분, 이와 같은 스승을 의지하면 속히 성취한다.

다시 위에서 서술한 의지해야 할 스승과는 다른, 마땅히 버려야 하는 스승의 모습을 말하겠다. 본래의 심식 가운데 문사수聞思修의 조그마한 공덕도 없으면서 도리어 '나는 어떠한 스승의 아들 혹은 귀족의 아들로서 가문에 있어서는 이미 다른 사람을 뛰어넘었다'고 생각하고, 아울러 자기의 전생 또한 어떠어떠하다고 말하나, 이는 바로 바라문이 세습적으로 전하는 그런 관념과 같다. 혹은 비록 문사수의 공덕이 조금은 있으나 내세의 청정을 추구하는 마음으로 수행하지 않고, 자기가 어느 곳에서 스승의 지위를 잃어버릴까 걱정하여 수행하는 것이다. 짓는 바와 하는 바가 다만 금생의 행복만을 위하는 스승, 이런 스승을 일러 나무절구와 같은 스승이라 일컫는다.

또한 어떤 스승은 제자의 심식을 다스려줄 수 없으며, 자기의 심식 또한 범부와 차별이 없어서 근본적으로 털끝만한 수승한 공덕도 갖추지 못했다. 그러나 어리석은 사람들은 관찰해보지도 않고 맹목적으로 가벼이 믿고 그를 받들어서 높은 자리에 올린다. 이때 스승은 명예와 이익에 전도되어 이를 얻은 뒤에는 행실이 아주 잘못되고 교만하게 변하여 스승으로서의 공덕은 찾아 볼 수가 없으니, 이러한 스승을 우물 안 개구리와 같은 스승이라고 부른다.

예컨대 이전에 어떤 나이 많은 청개구리가 오랫동안 샘 밑에 살고 있었다. 하루는 바다에 있는 한 마리의 청개구리가 그 앞에 왔다.

샘 개구리가 물었다.

"너는 어디로부터 왔는가?"

"나는 큰 바다로부터 왔다."

"너의 바다는 얼마나 큰가?"

"바다는 매우 크다."

"그렇다면 이 샘의 사분의 일의 크기냐?"

"더 크다."

"샘의 반절의 크기인가?"

"더 크다."

"이 샘만큼이나 크다고 할 수 있느냐?"

"더 크다. 더 크다."

샘 개구리가 믿지 못하겠다는 듯이 말하였다. "그렇게 큰 것은 가능하지 않다. 그렇다면 우리가 함께 가서 보자."

두 마리 청개구리가 함께 가서 바다에 당도했을 때, 샘의 청개구리는 큰 바다를 보고는 놀라서 기절하여 머리가 터져서 죽었다.

다시 또 버려야 할 스승에 대해 말하자면, 조금도 지혜로운 스승을 의지하지 않으며, 스스로 경론을 배우지도 못했거나 배우는 데 정진하지도 않으며, 듣고 배우는 것이 적어서 안으로 마음의 번뇌가 거칠고 바른 앎과 남다른 생각을 갖추지 못하고, 계율을 범하고 삼마야를 파괴했으며, 심식이 범부보다 더 저열하면서도 행동은 도리어 대성취자인 것처럼 하며, 말하는 것은 기고만장하기가 허공과 같다. 화내고 질투하는 마음은 매우 강렬하며, 자비심의 끈을 끊어버렸으니, 이러한 스승을 일러 '미친 안내자와 같은 스승'이라 한다. 또한 제자를 삿된 길로 이끌며, 자기는 물방울만 한 공덕도 갖추지 못하고 자비심과 보리심을 여읜 스승을 일러 '눈 먼 봉사와 같은 스승'이라 일컫는다. 그들은 마음을 밝히고 인과를 분별하는 두 눈을 뜨지 못했기 때문이다. 『공덕장』 가운데 말씀하신 것과 같다.

마치 권세 있는 가문을 지키는 바라문과 같아서 자기의 지위를 잃을 것을 염려하고, 듣고 생각하는 것이 내세에 해탈의 과보가 되지 못하니, 마치 나무절구와 같은 스승이다. 비록 범부의 성품과 다르지 않으나, 어리석은 자는 믿음을 일으켜서 그를 높은 위치에 둔다. 그러나 그는 오직 이익을 얻으려 하며, 마음이 오만하여 마치 우물의 개구리와 같은 스승이다. 지식이 천박하고 견문이 좁아 계율과 서원을 깨뜨리며, 마음이 어리석고 행위는 하늘과 같이 오만하여 자비의 끈을 끊어버렸으니, 만약 이 같이 미친 스승을 의지하면 죄악만 더한다. 더욱이 자신의 공덕보다 못한 사람을 의지하며, 자비심이 없고 명성만을 좇는 스승을 의지하는 것은 눈먼 사람을 의지하는 것과 같아 크게 잘못된 것이니, 서로가 속이고 속아서 함께 어두운 곳을 떠다닌다.

우갠의 연화생 대사께서 또한 말씀하셨다.

스승을 살피지 않는 것은 독을 마시는 것과 같고, 제자를 살피지 않는 것은 절벽에서 뛰어내리는 것과 같다.

스승은 우리의 세세생생의 의지처이며, 또한 취하고 버려야 할 도리를 열어 보이는 사람이다. 만일 신중하게 관찰하지 않고서 불행하게 삿된 스승을 만난다면 수행인의 한평생 쌓은 좋은 선근이 모두 그 스승에 의해 훼손되며, 이미 얻은 가만(暇滿; 八有暇 十圓滿)의 인생을 또한 헛되이 소비하게 된다. 예컨대 한 마리의 독사가 나무 아래서 똬리를 틀고 있었는데, 어떤 사람이 나무 그림자로 알고 밟아서 독사에게 물리게 된 것과 같다. 『공덕장』 가운데서 말씀하신 것과 같다.

> 만약에 자세하게 스승을 관찰하지 않으면
> 믿음이 있는 이는 쌓은 선근자량을 낭비하며,
> 또한 가만의 인생을 훼손함도
> 독사를 나무 그림자로 잘못 알아 속임을 받는 것과 같다.

이 때문에 우리는 반드시 상세하게 관찰하고서 정확하고 틀림없이 판단해야 한다. 그리고 앞에 설명한 것과 같은 공덕을 갖춘 스승을 온 마음 다해 의지하여서, 항상 스승을 진실한 부처님이라고 생각해야 한다. 이 같은 일체공덕을 원만하게 갖춘 스승은 시방 제불의 큰 지혜와 자비의 본체이시니, 그분들은 다만 교화의 대상인 중생들의 이익을 위해서 사람의 모습을 나타내신 것이다. 『공덕장』 가운데 말씀하신 것과 같다.

> 덕상을 원만하게 갖춘 스승은
> 제불의 지혜와 자비의 본체이고,
> 눈앞에 화현하신 보살의 모습이며,

실지(悉地, 깨달음의 묘과를 성취함)의 근본으로서 위가 없는 분이
시다.

중생들을 인도하기 위한 이와 같은 수승한 스승은 잠깐의 손놀림·발놀림 등의 행위가 모두 보통 사람의 모습과 똑같다. 그러나 진리의 측면에서 그들의 비밀한 뜻은 시종 불타의 경계 중에 안주하니, 이러한 측면에서는 세상 사람과 완전히 같지 않다. 실제로 스승이 행하는 모든 것은 다 중생의 심식을 교화하기 위해 순응하는 비밀한 뜻의 행이다. 따라서 스승은 또한 일체 범부를 초월하여 보통과 같지 않다. 스승은 능히 좋은 방법으로 제자가 품은 의심을 제거해주며, 능히 제자의 일체 삿된 행과 심신을 수고롭게 하는 것을 참으시니, 마치 외아들의 자비스런 어머니와 같다. 『공덕장』 가운데 말씀하신 것과 같다.

불요의不了義는 일체의 중생을 따르지만
요의는 모든 중생과는 서로 다르다.
비밀한 뜻을 갖춘 까닭에 수승한 유정이며
의심을 잘 제거하며 삿된 행을 참는다.

이와 같이 일체의 덕을 갖춘 스승은 큰 배와 같으며, 능히 중생을 제도해서 윤회의 큰 바다에서 벗어나게 한다. 그는 상주商主와 같아서 잘못됨 없이 해탈을 가르쳐주며, 큰 지혜의 성도聖道로 인도한다. 또한 그는 감로의 비와 같아서 능히 업의 불을 끄고 번뇌의 치열한 불길을 끈다. 그는 해와 달과 같아서 능히 겹겹의 무명흑암을 제거하며 밝은 정법의 광명을 드러낸다. 그는 대지와 같아서 능히 제자들이 심신을

수고롭게 하고 일체의 삿된 행을 하는 것을 다 받아들인다. 그는 견해와 행동이 넓고 포함하지 않는 바가 없다. 또한 그는 겁파수(劫波樹, 소원을 이루게 해주는 나무, 곧 如意樹)와 같아서 금생과 내세에 이익과 기쁨을 주는 일체공덕의 근원이다. 그는 묘한 병(妙瓶)과 같아서 불가사의한 모든 종파의 일체 의원意願의 보고가 된다. 그는 마니주와 같아서 마음이 하고자 하는 바에 따르는 네 가지 사업(식증회주息增懷誅)[128]이라는 대해의 원천이다. 자비심은 마치 부모와 같아 한량없는 일체중생에 대해서 멀리하고 가까이하거나 사랑하고 미워함 없이 똑같이 사랑스럽게 대한다. 또한 그 자비심은 흐르는 냇물과 같고, 푸르게 싹트는 초목같이 천하에 가득 찬 중생들에 대해서 널리 불쌍히 여기며, 더욱이 의지할 데 없는 중생에 대해 간절하게 불쌍히 여긴다. 그 환희의 마음은 큰 산과 같아서 질투심에 의해 변하지 않으며, 집착의 바람에 움직이지 않고, 평정한 마음은 비구름과 같아서 자기 심식이 탐심의 어지럽히는 바가 되지 않는다. 『공덕장』 가운데 말씀하신 것과 같다.

> 해탈은 바다 가운데 큰 배와 같다.
> 미혹함이 없는 수승한 도는 진실한 상주이며,
> 업의 불을 끄는 감로의 비와 같고,
> 무명의 어두움을 제거하는 일월과 같다.

---

[128] 네 가지 사업(四種事業, 식증회주息增懷誅): 밀교의 수행자가 과위를 증득하여 중생을 이롭게 해주는 네 가지 불사(법)를 말한다. 식법息法은 중생들의 악업을 쉬어 고요한 선정에 들게 하는 불사이다. 증법增法은 중생들의 수명과 공덕이 증장되고 권세와 능력이 갖춰지게 하는 불사이다. 회법懷法은 삼계의 명, 위업 등 모든 능력을 끌어 모아 중생이 자유 자재함을 얻게 하는 불사이다. 주법誅法은 마장을 조성하는 나쁜 중생들을 없애버리는 불사이다.

모든 종파를 포괄함은 대지와 같고,
중생을 이롭게 함은 여의수如意樹와 같다.
원만하게 갖춘 법의 창고는 묘한 보배병과 같고,
스승은 여의주보다 나으며,
평등하게 중생을 사랑함은 부모 같고,
자비심이 넓고 자상함은 강물과 같으며,
변함없는 환희는 큰 산과 같고,
산란함이 없는 평정한 마음은 비구름과 같다.

대비와 가피의 방면에서 스승은 모든 부처님과 더불어 같으며, 스승과 좋은 인연을 맺은 사람은 금생에 곧 성불하고, 악연을 맺은 사람도 또한 윤회를 끊을 날이 있다. 게송에서 말했다.

스승은 모든 부처님과 같으니
그를 해롭게 하더라도 안락도에 들어간다.
어떤 사람이 바른 믿음으로 스승을 의지하면
모든 공덕의 비가 내린다.

② 스승을 의지함
스승을 관찰하기를 마친 후에는 곧 스승을 의지한다. 그렇다면 어떠한 방법으로 스승을 의지하는가? 『화엄경』 가운데 말하되 "선남자야, 너는 응당 자신이 병든 사람이라는 생각을 일으켜라"라고 하였다. 이런 종류의 비유 설법의 뜻은, 마치 중병이 든 환자가 명의를 의지하는 것과 같으며, 무서운 길을 가는 여행자가 용감한 호송자를 의지하는

것과 같으며, 원수나 강도나 야수 등 공포의 위기를 만났을 때 위험에서 구해줄 친구를 의지하는 것과 같다. 또한 바다의 보배 섬에 가서 보배를 구하는 상인이 상주를 의지하는 것과 같으며, 강의 건너편에 이르고자 하는 사람이 노를 의지하는 것과 같다. 그러므로 생사번뇌의 두려움에서 해탈하고자 하면 반드시 구호할 수 있는 힘을 갖춘 스승을 의지해야 한다. 『공덕장』 가운데 말씀하신 것과 같다.

> 병자가 의사를 의지하고 객상은 호위자를 의지하며,
> 두려운 이는 벗을 의지하고 상인은 상주를 의지하며,
> 배에 탄 사람은 조타수를 의지하는 것과 같이
> 생사의 미혹을 두려워하면 마땅히 스승을 의지해야 한다.

스승이 될 조건에 이어서, 제자가 스승에게 의지하기 위해서 마땅히 갖추어야 할 조건은 아래와 같다.

①정진의 큰 갑옷: 생명의 위험을 만나도 스승을 배신하지 않겠다는 서원이다.

②지혜가 매우 견고함: 마음에 잠시 나타나는 장애 때문에 변심하지 않는다.

③스승을 시중함: 뜨거운 물이나 타는 불 속에라도 가서 스승을 모신다는 정신, 또한 목숨을 아끼지 않고 스승을 위해서 섬긴다.

④가르침을 받들어 행함: 스승이 설하신 말씀을 듣고서 따를 것을 생각하며, 자기의 견해는 고려하지 않는다.

이 같은 사람은 스승에 대한 경건한 믿음에 의지해서 해탈을 얻을 것이다. 『공덕장』 가운데 말씀하신 것과 같다.

정진의 큰 갑옷과 매우 견고한 지혜로
목숨을 아끼지 않고서 받들어 섬기며,
부지런히 스승의 분부를 따르고 자기를 돌보지 않으며,
오직 공경과 믿음으로써 해탈을 얻는다.

또한 밀교의 제자로서 마땅히 갖추어야 하는 조건이 있다.
①스승을 진짜 부처님 같이 보아야 하니, 이는 큰 신심을 갖춤이다.
②스승의 훌륭한 방편 행위의 비밀한 뜻을 이해해야 하니, 이는 큰 지혜를 갖춤이다.
③능히 스승이 가르친 일체의 정법을 지녀야 하니, 이는 널리 배움이다.
④의지할 곳 없는 사람이나 고난을 받는 중생을 자비로 사랑해야 하니, 이는 대비를 갖춤이다.
⑤스승이 전해주는 계율과 삼매야계를 공경히 받들어야 하니, 이는 청정한 계를 공경히 지킴이다.
⑥몸과 말과 뜻을 고요하게 조절해야 하니, 이는 삼문(三門)을 다스림이다.
⑦마음속으로 능히 스승과 도반의 일체 행위를 용납해야 하니, 이는 큰 담력을 갖춤이다.
⑧자기가 가지고 있는 모든 것을 털 한끝만큼도 아끼지 않고 스승에게 바쳐야 하니, 이는 아끼지 않음이 큼이다.
⑨내심으로 청정하지 못한 악한 생각을 내지 않아야 하니, 이는 청정한 관을 갖춤이다.
⑩만일 악업을 지었으면 곧 생각하기를 '나의 이러한 악행은 반드시 보살과 스승께 모욕을 받게 하는 것'이라 해야 하니, 이는 부끄러운 마음(慚愧心)을 갖춤이다.

우리는 힘써서 이상과 같은 조건을 갖추고서 스승에게 의지해야 한다. 『공덕장』에서 말씀하신 것과 같다.

> 믿음과 들음과 지혜와 대비심을 갖추고
> 공경히 삼문의 계율을 조화롭게 하고
> 크게 아끼지 않음과 청정한 모습과 부끄러워함을 갖추어야 한다.

다시 한 사람의 제자가 되어서는 시시때때로 하는 바가 스승의 뜻에 부합하며, 천만 스승의 뜻을 어기는 일을 짓지 말아야 하며, 반드시 엄하게 방비해야 한다. 스승이 아무리 엄하게 꾸짖어도 화내지 말며 한을 마음에 품지 말아야 하고, 마치 길들인 순한 말과 같이 해야 한다. 스승의 심부름 등으로 왕래하는 것을 번거롭게 생각하지 말고 마치 배와 뗏목같이 하며, 스승이 명령한 좋고 나쁜 일을 받들어서 마치 물을 건너는 다리와 같이 받들어야 한다. 일체의 어려운 고생을 참으며, 추위와 더위에도 마치 대장장이의 쇠꼬챙이와 같아야 한다. 스승의 모든 가르침에 대해서는 명령을 따름이 마치 시종과 같이 해야 하며, 아만을 끊어버리고 항상 낮은 위치에 처함은 청소하는 사람과 같이 하여 교만함을 버려야 하며, 중생을 공경함에는 뿔이 부러진 소와 같아야 한다. 이러한 것은 모두 『화엄경』 등의 불경 중에서 설한 스승을 의지하는 방법이다. 『공덕장』 가운데 말씀하신 것과 같다.

> 스승의 뜻을 지키려고 좋은 방편을 갖추며,
> 힘써 성냄을 배척함은 어진 낙타와 같으며,
> 가고 옴을 싫어하지 않음은 배나 뗏목과 같으며,

다리와 같이 어질고 모자라는 이를 다 받들며,
마치 모루와 같이 차고 뜨거움을 참으며,
가르침대로 받들며 행함은 충실한 종과 같고,
아만을 제거함은 청소부와 같고,
교만을 버림은 뿔이 부러진 소와 같이 해야 한다.

이상의 세 가지 시봉으로써 스승을 기쁘게 해야 한다. 그중에 상등의 시봉은 수행의 공양이다. 굳게 참아서 포기하지 않는 정신으로 부지런히 고행을 힘써 행하고, 부지런하여 게으르지 말며, 스승이 전해준 바의 일체 정법을 실답게 닦는 것이다. 중등의 시봉은 몸과 말로써 받들어 섬기는 것이다. 곧 자기의 몸과 말과 뜻으로써 스승을 시봉하며 스승을 위해서 봉사하는 것이다. 하등의 시봉은 재물 공양으로, 마음에서 우러나서 음식과 보시물 등을 공양하는 것이다. 우리는 이상과 같은 세 가지 방법으로 스승을 기쁘게 해야 한다. 『공덕장』에서 말씀하신 것과 같다.

만약 재물이 있어 스승에게 공양하며,
몸과 말로써 봉사하고 공경하여 받들어 섬기는 것이
일체의 어느 때고 또한 허물이 없겠지만,
세 가지 기쁨 중에 수행이 가장 수승하다.

스승의 행위가 변화가 많아 일정함이 없고 행동이 어떠하든지 간에 우리는 모두 그것이 훌륭한 방편의 행동인 줄을 알아서 오직 청정한 마음으로 일관해야 한다.

이전에 큰 지혜를 갖춘 대학자 나로빠께서 이미 대성취를 얻으신 후, 한번은 본존(수호존, yidam)이 그에게 이르되 "너의 세세생생에 스승은 성자 띨로빠이니, 너는 마땅히 인도의 동방으로 가라"고 하셨다. 나로빠 존자는 이 말을 듣고서 곧 동방으로 갔다. 띨로빠 스승이 도대체 어느 곳에 거주하는가를 알 수 없었기에, 그는 가는 곳마다 그곳 사람들에게 물으면서 찾았으나 모두 모른다고 하였다. 그가 또 물었다.

"이 지방에 띨로빠라고 불리는 이는 있습니까?"

사람들이 말하였다.

"거지 생활하는 띨로빠라는 사람은 있습니다. 모두 그를 거지 띨로빠라고 합니다."

나로빠 존자는 마음속으로 '대성취자의 행위는 정해지지 않은 것이니, 아마도 그분일 것이다'라고 생각했다. 이에 계속해서 물었다.

"거지 띨로빠가 어디에 거주합니까?"

사람들이 그에게 알려주었다.

"저쪽 연기에 그을린 텐트 안에 있습니다."

그가 줄달음하듯 가보니 띨로빠 존자께서 과연 그 텐트 안에 정좌하고 계셨으며, 그 앞에 목발 하나가 놓여 있었다. 또한 안에는 죽은 고기와 산 고기가 섞인 것이 가득 차 있었고, 그는 그 가운데서 고기 한 덩이를 꺼내어 불 위에 익혀 먹으면서 계속 손가락을 튕기셨다. 나로빠가 그분 앞에 예를 올리며 받아주기를 간절히 청했다. 띨로빠 존자가 말하였다.

"너는 뭐라고 말하는 것이냐? 나는 다만 거지일 뿐이다."

나로빠는 성심으로 간절하게 요청하였기에 띨로빠 존자는 겨우 그를 받아주었다. 사실상 띨로빠 존자는 배고프고 음식을 얻을 수 없어서 고기를 죽인 것이 아니었다. 그 고기들은 인과의 도리를 모르는 악업 중생이었는데, 존자는 그들을 천도할 능력을 갖추고 있었기에 그들로 하여금 자기와 더불어 더 나은 인연을 맺도록 하기 위해서 물고기를 먹은 것이었고, 후에 그들의 신식神識을 청정찰토로 인도하기 위해서였다.

이와 같은 경우로는, 대성취자 사라하(Saraha, 용수의 스승)도 일찍이 궁수의 모습을, 샤와리빠(Sāvaripa, 사라하의 스승)는 사냥꾼의 신분으로 모습을 나타낸 적이 있었고, 인도 성지에 많은 자재한 성취자들이 모두 하천한 종성이나 매우 하열한 모습으로 출현했다. 그러므로 우리는 스승의 어떠한 행위에 대해서도 모두 잘못 보지 말고 오직 청정한 마음으로 보아야 한다. 『공덕장』에서 말씀하신 것과 같다.

> 모든 행동에 응당 사견을 내지 말라.
> 성지에서 수많은 자재함을 얻은 분들은
> 하열한 종성이나 악을 행하는 평범한 모습으로 나타나시니
> 악하고 하열한 가운데서도 가장 악하고 하열한 모습이다.

이와 반대로, 그러한 형상을 보고는 삿된 행으로 여겨서 그 과실이 본다면 "오랫동안 부처님과 같이 거주하여도 허물만 보인다"라고 한 것과 같이, 비록 부처님이라 할지라도 그분의 과실만 본다는 것이다.

옛날 세존의 형제인 선성(善星, Sunakṣatra) 비구는 24년 동안 부처님의 시자였고, 12부 경전을 손바닥 뒤집듯 하며 완전히 외워서 샘물 흐르듯 강의할 수 있었다. 그러나 그는 세존의 일체 행위를 미친 사람의 행동으로 보았으며, 마음으로 생각하기를 '여섯 자의 빛이 있고 없고의 차별 이외에 우리 두 사람은 완전히 같다'고 여겼다. 이와 같은 삿된

분별을 일으킨 후에 그가 말하되 "24년을 시종이 되어서 몸에 여섯 자의 빛을 갖춘 것밖에는 깨알만한 덕도 나는 보지 못하였으며, 법을 아는 것으로는 내가 더 수승하므로 시봉하지 않겠다"라고 말하고서는 세존을 떠나버렸다. 당시에 아난이 세존의 시자가 되었는데, 그가 부처님께 여쭈었다.

"선성 비구가 장래에 어디에 환생하겠습니까?"

세존께서 그에게 말씀하셨다.

"선성 비구는 현재 7일의 수명만이 남았고, 죽은 후에는 화원에 나서 아귀가 될 것이다."

아난이 선성 비구에게 가서 세존께서 말씀하신 것을 다섯 번, 열 번 반복해서 말해주었다. 선성 비구가 가만히 생각하되 '어떤 때는 그 허황된 말 속에 진실한 것이 있을 수 있다. 어떻든지 간에 이 7일 가운데 나는 행동을 조심할 것이고, 7일이 지난 후에 나는 다시 그를 모욕할 것이다'라고 하였다. 이에 그는 7일 동안 미음도 먹지 않았다. 7일째 되던 아침에 이르러 그는 입이 마르고 혀가 마르는 것을 느끼고 한 모금의 물을 마셨는데, 물이 소화가 안 되어 기절해서 죽었고, 죽어서 화원에 환생해서 아홉 종류의 흉한 모습을 한 아귀가 되었다.

그러므로 만약 우리가 수승한 스승의 행위를 허물로 보면 곧 마음속으로 스스로 꾸짖으며 '이것은 절대적으로 나 자신의 업식이고, 안식이 청정하지 못한 소치일 뿐, 스승의 행위에는 털끝만큼의 결점이나 죄가 없다'라고 생각해야 하며, 마땅히 스승에 대하여 더욱 신심과 청정심을 일으켜야 한다. 『공덕장』에서 말씀하신 것과 같다.

자기가 자기 마음을 다스리지 못하면

미혹하고 산란하게 관찰하니 죄를 헤아릴 수 없다.
선성 비구는 12부경에 정통했으나
붓다의 행위를 보고 간교한 마음을 내었으니,
이를 잘 생각해보아 자기의 잘못을 고쳐야 한다.

 이밖에 수승한 스승의 겉모습은 마치 자기에게 특별히 화내며 크게 노기를 발하는 것과 같으나, 우리는 그에 대해 절대 화내지 말고 마음속으로 응당 이렇게 생각하되 '스승은 반드시 나의 어떠한 실수를 보았을 것이기에 이 같이 나를 꾸짖으시는 것이며, 스승은 엄격하게 꾸짖어서 나를 다스려야 하는 때가 이른 것을 아신 것이다'라고 관찰하며 이와 같이 조복함을 행해야 한다. 그리고 스승의 마음에 노기가 가라앉은 때를 기다려 다시 스승의 앞에 이르러 참회해야 한다. 『공덕장』에서 말씀하신 것과 같다.

만일 스승이 분노를 나타내고
그대의 잘못을 보고 꾸짖으시면
마땅히 참회할 시기가 무르익은 것이니
이와 같이 지혜 있는 사람은 마구니에 물들지 않는다.

 평상시 자신이 스승의 곁에 있을 때는 여법하게 공경하며, 스승이 자리에서 일어나실 때에는 절대 자기는 아무 일 없는 듯 자리에 앉아 있지 말고 털끝만큼도 의심 없이 일어서며, 스승이 앉아 계실 때는 스승을 향하여 문안을 여쭈며, 스승을 관찰하여 스승의 뜻에 맞는 물건들을 공양한다. 스승이 출행하실 때에 따라감에 있어서 스승을 앞서가지 말고, 만일 스승의 뒤에 가면 스승의 발뒤꿈치를 밟지 말며, 마땅히 스승의 왼쪽 조금 뒤의 위치에서 공손히 따라가야 한다. 만일 길가는 도중에 위험한 지점에 도달하거나 혹은 잘못되는 일이 발생할 염려가 있으면 스승의 허락을 얻어서 앞에 가도 된다. 스승의 좌복이나 의자는 절대 발로 밟지 말며, 스승이 머무시는 방의 문은 큰소리를 내며 열거나 닫지 말고, 문을 여닫음에 반드시 천천히 해야 한다. 스승의 앞에 있을 때는 반드시 몸에 공손하지 못한 자세를 짓지 말며, 표정에도 근심스러운 얼굴이나 익살스러운 얼굴을 짓지 말아야 한다. 말할 때는 근거 없는 말을 하거나 속이는 말을 하지 말며, 농담을 하거나 익살스러운 말을 하지 말아야 한다. 마땅히 공경하고 조심하는 마음을 품고서 자만하는 마음을 꺼리며, 행동거지는 반드시 온화하고 고요하며 안정되어야 한다. 『공덕장』 가운데 말씀하신 것과 같다.

> 스승이 일어나실 때는 편안히 앉아 있지 말고,
> 앉아 계실 때에는 편안하신가 여쭙고 필요한 것을 받들어 올리며,
> 길을 가실 때에는 바로 앞이나 뒤에 서지 말며,
> 의자나 좌복을 밟지 말고,
> 스승의 문을 세게 열거나 닫지 말며,
> 단정하지 않은 자세와 익살스러운 웃음을 짓지 말고,
> 농담이나 쓸데없는 말을 하지 말고
> 몸과 말과 마음을 고요히 하여 스승께 의지해야 한다.

만일 다른 사람이 화를 내어 스승을 욕하면 자신은 절대로 그와 벗 삼지 말며, 만일 자기가 능력이 있어서 그들의 사견과 비방을 제지할

수 있으면 또한 제지해야 하며, 만일 능력이 없으면 그들과 어울려서 말하지 말아야 한다. 『공덕장』 가운데 말씀하신 것과 같다.

　　스승을 원망하고 비난하는 자와는
　　벗하지 말고 힘을 다하여 제지한다.
　　하고 싶은 말을 다 말하면 큰 죄만 짓고
　　일체의 모든 서언을 무너뜨리게 된다.

　이밖에 스승의 권속이나 금강의 형제자매에 대해서도 한가지로 공경하고, 같이 있는 시간이 길고 짧든 간에 싫어하는 마음을 내지 말고 하나같이 화목하게 벗하며, 허리에 찬 허리띠와 같이 일상생활 가운데서 어떠한 사정을 만나도 자만심을 버리고 다른 사람과 왕래하고 화합하며, 마치 음식에 넣는 소금과 같이 한다. 문득 상대방이 자기에 대하여 악한 말로 상처를 주거나 시끄럽게 하고 견디기 어려운 압력을 주더라도 마땅히 힘을 다해서 참는 것을 기둥과 같이 해야만 한다. 그러므로 마땅히 도반에 대하여 화목하며 공경하면서 의지해야 한다. 『공덕장』에서 말씀하신 것과 같다.

　　서로 화목하기를 허리띠를 맨 것같이 하고,
　　서로 돕기를 소금과 같이 하고,
　　능히 참기를 기둥과 같이 하며,
　　스승의 권속과 금강 도반을 친하게 대해야 한다.

③ 스승의 뜻과 행동을 따라 배움

이 같이 스승을 의지하는 일체의 방법을 이미 분명하게 한 후에는 스승의 밀의를 받아 지닌다. 비유하면, 마치 몸을 아주 좋은 연못에 숨기는 두루미가 연못물에 젖지 않고 그 가운데 가볍게 떠서 놀며 즐거움을 다 누리는 것과 같고, 꿀벌이 날아서 꽃봉오리 가운데 앉을 때 꽃의 빛깔과 향기를 손상시키지 아니하며 정화를 빨아 취한 후에 가볍게 날아가는 것과 같다. 마찬가지로 우리는 반드시 수고로움을 마다하지 않고 그 번다함을 싫어하지 않으며, 굽히지 않고 스승을 의지해서 스승의 뜻을 받아 지녀야 한다. 또한 신심에 의지하고 정진을 가까이 지님을 인으로 하여 마치 하나의 병 속에 있는 것을 다른 하나의 병으로 부어넣는 것과 같이, 거룩한 스승의 마음 가운데 일체 문사수聞思修의 공덕을 자기의 마음 안에 녹아 들어가게 해야 한다. 『공덕장』에서 말씀하신 것과 같다.

> 마치 좋은 연못에 의지한 백조와 같고
> 꿀벌이 꽃의 즙을 맛보는 것과 같이
> 항시 스승과 함께 지내는 희귀한 행으로
> 스승의 뜻을 받듦에 싫어함이나 피곤함 없이
> 신심으로 가까이하여 취하면 공덕을 얻게 된다.

뛰어난 스승이 보살행을 행하여 광대한 복덕과 지혜의 자량을 쌓을 때면, 자기 또한 마땅히 발심하여 다만 적은 재물, 일용품을 공양하거나 혹은 몸과 말로 힘써 동참하거나, 마음만으로나마 함께 기뻐하며 공양하는 착한 인연을 맺으면, 거룩한 스승이 위없는 발심의 힘으로 얻는 선업자량을 스승이 얻은 만큼 자기 또한 마찬가지로 얻는다.

예컨대 이전에 두 사람이 함께 위짱에 간 적이 있었다. 한 사람은 조금의 콩가루 외에는 다른 양식이 없었고, 다른 한 사람은 새하얀 보릿가루(짬빼)를 많이 가지고 있었는데, 콩가루를 가진 사람이 동행하는 사람의 보릿가루에 조금의 콩가루를 넣어서 함께 혼합했다. 며칠이 지나서 많은 보릿가루를 가지고 있는 사람이 말하되, "너의 콩가루는 거의 다 먹었을 것이다. 우리 한번 다 먹었는지 아닌지 보자!"고 하였다.

확인해 보니 콩가루를 아직도 다 먹지 않은 것을 발견했다. 이와 같이 여러 번 보았으나 콩가루가 다 없어지지 아니했다. 결국 콩가루와 보릿가루를 합해 가지고 둘이 함께 먹었다.

마찬가지로 다른 사람이 선한 일을 크게 지어도, 자기는 다만 사정에 따라 조그마한 재물을 통해서 혹은 몸과 마음의 수고로움으로 그와 선한 인연을 맺으면 또한 장차 동등한 선근을 얻는다. 특히 스승이 시킨 잠시의 심부름을 하거나 혹은 사절로 가거나, 심지어 스승의 방을 청소하는 것도 포함해서 모두 자량을 쌓는 성스러운 길이기에, 마땅히 힘을 다하여 열심히 해야 한다. 『공덕장』에서 말씀하신 것과 같다.

> 결정적으로 선법을 지녀 행하는 자는
> 수승한 스승이 널리 복덕자량과 지혜자량을 쌓을 때,
> 그 가운데서 다 능히 최상의 인연을 맺고,
> 심부름하고 청소하는 등의 일을 하니
> 지극한 노력은 수승한 자량도의 열매를 갖추게 한다.

귀의처가 되고 일체의 자량을 쌓는 위없는 복전으로는 스승보다 더 수승한 것이 없다. 더욱이 스승이 관정을 주고 경을 강하고 설법하는 기간에는 시방삼세 제불보살의 대자대비와 스승의 가피가 하나같이 스승의 심식에 녹아 들어가며, 이와 더불어 모든 부처님과 더불어 둘도 아니고 다르지도 않는 경계 가운데에 안주하시게 된다. 그러므로 그밖의 시간에 백 번 천 번 공양한 것이 이때에 한 번 음식을 공양한 복덕만 같지 못하다.

일체 생기차제의 본존을 관하여 닦는 것 또한 이와 같다. 만일 형상이 비록 어떠어떠한 본존이 있는 것을 알아도 그 본체는 실로 자기의 근본스승 이외에 다른 그 무엇이 아님을 안다면 곧 스승의 가피를 아주 빨리 얻을 수 있다.

심식 가운데에 원만차제의 지혜를 일으키는 것도 오로지 스승에 대한 정성스러운 믿음과 공경과 더불어 스승의 가피력과 화합된 것이며, 스승의 심식 가운데 증득한 바의 지혜가 자기의 심식 중에서 바로 스며들어 일어나는 것이다. 그러므로 생기차제와 원만차제 등 일체의 실제수행으로 닦는 바의 본체는 모두 스승의 본성 가운데 포함되어 있다. 모든 경전과 딴뜨라 경론 중에는 모두 스승이 바로 참 부처라고 말씀하셨다. 『공덕장』에서 말씀하신 것과 같다.

무엇 때문에 근본스승이 귀의처이고 자량의 밭(資糧田)이 되는가?
상사유가의 안과 밖 두 가지를 닦으면
그것은 생기차제와 원만차제의 본체를 포함하므로
현교와 밀교 경전에서는 '스승은 진정한 붓다이다'라고 설한다.

이 때문에 스승의 비밀한 뜻은 모든 부처님과 다름이 없는 가운데 안주하면서 바로 우리들 같은 청정하지 못한 중생들을 제도하기 위해서 보특가라(사람) 몸의 형상으로 화현하신다고 말한다.

우리들은 반드시 스승께서 세상에 머무르는 동안에 힘을 다해서 가르침을 의지해서 받들어 행하며, 위에서 이야기한 세 가지 모시는 법을 통해서 자기의 마음과 스승의 지혜가 다름이 없게 해야 한다. 이와는 반대로 스승이 세상에 계셔도 공양하고 받들지 않으며 가르침에 의지해서 받들어 행하지 않는 경우가 있다. 그리고는 스승이 세상에 계시지 않을 때에 도리어 스승의 몸의 모습을 그려놓고 수행한다 하고 사물의 본성을 닦는다고 말하며, 그런 후에 별도로 깊은 법을 찾고, 스승의 심식 가운데 번뇌를 끊고 깨달음을 증득한 공덕을 자기의 심식 가운데에 옮겨 녹아들게 하면서도 진심으로 믿고 공경하지도 않고, 또한 스승을 향한 기도도 행하지 않으니, 이를 일러서 "실제 수행하는 것과 수행하고자 하는 것이 서로 어긋난다"라고 말한다.

또한 중음의 세계에서 스승을 뵙고자 생각하고, 스승을 뵙고서 스승이 길을 가리켜 인도해주는 일도 또한 자기의 한없이 간절한 믿음과 공경과 함께 스승의 자비심과 원력이 모여 합해져야만 비로소 그와 같은 일이 일어날 수 있다. 물론 스승이 친히 중음계에 간 것이 아니므로, 만일 자기에게 스승에 대한 간절한 신심과 공경이 없다면 스승이 아무리 훌륭하더라도 중음계에 스승이 출현해서 그대에게 길을 가리켜 인도하는 것은 불가능하다. 『공덕장』 가운데서 말씀하신 것과 같다.

어리석은 범부는 스승의 모습을 그려놓고 수행하나
스승이 세상에 계실 때에 받들어 모시지 아니하며

본성을 닦는다 해도 스승의 마음을 알지 못한다.
수행하는 것과 수행하고자 하는 것이 상반되니 진실로 슬픈 일이다.
헌신이 없이 중음에서 스승을 뵙기는 어렵다.

'우선 스승을 관찰함'에 있어 좋은 방법으로 잘 관찰한다는 것은 관정이나 전법을 구하는 인연을 맺기 이전에 자세히 관찰하고, 그 후에 만일 진실로 법상이 구족한 스승이면 믿고 의지할 것이며, 만일 법상을 구족하지 못했으면 곧 의지하지 말아야 한다는 것을 가리킨다. 일단 이미 스승에게 의지한 후에는 스승의 행동이 어떠하든가에 관계없이 반드시 다 선하고 묘한(善妙) 것으로 보고, 모두가 스승의 공덕으로 보면서 신심을 일으키고 청정심을 관해야 한다. 만일 악한 분별념을 일으킨다면 곧 도저히 생각할 수 없을 정도의 허물과 환란을 만날 것이다.

이른바 스승을 관찰한다는 것은, 본래는 경전과 딴뜨라 경론 가운데에서 설해진 모든 공덕을 완전히 갖춘 한 분의 스승이어야 하며, 더욱이 그 심식 가운데 보리심을 갖추었는지 분명히 살펴야 할 것이다. 한마디로 말하면, 스승을 관찰함은 처음부터 끝까지 그가 보리심을 갖추었는지 아닌지의 이 한 가지 조건을 관찰하는 것에 다 포괄된다. 만일 스승의 심식 가운데 보리심이 있으면 지금 이후부터 제자들은 금생과 내생 모두에 이익을 얻지 못함이 없을 것이며, 스승의 전하는 정법은 또한 대승도와 더불어 낱낱이 부합되기 때문에 어떻게든지 모든 제자들로 하여금 정도에 들어가도록 한다. 그러나 보리심을 갖추지 못한 스승은 반드시 자기의 사적인 이익에 얽혀 있으며, 또한 제자의 심식을 잘 조복시키기 어렵고, 그가 전하는 법이 얼마나 깊고 묘한가에 상관없이 결국에는 단지 현세의 이익을 추구하는 것에 떨어지게 된다.

　이 때문에 스승을 관찰하는 가장 중요한 요점으로 보리심을 갖췄는지 갖추지 않았는지의 조건을 첫째로 드는 것이다. 만일 스승의 심식 가운데 보리심이 충만하면 그 꾸밈이 어떠하든지 간에 의지할 수 있으며, 그 심식 가운데 보리심을 갖추지 못하였다면 표면상 잠시의 출리심과 염리심, 오로지 법을 닦음 등의 어떠한 훌륭한 것이 있더라도 또한 의지할 수가 없다. 그러나 자기 심식 중에 밀의를 포함하고서도 그것을 드러내지 않고 은밀히 머무시는 고승대덕들에 대해서는, 우리 범부가 어떠한 방법으로 관찰하더라도 그분들이 어떻게 대중과 같지 않은 공덕이 있는지를 알지 못한다. 거기다 속이고 사기 치는 무리가 꾸며서 속이는 방법 또한 매우 교묘하여 성자인 체하며 사람을 속이는 경우도 많다. 이 때문에 자기의 세세생생에 인연이 있는 스승에게 의지하는 것은 매우 중요하다. 그렇다면 어떻게 인연이 있는 스승을 판단하는가? 만일 자신이 어떠한 스승을 대면하거나 혹은 그 말을 듣고서, 심지어 다만 그 훌륭한 이름을 듣는 것만으로 온몸에 털끝이 솟고 매우 감격하며, 비할 데 없는 신심을 일으키고 즉시에 마음이 바뀌면, 이는 그가 자기의 세세생생의 스승임을 설명하는 것이니, 관찰할 필요가 없다.

　이전에 룡뙨라가 상사는 밀라래빠 존자에게 일러 말하되 "너의 세세생생의 스승은 남방 도오룽 절(卓窩隆寺)에 거주하시는 대역경사인 마르빠로짜이니, 너는 응당 남방으로 가서 그에게 의지해야 한다"고 하였다. 밀라래빠 존자는 단지 마르빠 존자의 이름만을 들었는데도 예사롭지 않은 신심이 복받쳐 흘러나왔다. 그는 가만히 결심하기를, '비록 생명의 위협을 만나도 나는 반드시 스승을 찾아가 뵐 것이며, 아울러 스승의 뜻을 받아 지니겠노라'고 다짐했다. 후에 그가 직접 스승을 찾아가서 뵈었을 때, 마르빠 존자는 밭을 가는 농부의 모습으로 그를 맞이했다. 스승과 제자 두 사람이 길 가운데 서로 만났을 때, 비록 밀라래빠 존자는 스승을 알아보지 못했으나 스승의 가피로 인해 당시 자기의 금생의 모든 예민한 분별심이 전부 자취도 없이 사라지고, 그는 멍하니 거기에 서 있었다.

    총합적으로 말하면, 어떠한 스승을 만남에 있어서 자기 내심이 청정한가, 아닌가의 여부와 업력이 밀접한 관계가 있다. 그러므로 자기에게 정법과 비밀 구전을 전해준 스승에 대해서는 그 행위가 어떠하든지 간에 우리는 모두 힘을 다해서 생각마다 여의지 않아야 하며 '그분은 진실한 부처님이다'라고 생각해야 한다. 만일 자기가 스승에 대한 숙세의 인연이 없으면 어진 스승을 만날 복이 없으며, 만일 자기 내심에 청정함이 없으면 진실한 부처님을 만나도 그가 공덕이 있는 분이라고 보기 어렵다. 이 때문에 자신이 숙세에 법의 은혜를 입은 스승을 만나는 것은 매우 중요하다.

    '중간에 스승을 의지'하는 과정에 있어서는 반드시 힘써 춥고 덥고 배고프고 목마른 일체의 곤란을 돌아보지 말고 스승의 가르침을 좇아서 받들어 행할 것이며, 믿음이 가득한 마음으로 공경하며 기도해야 한다. 자기 주변의 일체 행하는 바를 모두 스승에게 고해야 하며, 스승이 무엇을 분부하시든지 어떻게든 바로 행할 것이며 "나의 뜻을 오직 당신만이 아신다"라는 진실하고 지극한 믿음으로 스승을 의지해야 한다.

    '최후에 스승의 뜻을 받들고 배움'에 대해 말하면, 스승의 일체 행위에 대하여 더욱 진실하게 관찰한 후에, 자신도 행동함에 있어서 스승의 가르침을 따라 똑같이 닦아 지닌다. 세간에 또한 "모든 일은 곧 모방이며 모방 가운데 능히 기술이 생긴다"라는 격언이 있다. 요컨대 수행이란 것도 예전의 모든 부처님과 보살님의 행위를 본받는 것이다. 제자가 스승을 의지하는 것 또한 마찬가지로 스승을 따라 배우는 것이다. 그러므로 스승의 뜻과 행위가 어떠하든 제자는 마땅히 마음속으로부터 이를 본받아야 한다. 비유하면, 제자가 스승을 의지하는 것은 인모印模에서 탑과 작은 불상 등의 탁본이 찍혀 나오는 것과 마찬가지이다. 인모 가운데 탑과 작은 불상에 대한 도안이 있으면 탁본 가운데 전부 나타나기 때문이다. 마찬가지로 스승이 심식 가운데 어떠한 공덕이 있으면 제자 또한 스승과 더불어 서로 같게 되고자 해야 하며, 완전히 서로 같기는 어려우나 어느 정도 기본적으로는 스승과 공덕이 같고자 해야 한다.

　이 때문에 먼저 응당 스승을 잘 관찰하며, 중간에 스승을 잘 의지하고, 최후에 스승의 뜻과 행을 잘 배워야 한다. 이와 같이 행하는 제자는 어떻든 간에 바른 도에 들어갈 수 있다. 『공덕장』에서 말한 것과 같다.

　　먼저 스승을 잘 관찰하고
　　중간에 스승을 잘 의지하며
　　마지막에 스승의 뜻과 행동을 잘 배우면
　　이 사람은 반드시 바른 도에 나아간다.

　그러므로 다행히 한 분의 일체 공덕을 갖춘 수승한 선지식을 만나게 되면 몸과 목숨을 돌아보지 않고 의지해야 하나니, 마치 상제常啼보살이 법승法勝보살을 의지한 것과 같이 해야 하며, 대지혜자인 나로빠께서 스승 띨로빠를 의지한 것과 같이 해야 하며, 밀라래빠 존자께서 마르빠 로짜 존자를 의지한 것과 같이 해야 한다.

그렇다면 상제보살은 어떻게 법승보살을 의지했는가?

이전에 상제보살이 지혜바라밀다의 법문을 들을 곳을 곳곳마다 찾았다. 한번은 어떤 광야에 이르렀는데 공중에서 이 같은 소리가 들렸다.

"선남자야! 동방으로 가면 지혜바라밀다를 들을 것이다. 신체가 피로하거나 잠이 오고, 춥고 뜨겁거나, 밤이거나 낮이거나를 생각하지 말고, 좌우도 돌아보지 말고, 마땅히 용감히 앞으로 나아가면 오래지 않아 네가 지혜바라밀다의 경전을 얻을 것이며, 지혜바라밀다의 법문을 설하는 비구를 볼 것이다. 선남자여! 네가 마땅히 이 성자 앞에서 지혜바라밀다를 들을 때 그에 대하여 근본스승이라는 생각을 일으킬 것이며, 아울러 정법을 공경하고 그 후에 의지하여 행하도록 하라. 만약 그가 5가지 묘한 욕락(五種欲妙)을 누리는 것을 보더라도 보살의 훌륭한 방편으로 알아 마땅히 신심을 잃지 말라."

이 말을 들은 후에 상제보살은 걸어서 앞으로 나아갔다. 얼마 가지 않아서 그가 생각하기를 '나는 도대체 얼마나 멀리 찾아가야 하는가를 왜 묻지 않았을까? 현재 내가 근본적으로 지혜바라밀다의 법을 강설하는 지방을 알지 못하는데 도대체 어디로 가야 하는가!' 하고는 자기도 모르게 통곡하기 시작했다. 그가 통곡하며 한편으로 가만히 결심하기를 '지혜바라밀다의 법문을 듣기 전까지 나는 절대 피로하거나 배고프거나 밤낮 등을 생각하지 않고, 외아들을 잃은 어머니와 같이 일체의 모든 잡념을 버리겠다'고 하였다. 그러다 '어느 때 비로소 지혜바라밀다의 법을 들을 수 있는가'를 알지 못하는 데 생각이 미치자 마음이 매우 슬펐다.

이때 한 분 여래의 모습이 그의 앞에 나타나시어 먼저 법을 구하는 공덕을 찬탄하고 난 다음, 그에게 일러 말씀하셨다.

"거리가 이곳에서 오백 유순이나 떨어진 지방에 '향적香積'이라 부르는 하나의 도시가 있는데, 주위가 오백 개의 칠보로 장식된 화원으로 둘러싸여 있고, 일체의 공덕과 길상이 원만하다. 십자로의 중앙에 위치하여 있는 것이 법승 대보살의 칠보궁전인데, 주위가 일백 유순이나 되고 공원과 기타 시설이 가지런히 구비되어 있다. 법승 대보살과 그 권속 6만 8천 명의 여인들이 함께 5가지의 묘한 욕락을 누리며 하고 싶은 대로 연회를 즐기는데, 그 즐거움이 비할 데 없다. 그곳에서 법승보살은 대중 권속들을 위해서 지혜바라밀다를 세 차례로 강의하니, 네가 그분에게 가까이 가면 곧 지혜바라밀다를 들을 수 있을 것이다."

상제보살이 이 말을 들은 후에 무심의 경계에서 바로 분명하게 법승보살이 그곳에서 강의하는 지혜바라밀다를 들었으며, 또한 많은 선정법문을 들었고, 아울러 시방세계의 무량한 불타께서 지혜바라밀다를 설하는 것을 보았으며, 그들이 설법한 후에는 또 한 목소리로 법승보살을 칭찬하고는 보이지 않았다.

상제보살은 법승보살에 대해서 무한한 환희와 신심과 공경심을 일으켰다. 그는 생각하였다. '내가 응당 어떠한 방식으로 법승보살을 친견해야 되는가? 나는 매우 가난해서 법승보살께 공양할 만한 옷이나 보배나 향이나 진주 등 일체의 공양물을 하나도 가진 게 없으니, 나는 응당 내 몸을 팔아서 이를 가지고 공양물을 사서 법승보살에게 공양해야겠다. 무시로부터 생사윤회의 과정 중에 있어서 난 일찍이 많은 몸을 팔았으며, 또한 탐욕의 원인으로 여러 차례 몸이 지옥에 떨어져서 찢기고 베이며 헛되게 보냈다. 그러나 그것은 이러한 정법을 구하기 위한 것이 아니었고, 이 같은 성인을 공양하기 위한 것이 아니었다.'

이에 그는 바로 시장 가운데 가서 큰소리로 외쳤다.

"누가 사람을 사겠는가? 누가 사람을 살 생각이 있는가?"

그런데 마왕 파순은 상제보살이 정법을 위해서 이렇게 고행하는 것을 알고는 질투심이 나서 중간에서 방해하였으므로 어떤 사람도 상제보살의 소리를 듣지 못했다. 상제보살은 자기의 몸을 사고자 하는 사람을 찾을 수 없어서 한쪽으로 가서 비 오듯 슬피 눈물을 흘렸다. 이때 제석천왕이 상제보살의 뜻을 관찰하고자 하여 바라문의 모습으로 변화하여 그 앞에 와서 말하였다.

"비록 내가 사람 몸을 필요로 하지는 않으나, 내가 한 차례의 공양을 하기 위해 사람의 고기와 사람의 기름과 사람의 골수가 필요하다. 만약 네가 팔겠다면 내가 적당한 가격을 주겠다."

상제보살은 즉시에 날카로운 칼로써 오른쪽 팔을 찌르니 붉은 피가 갑자기 솟았다. 또한 오른쪽 허벅지의 살을 갈라내고, 그 후에 담장 밑에 이르러 뼈를 부수어 골수를 취하려고 할 때였다. 이때 한 상주의 딸이 지붕 위에서 이 광경을 보고서 놀라서 상제보살 앞에 와서 물었다.

"선남자여, 당신은 어찌하여 이와 같은 고통을 자기에게 주십니까?"

상제보살은 그녀에게 법승보살에게 공양하기 위해서 몸을 팔고 있는 과정을 설명했다. 그녀가 또 물었다.

"그렇다면 그에 대하여 이와 같이 받들어 섬기면 무슨 공덕을 얻습니까?"

상제보살은 그녀에게 말했다.

"그분은 모든 부처님과 보살의 훌륭한 방편법과 지혜바라밀다를 강의하시니, 만일 이것을 의지해서 수행하면 곧 능히 일체의 변지遍知를 얻고, 장차 부처님의 모든 공덕을 구족하게 되며, 또 능히 여의보배인 거룩한 법을 일체중생에게 나누어줄 수 있다."

그 아가씨가 이 말을 듣고서 매우 감동해서 말했다.

"그러한 공덕 중의 한 가지 공덕만을 위해서라도 항하의 모래 수와 같은 몸을 버리는 것도 값어치가 있습니다. 그러나 청하건대 당신이 스스로 이와 같은 고통을 받지 마십시오. 당신이 법승보살에게 공양하기 위해 필요한 모든 재물을 제가 당신에게 줄 것입니다. 아울러 저 또한 당신과 친구가 되어 함께 법승보살 앞에 가서 법을 듣고자 하며, 저 또한 그 같은 공덕을 얻고 선근을 증장하기를 바랍니다."

이때 제석천왕이 또한 자기의 몸을 드러내서 상제보살에게 말했다.

"나는 제석천이며, 너의 뜻을 관찰하러 왔다. 이제 네가 무엇을 구하든지 내가 두 손으로 받들어 주겠다."

상제보살이 말하였다.

"청컨대 부처님의 위없는 공덕을 내려주십시오."

제석천이 말하였다.

"이것은 나의 경계가 아니며 실제로 그렇게 할 능력이 없다."

상제보살은 "그렇다면 내 신체를 회복시키기 위해 더 이상 당신의 도움은 필요치 않습니다. 나는 진실한 진리의 가피를 의지하겠습니다"라고 하고는, 무엇이 진실한 진리인지 말하였다.

"모든 부처님의 물러남이 없는 수기의 진실, 나 자신의 굳건한 변함없는 수승한 뜻의 진리와, 이 같은 진실한 말이 저의 신체를 회복하도록 하여 처음과 같게 해주기를 원합니다."

이 말소리가 끝나자마자 그 몸은 바로 처음과 똑같이 되었고, 제석천 또한 보이지 않았다. 이에 상제보살이 상주의 딸과 함께 그 부모의 집에 와서 사정의 경과를 설명하여 많은 공양물을 얻고, 상주의 딸과 5백 명의 시녀, 상주와 상주의 부인과 모든 시종들이 함께 마차를 타고 동방으로 갔다.

그들 일행이 향적성香積城에 도착했을 때, 법승보살은 수만 명의 사람들을 위하여 법을 설하고 계셨다. 이러한 광경을 본 후에 상제보살은 비구가 삼매에 드는 것과 같은 안락을 얻었다. 많은 사람이 마차에서 내려서 바로 법승보살의 앞으로 나아갔다. 그곳에는 칠보로 조성된 지혜바라밀다 궁전이 있었는데 홍색의 전단나무로 꾸며져 있고, 각종 진주와 영락으로 덮여 있었으며, 사방에는 네 개의 여의주로 된 등잔이 놓여 있고, 네 개의 백은으로 된 향로 가운데에는 검은 침향이 타고 있었다. 중앙에 네 개의 보배상자 안에는 유리의 용액으로 금박지에 지혜바라밀다라고 써 두었으며, 많은 천인들이 앞에 나아가서 경전을 공양하였다. 상제보살과 상주 딸과 오백 명의 시종이 좋은 공양을 올렸으며, 그 후에 많은 사람들을 위해서 설법을 하고 계신 법승보살께 나아갔다. 상제보살과 오백 명의 시종은 가져온 공양물을 법승보살에게 공경스럽게 받들어 올렸고, 상주 딸과 그 시녀들은 수승한 보리심을 발하였다.

상제보살이 묻되, "앞에 보이는 제불은 어디로부터 오셨으며 어디로 가십니까?"라고 하였다. 이에 법승보살은 『제불무래무거품諸佛無來無去品』을 강의하셨고, 바로 법좌로부터 일어나 정사로 돌아가 칠 년간 삼매의 선정 중에 안주하시었다.

이 기간에 상제보살과 오백 명의 여자 권속들은 시종 잠을 자거나 앉지 않았으며, 다만 서 있거나 걷는 두 가지 위의로만 날을 보냈으며 한마음으로 법승보살이 선정에서 나와 법을 연설하시기를 바랐다. 칠 년이 지났을 때 모든 천인이 상제보살에게 말하되, "현재 법승보살이 삼매에서 나와 정법을 강설하실 날이 칠 일이 남았다"고 하였다. 이때 그와 오백 명의 여자 권속이 함께 나아가 법승보살이 앞으로 법을 전하려는 곳의 일 유순 이내의 지방을 다 청소하고는 먼지가 일어나지 않게 하기 위하여 우선 물을 뿌리려 할 때, 마왕 파순이 모든 물을 보이지 않게 해버렸다. 이에 상제보살은 문득 자기 몸의 혈맥을 찔러 붉은 피를 내서 땅에 뿌리고 먼지를 가라앉게 했다. 상주의 딸과 오백 명의 권속 또한 각기 몸의 혈맥을 찔러서 피를 뿌려서 먼지를 없앴다. 이때 제석천왕은 모든 피를 하늘에 있는 붉은 전단으로 가피했다.

상제보살과 그 권속이 사자좌를 설치하고 일체의 원만함을 갖추고 난 후에 법승보살이 자리에 앉아서 지혜바라밀다를 강설하셨다. 지혜바라밀다의 법음을 들은 뒤에 상제보살은 육백만의 선정법문을 얻고 한량없는 부처님을 친히 보았으며, 이후로부터는 꿈 가운데에도 항상 여래를 친견하게 되었다. 전하는 바에 의하면, 상제보살은 현재 묘음무진여래妙音無盡如來의 법석에 계신다고 한다.

마찬가지로, 대지혜의 존자인 나로빠가 띨로빠 존자를 의지할 때에도 천만 가지 고통을 겪었다. 앞에서 말한 바와 같이, 띨로빠 존자가 거지의 모습으로 앉아 있을 때 나로빠가 그 앞에 나아가 친견한 후에 받아주시기를 간절히 청했으며, 이에 띨로빠 존자가 승낙하였다. 이후로 스승은 어느 곳을 가든지 항상 나로빠를 곁에 데리고 다녔으나, 여전히 그에게 법을 전해주지는 않았다.

하루는 띨로빠 존자가 나로빠를 데리고 구층 누각의 꼭대기에 올라가서 말하였다.

"스승의 말씀을 따라서 행동한다면 이 누각의 꼭대기에서 뛰어내릴 수 있는가 없는가?"

나로빠는 '이곳에 다른 사람은 없으니 이 말씀은 반드시 나에 대해서 말씀하신 것이다'라고 생각하고, 이에 누각 꼭대기에서 몸을 날려 뛰어내려 몸이 찢어지고 뼈가 부서지는 정도로 한없는 고통을 받았다. 스승이 가까이 다가와서 그에게 물었다.

"아프냐?"

그가 대답하였다.

"아프기만 하겠습니까? 시체와 다름없이 되었습니다."

이에 띨로빠 존자가 가피를 내려 그 몸이 회복되어 다치기 전과 같게 되었다. 스승은 또한 그를 어떤 곳에 데려가서 분부하여 말하되 "나로빠야! 불을 지펴라"라고 하셨다. 불을 지핀 후에 스승은 많은 길고 긴 대나무를 가지고 기름을 흠뻑 발라서 불 위에 놓아 구웠으며, 그런 후에 매우 단단하고 날카로운 대나무 창을 만들고 말하되 "스승의 가르침에 따라서 받들어 행함에 이러한 고난을 겪어야만 한다"라는 말을 마치고는, 그 대나무 창으로 나로빠의 손가락과 발꿈치를 찔렀다. 그 몸의 모든 관절이 모두 찔리어 참을 수 없는 고통을 받았다. 그러나 스승은 곧 다른 지방에 갔다가 며칠이 지난 후에 다시 돌아와서 그 대나무 창을 빼냈다. 나로빠의 상처에서 많은 붉은 피와 고름이 흘러내렸다. 띨로빠 존자는 가피를 준 후에 그를 데리고 갔다.

하루는 스승이 말씀하되 "나로빠야! 현재 나는 배가 고프니, 너는 먹을 것을 조금 빌어 오거라!" 하였다. 나로빠가 많은 농부가 밥을 먹는 곳에 가서 한 발우 가득 차게 뜨거운 죽을 빌어 와서 스승에게 올렸다. 띨로빠 존자는 즐거운 모습으로 잡수시면서 아주 흐뭇해하셨다. 나로빠가 마음에 생각하기를 '내가 이전에 스승을 따라서 많은 일을 했으나 스승이 이와 같이 기뻐하신 것은 본 적이 없다. 만일 지금 다시 가면 조금이라도 얻을 수 있을지 모르겠다' 하였다. 그는 또 발우를 가지고 갔다. 그러나 그 농부들은 이미 농사지으러 돌아가 없었고, 남은 죽은 원래 있던 곳에 있었다. 그가 생각하기를 '내가 조금 훔쳐도 아무 일이 없겠지' 하며 죽을 가지고 도망쳤다. 그러나 생각지도 못하게 농부에게 발각되었고, 그들이 쫓아와서 그를 붙잡아 변명할 여지도 없이 한바탕 두들겨 패서 죽을 뻔한 지경에 이르렀다. 나로빠는 아파서 고함치며 자빠져서 일어나지 못하고 그곳에서 며칠을 누워 있었다. 이에 스승이 와서 그를 위해서 가피한 후에 그를 데리고서 떠났다.

또 한번은 띨로빠 존자가 말하되 "나로빠야! 내가 지금 많은 재물을 필요로 하니 네가 가서 훔쳐 오거라!" 그가 두 마디도 말하지 아니해서 문득 한 부잣집에 가서 재물을 훔쳤는데, 사람들에게 발각되어 또 죽도록 두들겨 맞았다. 며칠 후에 스승이 와서 그 앞에서 묻되 "아프냐?" 하였다. 그가 전과 같이 대답하되 "아플 뿐만 아니라 시체가 되었습니다." 스승은 가피한 후에 또 그를 데리고 갔다. 이 같은 큰 고행을 열두 번이나 하고서 다시 열두 번의 조그만 고행을 했으니, 앞뒤로 스물 네 번의 고행을 겪었다.

모든 고행이 원만해지고 난 다음, 하루는 띨로빠 존자가 말하되 "나로빠야! 네가 가서 물을 길어오면 내가 이곳에서 불을 피우겠다." 나로빠가 물을 길어 돌아왔을 때 스승은 이미 불을 완전히 다 피운 후였다. 그리고 문득 일어서 그의 앞에 와서 왼쪽 손으로 나로빠의 멱살을 잡고 말하되 "나로빠야, 머리를 치켜세워라" 하고 말하고는 곧바로 오른손으로 그의 가죽 혁대를 벗겨 잡고서 이마를 내려치니 나로빠는 한 번에 기절해 완전히 의식을 잃었다. 그리고 다시 깨어났을 때 자신의 심식 가운데 스승의 심식 중에 있는 모든 공덕이 생겼으며,

스승과 제자 두 사람의 뜻이 둘이 아님을 성취하였다.

이와 같이 대지자大智者인 나로빠는 스물네 가지의 고행을 겪었지만, 실제상으로는 스승의 가르침에 의한 것이기 때문에 모두 업장을 청정하게 하는 방편이 되었다. 비록 표면상으로 보면 다만 의미 없이 헛고생한 것 같고, 한 가지도 정법이 없는 것 같이 느끼며, 스승은 또한 한마디의 정법도 말함이 없었고, 제자 또한 한 번도 예배하거나 선법을 행하는 실질적인 수행이 없었지만, 다만 성취한 스승을 만났기 때문에 고생스러움을 전혀 돌아보지 않고 오직 스승의 가르침을 의지해서 행한 까닭에 업의 장애가 청정해지게 되어 마침내 심식 가운데 깨달음의 지혜가 생기게 되었다. 그러므로 모든 수행법 가운데 스승의 가르침을 따라서 행하는 수행법보다 더 뛰어난 것은 없으며, 그 가르침을 의지해서 받들어 행하는 공덕의 이익은 매우 크다.

반대로 스승의 가르침에 대해서 중요하게 여기지 않는 과실 또한 특별히 엄중하다. 또 한번은 띨로빠 존자가 말씀하되 "나로빠야! 너는 비끄마라쉴라Vikramaśīla 사원의 문을 지키는 빤디따(학자)의 책임을 맡지 말라!"라고 하였다. 뒤에 나로빠가 인도 중부 지역에 갔을 때 바로 우연하게도 비끄마라쉴라의 문을 지키는 빤디따가 죽은 것을 보았는데, 다른 사람은 외도와 논쟁할 수가 없었다. 이 절의 주지스님이 문득 그에게 간청하여 말하되 "당신은 북쪽 문을 지키는 빤디따를 맡아야 합니다"라고 하였다. 두세 번 간절하게 청한 후에 그는 북쪽 문을 지키는 책임을 맡았다.

한번은 그가 외도와 논쟁하게 되었는데 며칠 동안 논쟁해도 이길 수 없어 스승에게 기도했다. 하루는 그가 시선을 집중시켜 보니 띨로빠 존자가 자기의 앞에 나타났다. 나로빠가 말하되 "스승이시여! 당신은 정말 자비심이 적으십니다. 제가 면전에서 백방으로 간절히 기도했건만 당신은 일찍 오시지 않으셨습니다"라고 하니, 스승이 말하되 "내가 너에게 문을 지키는 빤디따를 맡지 말라고 말하지 않았느냐? 이제 너는 나를 머리 위에 관상하며 무드라(契克印)를 맺고 외도를 가리키며 논쟁을 진행하라"라고 하였다. 나로빠가 스승이 말씀한 바에 따라 행하니 논쟁에 크게 이겼으며 한 번에 외도의 모든 논변을 논파하였다.

마찬가지로 밀라래빠 존자가 로닥의 마르빠 존자에게 의지한 이야기가 있다. 이전에 응아리의 궁탕 지방에 이름이 밀라쉐랍갤챈이라고 부르는 부자가 있었는데, 그의 슬하에는 아들과 딸 두 명이 있었다. 오빠는 밀라퇴빠가(聞喜)라고 불렸는데, 곧 지존 밀라래빠이다. 그들 남매가 어렸을 때 아버지가 불행하게 죽어 집안에 있는 재산 모두를 큰아버지인 용둥갤첸에게 뺏겼다. 그들의 어머니와 남매 세 사람은 음식과 재산이 하나도 없었으며 가지가지 고통을 받았다. 그 뒤에 밀라래빠는 용뙨토갤과 하제늅충으로부터 주술과 우박을 내리게 하는 마술을 배워 큰아버지의 아들과 며느리 등 35명을 죽여버렸다. 그로 인해 그곳의 사람들이 그들을 너무 업신여겼기에 그는 주술로 바윗덩어리만한 우박을 내렸다.

밀라래빠는 지난날 지은 악업에 대해 크게 후회하고는, 이에 법을 수행하고자 하는 마음이 생겨났다. 스승 용뙨의 가르침을 따라서 한 분의 대원만 스승인 롱뙨라가의 앞에 나아가 법을 구했다. 롱뙨라가 스승이 말씀하셨다.

"나의 이 수승한 대원만 법문(족첸)은 근본이 생기수승이 되고, 정수리는 증득수승이 되며, 결과는 획득수승이 된다.[129] 낮에 수행하면 낮에 성불하고, 밤에 수행하면 밤에 성불한다. 숙세의 인연을 갖춘 자는 수행함을 필요로 하지 않고 다만 듣기만 해도 해탈하며, 이것은 매우 예리한 근기를 갖추고 법에 인연이 있는 자의 수행 법문이니, 내가 이 법을 너에게 주겠다."

그리고 그를 위해서 관정을 주고 비결을 전수해 주었다. 밀라래빠는 마음속으로 생각하기를 '내가 최초에 주술을 배울 때 다만 14일 동안에 이미 크게 효과를 얻어 성취했으며, 우박을 내리는 마술을 배우는 데 단지 7일 만에 성공했다. 이제 이 법문과 주술을 보건대 우박을 내리는 마술에 비해서 쉽고, 낮에 닦아서 낮에 성불하고 밤에 수행해서 밤에 성불해서 숙세의 인연을 갖춘 자는 수행할 필요도 없다고 하니, 내가 이미 이러한 법을 만났으니 또한 숙세의 인연을 갖춘 사람인가 보다'라고 하였다. 그러므로 그는 수행할 것 없다고 하며 하루 종일 잠만 잤으니, 결과적으로 수행자의 심식이 이미 정법과 길을 달리하여 어긋나게 되었다. 이와 같이 며칠이 지났다. 하루는 스승이 그에게 말하였다.

"네가 큰 죄인이라는 말이 정말이구나. 나는 이 법에 대해서도 조금 과장하여 말했는데, 너의 상태를 보건대 나는 너를 길들일 수 없구나. 로닥(남쪽 바위)의 도오룽이란 절에 인도의 대성취자 나로빠의 친전親傳 제자로서 성자이시며 대역경사이신 로닥의 마르빠란 분이 있다. 그는 새로운 밀종의 성취자로서 인도와 티벳에서 비할 자가 없는 분이시다. 네가 그분과 전생에 인연이 있으니 너는 그곳에 가는 게 좋겠다."

---

129 족첸에 대하여 응악왕촉둡 린뽀체는 "족첸의 뿌리는 가장 수승한 것을 찾는 것이고, 족첸의 꼭대기는 가장 수승한 것을 성취하는 것이며, 족첸의 열매는 가장 수승한 것을 갖는 것이다"라고 설명한다. 가장 수승한 것은 '중생에게 본래부터 있는 승의보리심'이다.

당시 밀라래빠는 다만 마르빠 역경사라는 존함을 들었을 뿐인데도 그의 마음속은 말할 수 없는 기쁨이 생겨서 온몸에 털이 솟고 비할 데 없이 편안했으며, 눈물이 비 오듯이 흐르고 비할 바 없는 정성스러운 믿음과 공경심이 일어나 참지 못하고 '어느 때 스승을 만나서 친견할 것인지 알 수 없다'고 생각하고 바로 일어나서 로닥으로 향해 갔다. 이와 동시에 스승인 불부佛父와 불모佛母 또한 많은 수승한 꿈의 징조가 나타났기에 지존 밀라래빠가 장차 올 것을 알았다. 이에 마르빠 존자는 문득 밭가는 농부로 변장하고 논두렁에서 그를 맞았다. 밀라래빠 존자가 먼저 스승의 아들인 다르마 도데가 양을 치는 것을 만났으며, 그 후에 계속해서 가다가 길 입구에서 스승 마르빠가 밭을 갈고 있는 것을 보았다. 바로 그를 보자마자 곧 불가사의하고 말로 표현할 수 없는 기쁜 마음이 생겼으며, 금생에 모든 분별하는 생각이 없어졌고, 조금도 미워하는 생각이 없었다. 당시에 그는 스승을 알지 못했으나 마르빠 스승을 친견하고자 하는 이유를 말씀드렸다. 스승이 말씀하시되 "내가 너를 마르빠에게 소개하겠으니 나를 도와서 이 밭을 갈아라!" 하였다. 말을 마치자 그에게 한 병 가득 술을 주고는 가버렸다. 밀라래빠 존자는 술을 한입에 다 마셔버렸다. 밭을 다 갈 쯤에 스승이 그 아들을 시켜서 밀라래빠 존자를 불렀고, 함께 가서 스승을 친견했다. 밀라래빠가 마르빠 존자 앞에 와서 예배를 올리고 말했다.

"스승이시여, 저는 라뙤 지방으로부터 온 큰 죄인입니다. 몸과 말과 뜻의 삼문을 스승님께 공양하기를 원합니다. 스승께서 의복과 음식과 정법을 내려주시기를 간절히 청하며, 금생에 성불하기를 원합니다."

이에 스승이 말씀하셨다.

"죄가 깊고 무겁다니 과연 그렇구나! 그러나 내가 너에게 죄를 짓게 한 것은 아니다. 너는 도대체 어떠한 죄를 지었느냐?"

이에 밀라래빠는 자세하게 죄 지은 경과를 말씀드렸다. 스승이 말씀하셨다.

"어떻든 간에 몸과 말과 뜻을 공양하겠다는 것은 매우 좋으나, 의복과 음식과 정법의 세 가지 전부를 너에게 줄 수는 없다. 만일 너에게 의복과 음식을 주면 너는 다른 곳에 가서 법을 구하고, 혹은 정법을 전수해주면 너는 다른 곳에 가서 의복과 음식을 구하여야 한다. 두 가지 중에서 다만 그 한 가지를 선택할 수 있다. 만일 내가 너에게 정법을 전해주는 것을 네가 선택한다면, 금생에 능히 성불할 수 있는가 없는가는 너 자신의 노력과 용기에 달려 있다."

밀라래빠 존자가 말하였다.

"제가 스승을 의지하러 온 목적은 곧 법을 구함이니, 의복과 음식은 다른 곳에 가서 구하겠습니다."

이에 존자는 스승의 집에서 머문 며칠 후에 곧 로닥 일대로 가서 탁발을 했으며, 그 결과 스물 한 되의 보리를 얻었다. 그는 그 가운데 열네 되의 보리를 가지고 구리 솥으로 바꿨으며, 그 나머지 일곱 되의 보리를 자루에 넣어 가지고 솥과 같이 짊어지고 스승에게 돌아와서 공양을 올렸다. 밀라래빠가 보릿자루를 스승의 방에 놓으니 그 방 전체가 흔들렸다.

스승이 일어나서 꾸짖었다.

"너, 이렇게 기운 세고 젊은 놈이 힘센 손으로 우리들을 다 죽이려고 생각하느냐? 빨리 보릿자루를 가지고 나가라!"

그리고 한편으로 다리로 그를 차며 말하였다.

"반드시 이 보릿자루를 밖으로 가져나가라!"

나중에 밀라래빠 존자는 속이 빈 솥만 공양 올렸다. 한번은 스승이 말하였다.

"위짱 지방으로부터 나에게 온 많은 신심 있는 신도들이 얌독딱룽빠와 립빠 지역의 사람들에게 두들겨 맞으니 순조롭게 이곳에 와서 음식을 공양하지 못한다. 네가 그곳에 가서 한 번 우박을 쏟아 부어라. 이것 또한 수행하는 법이고, 만일 효험이 있으면 내가 너에게 비결을 전해주 겠다."

이에 밀라래빠는 그 두 지방에 가서 우박을 내렸으며, 돌아온 후에 스승께 비결을 전해주기를 간청했다. 스승이 말씀하셨다.

"네가 조금의 우박을 내렸다고 그것으로 내가 고생 고생하여 인도에서 구해온 법을 얻으려고 생각하는가? 로닥의 락카와(고산지대) 지역의 사람들이 항상 우리 낼로로 지방의 제자들을 때리며 아울러 나에게도 매우 경멸스럽게 대하니, 만일 정말로 법을 얻고자 생각하면 너는 그곳에 가서 그들을 저주하거라. 만일 주술이 영험이 있어서 탁월한 효과가 나타나면 내가 나로빠 존자께서 전수하신, 일생에 성불하는 비결을 너에게 전해주겠다."

그래서 역시 그곳에 가서도 주력으로 똑같이 예상했던 효과를 얻었기에 그는 돌아와서 스승에게 법을 청했다. 스승이 코웃음을 치면서 말했다.

"같잖구나! 네가 감히 내가 목숨을 아끼지 않고 얻어온 뚬모(내부열) 수행의 비결[130]을 구하다니. 너의 행위가 과연 네가 지은 죄업의 배상이 되겠는가? 이것은 농담으로나마 마지못해 말할 순 있다 해도 실로

---

130 이는 공행모, 곧 다끼니들이 호지하는 오염되지 않은 청정한 법문이다.

가로소운 일이다. 만일 내가 아니고 다른 사람이었다면 너 같은 것은 죽여 버렸을 것이다. 너는 지금 얌독 지역 사람들의 농작물을 배상할 것이며, 락카와의 모든 사람들을 죽음에서 다시 살아나게 해줘야 한다. 만일 능히 이를 실현시키면 내가 너에게 비결을 전해주겠지만, 그렇지 못하면 나에게서 법을 구하지 말라!"

스승의 이와 같은 꾸지람을 받고서 그는 마음에 실망이 지극했으며 자포자기 상태가 되어서 많은 시간을 울었다. 그 다음날 새벽에 스승이 그를 위안하며 말씀하셨다.

"어젯밤에 내가 너에게 꾸짖은 것이 너무 심했구나. 기분 나쁘게 생각하지 말고 천천히 하거라. 너무 조급하게 하지 말고 노력하면 내가 너에게 비결을 전해줄 것이다. 너는 부지런히 일하는 사람이므로, 내 아들 다르마 도데를 도와서 집 한 채를 짓도록 해라. 일을 다 마친 후에 내가 너에게 비결을 전해줄 뿐 아니라 너에게 의복과 음식까지도 주겠다."

그러자 밀라래빠가 "그 기간 중에 제가 만일 법을 얻지 못하고 죽는다면 어떡합니까?" 하고 말하니, 스승이 말씀하셨다.

"내가 보증하노니, 이 기간에 너는 죽지 않는다. 법에 대해서는 허세로 과장하지 않는다. 너는 충분히 노력하는 사람이라 들었다. 만일 능히 노력하여 나의 비결을 수행하면 금생에 성불할 수도 있다."

이 같이 한 번 자세하게 가르친 후에 밀라래빠 존자로 하여금 동산에 한 채의 둥근 모양의 집을 세우게 했고, 서산에 한 채의 반달 모양의 집을 세우게 했으며, 북산에 삼각형의 집을 세우게 했다. 모든 집을 반쯤 지었을 때 스승이 또 와서 꾸짖으며 모든 집을 다 허물어 버리고 흙과 돌은 원래의 자리로 놓게 명령했다. 이 많은 돌과 흙을 운반하는 과정 중에 밀라래빠의 등에는 종기가 생겼다. 그는 생각하기를 '만일 스승에게 상처를 보이면 꾸짖고 욕만 하실 것이며, 사모님께 보이면 또한 자랑하는 꼴이 될 것이다' 하였다. 그러므로 그들에게 보이지 않고 다만 혼자서 울 뿐이었다. 결국 그는 도반을 불러서 법을 전해주기를 청했으며, 사모님 또한 스승에게 법을 주기를 간청하였다. 스승은 사모님에게 말씀하셨다.

"당신이 가서 풍부하게 음식을 준비한 후에 그를 데리고 이곳에 오시오."

밀라래빠가 오자 스승은 귀의의 전승문을 낭독하고 귀의게를 전수해 마친 후에 그에게 말씀하셨다.

"이것은 모두 공통의 법이다. 만일 공통되지 않는 밀종의 비결을 원하면 다음과 같은 방법에 따라서 하면 된다."

그리고 또한 간략하게 나로빠 전기 중에 고행을 겪으신 상황을 설명하고 나서 이어서 물으셨다.

"네가 능히 이 같이 고행할 수 있겠느냐? 보아하니 매우 힘들겠지!"

이 말을 듣고서 밀라래빠는 강렬한 신심이 생겨나 얼굴에 눈물을 가득히 흘렸으며, 아울러 스승의 명령을 따르겠다는 굳은 결심을 했다.

며칠이 지난 후에 스승이 그를 데리고 외출하여 서남 방향의 어느 험난한 곳에 서서 말씀하셨다.

"너는 이곳에 네모난 회백색 9층 누각을 한 채 지어라. 그 위 꼭대기 10층에 보배의 지붕을 올려서 지어 맞추면 너에게 다시는 허물어뜨리라고 하지 않을 것이며, 아울러 너에게 비결을 전수해줄 것이다. 네가 한마음으로 받아 지니고 수행하면 너를 위해서 수행에 필요한 양식을 준비해 주겠다."

그리하여 그가 땅의 기초를 고를 때, 스승의 큰 제자 세 명이 산책하는 과정에서 한 덩어리의 큰 돌을 굴려 내렸는데, 그는 자연스럽게 그 돌을 써서 기초를 지었다. 2층의 누각을 막 지어놓자 스승이 와서 그 큰 돌을 가리키면서 물으셨다.

"이 큰 돌덩어리는 어디서 가져왔는가?"

그가 그 연유를 설명하자 스승이 말씀하셨다.

"나의 그 세 명의 제자는 생기·원만차제를 수행하는 유가행자이니, 그들이 어찌 너의 종이 되겠는가? 빨리 그 돌을 꺼내서 원래의 자리로 돌려놓아라."

그는 그 집을 위에서부터 허물어뜨려서 기초를 놓은 돌덩어리를 꺼내어 원래의 자리에 갖다 놓았다. 스승이 또 말씀하셨다.

"너는 다시 그 돌을 옮겨서 기초 놓는 자리에 올려놓아라."

그가 다시 운반하여서 기초 위에 놓고서 계속해서 집을 지었다. 건물의 7층이 완성되었을 때 그의 허리에 종창이 생겼다. 스승이 또한 오셔서 그에게 말씀하셨다.

"너는 잠시 집 짓는 것을 쉬고서, 아래쪽에 12개의 기둥이 있는 내전을 한 채 지어라."

그가 집을 짓기 시작하여 건물이 완성되었을 때 등에 또 하나의 종창이 생겼다.

당시에 짱룽 지방의 매뙨첸뽀가 와서 승락금강(勝樂金剛, 짜끄라삼바라)의 관정을 구하고, 될 지방의 출뙨왕애가 밀집금강(密集金剛, 구햐삼마자)의 관정을 구하였다. 그들 두 사람이 왔을 때 집을 짓는 일이 곧 완성되려고 했기 때문에, 밀라래빠는 걸어가서 관정을 받기를 희망하였다. 그래서 관정의 행렬 가운데에 앉아 있다가 스승으로부터 꾸지람을 듣고 호되게 두들겨 맞았으며 아울러 관정 행렬 중에서 쫓겨났다. 그 당시 밀라래빠는 등 전체에 이미 상처가 심했으며, 세 개의 종창에서는 고름과 피가 흘렀고 그 아픔을 참기 어려웠으나, 그는 여전히 흙덩어리를 메면서 집을 계속 지었다.

또 한번은 슝 지방의 응옥뙨치도르가 와서 희금강(喜金剛, 헤바즈라)의 관정을 구하였다. 그때 사모님이 당신 개인의 재산 중에 한 덩이의 송이석(松耳石, 터키석)을 그에게 주면서 그것으로 관정의 공양물로 삼게 했다. 그리하여 그가 다시 관정의 행렬 중에 앉아 있었으나, 결과는 이전과 같이 욕설과 때림을 받아야 했고 관정을 받지 못했다.

그는 '나는 지금 도저히 법을 얻을 수 없겠구나'라고 생각했다. 이에 그는 그곳을 떠나서 로닥 지방에 이르렀다. 한 집에서 그를 청해서 『반야팔천송』을 독송해 주기를 원하였고, 그는 독송하는 곳에서 상제보살常啼菩薩의 전기를 보았다. 이것이 연이 되어 그는 생각했다. '정법을 구하기 위해서 고행을 견뎌야 하며, 스승을 공경하고 가르침을 받들어 행해야 하며, 스승을 기쁘게 해야 한다.' 그리하여 그는 다시 스승의 처소로 돌아갔다. 돌아간 후에도 전과 같이 여전히 욕을 먹고 두들겨 맞았다.

그가 극도로 상심하고 절망적이 되었을 그때에 스승의 사모님이 그를 응옥빠 상사의 앞에 보내서 법을 구하게 했다. 응옥빠 상사가 그에게 비결을 전해준 후에 그는 수행을 계속했으나, 스승의 허락을 얻지 못했기 때문에 조그마한 공덕도 생기지 않았다. 후에 스승의 분부를 따라서 응옥빠 상사와 같이 마르빠 스승의 앞에 갔다. 하루는 회공會供의 행렬 가운데에서 스승이 매우 엄하게 그와 응옥빠 상사와 사모님을 꾸짖었으며, 또한 그들을 심하게 매질을 하고 밀라래빠를 쫓아내 버렸다. 그가 마음에 생각하기를 '내가 지은 악업의 죄가 깊고 무거워서 내 자신만 고통을 받을 뿐 아니라 또 응옥빠 상사와 사모님까지 이 같은 죄를 받게 하는구나. 보아하니 지금 실제로 정법을 얻지 못하면 도리어 죄를 짓는 것이니, 차라리 죽어 버리는 게 나을 것 같다.' 생각이 여기까지 미치자 그는 자살을 준비했으나, 다행히도 응옥빠 상사에게 발견되어 자살을 면했다.

　이때 마르빠 스승은 노기가 이미 사라지고, 그들 두 사람(응옥빠 상사와 밀라래빠)을 앞에 불러들여 이로부터 진실로 그를 섭수한다고 하시며, 아울러 많은 훌륭한 가르침을 전수해 주었고, 그에게 이름을 지어주되 밀라도르제갤첸(米拉金剛幢)이라고 하였다. 승락금강 관정을 받을 때, 스승의 현량 가운데 62위의 본존 만다라가 나타났으며, 그에게 밀법의 이름을 내리시되 소금강(笑金剛, 섀빠도르제)이라 하였고, 모든 관정과 비결을 병에 가득 채워서 쏟아 부어주는 방식으로 조금도 남김없이 그에게 전수해 주었다. 밀라래빠는 이렇게 맹렬히 정진 고행하여 마침내 공통의 성취와 수승함의 성취를 얻었다.

　인도와 티벳에 일찍이 출현한 대지자와 지명持明 성취자들 또한 모두 진정한 선지식을 의지해서 완전히 가르침을 따라 받들어 행했으며, 최후에는 스승의 뜻과 더불어 한가지로 다르지 않음을 이루었다. 그러므로 우리들은 스승의 일체 행위에 대하여 절대 잘못 보지 말아야 하며, 또한 절대 교활한 마음을 품지 말고, 반드시 정직한 품성으로써 성실하게 스승을 의지해야 하니, 그렇지 아니하면 다만 한마디의 조그마한 거짓말을 하더라도 매우 큰 죄가 된다.

　이전에 한 분의 대성취자의 제자가 많은 제자들을 받아들였다. 한번은 그가 법을 전할 때 그의 스승이 거지의 형상을 하고 그 앞에 왔다. 그는 강당의 많은 대중 앞에서 자기의 스승에게 절하는 것이 부끄러워서 보지 않은 것처럼 숨겼다. 오후에 법을 설하는 것이 끝난 후, 그는 바로 스승에게 가서 절을 올리고서 공경히 예배했다. 스승이 묻되 "방금 전에 왜 절을 하지 않았느냐?" 하자, 그가 거짓말로 대답해 말하되 "제가 스승님을 보지 못했습니다"라고 하였다. 말이 입 밖에 나오자마자 그의 두 눈알이 갑자기 땅에 떨어졌다. 후에 그가 스승에게 용서를 구하고 아울러 사실대로 고했다. 스승의 용서 가피를 얻은 후에 그 눈알은 다시 원래대로 회복되었다.

이밖에 인도의 대성취자인 흑행대사(黑行大師, 크리슈나짜리야)가 한번은 많은 제자들과 함께 배를 타고 바다를 건널 때 그가 '나의 스승은 비록 진정한 성취자이나 다만 세간의 제자를 거느리고 복을 수행하는 방면에서는 내가 스승보다 한 층 더 낫다'라고 생각하였다. 그가 막 이러한 생각을 일으키자마자 그 배가 바로 바닷물 가운데로 침몰되었다. 물 한가운데에서 매우 위험함에 처했을 때 바로 스승에게 기도하니, 스승이 친히 강림해서 위험에서 구해주셨다. 스승이 말씀하셨다.

"네가 매우 큰 자만심을 일으켰기 때문에 이 같은 위험에 처하는 보응을 받았다. 나는 또한 힘써서 권속들을 받아들이는 것을 추구하지 않았다. 만일 나 또한 너와 같이 이렇게 하는 데에 힘썼다면 너와 똑같이 되었을 것이다."

과거에 말로 다 할 수 없고 수로 헤아릴 수 없는 부처님이 세상에 출현하셨으나, 그분들의 대자대비로도 또한 우리 같은 이러한 중생들을 다 제도하실 수 없어 우리는 여전히 윤회의 고해 가운데 머물러 있는 것이다. 옛날에 불가사의한 성취자인 고승대덕이 출현했으나 우리들은 또한 그분들의 자비스러움으로 이끌어주는 대상이 되지 못했으며, 심지어 그들을 한 번 뵙는 인연조차 없었다. 현재는 부처님의 법이 이미 말법시기에 이르러서 오탁악세가 더욱 치성해지는 시대이다. 많은 사람이 비록 사람 몸을 얻었으나 다만 불선업을 따라서 흘러가며, 업을 취하고 버리는 도리를 밝히지 못하고, 오히려 의지할 데 없는 맹인과 같이 넓은 황야 가운데에 떠돌아다니게 되었다.

 이때에 모든 스승과 선지식과 성자들께서는 한량없는 자비심으로써 우리를 구제하시며, 그분들은 우리들 각자의 같지 않은 인연에 적합한 인간의 모습으로 나타나신다. 본래 그분들은 부처님의 비밀한 뜻 가운데에 머무르시지만 행동은 오히려 우리들 범부를 따라 행하시고 훌륭한 방편을 통해서 제도하시며, 우리들로 하여금 수승한 정법의 문에 들어가게 해주시고, 우리들이 취사할 수 있는 두 눈을 열어 주시며, 그릇됨이 없고 어지러움이 없는 해탈의 큰 지혜의 수승한 법도로 섭수해 주신다. 실제로 스승의 공덕은 모든 부처님과 차별이 없으며, 우리들에게 있어 스승은 곧 모든 부처님의 은덕을 넘어 더욱 우리를 구호해 주신다. 그러므로 우리는 마땅히 때와 장소를 가리지 않고 세 가지 신심으로써 힘을 다해서 스승을 의지해야 한다.

> 비록 훌륭한 스승을 만나도 여전히 하열한 행에 이끌리며
> 비록 수승한 도법을 얻었으면서도 잘못된 길 가운데에 떠다니는
> 저와 저같이 업이 많은 중생들이 정법을 가지고
> 자기의 심식을 항복받도록 가피를 주시기를 기도합니다.

제3장
공통되지 않는 내적 예비수행

외적 귀의로써 삼보를 머리에 이며
내적 귀의로써 세 근본을 성취하고
비밀 귀의로써 삼신을 나타내는 분이신
비할 바 없이 뛰어난 스승의 발아래 정례하옵니다.

 공통되지 않는 내적 예비수행(不共內加行)은 5가지로 나뉜다. 첫째는 모든 성도聖道의 기초인 귀의, 둘째는 가장 수승한 대승으로 들어가는 수승한 보리심을 발함(發殊勝菩提心), 셋째는 불리한 조건인 악업의 장애를 청정케 하는 금강살타 수행, 넷째는 순연順緣의 자량을 쌓는 만다라 공양과 단박에 네 가지 마魔를 끊어버리는 자량 쌓기, 다섯째는 자기 마음속에 깨달음의 지혜를 일으키는 구경의 방편인 상사유가上師瑜伽이다.

1. 귀의

1) 귀의의 기초

전체적으로 말해 일체 정법正法의 문을 여는 것은 바로 귀의이며, 귀의의 문을 여는 것은 바른 신심信心이다. 이 때문에 귀의하는 처음에 있어서 자기의 심식 가운데 견고한 신심을 일으키는 것이 매우 중요하다. 신심은 또한 청정신淸淨信·욕락신欲樂信·승해신勝解信의 세 가지로 나뉜다.

①청정신

많은 불상·경전·불탑을 모셔 놓은 법당이나 혹은 강당에 들어갈 때, 혹은 스승·선지식·고승대덕의 모습을 뵐 때, 그들의 위대한 공적과 사람을 감동시키는 일과 이러한 것들에 의한 여러 가지 인연을 들었으면 바로 그들의 자비심이 큰 것을 생각해야 한다. 이러한 청정심으로 말미암아 신심이 일어나는 것을 청정신이라고 부른다.

②욕락신

악도에 윤회하는 고통을 들은 후에 자연히 고통에서 벗어나기를 바라는 마음이 생기며, 천당이나 해탈의 안락에 대해서 들었을 때 자연히 얻고자 하는 마음이 생기며, 일단 선법의 공덕을 듣고 수행하고자 하는 마음이 생기면 마땅히 죄업의 과보인 고통을 보고 또한 바로 끊어버리고자 하는 결심을 일으킨다. 이러한 것은 모두 욕락신에 속한다.

③승해신

삼보의 공통하지 않은 (수승한) 공덕과 가피를 이해한 후에 내심의 깊은 곳에서 신해를 일으키고, 모든 때에 속임 없는 귀의처가 곧 삼보인 것을 안다. 물론 이것이 고통이거나 즐거움이거나, 혹은 병이거나 아픈 것이거나, 혹은 삶이거나 죽음이거나, 어떠한 사정일지라도 속임 없는 귀의처인 삼보를 모두 다 알며, 삼보를 제하고서는 다른 의지할 것도 바랄 것도 없다. 이 같이 굳건하여 변치 않는 믿음을 승해신이라 일컫는다. 우갠국의 연화생 대사께서

    굳건한 믿음을 갖추면 가피를 얻으며, 만약 의심을 여의면 소원을 이룬다.

라고 말씀하신 것과 같다. 신심은 종자와 같고 그것이 능히 일체 선법의 공덕을 기른다. 만일 신심을 갖추지 못하면 그것은 종자가 불에 타버려서 자취도 없는 것과 같다. 경에서 말씀하신 것과 같다.

    신심이 없는 사람은 모든 선한 법이 생기지 못하니, 불에 태워진 종자에서 어찌 푸른 싹이 나겠는가?

    이밖에 신심 또한 일곱 가지 성스러운 재물[131]의 첫 번째가 된다고 말씀하신 것과 같다.

---

[131] 일곱 가지 성스러운 재물(七聖財): 믿음의 재물(信財), 계율의 재물(戒財), 보시의 재물(舍施財), 들음의 재물(聞財), 스스로 부끄러워함의 재물(慚財), 남에게 부끄러워함의 재물(愧財), 지혜의 재물(智慧財).

신심은 보배 바퀴와 같아 주야로 선행의 길을 수행하게 한다.

그러므로 신심은 일체의 재보 중에서 첫 번째가 된다. 신심은 곧 보배와 같으며 무궁무진한 공덕의 원천이다. 신심은 곧 두 발과 같고 능히 해탈의 수승한 도의 길을 걷게 하며, 신심은 두 손과 같고 능히 일체 선한 법을 가져서 자기 심식 가운데 끌어들인다. 게송에 이르되

믿음은 최상의 재물이고 보배 무더기이며 수승한 두 발이니
마치 두 손으로 선근을 받아들임과 같다.

라고 하였다. 비록 스승과 삼보가 불가사의한 자비심과 가피를 갖추었어도 자기 심식 가운데 융합하려면 오직 자기의 신심과 공경심에 의지해야 한다. 만일 자신이 상품上品의 신심과 공경심을 갖추었다면 얻게 되는 스승과 삼보의 연민과 가피 또한 상품이 되며, 만일 중품의 신심과 공경심을 갖추었다면 얻게 되는 연민과 가피 또한 중품이 되며, 만일 하품의 신심과 공경심을 갖추었다면 곧 다만 조금의 가피와 연민심을 얻을 것이며, 만일 근본적으로 신심과 공경심이 없으면 절대 스승과 삼보의 연민과 가피를 얻지 못한다. 만일 자기가 신심이 없으면 곧 참 부처님의 받아들임을 만나도 어떠한 이익도 없으며, 곧 앞에 설명한 선성善星비구와 세존의 사촌동생인 제바달다 등과 같이 된다. 누구를 막론하고 만일 한 점의 진실한 믿음과 공경심이 있으면, 지금 누가 기도한다고 해도 부처님이 바로 강림하셔서 그 앞에 머무르시며 가피를 주실 것이다. 부처님의 중생에 대한 자비심은 가까이하고 멀리함이 없으며 한가지로 너그럽게 대하신다. 게송에 말씀하신 바와 같다.

어떤 사람이 진실된 믿음으로 마음을 일으키면
부처님께서 앞에 나타나시어 관정과 가피를 내리신다.

우갠국의 연화생 대사께서 말씀하셨다.

연화생인 나는 신심을 가진 착한 남녀가 있는 곳이라면 어느 곳이라도 가거나 머무른다. 나의 수명은 다할 때가 없으며, 신심 있는 불자 앞에 나는 한가지로 나타난다.

다만 자기가 승해의 믿음을 갖추면 어떠한 사람도 부처님의 자비하게 여기심과 가피를 얻는다. 티벳 사람들이 항상 말하는 "만약 자기가 믿음이 있으면 늙은 부인도 개의 이빨에 의지해서 성불할 수 있다"라고 함과 같다.

예전에 한 노부인이 아들과 서로 의지하며 살고 있었다. 아들은 항상 인도로 장사하러 다녔다. 어머니가 그에게 말하였다.
"인도의 금강좌(金剛座, 보드가야)는 원만정등각이신 석가모니불께서 성불하신 성지이니, 너는 인도에 가면 기도를 올릴 대상이 될 수승한 가피의 성물(加持品) 하나를 반드시 나에게 가져다 다오."
이렇게 어머니가 세 번, 네 번 부탁하였으나 아들은 매번 잊어버려서 가피의 성물을 가지고 오지 못했다. 한번은 아들이 또 인도에 가고자 할 때, 어머니가 정중하게 이 일에 대해서 말하였다.
"만일 이번에도 네가 기도를 올릴 가피의 성물을 모셔 와서 나에게 주지 않으면 나는 너의 눈앞에서 자살해 버릴 것이다."

그러나 아들이 인도로 장사하러 갔다가 돌아올 때, 어머니의 부탁한 일을 또 잊어버렸다가 집에 거의 가까이 와서야 문득 생각이 났다. 그가 마음에 걱정되어서 생각하기를 '지금 나는 어떻게 해야 할까? 나는 어머니에게 올릴 성물을 가져오지 않았고, 만일 이렇게 빈손으로 들어가면 어머니는 내 앞에서 자살하실 것이다.' 그는 이리저리 생각하다가 길옆에 죽은 개의 머리를 발견하고 개의 이빨을 떼어내서 비단으로 잘 싸서 가져가서 어머니에게 드리며 말하였다.

"이것이 부처님의 치아사리이니, 바라건대 어머니는 그것을 기도의 대상으로 삼아서 기도를 하십시오!"

어머니는 친히 개의 이빨을 가지고 진정으로 부처님의 이빨로 여겨 강렬한 신심을 일으키고 항상 예배하고 공양을 올렸는데, 나중에 개의 이빨은 많은 사리를 만들어냈다. 마지막에 노부인이 죽은 후에는 무지개 빛이 나는 등 상서로운 모습이 자주 나타났다. 실로 이것은 개의 이빨이 가피의 힘을 갖춘 것이 아니고, 노부인이 강렬한 신심으로써 그것이 진짜 부처님 사리라고 생각했기 때문에 이와 같은 부처님의 가피력이 개의 이빨 가운데 스며들어서 곧 부처님의 치아와 차이가 없게 된 것이다.

이밖에 공뽀 지방에 조오벤이라는 어리석은 사람이 있었는데, 한번은 그가 라싸에 가서 조오불상(라싸 조캉 사원의 석가모니불상)을 참배하였다. 그때 조오불상 앞에는 등을 관리하는 스님이나 다른 사람이 없었다. 조오벤이 불상 앞에 다가가 탁자 위에 공양물과 버터기름 등불을 보고서 마음에 생각하기를 '조오불상은 이 짬빠 덩어리 위에 있는 등잔 속의 버터기름을 부어 잡술 것이므로, 버터기름 덩어리가 녹게 하려고 불을 피우는 것이구나. 조오부처님과 마찬가지로 나도 응당 그것을 먹어야겠다'라고 생각한 후에 그는 짬빠 위에 있는 등잔의 버터기름을 부어 먹었다. 먹고 난 후에 조오불상의 얼굴을 보면서 말하였다.

"공양물을 개가 물어가도 당신은 미소를 머금으며, 버터 등불이 바람에 흔들려도 당신은 미소를 머금으시니, 당신은 참으로 훌륭한 스승이십니다. 나의 이 두 짝 신발을 당신에게 부탁합니다. 나는 당신을 한 바퀴 돌고(꼬라) 돌아오겠습니다."

그리고는 곧 신발을 벗어서 조오불상의 탁자에 올려놓고 부처님을 돌면서 갔다. 그 사이 등불을 맡은 스님이 돌아와서 불상 앞에 있는 신발을 보고서 밖으로 던지려고 하였다. 그때 조오불상이 입을 열어 말하였다.

"이것은 꽁뽀의 벤이 나에게 보관해 달라고 부탁한 것이니 버리지 말라!"

꽁뽀의 벤이 돌아와서 신발을 잡고서 말하였다.

"당신은 참으로 훌륭하신 스승이시니, 내년에 저의 고향에 초청하겠습니다. 저는 돼지를 잡아 삶고, 보리로 빚은 술로써 당신을 대접할 것입니다."

조오불상이 "좋다!" 하고 말씀하셨다.

그가 집에 돌아서 부인에게 말하였다.

"내가 이미 조오 린뽀체를 손님으로 초청했으나 그분이 언제 오실지는 모르겠다. 그러니 당신은 항상 그분이 오시는가를 살펴야 한다."

2년이 지난 어느 날, 그 부인이 우물에 가서 물을 길을 때, 물 가운데에 분명히 조오부처님의 형상이 나타났다. 부인이 바로 집에 뛰어가 남편에게 말하였다.

"저쪽 우물 속에 한 사람이 있는데, 당신이 초청한 손님이 아닙니까?"

그가 바로 뛰어가서 보니 과연 물속에 조오부처님이 나타난 것을 보았다. 그가 조오부처님이 물속에 떨어졌다고 생각하고서 몸도 돌보지 않고 우물 속에 뛰어들어서 조오부처님의 몸을 끌어내 그를 잡아서 위로 끌어올렸다. 그를 데리고 집으로 오는 도중에 한 덩어리의 큰 돌 앞에 이르자 조오부처님이 말씀하시되 "나는 속인의 집에 가지 않는다"라고 하시며, 다시 계속해서 앞으로 가려고 하지 않고 그 바윗덩어리 속으로 스며들어가 버렸다. 후에 바위 위에 자연스레 조오불상이 나타났으므로 사람들은 "조오석"이라고 불렀으며, 조오불상이 나타난 우물은 "조오하"라고 불렀다. 전하는 말에 의하면, 지금도 그것들은 여전히 라싸의 조오불상과 같이 동등한 가피력이 있으며, 끊이지 않고 찾아오는 신도들이 항상 조오불상에게 예배하고 공양한다고 한다.

이 이야기는 조오벤이 자기가 갖춘 견고한 신심에 의지해서 부처님의 연민히 여기심을 받은 것이다. 그렇지 않다면 곧 그가 등불의 버터기름을 마시고 공양물을 먹으며, 신발을 조오불상의 탁자에 올려놓은 것이 어찌 죄가 아니겠는가? 다만 그는 신심의 힘에 의지해서 도리어 그와 같은 공덕을 얻었다. 이뿐만 아니라 또한 현전에서 승의제의 실상을 증오하는 것도 오직 신심을 의지한다. 부처님께서 경전 가운데 설하신 것과 같다.

사리자야! 최상의 진리(승의제)는 오직 신심으로써 능히 깨닫는다.

일어나는 공통되지 않은 신심을 의지해서 스승과 삼보의 가피가 자기의 심식에 스며든 후에는 자연히 진실한 깨달음이 생긴다. 다만 실상의 진실한 뜻을 본 후에 능히 진정으로 스승과 삼보에 대한 참된 믿음에 의심이 없으면, 다른 사람과 같지 않은 물러나지 않는 신심이 일어난다. 그러므로 실상을 증오함과 승해의 믿음, 이 두 가지는 서로를 도와서 서로를 성취하는 것이다.

이전에 닥뽀 린뽀체(감뽀빠)가 밀라래빠 존자에게 여쭈었다.

"존자님이시여! 제가 언제 제자를 받을 수 있습니까?"

존자께서 그에게 말씀하셨다.

"일단 네가 지금과 완전히 같지 아니하고, 심식 가운데 불성을 보는 것을 깨달으며, 아울러 나를 진실한 부처님으로 여기는 이 같은 견고한 신심이 생겼을 때 너는 제자를 받을 수 있다."

그러므로 스승과 삼보의 자비심과 가피가 자기의 심식에 스며드는 것은 오직 공경과 신심에 달려 있는 것이다.

이전에 아띠샤 존자의 제자가 존자의 이름을 부르면서 "조오시여! 저에게 가피를 주십시오"라고 하였다. 존자께서 말하되 "나쁜 제자여! 공경심을 좀 내봐라!"라고 하셨다. 이로 보건대, 다만 견고하여 변함없는 불공의 믿음과 공경심만 있으면 문득 능히 귀의의 문을 열 수 있으니, 신심은 반드시 없어서는 안 된다.

2) 귀의의 분류

이와 같은 신심을 갖춘 귀의는 동기에 따라 세 가지로 나뉜다. 첫째, 지옥·아귀·축생은 삼악도의 고통을 두려워하기 때문에 선도인 인간과 천상의 안락을 바라고 귀의하는데, 이를 일컬어서 소사도(小士道, 하근기)의 귀의라고 말한다. 둘째, 윤회의 선도에 있거나 악도에 있든지 간에 고통의 본성을 여의지 않는다는 것을 알기 때문에 윤회의 일체 고통을 벗어나 고요한 열반의 과위를 얻기 위해서 삼보에 귀의하는데, 이를 일컬어서 중사도(中士道, 중근기)의 귀의라고 한다. 셋째, 현재에 망망한 끝없는 큰 고해 가운데 모든 중생이 상상할 수 없는 갖가지의 깊은 고통과 핍박을 받기에 그들을 일체종지[132]의 위없고 진실하고 원만한 바른 깨달음의 과위에 이르게 하기 위하여 귀의하는데, 이를 대사도(大士道, 상근기)의 귀의라고 부른다.

이 세 종류의 발심 가운데 우리는 반드시 끝없는 중생을 원만한 깨달음의 과위에 이르게 하는 상사도의 발심을 갖추어서 귀의해야 한다. 선도의 인천안락은 잠시는 즐거운 것 같으나 실제상으로는 또한 고통의 범위를 벗어나지 못하며, 어느 날 선도의 즐거운 과보가 다한 후에는 또 다시 악도 가운데로 떨어진다. 우리는 절대로 순간적인 선도의 안락을 추구하지 말아야 한다. 만일 다만 자기 한 사람만의 고요함과 안락의 열반을 얻는 성문·연각의 과위를 위하거나, 무시이래로 일찍이 자기 부모가 되었으나 지금은 윤회의 고통바다에 빠져 있는 한량없는 중생들을 이익되게 하지 않는 것은 실제로 이치에 맞지 않다. 일체중생이 능히 부처님의 과위를 얻기를 바라서 삼보에 귀의하는 것은 대사도의 무량한 복덕의 나룻배가 되므로, 우리는 이치에 맞게 응당 대사도의 귀의를 수행해야 한다. 『보만론寶鬘論』 가운데 말씀하셨다.

중생계는 무량하니, 저를 이롭게 하려는 바람 또한 이와 같다.

---

[132] 일체종지一切種智는 모든 현상을 남김없이 한순간에 확실히 알아차리는 궁극적 지혜이다.

3) 귀의의 방법

공동승(共同乘, 성문·연각·보살)의 귀의법은 성실한 믿음으로써 부처님이 본사가 되고, 법이 도道가 되며, 승중僧衆이 도를 닦는 도반이 되는 방식으로써 귀의한다. 특별한(不共同) 밀승의 귀의법은 삼문三門을 통해서 스승을 공양하고, 본존에 의지하며, 공행空行으로써 도와주는 도반을 삼는 방식으로 귀의한다.

수승한 방편인 금강승의 귀의법은 맥脈이 청정함을 화신으로 나타내고, 풍風이 청정함을 보신로 나타내고, 명점明點이 청정함을 법신으로 나타내는데, 이 지름길에 의지해서 귀의하는 것이다. 구경의 속임 없는 실상實相의 금강심 귀의법에 있어서 귀의 대상인 성중聖衆의 심식 중에는 본체공성本體空性·자성광명自性光明·대비주변大悲周遍의 세 가지 모습이 구별 없는 대지혜가 있으니, 우리는 심식에 이러한 종류의 지혜를 생기게 하기 위해서 반복해서 닦아 지니며, 결정코 이 같은 방식을 의지해서 귀의하는 것이다.

이와 같은 모든 귀의의 방법을 모두 확고히 한 후, 이어서 곧 귀의 대상의 닦음인 진실한 귀의를 밝게 관해야 한다. 구체적으로 말하면, 자기가 머무는 곳에서 각종 보배로 조성된 청정찰토를 관상하며, 아름답고 묘하고 뜻에 즐거우며, 평탄하고 매끄러움이 거울의 표면과 같고 굴곡이 있는 산마루와 웅덩이가 없는 것을 관한다. 자기의 전면에 다섯 가지가 있는 한 그루 여의수如意樹가 가지와 잎이 무성하며 백화가 난만하고 과일이 줄줄이 열렸는데 매우 원만하고 사방으로 늘어지며, 동서남북의 모든 허공계로 두루 퍼져서 모든 잎에 전부 각종 보배 방울이 매달려 있고 영락으로 장식된 것을 관상한다. 그런 후에 중앙의 나뭇가지 위를 다음과 같이 관상한다.

여덟 마리의 사자가 바치는 각종 색깔의 보배 연꽃으로 장식된 법좌가 있고, 그 좌대 위에 해와 달의 좌복이 놓여 있다. 그 좌복 위에 본체는 삼세제불의 총체가 되고, 비할 데 없는 대비의 보고인 성스러운 덕을 갖춘 근본스승님이 앉아 계신다. 형상은 연화생 대사이며, 그 몸의 색깔은 하얀 가운데 붉은 색을 띠었다. 한 얼굴에 두 팔이고, 두 발은 국왕이 편하게 앉아 있는 방식으로 편안히 앉아 계신다. 오른손은 계극인[133]으로써 순금으로 된 다섯 고리의 금강저를 가지시고, 왼쪽 손은 까바라(해골잔)를 받쳐 드셨으며, 그 속에는 죽음 없는 지혜의 감로가 충만한 보배 병이 있고, 병의 입구는 여의수로 꾸며졌다. 연화생 대사의 몸은 비단으로 된 망토·법의·주사의呪士衣를 입으시고, 머리에는 연화 모자를 쓰시고, 몸의 색깔은 하얗고 손에는 만도彎刀을 가지셨으며, 만도와 까바라를 가지신 불모인 다끼니 예쉐초걜과 쌍운雙運으로 계신다. 연화생 대사의 얼굴은 자기를 보고 편안히 전방의 허공 가운데 앉아 계시는 것으로 관상한다.

이어서 '연화생 대사의 머리 위에 모든 전승상사께서 포개지는 방식으로 앉아 계신다'고 관상한다. 본래 공통의 속부(共同續部, 일반 딴뜨라)에는 무수한 전승상사가 있으나 간략히 대원만심적파(大圓滿心滴派, 롱첸닝틱파)의 가장 근본적인 전승상사만 관한다. 곧 법신 보현여래(싸만따바드라)·보신 금강살타(도르제셈빠)·화신 극희금강(極喜金剛, 가랍도르제)·아사리 문수우(文殊友, 만주스리미뜨라)·상사 스리싱하·지자智者 즈냐나수뜨라·대학자 달무구우(達無垢友, 비말라미뜨라)·우갠국의 연

---

[133] 계극인契克印은 마구니와 외도 등을 항복시키는 항복 수인으로 연화생 대사가 오른손으로 짓는 수인(무드라)이다. 엄지와 중지와 약지를 둥글게 모아 그 안에 금강저를 쥐고, 검지와 새끼손가락은 위로 곧게 편다.

화생(빠드마삼바와)·법왕 티송데짼·역경사 바이로짜나·다끼니 예쉐초걜·변지遍知 롱첸랍잠(롱첸빠)·지명 무외주(持明無畏洲, 릭진 직메링빠)를 관한다. 그분들은 각자의 장식 부속물들을 가지런히 갖추고 있으며, 위에 있는 상사 한 분의 좌복에 아래의 상사 한 분의 머리 부분이 닿지 않도록, 모든 전승상사는 이 같이 중첩되는 방식으로 앉아 계시며, 주위는 사속부(四續部, 4부 딴뜨라)의 불가사의한 본존과 하늘 무리와 다끼니와 다까(勇士)의 무리들이 둘러싸고 계심을 관상한다.

다시 전방의 나뭇가지 위를 관상한다. 본사 석가모니불의 주위로 현겁賢劫의 일천두 분의 부처님 등 시방삼세의 제불이 둘러싸고 있다. 그들 전부가 수승한 화신의 범정행梵淨行의 장식으로 되어 있으며, 머리에는 육계가 있고 발에는 법륜보가 있는 등 32상과 80종호를 갖추었고, 두 발은 금강의 결가부좌를 하시고, 몸 색깔은 백색·황색·홍색·녹색·남색이며, 몸에서 불가사의한 빛이 뻗어 나온다.

그 다음에 우측의 나뭇가지 위를 관상한다. 문수보살·금강수보살(金剛手菩薩, 바즈라빠니)·관세음보살 이 세 분의 보호주가 상수가 되어 8대 보살들이 대승성자의 승중에 둘러싸여 있고, 그들 몸의 색깔은 백색·황색·홍색·녹색·남색으로 되어 있으며, 13종류의 원만한 보신의 장식으로 장엄되었고, 두 발은 평등한 방식으로 서 계신다.

다시 좌측의 나뭇가지를 관상한다. 사리자·목건련의 두 성문 성인이 성문과 연각 성자의 승중에 둘러싸여 있으며, 몸 색깔은 하얗고 몸에는 삼종 가사를 둘렀으며, 손에는 석장과 바루를 가지고 두 발로 서 계신다.

이어서 후방의 나뭇가지를 관상한다. 법보인 경전 상자가 층층으로 포개어 있으며, 금빛이 빛나는 책꽂이 중앙의 가장 위쪽에 640만 송의 대원만속부(大圓滿續部, 족첸 딴뜨라)가 진열되어 있고, 모든 경전 상자의 머리에 달린 (경전을 알아볼 수 있는) 표시가 모두 자기를 향하고 있다. 경전 상자의 빛살이 사방으로 뻗치고 저절로 "아러 가러"(범어의 모음과 자음 소리)라는 소리가 울려 나온다. 이러한 나뭇가지의 모든 틈 사이에 지혜의 호법신과 업성業成의 호법신이 있으며, 그 가운데 남자 호법신의 얼굴은 모두 밖으로 향하여 보리정법菩提正法을 닦으며 생기는 마장을 제거하도록 보호하고, 외부 장애가 내부로 들어오는 것을 금지하는 일을 맡으신다. 여자 호법신의 얼굴은 안으로 향하여 안으로 성취한 것이 바깥으로 흩어지지 않게 하는 일을 맡으신다. 이러한 일을 맡은 호법신은 모두 지혜·자비·역량의 공덕을 갖추고 나에게 아주 자애로우시다. 그들 전부를 관상해서 중생을 인도하는 대도사로 삼는다.

　나아가 금생의 아버지를 자기의 우측에 관상하고 어머니를 좌측에 관상한다. 전면은 자기에게 원수가 되는 적과 장애를 입히는 마장을 머리로 하여 삼계육도의 일체중생이 마치 지상의 큰 규모의 모임에 사람들이 모여 있는 것과 같으며, 그들의 얼굴은 귀의 대상을 향해서 두 손을 합장하고 있는 것을 관상한다. 이를 삼문으로써 공경하여 몸으로는 공경스럽게 예배하며, 말로는 귀의게를 염송하며, 뜻으로는 공경하며 마음으로 다음과 같이 생각한다.

　'지금부터 제가 위로 오르든지 밑으로 내려가든지 간에, 또는 고통이든 낙이든, 좋든 나쁘든, 병들든 고통스럽든 간에 상사 삼보인 당신을 제외하고 저는 별다른 의지·구호·보호주·협력자·희구하는 것도 귀의처도 없습니다. 그러므로 오늘부터 보리의 과를 얻을 때까지 저는 온 마음과 뜻을 바쳐 성심성의껏 저 자신을 당신께 맡기오니, 어떠한 일을 하든지 간에 아버지를 향해서 묻지도 않고, 어머니를 향해서

상의하지도 않고, 스스로 주장하지도 않고, 완전히 상사 삼보인 당신께 의지합니다. 일체를 당신께 받들어 바치며, 당신을 지니고서 부지런히 닦을 것입니다. 당신을 제외하고는 다른 귀의처나 희구처가 없습니다.'
　이러한 지극히 진실하고 정성스럽고 맹렬한 마음으로 다음 귀의게의 송구를 외운다.

　　진실한 삼보인 세 근본이신 선서께
　　기맥·풍기·명점의 자성인 보리심에
　　체성과 자성과 자비의 만다라 가운데에
　　내지 보리과를 이룰 때까지 영원히 귀의합니다.

　매번 수행 시간마다 전심전력으로 귀의게를 염송하되, 염송하여 종합한 수가 십만 번에 이르기까지 하며, 수량을 다 채우기 전까지는 반드시 두문불출하여 염송하고, 평소에도 또한 응당 귀의게를 염송해야 한다.
　만일 어떤 사람이 생각하되 '귀의할 때 자신의 부모를 좌측과 우측에 관상하며, 원수와 마장 두 가지를 자기의 전면에 관상하는데, 무슨 까닭에 원수 마장을 부모보다 더 중요하게 관상합니까?'라고 의문을 가질 수 있다. 우리는 이미 대승에 들어간 수행자이기 때문에 마땅히 한량없는 일체중생에 대해서 평등하게 자비심과 보리심을 수행해야 하며, 더욱이 원만광대한 복덕자량을 다 쌓고 또 일체 모든 쌓아놓은 선근을 잃어버리지 않기 위해서는 완전히 안인행(安忍, 인욕수행)을 닦는 것이 무엇보다 중요하다. 이른바 "만약에 화를 내게 하는 대상이 없으면 누가 누구에게 인욕행을 닦을 수 있는가?"라는 말씀과 같다.

또한 우리는 모름지기 원수와 마장에 의지하여 자기에게 손해를 주는 것에 대해 능히 인욕을 닦을 수 있다. 만일 잘 관찰하면 이를 발견하기가 어렵지 않으며, 수행의 방면으로써 말하면, 원수와 마장은 자기 부모와 비교해 은혜가 더 크다. 왜 그런가? 부모는 우리에게 현세에 이익을 얻는 일체의 속이는 수단을 가르쳐 주어 우리로 하여금 후세에 악도의 깊은 연못 가운데에서 해탈할 수 없게 하였다. 이 점으로써 말하면 부모의 은덕은 큰 것이 아니다. 그러나 원수와 마장은 어떠한가? 그 가운데 원수는 우리들에게 장애를 만들어 수행을 방해함으로써 우리들이 인욕을 수행하는 대상이 되어 주었고, 아울러 우리들로 하여금 한없는 세월 동안 윤회를 벗어날 수 없는 결과를 끊게 하며, 재산을 멀리 여의게 하고, 자유가 없는 일체 고통의 근원을 여의게 한다. 그러므로 우리에 대해서는 은덕이 매우 크다.

마장도 또한 마찬가지로 우리들이 인욕을 수행하는 대상이 된다. 우리들이 병과 고통으로 시달릴 때 이러한 시달림에 의지해서 자기가 과거에 지은 많은 죄업을 청정하게 한다. 예를 들면 지존 밀라래빠는 큰아버지와 고모가 그들 집에 있는 모든 재산을 가져가버린 외적인 인연에 의지해서 정법을 만났다. 또 길상(吉祥, 뺄모) 비구니는 용마龍魔의 해침을 받고 관음수행법을 닦아 최후에는 수승한 성취를 얻었다. 그러므로 이 같은 예로 보아 원수와 마장은 우리들이 정법을 만나는 원인이 되기에 은혜가 크다고 말할 수 있다. 법왕 무구광(롱첸빠) 존자께서 말씀하셨다.

해침을 받아 정법을 만나게 되어 해탈도를 얻으므로 그 해치는 자의 은덕이 크다.

고통과 근심을 여읨으로 정법을 만나게 되어 영원한 안락을 얻으니 고통의 은덕이 크다.
귀신 등이 해침으로 정법을 만나게 되어 두려움 없음을 얻으니 귀신의 은덕이 크다.
사람들이 화냄으로 정법을 만나게 되어 이로움과 행복을 얻으니 화내는 자의 은덕이 크다.
극심한 악연으로 정법을 만나 변하지 않는 길을 얻게 되니 악연의 은덕이 크다.
다른 사람의 권유함으로 정법을 만나게 되어 진실한 뜻을 얻게 되니 권해준 자의 은덕이 크다.
평등하게 그들의 은혜를 갚고자 저의 선근을 그들 모두에게 회향합니다.

그러므로 원수와 마장은 금생에서 자신에게 은덕이 클 뿐만 아니라 또한 과거 세세생생의 부모였으니, 이와 같이 관상하는 것이 매우 중요하다.

마지막에 자리에서 일어날 때는 스스로 마땅히 공경하는 마음의 인연을 지어 귀의 대상인 모든 성존의 몸에서 무량한 빛살을 쏟아지는 것을 관상해야 한다. 그 빛은 자타의 일체중생을 널리 비추고, 자타의 일체중생이 마치 까마귀나 까치가 돌 던지는 것에 놀라서 '푸드득' 하고 날아오르는 것과 같이 귀의 대상인 모든 성존 가운데로 섞여 들어간다. 귀의 대상의 모든 성존 또한 가로부터 점점 빛살 가운데로 들어가며, 이어서 중간에 삼보가 모여서 한 몸으로 된 스승 안으로 녹아 들어가고, 위에서부터 층층이 포개어 계신 일체의 성중 또한 아래의 스승에게로 녹아 들어간다. 스승은 또한 빛살 가운데로 녹아 들어가고, 빛살 또한 법계로 사라지며, 최후에는 자기 마음이 힘닿는 대로 분별사념을 멀리 여읜 법신의 본체 가운데 안주하도록 한다. 기도를 마치고 일어날 때에 일체의 선근을 한량없는 중생에게 회향하며 염송한다.

　　제가 속히 이 선행으로 삼보존을 성취하여
　　한 중생도 남김없이 불지에 들게 하길 원하옵니다.

　자기 마음으로 때와 장소에 따라서 정지正知와 정념正念을 여의지 말고 귀의 대상인 성중을 관상하고, 다닐 때도 귀의 대상이 자기의 우측 어깨 위의 허공 가운데에 머문다고 관상하고 행선의 대상으로 삼는다. 좌선할 때는 자기의 머리 위에 있다고 관상하여 기도의 대상으로 삼고, 음식을 먹을 때는 자기의 목구멍에 있다고 관상하여 음식을 새로운 공양처에 바치는 것으로 삼으며, 잠잘 때는 자기의 마음속에 있다고 관상하여 혼란한 꿈 가운데에서 광명경계(정광명) 속으로 녹아드는 비결로 삼는다.
　총괄하면, 일체의 위의 가운데 귀의 대상의 성중을 분명히 관하는 경계 중에 안주해 있으며, 마땅히 굳건하고 변치 않는 믿음과 정성스러운 마음으로써 삼보께 의지하며, 견고하고 게으름 없이 귀의를 수행해야 한다.

4) 귀의의 학처(學處, 지켜야 할 내용)
부처님께 귀의한 후에는 윤회하는 세간의 천신에게 예배하지 말아야 한다. 즉 아직도 윤회의 고통을 벗어나지 못한 자재천(自在天, 이슈와라)이나 변입천(遍入天, 비슈누) 등 외도의 하늘무리들이나, 지방신이나 토지신 등 세간의 대력 귀신을 후세의 귀의처로 삼아 예배하고 공양해서는 안 된다. 법에 귀의한 후에는 반드시 중생을 괴롭게 하는 일을 끊으며, 자기의 할 수 있는 바를 다해서 조그마한 실수도 방지하며, 꿈 가운데에도 중생을 해롭게 하지 않도록 노력해야 한다. 스님들에게 귀의한 후에는 외도를 벗으로 삼지 말고, 불교를 신앙하지 않거나 스승과 부처님을 믿지 않는 외도와 사귀지 않는다. 티벳에서 비록 진정한 외도는 없으나, 스승을 모욕하고 흉보며 정법을 비방하고 밀종의 깊은 법문을 비방하는 사람 또한 외도와 마찬가지이니, 절대로 그들과 친히 접촉하지 말고 왕래하지도 말 것이다.

부처님에게 귀의한 후에는 불상에 대해서 불상의 부서진 조각일지라고 공경하며 공양하고, 머리로 떠받들고 청정한 장소에 모셔두며, 그것에 대하여 진실로 불보라는 생각을 일으키고 신심을 일으키며 청정심으로 관해야 한다. 법에 귀의한 후에는 한 장의 찢어진 경문이나 한 자 한 구의 경문 또한 공경심을 일으키며 받들어 공양하고 진실한 법보의 생각을 일으킨다. 스님들께 귀의한 후에는 성보에 대해서 스님들의 가사에도 진실한 승보의 생각을 일으키며, 공경으로 받들어 공양하고, 그것을 가져와서 깨끗한 곳에 두며 신심을 내고 청정심으로 관상해야 한다.

현재의 자기에게 취해야 할 것과 버려야 할 것의 도리를 가르쳐주신 스승과 선지식에 대해서 우리는 반드시 진정한 불보로 여겨야 하며, 심지어 스승의 몸 그림자도 또한 맘대로 밟지 말고 조심해서 받들어 섬기며 공양해야 한다. 수승한 스승이 내려준 어떠한 가르침에 대해서도 모두 마땅히 진정한 법보라는 생각을 지닐 것이며, 가르침에 대해서다만 받들어 행할 뿐 일언일구 일지라도 소홀히 여기지 말아야 한다. 스승의 권속과 제자, 그리고 자기와 함께 청정한 범행을 지닌 법우들에 대하여서도 진정한 승보라는 생각을 가져야 하며, 몸과 말과 뜻으로 공경하고 의지하며, 한 찰나도 그들을 기쁘지 않게 하는 일을 해서는 안 된다.

더욱이 이 밀종의 금강승 중에 귀의 대상의 주존은 곧 스승이다. 그러므로 우리는 반드시 분명하게 스승의 몸은 승중(승가)이 되고, 말씀은 묘법이 되며, 뜻은 불타가 되는 것을 알아서 삼보가 모두 모인 본체로 삼아야 한다. 그런 후에 스승이 무엇을 하든 모두 선하고 묘한 것으로 보며, 진실한 믿음으로 의심 없이 정진하고 의지하며, 때때로 경건하게 기도드려야 한다. 만일 자신의 삼문의 행위가 스승으로 하여금 싫어하는 마음을 일으키게 하면 이는 곧 일체의 귀의 대상을 완전히 버리는 것이 되기에, 마땅히 때와 장소에 따라서 견고하고 변하지 않는 용감함과 결심으로 방법을 강구해서 스승을 기쁘게 해야 한다.

총체적으로 말하면, 괴로움과 즐거움, 좋음과 나쁨, 아픔과 슬픔을 막론하고, 어떻든 간에 오직 한마음 한뜻으로 스승과 삼보를 믿고 의지해야 한다. 만일 행복하고 즐거우면 또한 이것은 삼보의 가피 때문인 줄 알아야 하니, 부처님께서 경전에서 설하신 바와 같이 '이 세간의 안락과 좋은 일이나 뜨거운 여름날에 시원한 바람이 얼굴에 부는 것까지 모두가 부처님의 자비와 가피로 말미암은 것'임을 알아야 한다. 마찬가지로 자기의 마음 가운데 한 찰나의 착한 생각이 일어나는 것까지도 또한 이것은 부처님이 불가사의한 가피력으로 인한 것이니, 『입행론』 가운데 말씀하신 것과 같다.

먹구름 낀 캄캄한 밤 가운데
찰나의 번갯불이 아주 밝게 빛나는 것과 같이
부처님 위덕의 힘으로
세상 사람들은 잠시 복을 닦을 생각을 일으킨다.

그러므로 우리가 분명히 해야 할 한 가지는, 이롭고 즐거움에 관계없이 모든 일이 부처님의 대비심에서 근원하며, 병통·고통·마장 등을 막론하고 어떠한 좌절과 곤란이 나타난다 해도 삼보께 기도하는 것 외에는 병과 마장을 제거하는 다른 어떠한 방법도 의지하지 말아야 한다는 것이다. 예컨대 의료술이나 주마술 등의 유효한 방법을 빌리기를 필요로 할 경우에도, 이것들이 모두 삼보의 일이라는 것을 분명히 안 이후에 받아들여야 한다. 일체의 나타나는 것이 모두 삼보의 작용이라고 알아 깊게 믿어 의심함이 없어야 하며, 아울러 청정한 마음으로 보아야 한다. 자기가 어떠한 일을 처리하는 등의 어떤 목적으로 다른 지방에 갈 때도 또한 마땅히 먼저 가는 방향의 여래께 예를 올리고, 다시 또 삼보에 예를 올리고서 출발해야 한다. 일체의 때와 장소에서 마땅히 닝마빠 의궤(롱첸닝틱)의 귀의게를 염송한다.

진실한 삼보인 3근본이신 선서께
맥·풍·명점의 자성 보리심에
체성과 자성과 대비의 만다라 중에
내지 보리과를 이룰 때까지 영원히 귀의합니다.

혹은 공동승共同乘의 귀의게인

상사(스승)님께 귀의합니다.
부처님께 귀의합니다.
가르침에 귀의합니다.
승가에 귀의합니다.

라는 4귀의송四歸依頌을 항상 서원을 발하고 염송한다.
　다른 사람 앞에서도 또한 항상 귀의의 공덕을 찬탄하며, 그들로 하여금 귀의케 하고, 자신과 다른 모든 중생들이 금생과 내세에 의지하는 곳이 곧 삼보인 줄 알아 부지런히 귀의를 닦는다.
　일상생활의 행주좌와 가운데서도 항상 귀의를 관상한다. 저녁에 잠잘 때에도 마땅히 앞에서 설한 바와 같이 귀의 대상의 성중을 자기의 마음에 관상하고, 자기의 마음을 귀의 대상에 집중하면서 잠에 든다. 이 같이 하지 못하면 또한 마음속에 뜻으로 생각하되 '스승과 삼보께서 이때에 곧 저의 머리맡에 안주하시어 자비로써 연민히 여겨 주십시오'라고 생각한다. 스스로 진실한 믿음을 일으키고 아울러 청정한 마음으로 관하며, 삼보를 생각하는 상태를 여의지 아니하고서 잠에 든다. 음식을 먹을 때도 또한 마찬가지로 삼보께서 자기의 목구멍에 있다고 관상하면서 음식의 맛으로써 공양 올리는 것을 삼는다. 만일 이 같이 관상할 수 없다면 곧 성심성의로 일체 먹고 마시는 것의 일부분을 삼보께 받들어 올린다. 자기가 한 벌의 새로운 의복을 바꿔 입으려 함에 있어서도 아직 입지 아니했을 때 먼저 삼보께 공양하는 것을 관상하고서, 공중을 향해서 한 번 흔든 후에 생각의 뜻으로 삼보께서 자기에게 주었다고 생각하면서 다시 입는다.
　마찬가지로 마음에 기쁜 외부 대상을 만나도 삼보께 공양하며, 마치 아름다운 정원이나 맑게 흐르는 계곡물·아름다운 궁전·싱그럽게 하는 수풀·광대한 재산·풍부한 수용·몸에 찬 보석을 가진 아름다운 남녀 등 자기가 좋아하거나 집착하는 어떤 사물이라도 말할 것 없이 모두 성심성의로 삼보께 공양한다고 생각해야 한다. 물을 길을 때에도 마땅히 새로운 물을 삼보에 먼저 공양한 후에 다시 물을 자기의 물그릇에 따른다. 자기가 현세에서 행복함·편안하게 거주함·명성을 드날림 등 뜻에 맞는 어떠한 것이라도 모두 삼보의 대자비심으로부터 왔다고 생각하며, 먼저 삼보에 공양하고서 공경심을 일으키며 아울러 청정한 마음으로 관상해야 한다. 자신이 예배하고 공양하고, 본존을 관상 수행하고, 주문을 염송하는 등의 일체 선근 또한 마땅히 삼보께 공양하고 중생에게 회향해야 한다.

매월 음력 보름과 그믐날, 하루 여섯 때(六時)에 반드시 삼보에 공양할 것이며, 또한 평시에도 삼보에 공양하는 것을 끊이지 않도록 한다. 때와 장소에 따라 언제라도 간절히 잊지 말며, 고통스럽든 즐겁든 오직 삼보에 귀의해야 한다. 만일 능히 이렇게 행한다면 꿈 가운데서나 마음 가운데서 두려움과 근심이 많을 때에도 능히 귀의할 수 있게 된다. 이 같이 계속하면 또한 중음계에 있을 때도 그렇게 행할 수 있게 되니, 이 같은 경계에 도달하기 전에는 반드시 노력해서 귀의를 염송하며 닦아야 한다. 한마디로 요약하면, 한마음과 한뜻으로 삼보를 의지한 후에 목숨을 잃는 위험을 만나도 절대 삼보를 버리지 않는 것이다.

이전에 인도의 한 거사가 외도에게 잡혀 있을 때 그들이 말하기를 "만일 네가 삼보에 귀의함을 버리면 너를 죽이지 않겠지만, 만일 버리지 아니하면 너를 죽이겠다"고 하였다. 그가 대답하되 "내가 다만 입으로는 삼보에 귀의함을 버릴 수도 있으나 다만 마음만으로는 버릴 수 없다"라고 하여 결국 이 거사는 외도에게 살해되었다. 우리는 반드시 전심전력으로 스스로 이러한 자세를 갖추도록 노력해야 한다.

삼보에 귀의하는 것을 저버리면 어떠한 높고 깊은 큰 법을 수행해도 불교도의 행렬 가운데 들어갈 수 없다. 아띠샤 존자께서 말씀하시되 "안과 밖의 도는 귀의로서 구별된다"라고 하셨다. 외도 가운데에도 악업을 금함·본존을 수행함·풍맥을 닦음 등에 의지해서 공통으로 성취함을 얻으나, 그들은 삼보에 귀의하는 것을 알지 못하기 때문에 결과적으로 해탈의 길과는 또한 현격한 차이가 있으며 영원히 윤회 가운데서 해탈할 수가 없다.

아띠샤 존자의 학식은 드넓어서 바다와 같은 현교와 밀교 정법에 알지 못하는 바가 없으며 보지 못하는 바가 없으나, 초학자에 대하여 먼저 반드시 중점은 귀의에 두어야 한다는 생각을 하시고는 모든 법회마다 오직 귀의를 말씀하셨기 때문에 사람들은 '귀의법사(깜도빤디따)'라고 일컬었다.

그러므로 이미 해탈도에 들어간 불교신도로 불리는 우리들은 생명의 위협을 만나도 절대 귀의와 귀의게를 버리지 말며, 마땅히 정법을 수행 정진해야 한다. 경에서 말씀하신 것과 같다.

> 어떤 사람이든 부처님께 귀의하면 그는 참된 재가 수행자(眞居士)이다.
> 어느 때라도 다른 높은 신에게 귀의해선 안 된다.
> 정법에 귀의한 사람은 해치는 마음을 멀리 여의라.
> 거룩한 승가에 귀의한 자는 마땅히 외도와 사귀어서는 안 된다.

요새 우리들이 스스로 삼보의 수행자라고 생각하나 오히려 불경·불탑·불상 등에 대하여 털끝만큼도 공경심이 없으며, 이러한 것들을 보통의 재물을 삼아 매매하거나 저당 잡히는 도구로 삼는다. 이것은 곧 이른바 삼보의 재산을 사용하여 죄를 지음이 매우 큰 것이 된다. 이밖에 부처님을 그리고 불상을 조각하는 때에 치수를 재고 제작하며, 불상을 손가락으로 가리키고 발로 밀며, 함부로 평가를 내리며 존중하지 않는 것은 아름답지 못하며 잘못 또한 상당히 크다. 그러므로 우리들은 이러한 불상에 대해서 비평하거나 평가하지 말아야 한다.

또한 불경을 담은 상자나 가방을 땅에 놓거나, 경전 위를 넘거나 혹은 책장을 넘길 때 손가락에 침을 바르는 것을 삼가야 하나니, 이 같은 공경스럽지 못한 행동들은 죄가 특히 무겁다. 세존께서 말씀하셨다.

말세 오백 년이 되면
나는 문자의 모양으로 머물 것이다.
그 경전을 나라고 생각하며
그때는 마땅히 공경해야 한다.

세간 가운데에도 "불경 위에는 불상을 놓지 못한다"는 이야기가 있다. 모든 불상과 경전과 불탑 중에서 불경은 법을 이해시키고 인과를 취사하게 하는 도리를 가르치고 있고, 불법 지혜의 목숨을 이어주는 작용을 하기 때문에 진짜 부처님과 조금도 차별이 없으며, 심지어 부처님과 서로 비교한다 해도 뛰어나며 그에 미치지 못함이 없다. 더욱이 현재의 많은 사람들은 금강령과 금강저를 가지고 평상의 일용품으로 삼으면서, 삼보에 의지하는 법구라고는 생각지 않는다. 하지만 실제로 금강저는 불타의 다섯 가지 지혜(대원경지, 평등성지, 묘관찰지, 성소작지, 법계체성지)를 의미한다. 금강령 또한 마찬가지로 본존의 얼굴을 상징적으로 갖춘 것으로서, 하속부(下續部, 하부딴뜨라인 사부事部와 행부行部) 중에는 이 하나의 얼굴이 비로자나불을 대표한다고 말하며, 상속부(上續部, 상부딴뜨라인 요가부와 무상유가부)에는 그것이 금강계자재모(金剛界自在母, 비로자나의 불모)를 표시한다고 말한다. 그러므로 그것은 (부처님) 몸의 모습을 갖춘 것이다. 또한 금강령 위에는 팔대불모八大佛母의 진실한 종자種子 글자의 경문 모양이 있으며, 그밖에 맑게 울리는 그 소리는 부처님 설법의 묘음을 표시한다. 그러므로 금강령은 이미 완전히 몸과 말과 뜻 세 가지 의지하는 바의 모습을 갖추고 있다. 더욱이 그것은 밀종 금강승의 모든 만다라를 완전하게 갖추고 있으며, 또한 불공삼마야(不共三昧耶, 특별한 서언)의 상징이다. 따라서 만일 함부로 경시하면 그 죄과가 극히 무거우니 우리는 마땅히 항상 공경하고 공양해야 한다.

5) 귀의의 공덕

삼보에 귀의함은 일체 정법의 기초이며, 어떠한 사람이라도 다만 삼보에 귀의함으로 해탈의 종자를 심고, 불선업을 멀리 여의고 선업을 증가시키며, 일체 계율의 근본을 이루어 일체 공덕의 원천이 된다. 삼보에 귀의한 사람은 잠시라도 또한 선법 방면의 호법신의 보호를 받으며, 일체 원하는 바가 뜻과 같이 마음에 합해지며, 항상 삼보의 광명을 여의지 아니하며, 또한 능히 과거 생을 기억하고 금생과 내생에도 안락하며, 구경에 불과를 얻는 등의 헤아릴 수 없는 공덕이 있다. 『귀의칠십송歸依七十頌』에서 말하였다.

비록 대중이 다 계를 받을 수 있으나
귀의를 하지 않으면 가히 얻을 수 없다.

비구계·사미계·거사계 등 모든 별해탈계에 있어서 귀의는 없어서는 안 될 선결조건이다. 뿐만 아니라 대승의 수승한 보리심을 발하며 금강밀승의 관정 등을 받는 이 모든 것에 있어서 또한 반드시 진실한 귀의를 구족하는 것이 전제가 되며, 심지어는 단 하루의 포살계(布薩戒, 八關齋戒)를 받아 지님에도 또한 귀의를 빼놓을 수 없다. 이 때문에 귀의는 일체 계율과 공덕의 근본이 된다고 말하는 것이다.

삼보의 공덕을 이해한 후에 신심을 일으켜서 귀의하는 것은 말할 것도 없고, 다만 귀로 부처님 명호를 듣거나 혹은 부처님의 몸과 말과 뜻에 의지하는 어떠한 한 가지 조그마한 선한 인연을 맺어도 심식 가운데에 해탈의 종자를 심어 최종적으로는 열반을 얻는다. 율장 가운데 말씀하시길 "일찍이 한 마리 돼지가 개에게 쫓겨 한 불탑을 돌았는데, 이로 말미암아 심식 가운데 해탈의 종자가 심어졌다"라고 하셨다. 이밖에 또한 "하나의 진흙 불상(쨔차)을 의지하여 세 사람이 성불을 얻는다"라는 이야기가 있다.

옛날에 한 사람이 길가에서 한 분의 작은 진흙 불상을 보고서 '이 조그마한 불상이 만일 이 같이 버려져 있으면 금방 빗물에 씻겨서 부서질 것이니, 부서지지 않게 해야 한다'고 생각하였다. 그는 앞이 떨어져서 버려진 신발 한 짝을 보고서 그 신발을 주워서 작은 진흙 불상을 덮었다. 다른 한 사람이 지나다가 이것을 보고서는 이러한 더러운 신발로 불상의 머리에 덮는 것은 매우 나쁘다고 생각하여 신발을 벗겨내 버렸다. 신발을 씌운 것과 신발을 벗겨낸 두 사람은 착한 뜻의

과보로써 후세에 왕의 지위를 얻었다. 게송에서 말한 것과 같다

　　한 사람은 착한 뜻으로
　　신발을 부처님의 머리에 씌우고,
　　다른 사람은 다시 그것을 벗겨 버려,
　　두 사람이 왕위를 얻었다.

그러므로 최초에 진흙 불상을 만든 사람과 중간에 신발을 씌운 사람, 마지막에 신발을 벗겨낸 세 사람은 모두 잠시 왕위 등 좋은 곳(善趣)의 즐거운 과보를 얻었으며, 구경에는 해탈의 종자를 심어 성불했다.

불선업을 여의는 공덕도 또한 이와 같다. 만일 자신의 마음에서 최대의 공경심으로 삼보에 귀의하면 이전에 지은 악업이 감소하거나 남김없이 다 녹아버리게 된다. 이후부터는 자신의 심식에 또한 삼보의 큰 자비심의 가피가 내리고, 일체의 행위가 모두 선법이 되며, 또한 다시는 악업을 짓지 않는다. 예컨대 불경 가운데 기록되어 있기를, 미생원국왕(未生怨國王, 아자따사뜨루)은 자기의 아버지를 죽였으나 후에 성심성의로 삼보에 귀의했으며, 그 결과 다만 7일의 지옥 고통만을 받고서 해탈을 얻었다. 제바달다는 3가지의 무간죄를 짓고 산 채로 지옥에 떨어졌을 때 문득 부처님의 말씀에 대해서 진실한 믿음이 생겼으며, 아울러 말하기를 "제가 이제 마음 깊은 곳으로부터 부처님께 귀의합니다"라고 했다. 이로 말미암아 장래에 연각緣覺의 과위를 성취하여 이름을 구골具骨이라 불릴 것이라고 하였다.

이제 우리들이 스승과 선지식의 큰 은혜와 큰 덕에 의지해서 수승한 정법을 들었으며, 나아가서 마음 가운데 선을 행하고 악을 끊어야겠다는

조그마한 생각을 일으켰으니, 이때 만일 능히 힘을 다해서 마음 깊은 곳으로부터 삼보에 귀의하면 삼보께서 반드시 자기의 심식 가운데 가피하시어 자기의 신심·청정심·염리심·출리심·인과를 성심껏 믿음 등 일체 성도의 공덕이 점점 증가하게 한다. 반대로 만일 스승과 삼보에 귀의하고 기도하는 것을 방치하거나 혹은 소홀히 여기면 현재의 염리심·출리심 등이 얼마나 많이 이루어졌음에 관계없이 다만 형형색색의 바깥 경계가 사람의 마음을 유혹하여 더욱더 자신의 지혜가 천박해지고 주견主見이 없어지며, 분별하는 생각의 유혹에 매우 쉽게 빠진다. 그러므로 현재는 선법을 받들어 행하나 쉽게 죄를 짓는 방향으로 나아가게 된다. 따라서 우리는 지금 이후로 철저하게 불선업의 심식을 끊는 것도 또한 귀의보다 더 뛰어난 것은 없으므로, 귀의의 중요성을 반드시 분명하게 알아야 한다.

이외에 이른바 "정진하고 수행하는 사람에게는 마장이 더욱 치성한다"는 말과 "법이 깊어진 때 검은 마가 더욱 힘을 얻는다"[134]는 말이 있다. 지금은 이미 오탁의 악한 세상에 이르러 깊은 법을 닦거나 광대한 선을 행함에 있어 현세의 가지가지 유혹을 만나며, 친한 친구들이 자주 장애가 되며, 병과 마장이 겹겹으로 장애가 되고, 다시 자신의 마음속에 또한 의심이 많으며, 망념이 어지러운 등 정법의 장애와 변화가 여러 갈래여서 선업의 자량을 무너뜨린다. 만일 마음속으로 결심을 하고 삼보에 귀의하는 등의 대치하는 법을 닦아 지니면, 수행의 모든 장애가 변해서 순수한 인연이 되어 선법을 더욱더 늘어나게 한다.

이와 같을 뿐 아니라, 지금 같은 시대에 재가신도들은 일 년 동안에

---

134 도가 한 자 높아지면 마도 한 장 높아진다(道高一尺, 魔高一丈)는 뜻.

집안의 재난을 면하고 화평을 얻기 위해서 불공기도를 하고자 하여, 어떠한 관정과 전승도 받지 않고 기본적인 진언도 원만하게 외우지 못하는 승려들을 집으로 초청한다. 이들은 맹렬히 하나의 단을 설치하고, 본래 어떠한 생기와 원만차제의 경계도 없으면서 다만 두 눈을 사발 만하게 부릅뜨고서 설치된 단상에 대하여 참지 못할 화난 마음을 일으키며 입으로는 "끌어내! 끌어내! 죽여! 죽여! 야! 야! 때려! 때려!"라고 고함치며 사람들로 하여금 한 번 들으면 무섭고 두려운 느낌을 준다. 그들이 오직 행하는 것은 곧 피와 고기로써 공양하는 것일 뿐이다. 만일 이와 같은 종류의 현상을 잘 관찰해 보면, 밀라래빠 존자께서 설하신 말씀과 같다.

> 지혜의 본존을 초대하여 세간의 이익을 부탁하는 것은, 국왕을 보좌 위에서 끌어 내려서 그에게 청소를 하도록 하는 것과 마찬가지이다.

또한 빠담빠상개 존자께서 말씀하신 것과 같다.

> 밀종의 만다라를 농촌의 양 우리 안에 설치하고서 어떻게 능히 번뇌를 대치하겠는가? 가소로울 따름이다!

이와 같이 그릇되게 밀교의 주문을 외우는 것은 뵌교에서 외우는 것에 물든 결과이다. 마귀를 항복시키는 기도는 다만 사심과 잡념이 없고, 광대한 법을 펴고 중생을 이롭게 하기 위해 10가지 원수와 마장을 항복시킬 때 허용될 수 있다. 만일 자기와 남에 집착해서 자신의 화내는 마음으로써 항복을 진행하면 상대방을 항복시키지 못할 뿐 아니라 도리어 자기가 마에 떨어지는 원인이 된다. 근본적으로 생기차제와 원만차제의 경계가 없고, 삼마야가 청정하지 못한 사람이 피와 고기로써 공양하면 지혜의 천존(본존)과 정법을 수호하는 호법신을 닦을 수 없을 뿐 아니라, 반대로 흑법黑法 방면의 모든 요마귀신들이 분분히 모여들어서 그 같은 공양을 받는다. 비록 이러한 귀신이 눈앞에 조금 이익이 되는 일을 하는 것 같으나, 멀리 보면 여러 가지의 불행한 것을 가져온다. 그러므로 우리는 힘써서 한마음 한뜻으로 삼보에 귀의하여야 한다.

실제로 심식이 고요하고 잘 다스려진 스승과 그러한 스님을 청해서 십만 번의 귀의게를 염송하게 하는 것이 가장 안전한 것이다. 이 같이 하면 자신은 이미 삼보의 보호 아래 들어가며, 금생에 어떠한 유쾌하지 않은 일도 만나지 않고, 일체의 하고자 하는 바는 소원과 같이 이루어지고, 선법 방면의 하늘무리에게서 보호를 얻으며, 흑법 방면의 모든 마장 또한 접근하지 못한다.

예를 들면 이전에 한 도적이 주인에게 잡혔는데, 주인이 한 번 귀의게를 염송하고서 한편으로는 곤봉으로 그를 때렸다. 한 마디에 귀의불을 염송하면서 한 번 때리고서 이 같이 계속하여 네 마디의 귀의게를 전부 외운 후, 곧 그를 풀어주었다. 도둑이 생각하기를 '석가모니 부처님의 은덕이 실로 매우 크니, 다행히도 귀의게가 단지 네 마디뿐이었다. 만일 귀의게가 다섯 마디였다면 나는 이미 맞아 죽었을 것이다' 하였다. 그가 마음 가운데 귀의게의 소리와 맞아서 아픈 것이 하나로 이루어진 것 같이 머릿속에 낭랑하게 귀의게의 소리가 계속 울리는 것과 같았다. 그는 어느 다리 밑에 이르러서 누워버렸다. 이때 다리 위에 많은 귀신이

와서 말하되 "이곳에 삼보에 귀의한 사람이 있다"고 하면서, 감히 다리를 건너와 그를 해칠 수 없다고 소리를 지르며 달아나 버렸다.

그러므로 만일 내심으로 진실로 삼보에 귀의하면 금생에 일체의 해로움을 제거하고 후세에는 해탈과 변지遍知의 과위 등 불가사의한 공덕을 얻는다. 『무구경無垢經』에서 말씀하신 것과 같다.

　　귀의의 복덕이
　　만약 그 모습을 갖추고 있다면
　　허공계에 가득하며
　　허공보다 더 크다.

『반야섭송般若攝頌』에서도 말씀하셨다.

　　귀의의 복덕이 만약 모습을 가지고 있다면
　　이 삼계는 조그마한 그릇이 되고
　　큰 바다는 또한 됫박 물이 될 뿐이니
　　크기를 어찌 능히 측량하겠는가?

이밖에 또 『일장경日藏經』에서 말씀하셨다.

　　중생이 누구나 부처님께 귀의하면
　　구지 수의 마의 무리도 능히 해치지 못하며
　　비록 계율을 파하여 마음이 어지러운 사람도
　　역시 반드시 열반으로 나아간다.

이로 보건대 귀의는 무량공덕을 갖춘 것이다. 그렇기 때문에 우리는 마땅히 부지런히 일체 정법의 근본인 귀의를 닦아야 한다.

비록 이미 귀의했으나 진실한 믿음이 약하며
비록 삼학을 받아 배웠으나
여전히 계율을 버리고 파했으므로
저와 더불어 저와 같은 모든 중생이 함께
물러남이 없는 견고한 신심을 가지도록
가피하시기를 기도드립니다.

2. 수승한 보리심을 발함

대지혜로 수승한 열반을 이루시고
대비심으로 윤회 가운데 머무시며
선교방편으로 윤회와 열반이 둘이 아님을 증득하시니
비할 바 없이 뛰어난 스승의 발아래 정례하옵니다.

대승의 근본인 수승한 보리심을 발함으로 인도하는 가르침은 셋으로 나뉜다. 4무량심을 수행함(修四無量心), 수승한 보리심을 발함(發殊勝菩提心), 원보리심과 행보리심의 학처(願行菩提心之學處)가 그것이다.

'4무량심을 수행함'은 네 가지로 나누어진다. 사捨무량심을 수행함, 자慈무량심을 수행함, 비悲무량심을 수행함, 희喜무량심을 수행함이다.

1) 4무량심을 수행함

(1) 사捨무량심을 수행함

본래 자·비·희·사의 4무량심 중에서 처음에 마땅히 자무량심으로부터 시작해서 설명해야 한다. 그러나 실지로 수행하는 순서에 따라 마음을 닦을 때에는 먼저 사심(捨心, 평등심)을 닦지 않으면 자심慈心과 비심悲心이 한쪽으로 치우치게 되어 완전한 청정에 도달하지 못하므로, 먼저 사심부터 시작해서 수행해야만 한다.

이른바 사심은 원수에 대해서 화냄·친구에 대해서 애착함을 버리는 것을 가리키며, 일체중생에 대해서 멀고 가까움이 없고 사랑하고 미워함이 없는 평등심을 가리킨다. 대다수의 범부들은 현생의 부모, 가족이나 친척이나 벗 등 자기와 가까운 사람들에 대하여 매우 탐착하며, 원수나 적 등 자기편이 아닌 사람에 대하여 성내고 참지 못하는 것은 사실 잘 관찰하지 아니한 과실로서 이루어진 것이다. 사실 현재의 이러한 원수나 적은 과거 세세생생 중에 일찍이 자기의 가족이나 친척이 되어 서로 존경하고 사랑하며 화목하고 공동으로 보호해 주었으며, 도움이 되어 준 것이 또한 상상할 수 없이 많다. 요즈음에 가족이나 친척이 된 사람들도 과거 세세생생 중에 일찍이 자기의 원수나 자기를 해친 사람이 많다. 앞에서 성자 까따야나께서 말씀하신 것과 같다.

> 아버지의 살을 먹으며 어머니를 때리고
> 자기를 죽인 원수를 품에 안고 있으며
> 처가 남편의 뼈를 씹고 있으니
> 윤회의 현상은 정말로 희유하구나.

이전에 법왕 티송데짼의 왕녀인 연명(蓮明, 뻬마샐)공주가 17세의 젊은 나이에 갑자기 세상을 떠났다. 당시에 법왕 티송데짼은 아사리 린뽀체(연화생 대사)를 향하여 여쭈었다.

"나의 딸인 연명공주를 보건대 과거 업이 청정한 사람이라고 할 수 있습니다. 그녀가 환생해서 국왕인 나 티송데짼의 딸이 되었고, 아울러 다행히도 참된 부처님과 같은 대지혜의 스승이며 대번역사인 당신들을 만났습니다. 그런데 무엇 때문에 그녀의 수명이 이와 같이 짧게 되었습니까?" 연화생 대사께서 풀이하여 말씀하셨다.

"실은 당신의 딸 연명공주는 속세의 업이 청정해서 당신의 딸로 환생한 것이 아니다. 이전에 나 연화생과 왕인 당신과 보리살타가 일찍이 환생해서 변변치 않은 집의 세 아들이 되었다. 우리가 (네팔 카트만두에 있는) 자룽카숄 대탑을 세울 때 연명공주는 한 마리의 독벌이었다. 벌이 국왕인 당신의 혈관을 쏘았는데, 당신은 무의식중에 손을 문질러서 독벌을 눌러 죽였다. 그래서 당시의 인과로 말미암아서 그 독벌이 환생해서 당신의 왕녀가 된 것이다."

본래 법왕 티송데짼은 참으로 문수보살이었는데, 그 또한 이 같이 숙세의 빚으로 말미암아 태어나는 후손이 있었으니, 하물며 다른 사람이야 더 말할 게 있겠는가?

현재 우리들은 부모와 더불어 혈연관계가 있고, 우리들에 대한 그들의 보살핌과 사랑은 가히 상상할 수가 없다. 우리가 고통을 받거나 불행할 때에 부모는 자기에게 이러한 일이 생긴 것보다 더 슬퍼하는데, 실제로 이것은 모두 과거에 서로 주고받은 빚의 영향 때문이다. 지금 자기의 원수가 된 사람들 또한 과거 세세생생 중에 부모가 되지 않았던 사람은 없다. 현재에 비록 자신은 상대방에 대해서 원수로 생각하지만,

그들 또한 자기에 대해서 해치는 것만 있는 것이 아닌데도 자기가 그들을 원수로 볼 뿐이다. 즉 상대방은 자기를 원수로 생각하지도 않으며, 그들이 자기를 해칠 능력도 없을 수 있다. 또한 원수나 적이 자기에게 해를 입히는 인연으로 말미암아 잠시 명예가 더 많아지고, 곧바로 정법을 만나게 되고 결국에는 이로움과 즐거움을 성취하게도 된다. 만일 자기가 각종 방법을 통해서 그(원수)가 마음에 좋아하는 뜻을 따라서 부드러운 말을 한다면 피차간에 인정이 통하고 뜻이 합하는 친구가 되며 아울러 곤란한 일도 당하지 않는다.

반대로 현세에 스스로 친구라고 생각하는 사람들이 자신을 속이거나 심지어는 부모를 죽이는 상황도 있다. 게다가 반대편의 원수들이 힘을 합하여 자기 집의 재산을 뺏거나 투쟁이 발생하는 현상도 적지 않다. 만일 그들과 부모의 관계가 화목하다고 해도 자녀가 고생하거나 즐겁지 않은 일을 당할 때 부모는 자기에게 이러한 일이 생긴 것보다 더 슬퍼한다. 가족이나 자손 등을 위하여 자기가 하늘에 가득한 큰 죄를 지으면 후세에 이르러서는 반드시 지옥에 끌려간다. 비록 자신의 마음속에는 정법을 수행하기를 희망하나 도리어 항상 그들의 일에 끌려가며, 또는 부모가 자녀를 여의지 못하거나 자녀가 부모를 버리지 못해 쌍방이 같이 인정에 의지한 여의지 못함으로 법 수행을 소홀히 하게 되면, 앉아서 좋은 때를 다 잃어버리게 된다. 이로써 보건대 가족은 자기에 대하여 원수나 적과 비교해서 더 해가 될 수도 있다.

또한 후생에 대해서도 마찬가지로 원수들은 환생해서 자기의 자손이 되며, 가족들은 환생해서 자기의 큰 원수나 적이 되는 등이 모두 일정하지가 않다. 그러므로 금생의 가족이나 원수라는 순간적인 나타남에 집착하여 실제로 있는 것으로 집착하여 탐심과 진심을 품어 악업을 쌓으면 자기로 하여금 악도에 떨어지게 하니, 이렇게 해서 끝내 무슨 소용이 있겠는가? 우리는 반드시 자신부터 실천하여 일체중생에 대해 부모나 자손이라고 생각하며, 과거의 선배 성자들의 전기에서 설한 바와 같이 친족과 원수를 평등하게 대해야 할 것이다.

무엇보다도 이상의 도리에 대하여 사유하고 관상해야 한다. 마땅히 모든 힘과 좋은 방법을 다하여 자기 마음속의 매우 싫어하는 것이나 화를 내게 하는 모든 대상과 경계에 대하여 화내지 말고 노하지 않도록 해야 한다. 모든 방법으로 자기 마음을 수련함으로써 마음속에 완전히 그들이 이로움도 없고 해로움도 없는 평등한 관계로 보일 때가 되면, 이어서 다음과 같이 관상한다.

'이와 같은 보통 사람들은 한없는 세월로부터 세세생생에 있어서 모두 일찍이 여러 번 나의 어머니가 되었으니, 현세의 나를 낳아준 부모와 다르지 아니하다.' 그들에 대하여 이와 같은 평등한 자애심이 일어나지 않았으면 반드시 반복해서 관상하고 수행해야 한다.

마지막으로 가족이나 원수나 혹은 평등한 사람들에 관계없이 모든 중생에 대하여 현세의 부모와 어떠한 차별도 없는 연민의 정을 일으켜야 하며, 이러한 평등한 자비심이 일어나지 않았으면 힘써 반복해서 관상하고 수행해야 한다. 만일 이러한 경지에 도달함이 없으면서 어떤 가족이나 원수에 대하여 자비심도 내지 않고 또한 화도 내지 않으며 평등하고 담담한 마음상태를 지으면, 이것은 이로움도 없고 해로움도 없는 어리석은 평등심(愚捨)이라고 하며, 사捨무량심에 속하지 않는다. 진정한 사무량심은 선인仙人이 보시하는 것과 같아야 한다. 예컨대 선인이 손님을 청하거나 보시를 베풀 때에는 모든 사람에 대하여 고귀하거나 빈천하거나, 강하거나 약하거나, 지혜롭거나 어리석거나, 선하거나 악하거나·고급이거나 중간이거나 등의 차별이 없이 평등하게 보시를 베푼다. 마찬가지로 우리 또한 반드시 천하의 많은 중생들에 대하여 큰 자비심으로 평등하게 대해야 한다. 이러한 결정된 견해가 생기지 않았다면 마땅히 반복하여 마음을 수행해야 한다.

(2) 자慈무량심을 수행함

사捨무량심을 수행하여 표준에 도달한 후에 이어서 다시 자무량심을 수행한다. 삼계의 일체중생을 평등하게 자심慈心의 대상으로 삼으며, 그런 후에 부모가 자식을 기르는 것과 같이 수행한다. 예를 들면 부모가 친히 어린이에게 젖을 먹여 기를 때 아이의 잘못된 행위는 보지 않고 또한 자기의 고생도 생각하지 않으며, 다만 모든 방법을 써서 아이를 편안하고 행복하게 한다. 마찬가지로 우리는 자기의 몸과 말과 뜻으로 전력을 다해서 일체중생의 금생과 내세의 안락과 이익이 되는 각종 방법을 강구해야 한다.

중생은 모두 자기가 행복하기를 바라며 자신의 행복과 안락을 추구한다. 누구도 고통스럽고 슬픈 것을 바라지 않지만, 다만 그들은 근본적으로 안락의 원인이 선한 법을 행하는 것인 줄 알지 못하고 열 가지 불선업을 행한다. 이로 인해 구하는 바와 행하는 바가 반대의 길로 치달린다. 따라서 마음 가운데 '이러한 안락을 바라면서도 고통받는 모든 중생이 만일 모두 각기 원하는 바를 따라서 그 안락을 얻으면 얼마나 좋겠는가!'라고 두 번 세 번 관하며 수행을 진행한다. 마지막에는 자기만 안락한 것을 바랄 뿐 아니라 일체중생도 안락을 구하는 것이 자기와 차별이 없으니, 참으로 이 같은 바른 견해가 생길 때까지 반복해서 수행한다. 여러 경에서 "신업身業을 자비스럽게 하고, 어업語業을 자비스럽게 하며, 의업意業을 자비스럽게 한다"라고 말씀하신 것과 같다.

　입으로 하는 말과 손으로 짓는 일이 모두 다른 중생을 해치게 해서는 안 되며, 처음부터 끝까지 진실하고 성실한 자비심으로 해야 한다. 『입보리행론』에서 "눈으로 중생을 볼 때 정성과 자비로 봐야 한다"고 말씀하신 것과 같다. 눈으로 다른 중생들을 볼 때에 응당 자비스러운 얼굴로 보며, 절대로 성난 눈으로 보면 안 된다. 예전에 권력을 전횡하는 관원이 매번 눈을 부라리며 사람을 깔보아서, 그 결과로 후세에 한 농가의 아궁이 옆에서 떨어져 남은 밥알을 주워 먹는 아귀가 되었다. 경에서는 "미워하는 눈으로 성자를 보아, 지옥으로 떨어졌다"고 말하였다.

　신체의 일체 위의威儀 또한 점잖고 부드러워야 하며 사람들에게 편안하고 기쁜 느낌을 주어야 하고, 다른 중생을 해치는 일을 해서는 안 되며 전심전력으로 다른 사람을 이롭게 해야 한다. 입으로 하는 말은 한마디도 다른 사람을 깔보거나 배척하거나 비난해서는 안 되며 마땅히 진실하고 듣기 좋은 말을 해야 한다. 마음속의 생각도 또한 이와 같아야 한다. 다른 사람을 이익 되게 하면서 절대로 자기가 이익을 얻기를 바라지 말아야 한다. 또한 허위로 꾸미거나 부드럽게 말하는 척하는 수단으로 다른 사람으로 하여금 자기를 훌륭하게 여기게 하지 말며, 자기의 내심으로부터 오직 힘써 다른 중생을 이롭게 하는 것만을 구해야 한다.

　마음속에 반복해서 발원하되 '나는 세세생생 중에 다른 중생의 한 가닥 터럭조차도 손상시키지 않으며, 한마음 한뜻으로 그들을 이익 되게 하기를 원합니다'라고 해야 한다. 더욱이 자기를 의지하는 권속·종·축생 등에 대해서도 사랑이 가득한 정으로 대하며, 집의 문을 지키는 개 등도 모두 절대로 때리거나 학대하지 말아야 한다. 때와 장소에 따라서 행동 하나 말 한 마디 혹은 한 생각까지도 모두 인자하고 자비로서 해야 한다. 실제로 금생에 태어나서 종이 되고 집 지키는 개가 되어서 사람들의 업신여김을 받는 이 중생들은, 과거에 권세 있는 사람이었을 때에 남을 업신여기는 악업을 지은 것이 성숙되어 그 과보로 금생에 와서 빚을 갚는 것이다. 만일 현재에 자기가 돈이 있고 권리가 있다고 해서 다른 사람을 멸시하면, 후세에 자기도 다른 사람의 종이 되어서 빚을 갚아야 한다. 그러므로 자기보다 낮은 처지에 있는 중생들에 대해서 마땅히 좀 더 인자하고 자비롭게 대하며, 좀 더 사랑하는 마음을 가져야 한다. 특별히 자기의 부모나 오랫동안 병석에 있는 환자 등에 대해서 자기의 몸과 마음으로 정성을 다해 이익 되게 하는 것은 불가사의 한 공덕과 이익이 된다. 아띠샤 존자께서 말씀하셨다.

　　만일 멀리서 온 손님이나, 오랫동안 병들어 누워 있는 환자나, 연세가 많은 부모님 등에 대해서 자비스럽고 사랑스러운 마음을 쓰면 실로 공성과 대자비를 함께 닦는 사람과 서로 같다.

더욱이 부모가 자녀에 대해서 어질고 정성스러우면 그 은혜가 산과 같다. 그러므로 만일 부모가 나이가 많아서 노인이 되어 활동이 불편할 때에 그분들의 감정을 상하게 하면 실로 이는 대역무도한 것이며 죄가 특별히 엄중하다. 우리들의 큰 스승이신 석가모니 부처님께서도 또한 일찍이 어머님의 은혜를 갚기 위하여 33천에 가셔서 어머님을 위해서 설법하셨다. 부처님께서 경(『부모은중경』)에서 말씀하셨다.

자식이 부모님을 왼쪽과 오른쪽 어깨 위에 메고 지구를 돌며 모신다 해도 부모님의 은혜는 갚기 어려우나, 만약 부모님으로 하여금 부처님 정법에 들게 하면 곧 부모님의 은혜를 갚을 수 있다.

그러므로 항상 몸과 말과 뜻으로 부모님을 존중하고 공경하는 것은 누구나 응당히 해야 할 의무이며, 우리들은 반드시 방법을 다해서 부모님의 마음이 부처님의 정법으로 향하게 해야 한다.

이밖에 연화생 대사께서 말씀하셨다.

절대로 노인을 마음 상하게 하지 말며, 공경을 다하여 받들고 보호해 드려야 한다.

우리들은 말과 행동을 자비스럽게 하고 사랑스러움으로 관심을 가지고서 자기보다 나이가 많은 분을 보살펴 드려야 한다. 요즘 시대의 우리들 가운데 일부 사람들이 말하되 "가족을 먹여 살리고 입에 풀칠하기 위해서는 중생을 해치지 않을 방법이 없다"라고 하나, 실제로는 방법이 있다.

이전에 신장(新疆, 호탄) 지구에 사는 두 사미가 문수 수행법을 닦다가 문수보살을 친견하게 되었다. 문수보살이 그들에게 말씀하시되 "너희 두 사람은 나와 인연이 없으며, 너희들 세세생생에 인연이 있는 본존은 관세음보살이시다. 관세음보살이 화현하여 토번국 왕(송짼감쁘)의 형상으로 나타나셨으니 너희들은 가서 그분을 친견해라"라고 하였다. 이에 그들 두 사람은 서장(티벳)에 왔다. 라싸에 있는 약왕산[35]을 방문해서는 많은 사람들이 사형당하거나 감옥에 끌려 들어가는 것을 보았다. 그들이 묻되 "도대체 무슨 까닭에 그럽니까?" 하자, 사람들이 그들에게 말하되 "이들은 국왕이 명령하여서 벌을 받는 것이다"고 하였다. 두 사람은 '이 국왕은 분명히 관세음보살의 화신이 아니며, 우리들 또한 벌을 받을 수도 있으니 빨리 도망가는 것이 낫겠다!'고 생각하였다. 국왕이 이 사람들이 도망가려고 하는 것을 알고서 사람을 보내어 그들을 불러오게 하고는 그들에게 말하였다.

"너희들 두 사람은 두려워할 것 없다. 티벳 사람들은 흉폭하여 다스리기 어려우므로 내가 잠시 거짓 모습을 보인 것이며, 내가 명령을 내려서 사형시킨 저 사람들은 모두가 내 자신이 변화해 나타낸 것이다. 실제로 나는 한 중생의 털끝 하나조차도 상하게 한 적이 없다."

국왕인 송짼감뽀는 티벳 국가의 정사를 다스리고 아울러 속국인 네 개의 왕국을 관할했으며, 변경의 많은 군대를 정복하고, 큰 적을 무찌르고 국민을 보호하는 일을 이루었으나 또한 한 중생의 털끝 하나조차도 상하게 하지 않았다. 그렇다면 현재 우리들은 다만 하나의 개미집 같이 작은 가정을 지키면서도 어찌 중생을 해치지 않을 방법이 없다고 하는가? 중생을 해치는 결과는 스스로 악업의 과보를 받고, 스스로 금생이나 내생에 한없는 고통의 보응을 받기에 이른다. 금생의 일로만 말하여도 털끝만한 이익도 얻을 수 없다. 사람을 죽이며 생명을 해치는 것 때문에 빚을 지고 빚을 갚으며, 헛되이 자기의 재산을 낭비하는 것 외에는 근본적으로 누구도 중생을 해치고 악업을 지어서 재산과 복덕을 얻는 일은 없다. 그러므로 자무량심을 닦는 것은 어미 새가

---

135 약왕산藥山王 : 포탈라 궁전의 서남쪽에 있는 산으로 티벳의 4대 명산 중 하나.

새끼 새를 기르는 것과 같다. 어미 새가 새끼 새를 기를 때, 먼저 부드러운 새집을 짓고서 새의 깃털을 써서 새끼를 덮어 따스하게 해주며, 새끼 새가 날기 전에는 늘 조심하고 정성스럽게 기른다. 마찬가지로 우리도 또한 몸의 행동과 입의 언어와 마음의 생각을 통해서 자비로 삼계의 일체중생을 잘 대해주어야 한다.

(3) 비悲무량심을 수행함

비무량심을 닦을 때에는 큰 고통을 받는 중생을 관상하고서, 그가 고통을 여의기를 희망한다. 경전 가운데 말씀하셨다.

> 감옥에 갇혀 사형을 기다리는 죄수나 백정 앞에서 막 죽으려 하는 짐승 등 고통받는 한 중생을 슬피 여기는 대상을 삼아서 관상하며, 그에 대하여 어머니나 자식을 대하는 것 같은 마음을 낸다.

구체적인 수행법은 다음과 같다. 예를 들면 국왕에게 사형언도를 받은 죄수나 혹은 백정에게 묶여 있는 한 마리의 양을 관상할 때, 그들이 어떠어떠한 중생이라는 생각을 놓아버리고 생각한다. '만일 저 중생이 곧 나 자신이라면 응당 어떻게 할까?' 뜻을 오로지 하여 마음으로 생각하되 '저쪽에 바로 고통을 받고 있는 중생이 나라면 현재 도대체 어떻게 해야 할까? 달아날 수도 없고 벗어날 수도 없으며, 의지할 데도 없고 머무르거나 피할 수도 없고, 또한 날아갈 수도 없으며, 힘과 무력으로도 대항할 수 없다. 이러한 순간에 금생의 일체의 현실을 여의며, 심지어는 자기가 아끼고 보호하는 몸 또한 버려서 후세의 길로 들어가니 이 얼마나 비참한가!' 이와 같은 고통이 자기의 몸 가운데 닥친 것을 관상하고 마음으로 느낀다.

또는 한 마리의 양이 도살장에 끌려가는 것을 보고 관상한다. '만일 이 양이 곧 나를 낳아 준 어머니라면 이것을 어떻게 할까?' 그 한 마리의 양이라는 생각을 놓아버리고 마음의 내면으로부터 그것은 곧 자신을 낳아 준 모친이라는 것을 관상하며, 이어서 다시 한 발 더 나아가 관상한다. '만일 나의 늙은 어머님이 한 터럭 끝도 죄가 없이 도리어 이 같이 무고하게 다른 사람에게 죽임을 당한다면 현재 나는 응당 어떻게 할 것인가? 나의 늙은 어머니는 얼마나 고통스럽겠는가?'

정성스러운 마음과 뜻으로 생각하면서 간절하게 늙은 어머니가 바로 백정에게 살해당하는 고통으로부터 벗어나기를 바라거나, 혹은 억누를 수 없는 마음으로 자비와 연민의 정이 일어날 때 다시 이어서 이렇게 관상한다. '현재 바로 고통을 받는 이 중생이 비록 나의 금생의 부모는 아니나 그것은 반드시 과거 세세생생에 나의 부모가 되었다. 어머니가 되었을 때 또한 완전히 현재의 어머니와 같이 깊은 정으로 나를 길렀을 것이니, 그 큰 은혜와 큰 덕은 현재의 부모와 더불어 차별이 없다. 이와 같이 심한 고통을 받는 부모님이 얼마나 가련한가! 만일 그들이 이 순간 곧 이러한 고통을 벗어난다면 그것은 얼마나 다행한 일이겠는가!'

하나같이 맹렬한 슬픈 마음을 일으켜서 눈물이 흘러내림을 참을 수 없는 데에 이르도록 관하여 닦음으로써 마침을 삼는다. 만일 그들에 대하여 연민심이 생기면 다시 계속해서 관상한다. '이 같은 고통을 받는 것은 과거에 지은 불선업의 과보이며, 현재 불선업을 짓는 사람은 후세에 반드시 이 같은 고통을 받을 것이니 참으로 불쌍하다.'

이와 같이 바로 살생 등 고통의 원인을 짓는 사람들을 대상경계를 삼아서 연민심을 닦으며, 그러한 후에 다시 지옥, 아귀 등 악도에 떨어져서 고통받는 중생들을 관상하여 그들이 곧 자기거나 혹은 자기를 낳아준 부모라고 열심히 생각하며 노력하여 연민심을 닦는다. 마지막으로 관상하되 '허공을 가득 채우는 중생들이 있고, 중생들이 있는 곳에는 악업과 고통이 충만해 있으니, 이러한 오직 악업만 짓고 오직 고통만 받는 중생들이 얼마나 불쌍한가! 만일 모든 중생들이 모두 육도윤회의 일체 악업과 습기를 여의고, 영원한 안락인 원만정등각의 불과를 얻는다면 얼마나 좋겠는가!'라고 반복해서 정성스런 마음으로 관상하며 닦는다.

이 같이 연민을 닦을 때 처음에 어떤 한 중생을 소연경계를 삼아서 오직 고에 대하여 관상해서 닦으며, 그러한 후에 점차 범위를 확대해서 닦고, 최후에 이르러서는 일체중생에 대해서 두루 관상해 닦는다. 만일 이 같이 한 발 한 발 나아가 닦지 않으면 교만해서 마음이 바르지 못하고 부평초와 같으며, 또한 이치에 맞고 법에 맞게 수행해서 성취할 수 없다.

더욱이 평소에 자기를 의지하는 소와 말과 양 등이 고통을 받는 것을 볼 때에 마땅히 대비심을 닦아야 한다. 어떻게 닦아야 할 것인가? 마땅히 자기 집의 소 등의 짐승들이 코가 뚫리고 껍질이 벗겨지며 털을 뽑히고 살아서 피를 흘리는 등 지옥과 같은 여러 가지 고통을 당하는 것을 보아도, 주인은 그들이 고통을 받는다고 생각해 본 적이 없을 것이다. 만일 신중하게 관찰해 보면, 곧 이것은 연민을 닦지 아니한 과실로 이루어진 것임을 알 수 있다. 가령 우리들이 자기 자신을 짐승의 입장과 바꾸어서 잘 생각해 보면, 곧 현재 자신의 터럭 하나를 뽑으면 아프다고 할 것이며 이 같은 고통은 실제로 사람들로 하여금 참지 못하게 한다. 주인이 교목[136]을 써서 힘들여 소의 몸에 있는 모든 거친

털을 뽑을 때 그 소는 이미 온몸이 벌거벗겨져 핏자국이 흥건하며, 하나하나의 털구멍마다 모두 방울방울 피가 흐르며 아파서 때도 없이 신음소리를 내뱉으나, 주인은 소에 대해서 이 같은 참기 어려운 고통을 받는 것을 생각하지도 못하며 도리어 자기의 손바닥 위에 생긴 물집을 참을 수 없다고 느낀다.

이 외에 말을 타고 길을 갈 때도 마찬가지이다. 자기의 허벅지의 아픈 것 때문에 단정히 앉아 있지 못하고 말안장 위에 몸을 기울여서 앉아 있다. 도리어 안장 아래의 말이 마찬가지로 피로하고 고통스러워함을 생각하지 못하고, 그 말이 힘이 다해 발걸음을 떼기가 어려운 때에 처해도, 이 짐승이 성질이 악독해서 계속 가지 않으려고 한다고 생각하여 화를 내며 채찍으로 무섭게 때리고 그에 대하여 한 순간도 불쌍히 여기는 마음을 갖지 않는다.

더욱이 양이 죽임을 당함에 있어서도, 먼저 양의 무리들 중에서 잡힐 때 양은 생각할 수 없는 공포와 두려움을 느낀다. 처음에 잡힌 살갗 부위는 피멍이 생기고, 그런 다음 몸이 땅에 자빠지게 되니, 이때에 백정은 가죽 끈으로 네 다리를 꽁꽁 묶고 가는 노끈으로 입을 묶어 양의 호흡을 중단하게 하여 숨이 분해되는 강렬한 고통을 받게 한다. 만약 양이 죽는 시간이 점점 늦어지면 악업이 많은 대부분의 백정들은 화가 머리끝까지 나서 미친 듯 말하되 "이 마땅히 죽어야 할 짐승이 아직도 죽지 않는가!"라고 하며 한편으론 힘을 다해서 그 짐승을 때린다. 이윽고 양이 죽으면 그들은 곧바로 그 껍질을 벗기며 내장을 들어내고, 바로 이어서 살아 있는 다른 소 피를 뽑아내는데, 그 소 또한 이미

---

136 교목絞木: 소 등 가축의 털을 뽑는 데 사용하는 나무막대기.

체력이 다하여 일어섬에 벌벌 떨며 절룩거린다. 주인은 죽은 고기와 살아 있는 피를 섞어서 앞에 죽은 그 양의 내장 속에 집어넣은 후에 보란 듯이 먹어치우는데, 이러한 사람은 진실로 악업이 무거운 나찰이다.

현재 우리는 진실로 이러한 도리를 사유하며, 그러한 축생의 고통을 보면 자기는 어떠할 것인가를 관상해야 한다. 시험 삼아 스스로 손으로 입과 콧구멍을 틀어막아 호흡을 멈추고 잠시 머무르면서 어떠한 고통이 있고 어떠한 공포가 있는가를 살펴보라! 이러한 신중한 관찰을 거친 후에 마음속으로 다음과 같이 생각하며 연민을 수습한다.

'이러한 매우 큰 고통을 끊임없이 받는 일체중생은 실로 불쌍하다. 만일 내가 능력이 있어 그들의 각기 다른 모든 고통을 다 풀어준다면 얼마나 좋을까?'

이상의 도리에 대하여 반복해서 관상하며 닦는다. 더욱이 모든 승려는 본래 마땅히 자비의 모범을 지어야 하는데, 유감인 것은 요즘 일부의 승려가 털끝만한 자비심도 없으며 중생에 대하여 고통을 조성하는 것이 심지어 세속인들보다 더욱 심하니, 진실로 불법의 말기에 이르러 고기를 먹는 나찰을 공양하는 시대가 된 것이다.

과거 우리 스승 석가모니 부처님께서도 전륜왕의 지위를 가래침을 내뱉듯이 버리시고 용감하게 결단을 내리고 출가하셨다. 당시 세존께서는 아라한 권속들과 더불어 손에 발우를 들고 지팡이를 짚고서 걸어다니면서 탁발을 하셨으며, 부처님의 권속들만 말과 나귀를 타지 않은 것이 아니라 세존 또한 한 번도 말의 안장에 오르신 적이 없다. 바로 이는 중생을 고통스럽게 하는 것이 불교의 종지가 아니라고 생각하셨기 때문이니, 그렇지 않다면 세존께서 어찌 한 필의 말을 얻으실 방법이 없었겠는가?

요새 일부 승려들이 세속에 가서 기도하는 불사를 지을 때에 간혹 신도가 살생을 하여 공양하기도 한다. 승려들은 소의 등에 타고 있으면서 두 손으로 힘을 써서 끈을 잡아당기는데, 매번 한 번 잡아당김에 그 소의 콧구멍은 아픔을 견딜 수 없어 머리를 돌려 바라본다. 승려는 곧 채찍으로 온몸에 힘을 들여서 연속해서 엉덩이를 때리는데, 이때 그 소는 아픔을 참기 어려워서 달아나려 하고 승려는 또 코뚜레를 끌어당기고, 그 소가 콧구멍이 아파서 참을 수 없어 멈출 때면 승려는 다시 채찍을 써서 때리며, 이렇게 계속해서 끊이지 않는다. 최후에 이르러 소는 몸이 피로해 견딜 수 없고 마음으로는 말할 수 없는 고통을 당하며, 매 털구멍마다 방울방울 땀방울이 맺히고, 긴 혀를 입 밖으로 내밀고는 한 발도 움직일 수 없게 되어 숨을 헉헉거리며 신음소리를 낸다. 이때 소 등에 타고 있는 승려는 늙은 소가 앞으로 가지 않으려 한다고 생각하고 문득 화를 내어 채찍으로 그 소의 엉덩이를 세게 후려치는데, 힘을 써서 때렸기에 채찍이 두 동강 나버린다. 다시 그 승려가 끊어진 채찍을 허리에 차고서 몸을 숙여 뾰족한 돌을 집어 들고 소의 안장에 앉아 몸을 뒤로 돌려서 계속해서 그 소의 등과 허리를 찌른다. 이 같은 짓은 모두 마음에 조금도 연민심이 생기지 않은 원인으로 이루어진 것이다.

　이때 우리는 오로지 마음에 저 한 마리 소가 곧 자기라고 생각하며, 자기의 등 위에 지탱하기 어려운 무거운 짐을 메었다고 관상한다. 또한 콧구멍은 노끈으로 꿰고 허벅다리는 가죽으로 감았으며, 늑골은 다리에 끈으로 매여 있어 앞과 뒤와 좌측과 옆으로 전부 아픈 감각뿐이다. 잠시도 쉴 시간이 없고, 높은 산비탈을 올라가야 하며, 가파른 내리막길을 뛰어 내리고 큰 냇물을 건너며, 한 입의 음식을 먹을 휴식시간조차 없이 아침부터 저녁에 해가 질 때까지 하나같이 원하지 않는데도 오고가야 하며, 배고프고 목마른 고통을 심하게 받는다고 생각한다. 만일 이러한 고통이 자기에게 닥친다고 생각하면 누구도 참기 어려운 강렬한 연민심을 일으킬 것이다.

본래 이른바 스승과 승려들은 치우침 없는 일체중생의 귀의처이며 구호자이고 보호자이자 의지처이다. 그러나 지금의 일부 스승과 승려들은 오히려 마음속에 자기에 대해서 친절하고 관대하며 공양을 올리는 시주자는 자기편의 사람이라고 생각하고, 입으로는 "내가 너희들을 위하며 너희들을 보호한다"라고 말하며 아울러 관정과 가피를 준다. 그리고 그들은 시주를 위한다고 주법[137]을 쓰면서 악업의 원인을 말미암아 하열한 몸으로 환생한 아귀나 귀신들을 상대편이라고 생각하여 그들에 대하여 화를 내는 마음을 일으키고, 입으로는 죽이고 때리라고 고함치며, 몸으로 여러 가지의 때리는 모습을 지으며 진정으로 사람을 해치는 귀신이라 하며, 응당 때려 죽여야 하는 것이라고 단정지어 버린다. 그러나 이것은 마음이 탐욕과 진심의 굴레 가운데 떨어졌음을 나타내며, 또한 평등한 연민심을 일으키지 못한 까닭에 이루어진 것이다.

우리가 만일 잘 관찰해 보면, 곧 저 장애를 주는 귀신은 실제로 시주자보다 더 불쌍하다는 것을 알 수 있다. 왜 이렇게 말하는가? 이 장애를 주는 귀신은 악업의 원인으로 과보를 받아 하천한 아귀의 몸으로 환생했기 때문에 한량없는 고통과 두려움을 받고, 항상 배고픔과 갈증이 번갈아 닥치고, 지치고 피곤하며, 여전히 근심과 걱정을 하는 상태에 처해 있으며, 심식 가운데 분노와 난폭함이 충만하여 대부분이

---

137 주법呪法: 주문을 외워 악귀를 물리치는 수법.

죽은 후에 바로 지옥에 떨어지니, 그들보다 더 불쌍한 것은 없다.

시주자에 대해서 말하면, 비록 잠시 조금 아픔과 고통을 만나지만 이것에 의해서 악업이 다하고 더 이상 악업을 짓지 않는다. 하지만 사람에게 해를 입히는 저들 귀신은 악심을 품고서 중생들을 해치므로, 그 결과 반드시 악도의 깊은 늪으로 끌려 들어가게 된다. 그렇기 때문에 석가모니 부처님께서는 문득 대자대비의 훌륭한 방편의 강력하고 현행現行적인 방법을 이용해서 귀신을 쫓고 항복받는 법문을 설하셨다. 이것은 그러한 귀신들을 불쌍히 여기신 것이니, 곧 어머니가 말을 듣지 않는 아이를 꾸짖어 때리는 것과 같다. 이러한 일은 저 악업을 짓는 중생의 죄업을 끊어주며, 장차 그들의 업식을 청정한 정토에 인도할 수 있는 능력이 있을 때 허락된다. 그렇지 못하면 신도나 승려나 권속 등을 자기편으로 삼으며 그들에게 탐착하고, 귀신이나 해를 짓는 저 중생들을 상대편으로 생각하여 그들에게 화를 내게 된다. 이러한 종류의 탐심으로 자기편을 보호하고 성내는 마음으로 상대방을 공격하는 방편의 법을 부처님께서 어찌 말씀하셨겠는가?

이러한 탐심과 진심을 갖춘 사람이 저 귀신들을 쫓고 때리는 것은 그들로 하여금 말을 듣지 않게 할 뿐 아니라 도리어 자신이 깊이 그 해를 입는다. 탐심貪心과 진심嗔心을 품고서는 항복시킬 수 없을 뿐 아니라, 저러한 귀신들이 자체의 상이 실제로 있다고 집착하는 것으로도 또한 그들을 항복시키지 못한다.

예전에 밀라래빠 존자께서 충 계곡의 가루다 동굴에 거주하실 때에 한번은 문을 나가서 땔나무를 했다. 돌아왔을 때 마왕인 비나야까가 신통을 부려 다섯 개의 사발만한 눈동자로 쏘아 보며 거친 모습으로 그 방에 앉아 있는 것을 발견하였다. 존자는 스승과 본존(이담)께 기도를 올렸으나 효과가 없었다. 본존의 생기차제를 행한 후에 맹렬하게 주문을 염송해도 그들을 쫓아낼 수 없었다. 존자는 마음속으로 '스승 마르빠로 짜께서 일찍이 나에게 전수해 주시기를, 삼계의 일체는 자기 마음으로 짓는다고 하셨고, 심성은 바로 공성광명空性光明이라고 가르쳐 주셨으니, 마장이 실로 바깥 경계에 실제로 있다고 집착하면 결코 어떠한 효험도 없다'라고 생각했다. 그래서 그는 귀신도 자기의 마음이 변해서 나타낸 것이라는 바른 견해에 안주하면서 바로 굴 속으로 들어갔다. 마왕은 매우 무서운 다섯 개의 뿔을 갖고, 눈알을 부릅뜨고 바라보다가 바로 사라져서 자취도 없어졌다. 이밖에 「바위 나찰녀의 노래」에서도 말씀하셨다.

> 본래 습기의 마는 마음으로 말미암아 생긴다.
> 마음의 본성을 알지 못하면
> 네가 비록 나를 쫓아내도 나는 물러가지 않으리니
> 자기의 마음이 공한 줄 깨닫지 못하면
> 나와 같은 마는 헤아릴 수 없다.
> 만약 이미 자신의 심성을 알았으면
> 일체의 마장이 벗이 되며,
> 나 나찰녀도 또한 너의 종이 된다.

만일 귀신이 곧 자기의 마음이 나타낸 것이라는 바른 견해를 지니지 아니한다면, 화내는 마음으로 어떻게 능히 귀신을 항복시키겠는가? 이밖에 요새 어떤 법사나 승려들이 신도의 집에 가는 경우, 그 신도가 양을 잡아서 고기를 공양하면 이 법사와 승려는 마음 가운데 한 치의 주저함도 없이 히죽거리며 먹어 치운다. 더욱이 재난을 면하고 복을 비는 기도를 올릴 때에 그들은 반드시 신선한 고기를 필요로 한다고 말한다. 또 바로 죽인 고기, 피가 흐르는 신선한 고기, 김이 모락모락 나는 고기 등이 깨끗한 고기라고 생각하며 비린내 나는 고기를 올리고, 곁들여 좋은 공양물을 올리고서 기세등등하고 살기등등하게 기도를 거행한다. 실로 이것은 뵌교 등에서나 하는 기도법이지 근본적으로 불교의 법도가 아니다. 만일 불교의 종지로 비추어 보면 귀의한 후에는 반드시 중생을 해치는 일을 끊어야 하며, 어떤 곳에서도 한 중생의 생명을 해쳐서 신선한 고기를 쓰는 것은 곧 완전히 귀의게를 어기는 것이다. 더욱이 대승 수행인이 된 우리들은 당연하게 한없는 일체중생의 귀의처이자 보호자가 되어야 하거늘, 응당 구해줘야 할 저 악업 중생에 대해서도 터럭 끝만큼도 불쌍히 여기는 마음이 없으며, 구호의 대상인 중생을 신도가 죽인 후에 그 삶은 고기를 승려의 공양 상에 올려놓는 것을 보고서는 승려라는 자가 기쁜 듯이 먹고 마시며 쉼 없이 씹는 소리를 내니, 이보다 더 마음을 아프게 하는 일이 어디 있겠는가? 밀종 금강승의 여러 논서 가운데 말하되

> 피와 고기를 공양하는 것은 가르침에 의지하는 게 아니고 싱하와 타멘[138]의 뜻을 위배한 것이니 공행모께서 용서해 주기를 기도해야 한다.

---

138 싱하(桑哈)와 타멘(查門): 『문해탈속聞解脫續』에 의하면, 싱하는 가르침에 따르지 않고 혈육을 공양한 자는 모두 이 공행모에게 참회해야 한다고 했다. 타멘은 공행모의 총칭이다.

라고 하였다. 어떤 사람들은 큰소리로 말하되, 이른바 가르침에 의지한 고기 공양은 반드시 밀종의 딴뜨라 경전 중에 설한 바에 따라서 행해야 한다고 하였다. 그렇다면 도대체 밀종 경전 중에서는 어떻게 설하였는 가? "다섯 가지 고기와 다섯 가지 감로는 음식의 범위를 벗어난 회공會供 이다"라고 하였다. 밀종 서언의 재료가 되는 것은 사람고기나 말고기, 개고기 등 다섯 가지 고기인데, 이는 먹기 위해서 죽이는 것이 아니며 공양물로 올려놓은 죄 없는 다섯 가지 고기이니, 이를 "가르침에 의지한 고기 공양"이라 한다. 그렇지 않으면 깨끗하고 더러운 분별에 묶인 바가 되어 사람고기, 개고기 등은 더러운 물건이나 하찮은 물건이고 식용으로서 방금 죽인 향내 나는 살찐 고기가 깨끗한 것이라고 생각한 다. 이는 곧 "다섯 종류 삼매야의 물질을 받았음에도 청정함을 보고서 더러움으로 삼아 계를 어기는 방일함을 행한다"는 말과 같다. 이 가운데 설한 바 '청정한 것을 보고서 더러움으로 삼는다'라는 말은, 서언의 물건을 어기는 뜻에 해당되기 때문에 받은 삼매야계를 어기는 것이 된다. 비록 이 다섯 가지의 이른바 청정하다고 여기는 고기는 음식을 감로로 변하게 할 수 있는 사람이나 혹은 적정한 곳에서 닦아 성취한 때 외에 고기의 맛을 탐하여 마을에 가서 거리낌 없이 먹으면, 그것은 곧 "받은 서언에 방일하여 어김을 행한다"라고 일컬어지는 것이며 완전 히 삼매야계를 어긴 것이다.

이른바 청정한 고기란 자기의 업력으로 자연스럽게 죽었거나 병이 들어서 죽은 등의 고기를 가리킨다. 아울러 먹기 위해서 죽이지 않은 고기이며, 또한 곧 사람들이 일상 말하는 중생이 자기의 업력으로 늙어서 죽었거나 혹은 병으로 인하여 죽은 고기이다. 그렇지 않으면 곧 위없는 닥뽀의 린뽀체(감뽀빠)께서 설하신 바와 같다.

"금방 죽인 따뜻한 고기를 단상에 올리면 일체 지혜의 천존들은 모두 기절해 버린다."

또 말씀하시되 "이밖에 만일 지혜천존을 청한 후에 방금 죽인 고기를 그에게 공양하면, 곧 어머니 앞에서 그 자식을 죽인 것이나 마찬가지다"라고 하셨다.

예를 들면 어떤 어머니를 초청해서 손님으로 맞이하면서 그녀의 아들을 죽인 고기를 그녀 앞에 놓는 것과 같다. 우리는 가히 이 점을 생각해야 할 것이니, 과연 그 어머니가 기뻐하겠는가? 마찬가지로 일체의 불보살께서는 모든 중생에 대해서 저 아들의 어머니와 같이 자비심이 가득 차서 중생을 걱정하신다. 어떠한 하나의 악업에 떨어진 것인지 생각할 수도 없는 축생을 죽여서 그 피와 고기를 공양하면 제불은 절대 기뻐하실 수가 없다. 적천(샨띠데와)보살께서 말씀하신 것과 같다.

온몸이 불붙은 자가 즐기고자 하나 즐거울 수 없는 것처럼, 만약
중생을 상하게 하면 어찌 모든 부처님이 기뻐하시겠는가?

그러므로 만약 자신이 중생을 죽인 고기를 먹으며, 한편으로 피와 고기를 공양 올리고 호법신에게 기도하다면, 그 지혜천존이나 불교를 보호하는 호법신은 모두 보살이며 용사이므로 그들은 이러한 백정의 앞에 놓여 있는 고기를 받지 않으실 뿐 아니라, 도리어 한 걸음도 나오지 않는다. 반대로 그러한 뜨듯한 고기를 좋아하고 항시 중생을 해치며, 흑법으로 악업을 부지런히 행하는 대력귀신들이 도리어 그곳에 모여들어서 그들의 피와 고기의 공양물을 받아 즐긴다. 게다가 이러한

귀신은 또한 때때로 그러한 고기를 바치며 기도를 올리는 사람들을 따라다니며 어쩌다가 한 번 순조로운 인연을 조금 베풀지만, 항상 중생을 해치며 갑자기 병이 나게 하고 마에 둘러싸이게 할 뿐이다. 이때 그 사람들은 또한 고기를 올리는 기도를 하며 고기를 공양하니 귀신이 또한 잠시 도와주는 듯하여, 이 같이 고기 공양하는 사람과 귀신은 서로 도우며 몸과 그림자가 떠나지 않듯이 한다. 귀신은 나찰과 같이 온종일 음식을 탐하고 재물을 탐하며 이익을 탐하는 마음상태를 품고 곳곳마다 떠돌아다니며, 고기 공양을 올리는 사람은 귀신의 장애 때문에 과거에 있었던 출리심·염리심·청정심·신심과 정법의 광명이 단번에 막혀 버린다. 곧 부처님이 허공 가운데 날아다니는 것을 보고도 신심을 일으키지 않을 것이며, 중생의 배를 갈라 내장을 꺼내는 것에까지도 조금도 연민심을 내지 않아 악업의 나찰이 전쟁터에 뛰어다니는 것과 같으며, 얼굴은 빨갛고 귀는 붉으며, 노기가 등등하고 성질이 포악하며 마음은 꼬여 있다. 귀신이 도와주는 친구가 되는 까닭에 자신은 독송과 주력에 힘이 있다고 생각하여 마음에 오만심을 낸다. 이러한 사람은 죽은 후에 돌이 물에 가라앉는 것과 같이 곧바로 지옥에 떨어지며, 혹은 악업을 굴린 흉폭한 귀신의 권속이 되어 방자하게 살생을 하며, 혹은 환생해서 독수리나 이리 등의 축생이 된다.

　예전에 법왕인 티송데짼의 건강을 위해서 복과 수명을 비는 기도를 거행할 때, 뵌교 신도들이 크게 고기를 공양하였다. 당시에 제2의 붓다이신 우갠국 연화생 대사와 대지자인 무구우(無垢友, 비말라미뜨라)와 대켄뽀 보리살타(산따락시따) 등 모든 대역경사들께서 뵌교의 공양 그릇을 보고서 마음이 매우 불쾌하여 말씀하셨다.

한 가르침에 두 분의 스승이 있을 수 없으며, 한 법에 두 개의 수행법이 있을 수 없다. 뵌교는 법에 합당하지 않아 함께하여 죄를 지을 수 없으니 우리는 본국으로 돌아가야 하겠다.

그들은 의논하거나 약속하지 않았어도 한마음이었기에 국왕은 그들에게 법을 설하기를 청해도 법을 설하지 않았고, 모든 빤디따(대학자)들은 연회의 음식도 먹지 않았다.
요즘 우리들은 스스로 과거의 모든 빤디따나 대보살들을 추종하는 자라고 생각한다. 만일 밀종과 깊은 관계를 가지면서 뵌교의 기도법으로 중생을 해친다면, 분명히 부처님을 팔고 삼보를 파는 잡된 무리가 되어 자신과 남을 지옥으로 끌고 갈 뿐이다. 그러므로 우리들은 항시 몸은 낮은 위치에 두고 떨어진 옷을 입으며 전심전력으로 일체중생을 유익하게 하고, 자기 심식 가운데 분명히 자비심이 생기기 전에는 정력을 집중해서 통일된 마음으로 정진하며 수행하는 데 힘쓸 것이며, 경을 외우고 선을 닦거나 중생을 제도한답시고 표면상으로 허세를 부리는 거대한 불사 같은 것은 하지 않아도 된다. 『섭정법경攝正法經』에서 말씀하셨다.

불과를 얻고자 하면, 많은 법을 배워도 이루지 못하니, 오직 한 법을 배울 것이니라. 무엇이 한 법을 배움이 되는가? 이것은 대비심이다. 누구나 대비심을 갖춘 사람은 모든 불법을 얻는 것이 손바닥 뒤집는 것과 같다.

예전에 세 분의 동문(돔뙨빠의 제자인 뽀또와, 짼응아와, 푸충와)이

캄룽빠 게쉐의 높은 제자 한 분과 같이 와서 중돈빠(돔뙨빠) 게쉐를 친견하였는데, 게쉐가 그에게 물었다.

"뽀또와는 무엇을 하는가?"

그가 대답하였다.

"그는 수백 명의 승려들에게 경을 강의하고 설법합니다."

중돈빠가 말하였다.

"희유하고 희유하다! 그것은 또한 정법이다. 푸충와 게쉐는 무엇을 하는가?"

그가 대답하였다.

"그는 자신과 남의 보시물을 널리 모아서 삼보의 의지하는 바인 불탑 등을 건설합니다."

중돈빠 게쉐가 또 전과 같이 말하였다.

"희유하고 희유하다! 그것 또한 정법이다. 괸빠와는 무엇을 하는가?"

그가 대답하였다.

"그는 오직 선을 닦습니다."

게쉐가 또한 앞에서와 같이 말하였다.

"희유하고 희유하다! 그것 또한 정법이다."

그리고 이어서 물었다.

"캄룽빠는 무엇을 하는가?"

그 제자가 말하였다.

"그는 어느 개미집 옆에서 머리를 숙이고 통곡합니다."

이 말을 듣고서 중돈빠 게쉐는 바로 모자를 벗고 가슴에 합장하고 눈물을 흘리며 말하였다.

"매우 희유하다. 그는 진정으로 정법을 수행하니, 이 점에 대해서는 많은 공덕을 말할 수 있다. 다만 지금 말한다면 캄룽빠 게쉐가 기뻐하지 않을 것이다."

캄룽빠 게쉐가 머리를 숙이고 통곡한 것은 윤회 중에 고통받는 일체중생들에게 생각이 미쳤기 때문이다.

이밖에 쨴응아와 게쉐가 모든 자심과 비심의 중요성의 인을 강의할 때, 랑탕빠 존자가 공경스럽게 예배드리면서 말하였다.

"내가 지금부터 오직 자비심만 수행하겠습니다."

선지식인 쨴응아와는 한편으로 모자를 벗고 한편으로 소리를 내어 말하였다.

"정말로 귀하며, 정말로 귀하고, 실제로 정말로 귀한 것이다!"

만일 자기 심식의 죄와 업장을 청정히 하고자 생각한다면 연민심보다 더 수승한 것은 없다. 이전에 인도에서 아비달마 정법이 세 번이나 외도의 해침을 받았을 때, 당시 바라문 종성의 명계明戒 비구니는 마음속에 생각하기를 '나는 비천한 여인의 몸으로 태어났으며 널리 불법을 펼치지도 못하니, 마땅히 남자와 혼인해서 자식을 낳아서 성스러운 법인 아비달마를 널리 펼쳐야겠다'라고 하였다. 이 같이 생각한 후에 한 국왕 종성의 남자와 결혼을 하고서 무착(아상가)보살을 낳았으며, 또 한 바라문 남자와 결혼하고서 세친(바수반두)보살을 낳았다. 두 분의 아들이 커서 어머님을 향하여 아버지의 일을 물었다. 그 어머니가 그들에게 분부하였다.

"너희들 두 사람은 아버지의 일을 계승하기 위해서 태어난 것이 아니라 불법을 널리 펴기 위해 태어난 것이다. 원컨대 너희들은 정법을 잘 배우고 수행하여 장래에 아비달마의 묘한 법을 널리 펴야 한다."

어머니의 말을 듣고서 세친보살은 카시미르에 있는 집현(集賢, 상가바드라) 존자에게 찾아가서 아비달마 법문을 학습하였다. 무착보살은 계족산鷄足山으로 갔는데, 그는 '만일 미륵보살을 친견한다면 곧 비결을 구하여 얻을 수 있다'고 생각하여 이로부터 미륵본존을 닦았다. 6년 동안의 갖은 고통을 겪으면서 수행했으나 길상한 꿈조차도 나타나지 않았다. 그는 '나의 현재 상태를 보건대 닦아서 성취할 수 없겠구나'라고 생각하고는 문득 마음에 실망하여서 산을 내려갔다. 도중에 길가에서 한 사람이 부드러운 천을 가지고 큰 쇠막대기를 문지르는 것을 보았다. 그가 물었다.

"당신은 이것을 문질러서 무엇에 쓰려고 하십니까?"

그 사람이 그에게 말하였다.

"나는 바늘이 없어서 이 쇠막대기를 갈아서 바늘을 만든다."

무착보살이 마음에 생각하였다. '이 같은 한 조각 부드러운 천을 가지고 이렇게 큰 쇠막대기를 문질러서 바늘을 만드는 것은 불가능하다. 만일 가능하다고 하더라도 그가 그때에 이르기까지 인간으로 있겠는가? 세상 사람들을 보건대 털끝만큼도 의미 없는 일을 위해서 이렇게 고생하는데, 나는 묘한 법을 수행하면서 반드시 견고하고 굽힘이 없어야 하며, 끈질기고 쉬지 않는 용기가 있어야 한다.' 이렇게 생각이 미치자 그는 원래의 자리로 되돌아가서 3년을 닦았으나, 터럭 끝만한 영감도 떠오르지 않았다. 그는 '이제 나는 확실히 성취할 수가 없다'고 생각하고는 다시 몸을 일으켜서 산을 내려왔다. 길을 가다가 길가에 공중으로 높이 솟은 큰 돌산 앞에 이르렀는데 한 사람이 깃털을 사용하여 그 큰 돌을 문지르는 것을 보았다. 그는 호기심으로 물었다.

"당신이 이 같이 하는 것은 무엇 때문입니까?"

그 사람이 대답하였다.

"이 돌산은 매우 높습니다. 내 방이 이 돌산의 서면에 있어서 빛이 비치지 않으므로 나는 이 산을 갈아서 없애버리려고 합니다."

무착보살이 마음속에 또한 전과 같이 생각한 후에 다시 한번 원래의 곳으로 돌아갔으며 또 3년을 수행하였다. 그러나 예전과 같이 꿈에 길몽조차도 나타나지 않아 그는 참으로 실망하여 '이제 어떻게 해도 도저히 법을 성취할 수가 없다'고 생각하였다. 문득 또 산을 내려오는 도중에 길가에서 두 발이 못 쓰게 된 어미 개를 보았다. 몸 아랫부분은 작은 벌레들로 가득 찼음에도 여전히 사람들에게 화내는 마음을 내고 윗몸을 일으켜 미친 듯이 짖었고, 아랫몸을 이끌고 와서 사람들을 물었다. 무착보살은 슬픈 마음을 이기지 못하고 그에 대하여 참을 수 없는 강렬한 연민심이 일어났다. 그는 자기 몸의 살을 떼어서 그 개에게 주며 그 개의 아랫몸에 붙은 벌레들을 깨끗이 해줘야겠다고 생각했다. 그리고 마음으로 '만일 그것을 손으로 잡아내면 적은 곤충들을 눌러 죽이게 되니 응당 혀로 핥아내야겠다'고 생각하였다. 그러나 개의 온몸이 이미 썩었기 때문에 고름이 가득 차서 눈 뜨고는 혀로 빨아낼 수가 없었다. 그래서 그는 두 눈을 감고서 혀를 뻗었으나 혀끝이 개의 몸에 닿지 못하고 땅에 닿았다. 그가 두 눈을 뜨니 어미 개는 보이지 않고 지존인 미륵보살께서 금빛이 찬란하게 앞에 나타나 계셨다. 무착보살이 말하였다.

"당신의 대비심(연민)은 너무도 미약하십니다. 지금까지 한 번도 존안을 나타내시지 않으셨습니다."

미륵보살이 말씀하셨다.

"내가 너에게 얼굴을 드러내지 않은 게 아니었다. 실제로는 내가 너에게서 잠시도 떠나지 아니했으나 너의 죄가 깊고 무겁기 때문에 나를 보지 못했을 따름이다. 나중에 네가 12년의 수행을 경과하며 죄가 점점 가벼워졌기에 이 어미 개를 보았고, 네가 마음에 대비심이 생긴 것으로 말미암아 업장이 남김없이 청정해져 참으로 나를 보게 되었다. 네가 만일 믿지 못하겠다면 나를 너의 어깨 위에 올려놓고 다른 사람이 보도록 해봐라!"

이에 무착보살은 미륵보살을 우측 어깨 위에 모시고서 시장에 가서 다른 사람들에게 "나의 어깨 위에 무엇이 있느냐?" 하고 물었다. 사람들은 모두 "아무 것도 없다"고 말했다. 다만 죄장이 조금 청정해진 노부인이 말하되 "당신의 어깨 위에는 썩어 문드러진 개의 시체가 있다"라고 하였다. 이후에 보호주이신 미륵보살께서는 무착보살을 데리고 도솔천의 미륵전에 이르렀으며, 그를 위해서 자씨오론慈氏五論[139] 등의 묘법을 강의해 주었다. 그는 인간세상으로 돌아와 대승불법을 널리 펴기 시작했다.

그러므로 죄업을 청정히 하는 것으로는 대비심을 수행하는 것보다 더 수승한 법문이 없다. 아울러 대비심은 또한 이런 심식 가운데 공통되지 않는 (수승한) 보리심을 생기게 하는 데 있어 전도되지 않는 인因이 된다. 그러므로 우리들은 반드시 여러 가지 방편의 길을 통해서 최대의 노력으로 대비심을 닦아야 한다.

이른바 대비심을 닦는 것은 곧 팔이 없는 어머니에게서 태어난 아들이 물에 빠진 일과 같다. 만일 팔이 없는 어머니의 아들이 물에 빠져서 흘러가면 어머니는 반드시 아들에 대해서 참을 수 없이 매우 슬픈 감정이 생겨서 마음으로 '나는 손이 없어 물에 들어가 아들을 구할

---

[139] 자씨오론慈氏五論: 미륵보살이 전하고 무착보살이 설한 '미륵5부논서'를 말한다. 곧 『현관장엄론現觀莊嚴論』, 『장엄경론莊嚴經論』, 『보성론寶性論』, 『변법법성론辨法法性論』, 『변중변론辨中邊論』이 그것이다.

수 없으니 어떻게 하는 게 좋은가?'를 생각하면서, 오직 아들을 구할 수 있는 방법만 생각하다가 마음의 고통을 참을 방법이 없어 한편으로는 실성하여 통곡하며 한편으로는 또한 사방으로 달린다. 마찬가지로 우리들 또한 마음으로 '삼계 중에 떠도는 중생이 고통의 강물 가운데 휩쓸려가고 윤회의 큰 바다 가운데 빠져서, 내가 그들에 대하여 참을 수 없는 연민심을 일으킨다. 그러나 내가 그들을 고통 중에서 구해낼 능력이 없으니 어떻게 할까?' 생각하고는, 이에 성심성의껏 스승과 삼보께 기도하며 대연민심을 관하며 닦아야 한다.

(4) 희喜무량심을 수행함

희무량심을 닦을 때에는 임의로 종성, 권세, 재부, 지위 등을 갖추고 천상에 태어나서 행복, 쾌락, 무병장수, 권속이 많고 재부를 구족한 어떤 중생을 소연(대상) 경계로 삼아서, 그에 대하여 경쟁하는 마음도 없고 질투하는 생각도 없이 오히려 마음속으로 생각하되, '다만 그가 지금보다 더 높은 인천의 복덕을 갖추고, 길상이 풍족하며 손해가 없고, 지혜가 광대한 등 많은 원만한 공덕을 누리니, 만일 다른 중생까지도 또한 능히 이 같은 위치에 있다면 얼마나 기쁜 일이겠는가!'라고 반복하여 관상하며 닦는다. 먼저 스스로 비교적 쉽게 기쁜 마음을 생기게 하는 어떠한 대상을 소연 경계로 삼아 희심喜心을 닦는다.

예를 들면 공덕을 갖추고 행복한 사람인 자기와 가까운 친척이나 벗 등을 관상하고, 그 다음은 심식 가운데에 그들에 대하여 기쁜 마음이 생기게 한다. 이어서 다시 중간 정도의 사람들에 대하여 관하여 닦으며, 최후에는 자기에게 손해를 입히는 원수와 특별히 질투하는 대상에 대하여 관상하여 닦는다. 다른 사람의 재물에 대하여 참지 못하는 악한 마음을 철저히 끊어버리며, 안락과 행복을 누리는 모든 중생에 대하여 뛰어난 환희심이 일어나도록 닦으며, 마지막으로는 아무런 인연이 없는(無緣) 가운데 평안히 머문다.

이른바 희심은 곧 질투가 없는 마음상태를 가리킨다. 그러므로 우리는 반드시 각종 방편으로써 자기 마음을 수련하며, 방법을 강구하고 노력하여 자기의 심식으로 하여금 질투나 악한 마음이 생기지 않게 해야 한다. 더욱이 불자들은 발심해서 일체중생을 이익 되게 하며, 구경에는 이러한 모든 중생을 영원히 안락하고 원만한 깨달음의 지위에 오르게 해야 하고, 그들로 하여금 잠시라도 인간과 천상의 증가하는 복을 누리게 해야 하나니, 어찌 중생이 각자의 업력으로 말미암아 얻은 조그마한 공덕의 수용을 마음으로 기뻐하지 않을 수 있겠는가! 만일 자기의 심식이 질투심으로 뒤덮여 이로부터 다른 사람의 공덕을 보지 못하면 스스로 큰 죄만 쌓게 된다.

이전에 지존이신 밀라래빠께서 복덕이 원만하고 사업이 광대해지니, 법상학의 스승인 '달로'라는 자가 마음에 질투심을 내어 그를 구박하였다. 지존이 어떠한 신통과 변화를 보여도 그는 신심을 일으키지 못할 뿐 아니라, 여전히 사견을 내어서 비방을 일삼다가, 후생에 큰 악마로 환생하였다. 또 법상학의 스승인 짝푸와 게쉐가 차에 독을 넣어서 지존 밀라래빠를 해치려고 했으니, 이와 같은 것은 모두 질투심 때문에 생긴 것이다. 그러므로 질투심을 갖춘 중생은 참 부처님이 출현하신다 해도 또한 그들을 인도할 방법이 없다. 자기 심식이 질투에 덮여 가려졌기 때문에 시종 다른 사람의 공덕을 보지 못하며, 또한 조그마한 신심도 일으키지 못하기 때문에 연민심과 가피를 갖춘 법기가 되지 못한다. 곧 제바달다나 선성 비구가 본래 모두 세존의 사촌형제였으나 질투로 말미암아 심식을 어지럽혀 세존께 대하여 조금의 신심도 일으키지 못했기에, 일생 동안 석가모니 부처님 곁에 있으면서도 마음을 길들일 방법이 없었다.

또한 줄곧 다른 사람에 대하여 마음에 악한 생각을 품는 무리는 다른 사람을 해칠 뿐 아니라 자신도 도리어 엄중한 죄업을 쌓는 것이 된다.

이전에 두 사람의 유명한 게쉐가 서로 적이 되었다. 그 가운데 한 게쉐가 다른 게쉐에게 여자가 있다는 것을 듣고는 시자에게 말하였다.

"좋은 차를 끓여 갖고 와서 내가 아는 이 좋은 소식을 들어라!"

시자가 좋은 차를 끓인 후에 공손히 그에게 주고 물었다.

"무슨 좋은 소식을 들었습니까?"

"우리의 적수인 아무개가 여자가 있고 계를 파했다."

후에 꾼빵닥걜께서 이 일을 듣고서 얼굴이 굳어져 말했다.

"진실로 그들 두 사람 가운데 도대체 누구의 죄가 더 무거운가 모르겠구나!"

항상 이 같은 질투와 혹은 경쟁 등의 마음상태를 품고 있는 무리는 이미 자기에게 이익이 없고 다른 사람에게도 이익이 없으며, 다만 아무 의미도 없이 스스로 업을 지을 따름이다. 그러므로 우리는 반드시 이 같은 악한 마음을 갖는 것을 끊어버리고, 어느 때 어느 곳에서도 다른 사람의 집안이 고귀하고 인물이 잘생기고 재산이 많고 학식이 풍부한 등의 공덕이 순조롭거나 모두 갖춘 것을 보고서 마땅히 진실한 마음과 진실한 뜻으로 환희심을 닦아야 한다. 아울러 마음속에 생각하되 '이 사람이 이 같은 공덕과 재물을 누리니 나 또한 진실로 매우 기쁘다. 만일 이 사람이 이러한 것에 비해서 더 수승한 권세와 재부, 명예와 공덕 등 완전한 복을 갖춘다면 얼마나 좋겠는가!'라고 하며 자기 내면의 깊은 곳에서부터 관상하여 닦는다.

이른바 희무량심을 닦음은 낙타가 잃어버린 새끼를 찾아오는 것과 같다. 어미 낙타가 다른 중생에 비해서 자기의 새끼를 더 사랑하기에 만일 새끼를 잃으면 매우 슬퍼할 것이다. 그러나 잃었다가 다시 찾게 되면 그는 뜻밖의 기쁜 감정이 생긴다. 우리는 이와 같은 태도로 희무량심을 닦아야 한다.

4무량심은 자기 마음속에 진실한 보리심을 생기게 하는 정확하고 틀림없는 인因이 된다. 심식 가운데 4무량심이 생기지 않을 때에는 반드시 정진하며 관상하고 닦아야 한다. 쉽게 이해하기 위해서 4무량심의 뜻을 한마디로 말한다면 심지心地가 선량하다는 말에 포괄할 수 있으며, 우리는 때와 장소에 따라서 시종 여일하게 심지가 선량한 것을 닦고 배워야 한다.

이전에 아띠샤 존자가 한번은 손이 아파 손을 중돈빠의 품 속에 넣고서 말하기를 "청컨대 그대가 나의 이 손에 가피하여 주시오. 당신은 한 조각 선량한 마음이 있기 때문입니다"라고 하셨다. 존자는 항상 심지가 선량한 것을 가장 중요한 위치에 두었으며, 평시 인사할 때도 "선한 마음을 내었느냐?"라고 말하였으며, 일체의 가르침 가운데서도 또한 중점을 두어 강조하시며 "심지는 선량해야만 한다!"라고 하셨다.

마음의 선악을 따라서 일체의 흑업(선업)과 백업(악업)이 그 업력의 강약에 따라서 변화한다. 만일 한 조각 착한 마음을 품으면 몸으로 하는 일과 입으로 하는 말이 모두 선법이 되니, 앞에서 이야기한, 진흙으로 된 조그마한 불상(짜차)의 머리 위에 신발창을 올려놓은 이야기의 뜻과 같다. 만일 마음에 악한 뜻을 두면 표면상으로는 선을 행하는 것 같으나 실제로는 모두 악업이 될 뿐이다. 이 때문에 우리는 어떠한 시간과 어떠한 장소에 있더라도 모두 심지가 선량한 것을 배우고 닦아야 한다. 쫑카빠 대사께서 말씀하셨다.

마음이 선하면 경지와 도(地道) 또한 어질고 선하며
마음이 악하면 경지와 도 또한 모두가 악하고 하열하니
일체는 자기 마음에 의거하므로
마땅히 착한 마음을 닦는 데 부지런해야 한다.

마음이 착하여 진실한 것은 어떻게 착한 것인가? 만약 심지가 선량하면 경지와 도 또한 그렇게 원만하게 된다. 아래의 실례로 설명한다.

예전에 어머니와 딸 두 사람이 큰 개울물에 함께 빠져 어머니와 딸은 모두 물살에 떠밀려갔다. 당시 어머니가 '만일 나의 딸이 물에 떠밀려가지 않고 내가 물에 떠내려가면 얼마나 좋을까!' 딸도 또한 한 가지로 생각하되 '만일 어머니가 물에 떠밀려가지 않고 내가 물에 떠내려가면 얼마나 좋을까!'라고 생각하였다. 그들 두 사람은 비록 모두 물에 빠져 죽었으나, 피차간에 이 같은 선한 마음을 일으켜서 이후에 범천계梵天界에 환생했다.

이밖에도 예전에 사사고거 지방에 여섯 명의 출가인과 한 명의 신도를 합하여 일곱 명이 함께 배를 탔다. 배가 강의 4분의 1쯤 이르렀을 때 뱃사공이 말하되 "배 위의 무게가 초과했으니 당신들 중에 헤엄칠 수 있는 사람은 뛰어내려서 건너야 한다. 그렇지 않으면 내가 물속에 뛰어들고 여러분 중에 한 사람이 노를 저으라"고 하였다.

전부 수영을 할 줄 모르고 노를 저을 줄도 모르니, 그 신도가 "모든 사람이 죽기보다는 나 한 사람이 죽는 게 좋겠다"라고 말하고 바로 몸을 물속으로 던졌다.

이때 공중에서 무지개가 뜨고 꽃비가 내렸으며, 신도는 본래 수영을 할 줄 몰랐으나 순조롭게 강의 저쪽 언덕에 안전하게 도달하였다.

그렇다면 마음이 악한 것은 어떻게 악한 것인가? 예전에 한 거지가 성문을 통과하는 길 위에 누워서 어지럽게 생각하되 '만일 국왕의 머리가 떨어져 죽고 내가 국왕이 되면 얼마나 좋겠는가!' 하였다. 그의 마음속에 여러 번 이와 같은 악한 생각이 생겼다. 다음날 아침에 그가 단잠에 빠졌을 때, 국왕이 마차를 타고 성문을 지나가는데 차바퀴에 거지의 목이 치여 머리가 끊어져버렸다.

본래 우리가 법을 구하는 목적은 때와 장소에 따라서 정지正知와 정념正念으로 자기를 보호하여 지키는 것이다. 만일 자기의 심식에 대하여 상세하고 세밀하게 관찰하지 않으면 쉽게 무의식중에 맹렬한 탐심과 진심을 일으키며 무거운 악업을 쌓는다. 그 늙은 거지는 이와 같이 실답지 않은 악한 생각을 일으켰기에 그 결과로 바로 보응을 받았다. 본래 안온하게 보좌 위에 앉아 있으며 편안하게 침대에서 잠자는 국왕의 머리가 근본적으로 쉽게 끊어질 수가 없다. 설령 국왕의 머리가 진짜 끊어졌다 해도 국왕이 죽은 후에는 국왕의 태자가 왕위를 계승하여 강하고 교활한 신하들도 국정을 관장하지 못하는데, 하물며 떠돌아다니는 보잘 것 없는 거지가 어떻게 국왕이 될 수 있겠는가? 만일 우리가 자신의 심식을 잘 관찰하지 않으면 무의식중에 매우 쉽게 이 같은 악한 마음이 생긴다. 샤오빠 게쉐가 말씀하셨다.

마땅히 마음으로 국정을 잘 지켜라. 그렇지 아니하면 삼계 윤회가 증가한다.

이밖에 또 다른 예가 있다. 예전에 세존께서 제자인 비구승들과 시주의 집에 가서 탁발하실 때 국왕 종성과 바라문 종성의 두 거지가 있었다. 그 바라문 종성의 아이가 음식을 빌 때 부처님과 제자들이 아직 탁발하지 않으셔서 그 무엇도 얻을 수 없었으나, 국왕 종성의 아이는 세존과 그 제자들이 탁발한 후에 밥을 빌었기에 많은 남은 음식들을 얻었다.

그들 두 사람이 오후에 길가에서 한담할 때 국왕 종성의 아이가 신심이 가득 차서 말하되 "만일 내가 재산과 수용이 갖춰진다면, 나는 그때에 반드시 의식·수용 등 일체의 재물을 가지고 세존과 그 제자들에게 공양할 것이며 아울러 그들을 공경스럽게 모실 것이다" 하였다.

바라문 종성의 아이는 독한 말로 말하되 "만일 내가 권력을 누려서 국왕이 되면 나는 그 머리 깎은 사문과 그 제자들의 목을 다 베어버릴 것이다"라고 하였다.

그런 뒤에 국왕 종성의 아이는 다른 곳으로 가 큰 나무 그늘 아래에서 휴식하고 있었다. 해의 움직임에 따라 다른 나무 그림자는 모두 바뀌는데 다만 국왕 종성의 아이가 있는 곳의 나무 그늘은 시종 움직임이 없었다. 후에 그 나라에 국왕이 죽고 왕위를 계승할 태자가 없었기에 그들은 문득 공고를 내어 한 사람의 복덕과 위엄이 풍족한 사람을 찾아서 국왕으로 받들고자 하였다. 사람들이 사방으로 왕이 될 인물을 찾았는데, 분명히 낮이 이미 지났는데도 아이 얼굴의 그림자가 움직이지 아니하는 것을 발견한 한 관료가 그를 깨워서 데려가 왕위를 계승케

했다. 후에 그는 그의 소원과 같이 행하였으며 부처님과 그 제자들을 공양한다는 약속을 실천하였다. 한편 그 바라문 종성의 아이는 왕래가 번잡한 길에 누워서 쉬고 있었다. 그때 마차가 달려와서 그 목 위를 지나가 그는 머리가 끊어져 죽었다.

항상 심지를 선량하게 닦으면 금생의 일체 소원이 능히 뜻과 같이 이루어질 뿐 아니라 불법 방면에서도 천신의 보호를 받고 제불보살의 가피를 입으며, 일체의 짓는 바와 하는 바가 선법이 된다. 죽을 때는 또한 몸이 분해되는 심한 고통을 받지 않으며, 후세에 다시 인천의 과보를 얻고 구경에는 원만한 깨달음을 얻게 된다. 이 때문에 우리는 예배하고 탑을 돌며 경을 읽고 주문을 외우는 등을 행함에 자기의 심식을 주의하여 관찰하지 아니하고 무의미하게 남을 따라 겉모양만 내어 선한 일을 행하지 말며, 마땅히 항상 자기의 심식을 관찰하고 심지가 선량함을 닦아 배워야 하니, 이는 매우 중요하다.

2) 수승한 보리심을 발함

(1) 발심의 분류

심력心力의 차별에 의해 발심을 나누면 세 가지가 있다. 국왕과 같은 발심·뱃사공과 같은 발심·목동과 같은 발심이 그것이다.

국왕은 먼저 자기 나라의 이익을 얻고 일체의 적을 정복하고자 하며, 자기가 왕위에 오르면 다시 신하와 백성을 먼저 지켜준다. 마찬가지로 자기가 먼저 불과를 얻고서 그 후에 다시 일체중생을 불지에 올려놓기를 바라는 이러한 발심을 '국왕과 같은 발심'이라 일컫는다.

이른바 뱃사공의 희망은 자기와 모든 배 위의 손님이 동시에 강의 저쪽 언덕에 이르기를 원하는 것이다. 마찬가지로 자기와 일체중생이 함께 불과를 얻기를 바라니, 이와 같은 발심을 '뱃사공과 같은 발심'이라고 부른다.

목동은 소와 양을 위해서 먼저 풀과 물을 먹게 하고, 이리와 맹수의 해침을 막기 위해서 그들을 앞에 세우고 자기는 뒤를 따라간다. 마찬가지로 먼저 삼계의 일체중생을 원만한 깨달음에 이르게 한 후에 자기가 다시 성불하고자 하니, 이와 같은 발심을 '목동과 같은 발심'이라고 일컫는다.

그 가운데 국왕과 같은 발심은 또한 광대한 욕락의 발심이라고 하며, 이 같은 발심을 한 자는 심력이 하등에 속한다. 뱃사공과 같은 발심은 또한 수승한 지혜의 발심이라고 일컬으며, 이러한 종류의 발심을 한 자는 심력이 중등에 속하고 지존인 미륵보살의 발심과 같다. 목동의 발심은 비할 데가 없는 수승한 발심이라 일컬으며, 이러한 발심을 품은 사람은 비범하고 큰마음의 능력을 갖췄으며 지존 문수보살의 발심과 같은 것이다.

만일 경계에 의거해서 나누면 곧 네 가지가 있다. 자량도·가행도는 승해행勝解行 발심이라고 하고, 1지에서 7지에 이르는 사이는 청정의락淸淨意樂 발심이라고 하고, 삼청정지(三淸淨地, 8지에서 10지까지)는 이숙異熟 발심이라 부르며, 불지佛地는 곧 단장斷障 발심이라고 한다.

만일 발심의 본체에 의거하여 나누면 세속世俗보리심과 승의勝義보리심의 두 가지가 있다. 그중에 세속보리심을 다시 나누면 원願보리심과 행行보리심이 된다. 『입보리행론』에서 말씀하셨다.

행하고자 함과 바로 행함이 다른 것을
마치 사람이 아는 것처럼,

이와 같이 지혜 있는 자는
두 마음의 차제(순서)가 다른 것을 안다.

만약 어떤 사람이 라싸에 간다면, 먼저 그의 마음속에 '내가 라싸에 가고자 한다'라는 생각이 있다. 마찬가지로 가장 먼저 마음속에 이 같은 소원을 가지고서 '내가 일체중생으로 하여금 원만한 깨달음의 과위를 얻게 하고자 한다'고 생각하는 것은 '욕행欲行'에 해당하고, '원보리심'이라고 부른다. 라싸에 가고자 하는 사람은 라싸에 가는 도중에 필요한 양식과 말 등을 준비한 후에 정식으로 길을 나선다. 마찬가지로 일체중생으로 하여금 원만한 깨달음의 과위를 얻게 하고서 실제로 행동하는 가운데 보시·지계·안인[140]·정진·정려[141]·지혜 등 육바라밀을 배우고 닦으면 이는 '정행正行'에 해당하며, 이를 '행보리심'이라고 부른다. 이 같은 원보리심과 행보리심은 세속보리심에 속한다.

자량도·가행도 중에 이 같은 세속보리심에 의지해서 오랫동안 마음을 닦은 위력으로, 최후의 견도見道 중에서 제법의 실상진여와 일체희론을 여읜 공성지혜의 실다운 뜻을 증득하니 이를 '승의보리심'이라고 한다. 진정한 승의보리심은 반드시 수행력에 의지해서 얻으며, 의식이나 의궤儀軌에 의지하지 않는다. 초학자가 세속보리심을 바라면 의궤에 의지할 필요가 있지만, 스승의 면전에서 보살계를 받아야 한다. 오랫동안 보리심이 날로 더해지며 물러나지 않게 하기 위해 때와 장소에 따라서 반복해서 이 같이 보살계를 받는 것이다.

---

140 안인安忍: 이하에서 '안인安忍'은 많이 쓰이는 '인욕忍辱'으로 옮긴다.
141 정려靜慮: 이하에서 '정려靜慮'는 많이 쓰이는 '선정禪定'으로 옮긴다.

(2) 정식으로 발심함

앞에서 귀의를 닦을 때 귀의 대상을 분명히 관하는 것과 마찬가지로, 자기 앞의 허공 가운데 제불보살과 전승조사와 호법신중들을 관상하고 자기 발심을 증명하는 성중으로 삼는다. 이어서 마음속에 묵묵히 다음과 같이 사유한다.

'허공에 가득 찬 일체중생이 무시이래로부터 세세생생에 한 사람도 예외 없이 모두 나 자신의 부모가 되었다. 부모가 되었을 때 그들은 현세에 친히 나를 낳아준 부모와 완전히 똑같이 나를 매우 사랑하며 지극한 마음으로 길러주고, 먹기 좋은 것은 먼저 나에게 주어 먹게 하며, 좋은 의복은 나에게 먼저 주어 입게 하여 매우 자비스럽게 나를 길러서 성장하게 해주었으니 그 은혜가 산과 같다. 이러한 모든 깊은 은혜를 입은 부모가 지금 바로 윤회의 큰 고통 가운데에 빠져 있어 층층으로 된 어리석음의 어두움 가운데 덮이고 가려져 정도正道와 사도邪道를 가릴 줄 모르고 진실한 정법을 가르쳐 주시는 선지식도 만나지 못했으며, 고독하고 쓸쓸하여 어떤 사람이 구호해줌도 없으며, 어떤 사람의 원조도 없고 희망도 없으며 귀의할 곳도 없는 것이, 마치 의지할 데 없이 떠돌아다니는 광야의 눈먼 사람과 같다. 이러한 늙은 어머님 같은 중생들이 이 윤회 가운데 떠도는데, 나 한 사람만 해탈을 얻는다고 무슨 소용이 있겠는가? 이 때문에 나는 일체중생을 위해서 반드시 수승한 보리심을 발하여야 하며, 과거의 불자이신 보살들의 크고 넓은 행을 따라 배우고 닦아, 윤회 중의 구름 같은 중생들을 한 사람도 남김없이 해탈을 얻게 하기 위해서 정진하고 수행하겠다.'

아울러 아래의 '발심게송'을 가능한 한 많이 염송한다.

훠!
물에 비친 달의 환화와 같은 온갖 현상에 사로잡혀
끊임없이 윤회에 방황하는 뭇 중생들이
스스로 증득한 광명세계 안에서 쉴 수 있도록
4무량심 가운데서 발심하옵니다.

마지막에는 일체의 성존에 대하여 경건하게 공경하는 마음을 가득 품고서 '모든 성존은 허공으로부터 차례로 빛으로 화하여 중앙의 삼보의 총 집합체인 스승 속으로 녹아들고, 스승 또한 자신에게 빛으로 녹아든 다'고 관상하며, 이 같은 바깥 인연에 의지해서 자기의 심식에 분명하게 귀의 대상인 성중의 심식 중의 승의보리심이 생기도록 한다. 그리고 발원하는 게송(發願偈)을 염송한다.

뛰어난 보배인 보리심
생기지 않았으면 생기게 하고
이미 생겼으면 줄어들지 말고
나날이 증가하길 원합니다.

이어 다음의 회향문을 염송하고 마무리한다.

문수사리보살의 용맹한 지혜
보현보살의 지혜행 역시 그러하네.

제가 지금 모든 선근 회향하여
저분들의 모든 것 따라 항상 배우고 닦으렵니다.
삼세제불께서 칭찬하신
이 같이 가장 뛰어난 큰 발원
제가 지금 모든 선근 회향하여
보현보살의 수승한 행 얻으렵니다.

이 같은 발보리심은 이미 완전히 부처님이 설하신 팔만사천 법문의 정수를 개괄했으며, 그것이 있으면 일체 불법을 다 구족한 것이고, 없으면 모두 이지러진 가르침이다. 이는 마치 백 가지 병이 하나의 약으로서 만병통치약이 되는 것과 같다. 그 외에 자량을 쌓고, 업장을 깨끗이 하고, 본존을 관하여 닦고, 주문을 외우는 것 등 일체 수행법은 모두 자기 심식으로 하여금 보배의 보리심을 일으키게 하는 방편의 법이 될 따름이다. 만일 보리심을 의지하지 아니하고 각기 천차만별의 다른 길을 의지하면 근본적으로 원만한 정등각의 과위를 얻지 못한다. 만일 마음속에 이 하나의 보리심을 일으키면 어떠한 법을 닦아도 모두가 원만불과를 얻는 인因이 된다. 우리는 어느 때 어느 장소라도 관계없이 반드시 여러 종류의 방편을 통해서 닦아 배우며, 일체의 방법을 다하여 자기의 심식으로 하여금 하나이고 둘이 없는 이 보리심을 생기게 해야 한다.

자기를 위해서 보리심의 비결을 강의해 주시는 스승은 자기로 하여금 대승의 거룩한 길에 빨리 들어가게 하며, 따라서 기타 교언教言을 가르쳐 주신 스승과 서로 비교할 때 은덕이 더욱 크고 깊다.

예전에 아띠샤 존자께서 여러 스승의 이름을 부를 때 두 손으로 가슴에 합장을 하며, 금주상사(金洲上師, 셀링빠 존자)의 이름을 말함에 이르러 두 손을 머리 위로 합장하고서 눈물을 흘리며 상사의 존명을 불렀다. 제자들이 존자에게 물었다.

"존자이시여! 당신은 모든 스승의 존명을 부를 때에 이 같은 차별이 있으니, 도대체 스승들의 심식 가운데에 공덕이 크고 작음에 차별이 있기 때문입니까? 아니면 당신에 대한 은덕의 깊고 얕음이 차별이 있어서입니까?"

존자가 대답하였다.

"나의 모든 스승은 전부 큰 성취자이므로 공덕이 크고 작음이 없으나, 은덕은 도리어 깊고 얕은 차별이 있다. 나의 심식 가운데의 이 조그마한 보리심은 곧 금주상사의 은덕을 의지해서 얻은 것이기 때문에 나에 대한 그분의 은덕이 가장 크다."

발심할 때에 보리심을 일으키는 것은 매우 중요하다. 곧 이른바 "발심에는 주체가 됨이 없지만, 보리심이 생기면 바로 주체가 된다"라고 하였다. 그러므로 자기 심식 가운데 자비심과 보리심을 일으켜야 한다. 반대로 만일 보리심을 일으킴이 없으면서 입으로만 수십만 번 발심게송을 염송해도 또한 조금도 실질적인 뜻이 없다. 만일 이미 불보살의 면전에서 보리심의 서원을 세웠지만 실지로 가서 행함이 없으면 분명히 제불보살을 속인 것이며, 이것보다 더 엄중한 죄업은 없다. 그러므로 우리는 시시때때로 힘써서 중생을 속이는 행위를 제거해야 하며, 마음을 다해서 심식 가운데 보리심이 생기게 해야 한다.

3) 원보리심과 행보리심 수행

(1) 원보리심 수행

① 자타평등 보리심 수행

우리가 무시이래로 이 윤회의 큰 고해 가운데 떠돌아다니는 원인은 곧 나란 것이 없는데도 나에 집착하며, 시종 자신을 가장 중요한 위치에 두어 몇 배로 아끼기 때문이다. 그러므로 우리는 다음과 같이 관찰하는 것이 필요하다.

> 현재 우리의 이기심이 어디에 어느 때에 있든지 간에 오직 바라는 것은 곧 자신의 안락으로, 터럭 끝만큼의 고통도 받는 것을 바라지 않는다. 심지어 자기의 몸 위에 하나의 조그마한 침을 찌르거나 혹은 한 덩이의 불똥을 떨어뜨려도 바로 참기 어려운 고통을 느껴 입으로 참지 못하며 말하되 "아프다, 아프다!"라고 소리 지르며 참을 수 없어 한다. 등에 이가 물으면 부르르 성내는 마음(진심)을 일으키며 손을 뻗어서 이를 잡아서 손톱 사이에 두고서 다른 손톱으로 눌러서 으깨어 버리며, 심지어는 이가 이미 죽었는데도 노기가 사라지지 않기 때문에 두 손톱을 쉼 없이 떤다. 요즈음에 많은 사람들이 모두 이를 죽이는 것은 즐겁다고 생각한다. 실제로 이러한 종류의 이를 죽이는 행위는 완전히 성내는 마음으로 일어난 것이기 때문에 중합지옥衆合地獄에 떨어지는 원인이 된다. 우리들 자신에 대해서 말하면, 일반적으로 조그마한 고통도 또한 참을 수 없어 하면서도 도리어 다른 중생을 해치면서 그들에게 큰 고통을 준다. 이러한 행위는 실제로 매우 부끄러운 일이다. 실로 삼계의 중생들은 모두 일체 안락을 얻기를 바라고 털끝만한

고통도 받기를 바라지 않으니, 이는 자기가 그러한 것과 완전히 같다. 비록 그들이 안락을 바라며 고통 받기를 원하지 아니하나 도리어 안락의 원인인 십선업을 받들어 행할 줄 모르고, 반대로 정력을 고통의 원인인 십불선업 위에 두어서 생각하고 행하여 완전히 도를 등지고 간다.

고통과 곤란을 받는 이 일체중생은 무시이래로부터 한 중생도 일찍이 자기의 부모가 되지 아니한 것은 없다. 자신은 지금 행복하게도 법상을 구족한 수승한 스승의 받아들임을 얻어서 이미 정법의 문에 매진하고 있다. 아울러 이로운 것과 해로운 것의 차별을 깨달았다면, 이치에 우매하고 무지함에 미혹된 자기 어머니 같은 일체중생에 대하여 자기와 조금도 구별 없이 자비심으로 구하고 지켜주며, 그들의 삿된 행과 치우친 집착을 참아야 한다. 곧 마땅히 친한 이와 원수를 평등하게 대해야 하는 것이다.

이상의 도리에 대해서 반복하여 관상하고 닦아야 한다. 때와 장소를 가리지 않고 자신의 이익과 안락을 누리는 것을 희망하듯이 기타의 중생도 마찬가지로 행복을 누리기를 희망해야 한다. 또한 자신을 위해서 이 같은 정진과 노력을 지불하듯이 다른 사람이 안락을 얻게 하기 위해서도 또한 마땅히 같은 대가를 지불해야 하며, 자기의 조그마한 고통 또한 노력해서 버리는 것과 같이 다른 중생의 조그마한 고통도 제거해 주어야 하며, 자기가 행복과 안락, 이익 등을 누리는 것과 같이 다른 중생도 행복과 쾌락과 이익을 누리는 것을 또한 똑같은 마음으로 기뻐해야 한다.

총체적으로 말하면, 삼계의 일체중생에 대하여 반드시 자기를 챙기는 것과 터럭 끝만큼도 차별이 없는 마음으로 대해야 하며, 나아가 전력을 다해서 중생의 앞날에 오랫동안 안락하고 복된 이익이 되는 일을 성취시켜 줘야 한다.

둥빠시나짼 게쉐가 빠담빠상개 존자에게 여쭈었다.

"청컨대 한 구절로 모든 법요를 개괄하는 가르침을 내려주십시오!"

존자가 가르쳐 말하였다.

"당신 자신이 무엇을 바라든지 다른 중생 또한 그와 같이 얻기를 바라니, 곧 이 같이 자기의 이익을 미루어 다른 사람에게 미치게 하는 것을 수양하라."

그러므로 우리는 자기를 아끼고 다른 사람을 미워하는 탐욕과 성냄의 악심을 힘써 제거하고 평등한 마음으로 자기와 다른 사람을 대해야 한다.

② 자타상환 보리심 수행

자기와 타인을 바꾸어 생각해서(자타상환) 보리심을 닦는 방법은 다음과 같다. 눈으로 질병과 배고픔, 목마름 등의 고통을 받는 중생을 만나거나 혹은 자기 앞에서 고통 받는 중생을 관상하여, 자기가 밖으로 숨을 내쉴 때에는 자기의 안락과 좋은 것, 몸과 재산 및 선근 등을 마치 옷을 벗어 그에게 주어 입히는 것과 같이 완전히 보시한다고 관상한다. 내면으로 숨을 들이마시는 때에는 다시 그가 갖고 있는 모든 고통을 자기 체내에 끌어들여 자기가 떠맡으며, 이로 말미암아 그가 고통을 여의고 즐거움을 얻는다고 관상한다. 이러한 똥렌 수행[142]을 일체중생을

---

142 똥렌 수행: 산띠데바가 가르치는 보리심 수행법으로, 숨을 들여 마시면서 상대방의 고통과 불행은 내가 받고, 숨을 내쉬면서 상대방에게 공덕과 행복을 보내주는

대상으로 반복하여 관하며 닦는다.

　실생활 가운데 있어 자기의 상황이 여의치 않거나 고통을 만났을 때, 이와 같이 삼계 윤회 중에서 이러한 많은 고통을 받는 중생이 얼마나 가련한지를 관상한다. 또한 그들의 일체 고난을 모두 자기의 몸 안에 성숙시켜 대신 받기를 원하며, 모든 중생들이 다 고를 여의고 행복을 얻기를 바라며, 마음 안 깊은 곳으로부터 반복해서 관상하며 닦는다. 자기가 누리는 행복과 쾌락 등이 풍부하면 곧 관상하되 '나의 이 안락을 모든 중생에게 보내니 모두 안락 얻기를 원합니다'라고 한다. 이렇게 자기의 안락과 남의 고통을 서로 바꾸는 보리심은 모든 대승도에 나아가는 수행인이 반드시 닦아야 하는 그릇됨이 없는 구경의 핵심이다. 비록 심식 가운데 단 한 번 이 같은 자타교환의 보리심을 일으킨다 하더라도 또한 능히 여러 생에 쌓은 죄업을 청정하게 하며, 광대한 복덕지혜의 자량을 원만하게 하며, 악도와 사견의 장소에서 벗어나 해탈을 얻는다.

　이전에 석가모니 부처님이 환생해서 친구인 까마루빠와 같이 지옥의 마차를 끌었다. 그들은 둘 다 몸은 하나인데 힘이 적어서 마차를 끌어도 움직이지 않았다. 그래서 지옥의 옥졸들이 불타는 병기로 그들을 맹렬히 때렸는데 매우 고통스러웠다. 이때 그분께서 생각하시기를 '우리 둘이 마차를 끌어도 움직일 방법이 없어 그와 함께 크게 고통을 받고 있다. 나 스스로 마차를 끌어 벗의 고통을 떠맡아 벗으로 하여금 안락을 얻게 해야 하겠다' 하셨다. 이에 곧장 옥졸에게 말하되 "청컨대 벗의 끈을 나의 목에 걸어 나 홀로 마차를 끌게 해 달라" 하니, 옥졸이 분노하여

　관상수행법이다.

말하되 "중생이 각종 업력을 받는 것은 누구도 고칠 방법이 없다"고 말을 마치고는 또 새 채찍으로 그 머리를 때렸다. 그 결과 그는 자기의 선한 마음의 힘으로 바로 지옥으로부터 천계에 태어났다. 이것은 곧 세존께서 남을 이롭게 하시는 시발점이 되었다.

이밖에 세존은 일찍이 상주인 자오의 딸로 환생했으며, 또한 심식 가운데 자기의 행복과 남의 불행을 바꾸는 보리심이 생겨서 곧 악도의 고통을 여의었다.

이전에 자오라는 신도가 있었는데 그 아들들이 모두 요절하였다. 한번은 또 아들을 낳았으나 그를 살리기 위하여 자오의 딸이라고 이름을 지었다. 한번은 시주가 큰 바다 가운데서 여의보주를 취하다가 배가 부서지고 사람들이 죽었다.

아들이 큰 후에 어머니에게 물었다.

"아버지는 어떠한 종성입니까?"

어머니는 '만일 사실대로 그에게 말하면 그는 반드시 바다로 가서 보배를 찾을 것이다'라고 생각하고 거짓말로 말하였다.

"너의 부친은 곡식을 파는 종성이다."

그래서 그는 가서 곡식을 샀다. 그는 매일 4원(까르샤, 인도의 화폐 이름)을 벌어서 어머니를 섬겼다.

곡식을 사는 동행들이 그에게 말하되 "너는 곡식을 파는 종성이 아니니 곡식 상을 경영하는 것은 불합리하다"라고 하며 그가 곡식을 파는 것을 금지시켰다. 그가 집에 돌아와서 또 어머니에게 물었다.

"아버지는 도대체 무슨 종성입니까?"

어머니가 그에게 말하였다.

"향을 파는 종성이다."

그는 또 가서 향을 사서 매일 8원을 벌어서 어머니를 부양했으나, 다시 다른 향을 파는 사람들이 양식을 팔았을 때와 마찬가지로 그가 향을 파는 것을 금지시켰다.

어머니가 다시 그에게 말하되 "부친은 의복을 파는 종성이다"고 하였다. 그가 또한 가서 의복을 팔고 매일 16원을 벌어서 어머니에게 주었으나, 다른 의복을 파는 사람들은 또한 그가 의복을 파는 것을 금지시켰다.

어머니가 또한 그에게 말하되 "너는 보배를 파는 종성이다"고 하였다. 이에 그는 또 가서 보배를 팔아 매일 32원을 벌어 어머니를 공양했다. 후에 그곳의 다른 상인이 그에게 이르되 "너는 바다에 가서 보배를 찾는 종성이니 이치에 맞게 자기 종성의 직업에 종사하라"고 하였다. 그가 집에 돌아와서 어머니에게 말하였다.

"저는 상인의 종성이므로 반드시 바다에 가서 보배를 찾겠습니다."

어머니가 말하였다.

"비록 너는 상인의 종성이지만 너의 부친과 조상들은 전부 바다에 가서 보배를 찾는 일로 목숨을 잃었으므로, 만일 네가 간다면 반드시 죽는 길밖에 없다. 그러므로 절대로 가지 말고 이곳에서 매매를 경영하는 게 좋겠다."

그러나 그는 고집부리고 듣지 않으며 바다에 갈 때 필요한 일체의 물품을 준비했다. 가려고 할 때에 어머니가 떠나보내기가 어려워 그의 옷을 잡고서 울었다.

이에 아들이 화내어서 말하되 "내가 금일 바다에 가서 보배를 취하려고 하는 때에 당신이 불길하게 훌쩍거리며 우는군요!"라고 말하고는 발로 어머니의 머리를 차고 가버렸다.

그가 바다에 나가서 항해하는 도중에 배가 부서져 모두가 바다에 빠져 대부분의 사람은 다 죽었다. 그는 판자를 잡고서 표류하여 섬에 이르렀는데, 그곳에는 환희성歡喜城이라고 부르는 도시가 있었다. 그는 장엄하고 아름다운 보배 궁전에 도착했고, 그 속에는 네 명의 아름다운 천녀가 나타나 부드러운 의자를 놓고 세 끼마다 맛있는 음식을 주었다.

그가 떠나려 하자 그녀들이 말하되 "절대 남쪽으로 가지 말라. 그렇지 않으면 재난을 만날 것이고, 매우 위험하다"라고 충고하였다. 그러나 그는 듣지 않고 남방으로 가서 전의 환희성보다 더 장엄한 구희성具喜城에 도착했으며, 여덟 명의 미녀가 전과 같이 공경히 시중들었다. 아울러 그에게 말하되 "남쪽으로 가지 말라. 그렇지 않으면 재난을 만날 것이다"라고 하였다.

그러나 그는 또 듣지 않고 계속해서 남방으로 가서 구희성보다 더 원만한 향취성香醉城에 도착하니, 열여섯 명의 미녀가 영접하고 환대했다. 그녀들이 또 그에게 말하되 "남쪽으로 가지 말라. 그렇지 않으면 큰 재난이 머리에 닥칠 것이다"라고 하였다. 그러나 그는 여전히 남쪽으로 갔다. 그는 높이 솟아 구름에 덮인 백색의 성벽인 범사성보梵師城堡에 도착했으며, 삼십이 명의 아름다운 천녀가 그를 영접하고 부드러운 의자를 준비하여 세 끼 맛있는 음식을 주었다. 그리고 그에게 "이곳에 머물러라"라고 말하였다.

그러나 그는 여전히 가려고 생각하여 떠나려 하자 천녀들이 그에게 말하되 "만일 네가 꼭 가야 하면 절대로 남쪽을 향해 가지 말라. 그렇지 않으면 반드시 큰 재난이 너에게 임할 것이다"라고 하였으나, 그는 고집스럽게 남쪽을 향해 갔다. 이에 구름에 가린 높은 쇠로 건축된 건물의 문 앞에 도착하니, 하나의 새빨간 눈을 가진 흉악한 검은 사람이 손에 긴 쇠 곤봉을 가지고 있었다.

그가 그 검은 사람에게 묻되 "이 집 속에는 무엇이 있습니까?" 하니, 검은 사람은 묵묵히 말이 없었다. 그가 앞으로 나아가며 많은 사람들을 보고는 놀라 모골이 송연해졌으며 입으로 부르짖되 "죄업이다, 죄업이다. 진정 죄업이다! 진실로 재난이 출현했구나!"라고 하였다. 그와 같이 생각하면서도 어쩔 수 없이 그 건물 가운데로 나아갔다.

바로 그때에 한 사람이 쇠바퀴에 머리를 끼워 돌리는 고통을 받는 것을 보았는데, 그의 백색 머리 골수가 사방으로 튀겼다. 그가 묻기를 "당신은 무슨 업을 지었습니까?" 하니, 그 사람이 대답하되 "내가 일찍이 발로 어머니의 머리를 찼는데, 그 업력이 성숙하여 현재 이 과보를 받고 있다. 너는 무엇 때문에 범사성 안에서 행복과 쾌락을 받지 않고 이곳에 와서 스스로 고통을 받으려 하는가?"라고 하였다. 그는 '그렇다면 나 또한 그와 같은 업력으로 말미암아서 이곳에 끌려온 것이다'라고 생각하였다.

바로 이어서 공중에서 소리가 들려오되 "속박을 받기를 원하는 자는 해탈을 얻으며, 해탈을 원하는 자는 속박을 받는다"라는 소리가 들렸다. 잠시 사이에 쇠바퀴가 돌면서 날아와 자기의 머리 위에 떨어지니 자신의 백색 머리 골수가 사방으로 튀었으며, 참기 어려운 극한의 고통을 받았다. 이것이 인연이 되어 그는 자기와 같은 일체중생에 대해서 강렬한 연민심이 생겼다. 그는 생각하되 '이러한 윤회 가운데서 아직도 나와 같이 어머니의 머리를 발로 차서 이 같은 고통을 받는 중생이 있다면, 원컨대 이러한 모든 중생들의 고통을 내가 대신해서 받기를 원하며, 기타 일체중생이 세세생생에 이 같은 고통을 다시는 받지 않기를 원합니다!'라고 하였다. 막 이 같은 생각을 일으켰을 때에 쇠바퀴가 문득 공중으로 올라갔다. 그는 고통에서 벗어나 공중으로 7미터나 높이 올라 비할 데 없는 즐거움을 누렸다.

이 같이 자기와 남을 서로 바꾸는 보리심은 보리의 수행 과정 중에서 반드시 없어서는 안 되는 중요한 정법이며, 과거 까담파의 게쉐들 또한 이 자타상환의 수행법을 지니어 수행의 핵심으로 삼았다.

이전에 신구파의 많은 교법과 인명의 경론에 대하여 정통하였던 체까와 게쉐가 계셨다. 한번은 짝성와 게쉐의 집에 와서 그의 베갯머리에 자그마한 경전 상자가 있는 것을 보고 열어 보니 그 안에 "손해보고 실패하는 것은 내가 다 받으며, 이익과 성공은 다른 사람에게 바친다"라고 쓰인 것을 보았다.

이것이 진정 귀한 법이라고 생각하며 물었다.

"이것은 무슨 법입니까?"

짝성와 게쉐가 그에게 말하였다.

"이것은 랑리탕빠 존자가 지은 바 『수심8송修心八頌』 가운데 제5송의 후반 게송이다."

그가 또 물었다.

"그렇다면 누가 이 비결을 전승하였습니까?"

짝성와 게쉐가 말하였다.

"랑리탕빠 존자 본인에게 있다."

이 말을 듣고서 체까와 게쉐가 급해서 기다릴 수 없다는 듯이 "이 법을 구하러 가보자"고 하며 바로 라싸를 향하여 길을 나섰다. 라싸에 도착한 후 며칠간 주요 불상을 참배하고, 한편으로는 그 존자의 소식을 물었다. 어느 날 오후, 랑탕 지방에서 온 중풍 든 환자가 있었는데, 체까와 게쉐는 그에게 랑리탕빠 존자의 소식을 물었다. 그가 게쉐에게 말하였다.

"랑리탕빠 존자는 이미 돌아가셨습니다."
게쉐가 물었다.
"누가 존자의 법을 계승한 사람입니까?"
그 사람이 말하였다.
"샹슝빠 게쉐와 도데빠 게쉐가 있는데, 그들 두 사람은 누가 법주가 되는가에 대하여는 의견이 일치하지 못하고 있다."
그런데 실제로 이 두 분 게쉐는 자기가 법주가 되고자 함이 아니었다. 오히려 샹슝빠 게쉐와 도데빠 게쉐는 서로 법주가 되는 것을 양보하였다. 두 분의 게쉐가 본래 이 같이 서로 청정심을 가졌으나, 체까와 게쉐는 도리어 잘못 생각하고 그들이 스승의 법위를 서로 욕심내어 부러워한다고 여기고 그들에게는 이 법의 전승이 없다고 단정하였다.
그래서 다시 '현재 누가 이 법의 전승을 가지고 있을까?'라고 생각하며 여러 곳으로 묻고 다니니, 어떤 사람이 그에게 말하였다,
"샤라와 게쉐가 진정한 전승이 있습니다."
그는 바로 찾아가서 게쉐를 친견하였다. 당시에 샤라와 게쉐는 수천 명의 승려들에게 많은 경론을 강의하고 계셨다. 체까와 게쉐는 며칠 강의를 들었지만 그가 구하는 법은 한 마디도 듣지 못했다. 그가 생각하되 '이 분 게쉐는 도대체 이 법의 전승이 있는지 없는지를 알지 못하겠으니 응당 분명히 물어보아야 할 것이다. 만일 전승이 있으면 내가 여기에 머무르고 전승이 없으면 떠나야겠다'하였다. 하루는 샤라와 게쉐가 탑을 돌 때 그가 게쉐의 앞에 가서 자기의 옷을 땅에 펴고서 이 위에 조금 앉아 계시기를 청하고는 문제가 하나 있어 가르침을 청한다고 하였다. 스승이 말하였다.
"존자여! 당신에게 해결하지 못하는 사정이 있으면 내가 이곳에서

일체 소원을 원만히 해주겠다."

체까와 게쉐가 말하였다.

"제가 일찍이 '모든 손해는 내가 다 받고 모든 이익은 남에게 돌린다'는 말을 보았는데, 이 법은 나의 마음에 매우 맞으나 이 법의 깊고 얕은 것이 어떠한 건지 알지 못하겠습니다!"

스승이 말하였다.

"존자여! 내면의 마음이 이 법과 더불어 상응하면 좋고, 상응하지 않아도 좋으며, 만일 성불하고자 생각하지 않아도 말할 게 없거니와, 성불하고자 한다면 이 법이 반드시 없어서는 안 될 것이다."

그가 또 이어서 물었다.

"스승님, 당신은 이 법의 전승이 있습니까?"

스승이 말하였다.

"나에게 정확히 이 법의 전승이 있으며, 이는 또한 나의 모든 법 중에서 가장 중요한 법문이다."

그가 청하여 말하였다.

"그렇다면 존자께서는 나에게 전승을 전해주십시오."

스승이 말하였다.

"만일 네가 능히 오랫동안 이곳에 머무르면 내가 너에게 전해주겠다."

이리하여 체까와 게쉐는 6년을 샤라와 스승에게 의지했다. 이 기간 중에 스승은 오직 한 가지 「수심8송」을 전수해 주었으며, 그도 또한 일심으로 수행하여 최후에 완전히 자기를 귀중히 여기는 집착을 끊어 버렸다.

자기와 남을 서로 바꾸는 보리심을 닦는 것은 금생 중의 병통을 제거하고 근심을 해결해 줄 수 있다. 아울러 귀신을 항복시키고 마장을 부수는 등의 법에도 이보다 더 수승한 비결은 없다. 그러므로 우리는 마땅히 때와 장소에 따라 자기를 귀중히 여기는 악한 마음을 끊어 버리기를 마치 독을 버리는 것같이 하며, 자타를 바로 바꾸는 보리심을 힘써 닦아야 할 것이다.

③ 자경타중自輕他重 보리심 수행

자기가 윤회에 머물든지 지옥에 떨어지는지를 막론하고, 병들었든지 고통스럽든지 어떠한 불행한 것을 만나도 모두 참고 받아들이는 것을 관상한다. 아울러 다만 기타 중생의 고통이 자기의 몸에 모두 옮겨 이르기를 원하며, 나의 모든 안락과 선한 과보도 그들에게 가서 능히 원만히 구족하기를 원한다. 이를 내심의 깊은 곳에서 사유하며 아울러 모두 실제의 행동으로 옮긴다. 이 방면에 관한 실례로 아띠샤 존자의 스승인 인자유가(仁慈瑜伽, 마이뜨리 요기)와 다르마락시따의 예가 있으며, 석가모니 부처님이 일찍이 환생해서 연화 국왕이 되고, 또 거북이로 환생하고, 보계국왕寶髻國王으로 환생하여 사람을 감동시킨 일 등의 예가 있다.

　인자유가 스승께서 법을 강의할 때, 한 사람이 돌을 가지고 개를 때리는 것을 보고 스승이 아프다고 "아야야" 고함치면서 법좌에서 쓰러졌다. 법당에 있던 다른 사람들은 그 개가 아무 일 없는 것을 보았으며, 모두 스승이 꾸며서 이상한 동작을 한다고 생각했다. 인자유가 스승은 그들 마음의 생각을 알고서 문득 옷을 벗어 등을 사람들에게 보게 했으며, 사람들은 스승의 등 위에 개가 등에 돌을 맞은 부위와 같은 곳이 분명하게 부어오른 것을 보았다. 많은 사람들이 스승께서 개가 돌을 맞은 고통을 대신 받은 것에 대해서 굳게 믿고 의심치 않았다.

이 외에 상사 다르마락시따가 처음에 성문 유부有部의 한 대학자였을 때, 생애의 전반에 비록 대승법을 들어본 적이 없었으나 대승의 종성 안에 안주하고 있었고, 부지런히 노력하지 않고서도 자연히 대비심을 갖추었다. 한번은 그 이웃에 중병을 앓는 환자가 있었다. 의사가 말하되

"이 병을 치료하려면 사람의 고기가 필요합니다. 만일 그것이 있으면 치료할 수 있지만 얻을 수 없으면 다른 방법은 없습니다"라고 하였다. 다르마락시따 상사가 말하되

"만일 그 병을 능히 치료할 수 있다면 내 살을 주겠다"라고 말을 마치고는 바로 자기의 허벅다리 살을 베어서 그에게 주었다. 과연 병든 사람은 그 고기를 먹고서 나았다. 다르마락시따 존자는 당시 공성을 증득하지 못하여서 극심한 아픔을 느꼈으나 연민심이 매우 강렬했기 때문에 후회하는 마음이 없었다. 그가 병든 사람에게 물었다.

"그대는 병세가 좋아졌는가?"

그 사람이 말하였다.

"그렇습니다. 저의 병은 이미 나았으나 당신에게 고통을 가져다 주었습니다."

존자가 말하였다.

"그대만 나았다면 나는 죽는다고 해도 달게 받을 수 있다."

그는 아픔의 고통을 참을 수 없어서 저녁에 잠을 잘 수가 없었다. 새벽이 되어서야 조금 잘 수 있었는데, 꿈에서 흰옷을 입은 사람이 나타나 그에게 "보리를 얻고자 하면 반드시 너와 같은 고행을 겪어야 하니, 착하고 착하다!"라고 말한 후에 침을 뱉어서 그 상처에 바르고 손으로 문질러 주었다. 그가 깨어보니 상처가 완전히 나아서 어떠한 흔적도 남아 있지 않았다. 꿈에서 나타난 사람은 바로 대비 관세음보살

님이셨다. 이로부터 존자는 심식 가운데 실답게 실상의 밀의를 증득했으며, 아울러 용수보살이 지은 '중관이취오론中觀理聚五論'[143]의 문장들을 완전히 다 외워버렸다.

또한 세존께서 환생해서 연화 국왕이 되었을 때, 한번은 그 영토 내에 한바탕 심한 전염병이 발생하여 많은 사람들이 죽었다. 국왕은 의사를 불러서 물었다.

"어떻게 해야 전염병을 다 제거할 수 있는가?"

의사가 아뢰었다.

"만일 로히따 물고기가 있으면 치료할 수 있지만, 기타 방법은 전염병의 독을 막아 방지하는 데 효과가 없습니다."

이 말을 듣고 국왕은 길일을 선택해서 이른 새벽에 목욕하고 옷을 갈아입고 8관재계八關齋戒를 수지하고, 삼보에 대하여 크게 공양을 올리고 간절한 기도를 봉행한 후에 발원하였다.

"원컨대 내가 죽은 후에 바로 환생해서 니브리따 강 가운데에 로히따 물고기가 되어지이다."

이와 같이 말하기를 마치고 바로 수백 자 높이의 왕궁 위에서 몸을 던졌고, 즉각 환생해 니브리따 강 가운데서 로히따 물고기가 되었다. 이어서 그 물고기는 사람의 말로 많은 사람에게 말하되 "나는 로히따 물고기이니, 너희들은 나를 잡아서 먹어라!"라고 하였다. 이에 많은 사람들이 그 고기를 잡아먹었으며 한 편을 다 벗겨 먹고 뒤집어서 다른 한 편을 사람들에게 먹게 하였다. 그런데 한 편의 살덩이가 벗겨진 후에는 다시 살이 생겨나 사람들이 번갈아가면서 먹을 수 있었다.

---

143 용수의 다섯 가지 논서인 『중론中論』, 『회쟁론回諍論』, 『칠십공성론七十空性論』, 『육십정리론六十正理論』, 『세연마론細研磨論』을 말한다.

고기를 먹은 후 병든 사람은 전부 건강을 회복하였다.

그 고기는 또 많은 사람들에게 말하되 "나는 너희들의 연화 국왕이다. 너희들의 병을 낫게 하기 위해 스스로 목숨을 버려서 로히따 물고기가 되었으니, 너희들이 만일 나의 은덕을 보답하고자 한다면 힘을 다해서 악을 끊고 선을 행해야 한다"라고 하니, 많은 사람들이 그 교훈을 의지해서 행했다. 이후로 그들은 모두 삼악도와 사도邪道 가운데 떨어짐이 없었다.

이밖에 세존께서 일찍이 환생해서 한 마리의 큰 거북이가 된 적이 있었다. 그때에 오백 명의 상인이 큰 바다로 보배를 구하러 가는 도중에 배가 부서져서 다 죽게 되었다. 이때 거북이가 사람의 말로 그들에게 말하였다.

"너희들은 전부 나의 몸에 타라. 나는 너희들을 구해서 저 언덕에 건네주겠다!"

그리고 모든 상인들을 실어서 해안가에 날라주었다. 피로가 너무 심하여 거북이는 해변에 도착하자 잠이 들었다. 이때 팔만 마리의 모기가 함께 그 피를 빨아 먹었다. 거북이가 깨어난 후에 이러한 상황을 보고서 마음에 생각하기를 '만약 물속에 들어가거나 땅에서 구르면 이 모기들이 다 죽을 것이다' 하고는 여전히 땅에 엎드려 있다가 마침내 몸과 목숨을 버렸다. 세존께서 성불했을 때, 당시의 팔만 마리의 모기는 전생해서 팔만 명의 천자가 되어서 와서 법문을 들었으며 최후에는 깨달음을 얻었다.

세존이 일찍이 환생해서 보계국왕寶髻國王이 된 이야기는 다음과 같다. 일찍이 샤게다 나라에 금계국왕金髻國王과 왕비 묘려환희모妙麗歡喜母가 있었는데 한 태자를 낳았다. 그 머리 위에는 천생적으로 하나의 진귀한 보배 정수리 육계가 있었는데, 정수리의 구멍으로부터 감로가 흘러내려서 손에 닿으면 금이 되었기에 태자의 이름을 보배육계(寶髻, 마니추다)라 하였다. 태자가 탄생했을 때 공중에서 또한 갖가지 모양의 보배 비가 내렸으며, 또한 그에게는 큰 코끼리 중에서도 가장 큰 묘산妙山이라 불리는 보배 코끼리가 있었다. 보계태자는 왕위를 계승한 후에 여법하게 국가를 다스렸으며, 항상 큰 보시를 베풀어 국가의 모든 가난과 걸인이 없게 했다. 브릭후Brighu라는 선인에게는 연꽃으로부터 출생한 미녀가 있었는데, 보계국왕에게 공양해서 왕비가 되었다. 그녀가 태자를 낳으니 보계국왕과 똑같이 닮아서 이름을 연계蓮髻라고 하였다.

한번은 국왕이 널리 보시를 베풀고 브릭후 선인과 난인국왕難忍國王 등 모든 사람을 연회에 초대했다. 당시에 제석천왕이 국왕의 뜻을 관찰하기 위하여 몸을 흔들어 나찰이 되어 호마의 불꽃 가운데 출현하여 국왕 앞에 와서 음식을 구걸했다. 국왕이 그에게 각종 맛있는 음식을 주자 그는 모두 거절하면서 미소 지으며 말하였다.

"내가 필요한 것은 방금 죽인 동물의 따뜻한 피와 고기이다."

국왕이 곤란해져 마음에 생각하기를 '만일 중생을 해치지 않는다면 그 같은 피와 고기를 얻을 방법이 없다. 나는 내 생명을 버릴지라도 절대 다른 중생을 해칠 수 없다. 만약 주지 않으면 이 나찰은 또한 매우 실망할 것이니 이를 어떻게 하는 게 좋은가?' 하며 생각을 굴려 또 한 번 궁리하되 '보아하니 현재 내 자신의 피와 고기를 보시할 때가 이르렀다'라고 생각하였다. 이에 말하되 "내 피와 고기를 너에게 주겠다!"라고 하였다. 모든 권속이 놀라 마음이 초조해져서 백방으로 왕을 말렸다. 국왕은 자기의 동맥을 끊어서 나찰에게 피를 공양했으며, 이에 나찰은 만족할 때까지 피를 빨아마셨다. 다시 국왕이 자기의 살을 베어서 그에게 먹이니, 나찰은 또한 배의 뼈가 드러날 때까지 쉬지 않고 먹었다. 모든 권속이 매우 슬퍼했으며 왕비는 슬퍼서 기절하였다.

국왕이 아직 기억이 남아 있을 때에 제석천은 비할 데 없는 환희심으로 말하였다.

"나는 제석이며 피와 고기를 구하지 아니하니, 청컨대 보시하는 것을 그쳐라!"

말을 마치고 천인의 감로를 얻어서 국왕의 상처에 가피하였고, 국왕은 완전히 회복하여 원래와 같게 되었다.

뒤에 국왕은 묘산이라 불리는 보배 코끼리를 자기의 보좌대신인 범거梵車에게 주었다. 당시에 마루쩨 선인에게 이미 선정을 얻은 한 제자가 있어 찾아왔는데, 국왕이 매우 공경스럽게 물었다.

"당신은 무엇을 필요로 합니까?"

그 제자가 말하였다.

"나의 스승이 나에게 베다 경전을 전수해 주셨습니다. 나는 스승의 은덕에 보답하고자 하는데, 스승은 나이가 많으나 시중드는 시자가 없으므로 내가 스승에게 시자를 공양하고자 합니다. 특히 당신의 왕비와 왕자를 주시기를 원합니다."

국왕은 또한 허락하여 제자는 왕비와 왕자를 데리고 가서 스승에게 공양하였다.

난인국왕은 보배 코끼리 한 마리를 매우 사랑하여 자기의 영토에 돌아간 후 사람을 시켜 편지를 보내어 보계국왕에게 말하였다.

"반드시 보배 코끼리를 나에게 주시오!"

보계국왕이 회답해 말하였다.

"나는 이미 보배 코끼리를 바라문에게 주었다."

그러나 그는 코끼리에 집착해서 듣지 아니하고 말하되 "만일 주지 않으면 군대를 동원하겠다!" 하고는 크게 군대를 동원했다. 보계국왕은 매우 상심하여 말하되 "이익의 욕망이 마음을 물들여 가장 친한 친구가 순간 변해서 가장 큰 원수가 되었구나" 하고는 마음속으로 생각하되 '만일 내가 병사를 거느리고 맞서 싸우면 쉽게 물리칠 수 있으나, 이같이 하면 반드시 많은 중생을 상하게 할 것이다. 달아나는 것이 상책이겠다'고 생각하였다.

바로 그때 네 분의 독각(연각불)이 와서 말하였다.

"대왕이시여! 산림에 갈 시간이 이미 되었습니다."

그런 후에 신통으로 국왕을 데리고 수풀 속으로 갔다. 당시에 보계국왕 수하의 모든 신하는 마루쩨 선인의 처소로 가서 연계왕자를 찾았으며, 선인은 또한 그를 자신의 나라로 돌아가게 해주었다. 후에 왕자는 수령이 되어서 군대를 거느리고 난인국왕과 싸워서 크게 승리를 거두었다. 난인국왕은 참패한 후 자기의 국가로 도망갔다.

당시에 난인국왕의 성품은 악독하고 행위가 비열했기 때문에 그 영토 내에 한바탕 심한 전염병과 가뭄이 발생하였다. 난인국왕이 모든 바라문에게 물었다.

"어떻게 해야 쉽게 전염병과 가뭄을 물리칠 수 있는가?"

많은 바라문이 대답하였다.

"만일 보계국왕의 정수리 육계가 있으면 효험이 있을 것이니, 응당 그에게 가서 구하여야 합니다."

국왕이 말하였다.

"그가 주지 않을 것이다."

바라문들이 말하였다.

"많은 사람들이 아는 바로는 보계국왕은 주지 않는 바가 없다고 합니다. 어떠한 물건도 모두 줄 것입니다."

이에 난인국왕이 한 사람의 바라문을 시켜 보계국왕에게 가서 구하게 했다. 당시 보계국왕이 수풀 속에서 한가하게 산보하다가 자기도 모르는 사이에 마루쩨 선인이 있는 부근에 이르렀다. 이때 보계국왕의 왕비가 수풀 가운데서 나무 열매를 따다가 한 사냥꾼을 만났는데, 사냥꾼은 왕비에게 탐욕심을 일으켰다.

매우 위험한 경지에 처하여 왕비는 기도하되, "보계국왕이여, 나를 구해주십시오!" 하며 소리를 내어 통곡했다. 국왕은 멀리서 그 음성을 들었고, 앞으로 나아가 무슨 일이 일어났는지를 보았다. 사냥꾼은 국왕이 멀리서 오는 것을 보고서 선인인 줄로 잘못 알고 저주를 두려워하여 도망갔다. 국왕은 예전에는 왕실에서 행복했으나 현재 이 같이 고통 받는 왕비를 보고서 매우 슬퍼하여 개탄함을 금하지 못하여 말하였다.

"슬픈지라! 일체의 유위법은 다 믿을 게 없구나!"

이때 난인국왕이 파견한 바라문이 보계국왕의 앞에 이르러서 사정의 경과를 설명한 후에 정수리의 육계를 요구했다. 국왕이 말하되 "네가 베어서 가져가라!"고 하였다. 바라문이 정수리의 육계를 베어서 번국에 가지고 가자 난인국 안의 모든 질병과 가뭄이 없어졌다. 보계국왕은 정수리 육계가 베여진 아픔이 인연이 되어 뜨거운 지옥의 중생들에 대해서 맹렬한 연민심이 생기고 나서 기절해 버렸다. 이 공덕으로 인해 상서로움이 나타나서 많은 하늘무리와 국왕의 많은 권속들이 이곳에 모여들었다. 그들이 물었다.

"폐하, 무슨 일이 발생했습니까?"

국왕이 일어서서 손으로서 얼굴에 피를 닦으며 말하였다.

"난인국왕이 정수리의 육계를 가져갔다."

"정수리의 육계를 보시하시며 폐하의 마음속에 무슨 희망이 있으셨습니까?"

"난인국의 질병과 기근을 제거하기 위해 털끝만치도 다른 사심이 없으며, 다만 항시 한 가지의 강렬한 소원이 있다."

"그것이 무엇입니까?"

"능히 일체중생을 구제하는 것을 희망한다!"

"정수리 육계를 보시한 후에 폐하는 후회하는 마음이 생겼습니까?"

"후회하는 마음이 생기지 않았다."

"폐하의 피로에 지친 표정을 본다면 실제로 사람들로 하여금 믿게 하기 어렵습니다."

국왕이 소원을 발하여 말하였다.

"내가 난인국왕의 권속이 나의 정수리의 육계를 가져간 것에 대하여 조금도 후회하는 마음이 생기지 않았다면, 원컨대 나의 신체가 처음과 같이 회복하게 해 주십시오!"

말이 떨어지자마자 국왕의 신체는 처음과 같이 회복되었다. 모든 권속은 국왕에게 왕궁에 돌아갈 것을 간청했으나 국왕은 승락하지 않았다. 이때 네 명의 독각들이 와서 보계왕의 앞에서 충고하였다.

"당신은 원수에 대해서도 능히 이익을 주는데 어찌하여 친구는 버리려 하는가? 이치에 마땅하게 왕궁으로 돌아가야 한다."

이에 국왕은 궁중으로 돌아가 모든 권속에게 비할 데 없는 이익과 즐거움을 주었다.

(2) 육바라밀을 위한 행보리심 수행

보시, 지계, 인욕, 정진, 선정의 다섯 가지는 수행방편 측면의 다섯 바라밀이고, 지혜자량 방면의 바라밀은 지혜바라밀이다.

① 보시

보시에는 재물보시(財施)·법보시(法施)·무외시無畏施가 있다.

ㄱ) 재물보시

재물보시는 또 보통보시·광대보시廣大布施·극대보시極大布施의 세 가지를 포함한다. 보통보시는 차나 곡식 등 재물을 기타 중생에게 주는 것을 가리킨다. 만일 자기의 뜻이 청정하면 보시하는 재물은 크고 작고 많고 적고의 차별이 없다. 『35불 참회경』에서 "나아가 축생에게 한 입의 음식을 베푼 것으로도 (모든 선근을 얻을 수 있다)"라고 하신 말씀과 같다. 부처님께서는 선교방편과 대자대비의 주존이 되시기에 우리가 부처님이 설하신 다라니주와 밀주의 위력에 의지하면 다만 물 한 방울, 쌀 한 톨의 보시를 하더라도 항하사 수만큼의 아귀들을 이익 되게 한다.

소연素煙이나 훈연葷煙[144] 등의 불사 또한 능히 공중에 떠다니는 아귀들에게 매우 큰 이익이 있으며, 그 외 중생의 생명을 음식으로 삼는 매귀나 대력귀신도 이에 의하여 잠시 태운 공양 연기의 맛을 냄새 맡고 만족을 얻는다. 아울러 염송의궤 등을 의지한 법보시도 그들의

---

[144] 소연素煙, 훈연葷煙: '중유中有'의 중음신이나 아귀에게 보시하는 것으로, 소연은 보릿가루에 우유와 버터를 버무려 만든 짬빠를 태운 연기로 공양하고, 훈연은 피와 살코기와 지방을 섞어 짬빠를 만들어 불에 태워 공양한다.

심식으로 하여금 해탈을 얻게 하여 이로부터 다시 중생을 해치지 아니하며, 그로 말미암아 많은 중생이 죽는 두려움을 벗어나니, 또한 이는 무외시의 한 종류이다. 실제상으로 태운 연기는 이미 세 가지 보시를 구족하고 있다. 이른바 수시水施와 초연시焦煙施[145] 등은 간편하고 행하기 쉬우니, 적은 노력으로 큰 효과를 얻는 법이다. 매년 수시를 십만 번 행하고, 평소에도 쉬지 않고 수시와 초연시를 행하는 것은 모두 상당히 중요하다.

반대로 만일 자기가 많은 재산을 가지고 있으면서 굳게 지키어 베풀지 아니하며, 금생이나 내세의 준비를 위한 의의 있는 일에 쓰지 못하고, 재산이 많고 풍요로우면서도 도리어 하나도 있지 않다고 생각하며, 입으로 궁상떨며 가련하고 절망적인 말을 하는 사람은 현재 이미 아귀업의 등류과보等流果報를 감수하고 있는 것이다. 우리들은 절대로 이와 같이 해서는 안 되며, 마땅히 최선을 다하여 삼보의 복전에 공양 올리고 빈궁한 거지들에게 베풀어야 한다. 밀라래빠 존자도 친히 말씀하시되 "먹는 음식을 아껴서 보시하라"고 하셨다. 그렇지 않고 만일 시종 이기심과 자신의 이익에만 갇혀 있다면, 한 사람이 세상의 모든 재산을 가지고 있어도 만족하지 못한다. 또한 그는 근본적으로 자기가 가지고 있는 재물 중에서 조금 덜어서 위로 공양하고 아래로 베풀 생각이 없으며 항상 "나는 이후에 더 부자가 되면 공양하고 보시할 것이다"라는 생각을 가진다.

일반적으로 부처님께서 경전에서 재시 등 재물로써 공덕을 짓는 것의 중요함을 강조한 것은 재가신도에 대해서 말한 것이며, 출가인은

---

[145] 수시水施는 아귀에게 물을 보시하는 것이고, 초연시焦煙施는 곡식을 태워 (그 연기를) 귀신에게 보시하는 것이다.

오직 수행하고 소욕지족하며 깊은 산사를 의지해서 힘써 고행하며 불굴의 의지로 성도聖道의 삼학(三學, 계정혜)을 실수하는 것이 매우 중요하다. 어떤 출가인은 응당 닦아야 할 문사수聞思修 행의 선법을 방치하고 하루 종일 장사하거나 농사짓는 등 세속 일과 속이는 수단을 통해서 정당하지 않은 방식으로 재물을 모으면서, 스스로는 위로 공양하고 아래로 보시하는 등 공덕을 짓고 선법을 닦는다고 생각하나 실제로는 이러한 종류의 행법은 어떠한 의의도 없다. 파담빠 린뽀체께서 말씀하시되 "만약 여법하지 않게 법을 행하면, 정법이 반대로 악도의 원인이 된다"라고 하셨다. 그러므로 때와 장소에 따라서 시종 만족한 줄 알고 욕심을 적게 내는 것을 실천하면 얻기 어려운 매우 귀한 일이 된다.

광대보시廣大布施는 곧 자기가 가지고 있는 말이나 코끼리 및 자식 등 자기가 가장 아끼는 사람과 진귀한 보물을 다른 사람에게 보시하는 것이다.

극대보시極大布施는 자기의 몸을 보시하고 생명과 몸의 기관을 보시하는 것을 가리킨다. 예를 들면 큰 용기를 지닌 왕자가 자기의 몸을 어미 호랑이에게 보시했으며, 용수 아사리는 머리를 낙행왕자樂行王子에게 보시했고, 만덕현공주蔓德賢公主는 자신의 몸을 어미 호랑이에게 보시한 일 등과 같다. 당연히 이러한 행위는 십지에 증득한 보살 외에 범부인 보통 사람은 직접 실천할 수가 없다. 그러므로 현재는 우리들 마음속으로 마땅히 생명과 몸의 일체에 대해 집착하지 않고 중생에게 회향하는 것을 관상해야 하며, 이후에는 진정으로 능히 보시할 수 있기를 발원해야 한다.

ㄴ) 법보시

법보시는 곧 다른 대중을 위해서 관정·전법·전승 등의 방법을 써서 다른 사람의 심식으로 하여금 선법을 봉행하게 하는 것이다. 그러나 우리들이 근본적으로 사심이나 잡념을 다 제거하기 전에 표면상 남을 이롭게 하는 일을 행하는 것은 다만 그림자와 같을 뿐이며 실제로는 중생을 이롭게 하지 못한다. 많은 제자들이 일찍이 아띠샤 존자에게 여쭈었다.

"어느 때에야 바야흐로 권속을 섭수할 수 있습니까? 어느 때에야 바야흐로 이타행을 할 수 있습니까? 어느 때에야 죽은 이의 영혼을 천도할 수 있습니까?"

존자께서 대답하였다.

"공성을 깨닫고 아울러 신통을 구족한 때에야 바야흐로 권속을 섭수할 수 있으며, 또한 이기심과 이익심을 다 끊었을 때에야 바야흐로 다른 대중을 이롭게 하는 행을 할 수 있으며, 견도見道를 얻은 후에야 비로소 망령을 천도할 수 있다."

이밖에 존자께서 또한 일찍이 말씀하셨다.

"지금과 같은 오탁악세에는 그릇되게 모양만 꾸밀 때가 아니고 힘써서 정진할 때이며, 그릇되게 높은 직위를 구하고자 할 때가 아니라 낮은 자리에 거할 때이며, 권속을 거두어들일 때가 아니라 고요한 곳에 의지할 때이며, 그릇되게 제자를 가르치고자 할 때가 아니라 자기 마음을 조복해야 할 때이며, 그릇되게 문장이나 글을 구하려고 할 때가 아니라 이에 그 의미를 사유할 때이며, 그릇되게 곳곳마다 떠돌아다니려 할 때가 아니라 한 곳에 안주해야 할 때이다."

별도로 세 사람의 제자가 중돈빠 게쉐에게 물었다.

"적정처에서 수행하는 것과 정법으로써 중생을 이롭게 하는 것, 이 두 가지 중 어느 것이 더 중요합니까?"

이에 중돈빠 게쉐가 대답하셨다.

"자기 심식에 대해서 어떠한 수행 경험과 영험이 없으며 증오도 없는 초학자의 경우, 정법으로 중생을 이익 되게 하는 것 또한 아무 덕이 없으니, 그들의 가피는 오히려 빈 그릇에서 따르는 것과 한가지여서 그 가운데 어떠한 가피도 얻을 수 없다. 그들의 비결은 짜지 않은 술 찌꺼기를 통해서 나온 거친 술과 한가지여서 어떠한 순수한 맛도 없으며, 난상(暖相, 4가행도의 첫 단계)을 얻었다 해도 견고한 승해勝解를 얻지 못한 수행자 또한 중생을 이익 되게 할 수 없으니, 그들의 가피는 자빠진 병과 한가지여서 다른 사람에게 가득 채워주나 자기는 도리어 빈 것과 같으며, 그들의 구전 비결은 불덩이를 가지고 다른 사람에게 전해주는 것과 한가지여서 다른 사람으로 하여금 광명이 빛나게 하나 자기는 도리어 칠흑같이 어둡다.

십지에 오른 보살이야말로 진정으로 중생을 이익 되게 하는 일을 할 수 있으며, 그들의 가피는 묘한 병의 성취와 같아서 능히 다른 사람을 성숙시킬 수 있다. 또한 자기 자신으로 하여금 비어서 없게 하지 않고 시종 가득 차 있으며, 그들의 비결은 버터기름의 주된 등불과 같아서 능히 다른 기름 등에 불을 밝힐 수 있을 뿐 아니라 또한 자기도 어둠에 가려지는 일이 없다.

그러므로 현재 오탁악세의 시대에 우리들 범부는 마땅히 고요한 수행처에서 자비심과 보리심 등을 닦아야 한다. 아직은 직접 중생을 이익 되게 할 때가 아니며 자기 심식의 번뇌를 제거할 때이다. 비유하면 귀한 명약나무의 싹을 자를 때가 아니라 그를 보호할 때이다."

이런 이유로 직접 중생에 대하여 법보시를 행하는 것은 조금 곤란함이 있다. 자기가 실지로 닦아 참으로 증득함이 없으면서 다른 사람을 위해서 경을 강의하고 설법하면 다른 사람에게 어떠한 효과도 낼 수 없다. 가령 불법을 강의하는 것에 의해서 공양과 재물을 모으면 인도의 파담빠 린뽀체께서 말씀하신 "정법을 가져다가 재물을 얻는 상품으로 삼는다"와 같다. 그러므로 이기적인 마음을 완전히 끊기 전에는 마땅히 급하게 중생을 이익 되게 해서는 안 되고, 자기가 경을 독송하고 주를 외우며 불경과 논전 등을 독송할 때에 발원하되, 선한 방면의 귀신들이 이러한 소리를 듣고 심식이 해탈을 얻기를 원하며, 물 공양(水施)과 몸 공양(施身) 등의 의궤를 염송하는 마지막에 또한

> 모든 악을 짓지 말고, 모든 선을 받들어 행하며, 자기 마음을 깨끗하게 하는 것이 모든 부처님의 가르침이다.(諸惡莫作 諸善奉行 自淨其意 是諸佛教)

를 염송하도록 한다. 오직 이러한 종류의 법보시를 행하면 된 것이다. 일단 자기의 사사로운 욕망이 완전히 다했을 때 한 찰나도 고요하고 안락한 상태에 안주하지 않으면 곧 일심으로 중생들을 이익 되게 하는 때가 이미 당도한 것이니, 그러므로 마땅히 시시각각 정법으로써 중생들을 요익케 해야 한다.

ㄷ) 무외시

무외시는 구호를 받지 못하는 중생에 대하여 그들의 구호자가 되며, 보호주가 없는 중생에게 그들의 보호주가 되고, 가족이 없는 중생에

대해서는 그들의 친구가 되는 것이다. 세존께서 일찍이 말씀하셨다.

일체 유위의 선법 가운데 중생의 생명을 구하는 공덕이 가장 크다.

이 때문에 그러한 권세가 있는 사람은 마땅히 사냥과 수렵을 금지시켜야 한다. 다른 사람들 또한 힘과 능력에 따라서 도살장에 끌려가 막 죽임을 당하는 양이나 죽음에 임한 물고기나 곤충, 벌레 등을 보호해야 한다. 총합해서 말하면, 우리는 실제 행동 중에 있어서 온갖 방법을 다하고 모든 힘을 다해 중생을 이롭게 해야 한다.

위에 말한 보시는 또한 밀종의 삼매야계 중에서 가장 중요한 부분이다. 『수지오부[146]율의속受持五部律儀續』에서 "보부寶部 삼매야로 항상 네 가지 보시를 행한다"라고 말씀하신 것과 같다.

② 지계
지계바라밀에는 악행을 금하는 계(禁惡行戒), 선법을 모으는 계(攝善法戒), 중생을 이익되게 하는 계(饒益有情戒)의 세 가지가 있다.

악행을 엄하게 금하는 계는 곧 신어의身語意의 삼문으로 독을 제거하듯이 타인에게 이롭지 않은 모든 십불선업을 끊어 제거하는 것을 가리킨다.

선법을 모으는 계는 때와 장소를 따라서 아주 조그마한 선근을 포함한 일체의 선한 일을 힘을 다해 받들어 행하는 것이다. 본래 세간에도 이와 비슷한 속담이 있다. "입과 손을 따라서 또한 선업을 행할 수

---

146 오부五部: 여래부, 금강부, 연화부, 보생부, 갈마부.

있으나, 도리어 행하고 머무는 바를 따라서 악업을 짓게 된다." 이 때문에 우리들은 시시각각으로 마땅히 정지正知와 정념正念으로 방일하지 않고 삼문을 관찰해야 한다. 만약 열심히 노력해서 선악을 취사하지 않으면 윤회 중에도 엄중한 죄업을 많이 쌓을 가능성이 있다. 『현우경賢愚經』의 게송에서 말씀하셨다.

  죄가 아주 적다고 생각하여
  해가 되지 않는다고 가벼이 여기지 말라.
  불똥이 비록 작으나
  산 같은 풀을 다 태울 수 있다.

 마찬가지로, 만약 우리가 때와 장소에 따라서 정지와 정념을 일으키고 실지로 수행하면 평상시에 또한 불가사의한 선업자량을 쌓으며, 심지어 길가에 관음심주가 새겨져 있는 돌덩어리를 보고서도 바로 모자를 벗고 공경스럽게 우측으로 돌며 세 가지 수승함(三殊勝)으로서 받아 지니고, 이와 같이 한 번 하면 곧 원만무상보리의 전도됨이 없는 인을 이룬다. 『현우경』에서 말씀하신 바와 같다.

  선이 아주 적다고 생각하여
  이익이 없다고 가벼이 여기지 말라.
  물방울이 쌓이면
  점차 그릇에 가득 찬다.

 일찍이 돼지 한 마리가 개에게 쫓겨서 불탑을 돌고, 또 일곱 마리의 곤충이 나뭇잎에서 물속에 떨어져 물결 따라 흘러서 물속에 있는 불탑을 일곱 바퀴 돌아 해탈의 씨앗을 이루었다. 그러므로 우리들은 어느 때 어느 장소에 관계없이 반드시 모든 노력을 다해서 한 터럭만한 것이라도 모든 악업을 끊어야 하며, 한 터럭만한 것이라도 모든 선업을 쌓고 아울러 일체의 선근을 중생에게 회향해야 한다. 이런 선법을 모으는 계는 실제로 이미 보살의 모든 학처學處와 율의를 포함한다.

중생을 이익 되게 하는 계는 앞의 글 가운데서 서술한 바와 같이, 철저하게 이기적인 사욕을 다 끊었을 때 사섭법을 의지해서 직접 중생을 이익 되게 하는 사업을 행하는 것을 말한다. 초학자의 단계에서는 악을 끊고 선을 따르는 가르침을 행하는 것은 물론, 세 가지 수승함으로써 거두어 지녀 이 모두를 일체중생에게 회향해야 한다.

③ 인욕

인욕忍辱바라밀에는 세 가지가 있다. '타인의 삿된 행위를 참는 인욕', '정법을 닦는 고행을 참는 인욕', '심오한 법의 의미를 두려워하지 않는 인욕'이 그것이다.

ㄱ) 타인의 삿된 행위를 참는 인욕

다른 사람이 눈앞에서 자기에게 주먹으로 때리고 발로 차며, 강제로 빼앗고 나쁜 말로 중상모략하거나 듣기에 거슬리는 말 등을 할 때 우리들은 마땅히 그들에 대하여 화내지 말아야 하며, 도리어 응당 자비심으로 그들을 이익 되게 하는 마음을 일으켜야 한다. 그렇지 않고 만일 화내는 마음을 따라가면 이른바 "화냄은 천겁 동안 쌓은 자량을 부수어 버린다"라는 결과를 초래한다. 『입보리행론』에서

한 번 성내면
천겁 동안 쌓아온 보시나
부처님께 공양한 일체의 복과 선이
다 부수어진다.

라고 말씀하셨다. 또 말씀하시기를

죄업은 화내는 것보다 지나친 것이 없고
어려운 행은 참는 것보다 더 수승한 것이 없으니
그러므로 마땅히 여러 이치로써 노력하여 인욕을 닦아야 한다.

라고 하셨다. 성냄의 과실과 우환을 생각한 후에 우리들은 때와 장소에 따라서 힘써 인욕을 닦아야 한다. 바로 인도의 파담빠 린뽀체께서 말씀하신 것과 같다.

성냄이라는 적은 바로 업력이 미혹하고 어지러울 때 일어나니, 성내는 악한 마음을 끊는 것을 마땅히 뜨거운 기와 버리듯 해야 한다.

아띠샤 존자께서도 일찍이 말씀하셨다.

해를 끼치는 사람에게 화내지 않아야 한다. 만약 해를 끼치는 사람한테 화를 낸다면 어떻게 인욕을 닦을 수 있겠는가?

그러므로 마땅히 어떤 사람이 자기에게 불손하거나 이유 없이 해를 주는 일 등을 당했을 때 우리가 만일 자기의 화냄과 원망하는 마음을 끊는다면 곧 모든 죄가 청정해질 것이며, 인욕을 의지해서 광대한 자량을 원만하게 할 수 있다. 그러므로 해를 끼치는 자를 스승과 같이 보도록 해야 한다. 곧 이른바 "만약 화나게 하는 대상이 없다면 누구에게서 인욕을 닦을 것인가?"라고 함과 같다.

요즈음 사람들은 "누구누구는 훌륭한 스승이고 훌륭한 비구이지만, 화내는 마음은 좀 크다"라고 말한다. 그러나 세상에서 화내는 것보다 더 큰 과실은 없으니, 어찌 화내는 마음이 크면서도 동시에 좋은 스승이 되고 좋은 비구가 되겠는가? 인도의 파담빠 린뽀체께서도 말씀하시기를

> 백 가지 탐심의 업이 한 순간 화를 낸 큰 죄업에 미치지 못하거늘,
> 곧 이 도리를 이해하지 못한다.

라고 하셨다. 정법이 진정으로 자기 심식 가운데 녹아든 수행인은 몸과 말과 뜻의 삼문이 곧 발로 솜을 밟은 것이나 혹은 죽 속에 치즈를 섞는 것과 같이 부드럽고 잘 섞인다. 반대로 자기가 조금 착한 일을 하거나 혹은 한 가지 청정한 계율을 지켜서 곧 생각하되 '나는 이미 이렇게 저렇게 훌륭하다'고 하며 심식 가운데 항상 아만이 충만하고, 상대방의 말에 대하여 조금도 받아들이지 않고 말하되 "그는 나를 가벼이 여기고 모욕한다!"라고 하고, 마음 가운데 노기가 충천하다면 이는 정법이 자기의 심식에서 멀리 벗어났다는 표시이고, 자기의 마음이 조금도 법의 이익을 얻을 수 없다는 표시이다. 쨍아와 게쉐께서 말씀하셨다.

우리가 문사수聞思修 수행이 많을수록 아집도 더욱 무거워지며
인내력은 새로 돋는 피부보다도 약하며
심보가 좁기는 사나운 귀신 짱잰빠보다도 더욱 사나우니
이것은 문사수 수행이 이미 전도되었다는 표시이다.

이 때문에 우리들은 마땅히 모든 때와 모든 장소에서 겸허하고 근신하며 몸을 낮은 위치에 놓고, 떨어진 옷을 입고 아래위의 모든 사람들을 공경하며, 보리심의 자비로 기초를 삼고 정법으로 자기 심식을 조복하면 이것이 곧 수행의 그릇됨 없는 요점이다. 그것은 이미 자기 마음에 이익이 없는 여러 높은 견해나 깊은 수행이라고 하는 것들보다 훨씬 뛰어나다.

ㄴ) 정법을 닦는 고행을 참는 인욕
정법을 성취하기 위해서는 일체의 고생과 어려움, 추위와 더위를 돌아보지 말고 수행해야 한다. 이는 딴뜨라 경전 가운데 말씀하신 것과 같다.

칼산과 불바다를 건너면서라도 몸을 버려서 죽음에 이르기까지 정법을 구해야 한다.

또 과거 모든 까담빠의 큰스님들이 말씀하시는 네 가지 의지처, 곧 "마음은 법에 의지하며, 법은 가난함에 의지하며, 가난함은 죽음에 의지하며, 죽음은 깊은 산골짜기에 의지한다"라고 함과 같다. 그러나 요즈음 우리들은 도리어 수행하는 데 조그마한 고행과 정진도 필요로 하지 않는다고 하며, 금생에 세간의 사업을 행함과 동시에 행복과

안락과 명예를 누리면서 정법을 닦아 이루기를 희망한다. 또 어떤 사람은 이러한 상황은 다른 사람에게도 또한 있다고 생각하며 아울러 "누구누구는 훌륭한 스승이니, 세간법과 출세간법에 모두 원융무애하다"라고 말한다.

어찌 세간법과 출세간법 두 가지를 다 잘할 수 있겠는가? 스스로 세간법과 출세간법 두 가지를 다 겸해서 능할 수 있다고 생각하는 사람은 다만 세간법 방면에만 비교적 뛰어날 뿐이며, 절대로 진정한 출세간법은 갖추지 못한 것이다. 무릇 세간법과 출세간법을 동시에 행한다고 하는 사람은 끝이 두 개인 바늘을 가지고 옷을 꿰매는 것과 같으며, 물과 불이 한 그릇에 동시에 담겨 있는 것과 같으며, 위쪽으로 가는 동시에 아래쪽으로 가는 두 마리의 말을 동시에 타는 것과 같으니, 이러한 상황은 근본적으로 실현이 불가능하다. 세상에 어떤 중생도 석가모니 부처님을 뛰어넘는 사람은 없다. 부처님 또한 출세간법과 세간법을 동시에 성취하는 방법은 없으셨다. 이 때문에 전륜왕의 지위를 침 뱉듯 버리시고 니련선하에 이르러 6년 고행으로 정진 수행하시고, 일 년에 다만 한 방울 물을 마시고 한 알의 쌀을 드신 것이다.

밀라래빠 존자 또한 마찬가지로 수행하실 때 입으로는 먹지 않고 몸에는 입지 않으시고, 다만 들풀만으로 주린 배를 채우고 수행하셨다. 그 결과 온몸이 해골과 같았고 몸에는 푸른 털이 자랐으며, 벌레들이 피를 빨아 먹어서 다른 사람이 보면 그가 사람인지 귀신인지 분간하지 못했다. 이와 같이 변함없이 굳건하게 고난을 견디고 힘써 정진하여 정법을 닦았던 것이다. 이것이야말로 세간법과 출세간법은 동시에 행하지 못하는 것을 설명해주는 것이니, 밀라래빠 존자께서 어찌 동시에 세간법과 출세간법을 행하는 것을 몰랐겠는가?

이밖에 (닝마빠의) 대성취자인 금강경(金剛鏡, 멜롱도르제) 또한 9년 동안 라케나무의 껍질만 먹고서 정법을 닦아 최후에 성취하였다. 전지무구광(全知無垢光, 롱첸랍잠빠) 존자 또한 마찬가지로 몇 개월 동안 스물한 개의 수은환으로 삶을 유지했고, 눈이 내릴 때에는 소털자루에 들어갔으며, 자루를 잘라서 옷을 만들고 좌복을 삼았으며 출세간법에 있는 힘을 다하여 고행하였다.

이와 같은 이야기들은 상당히 많다. 과거의 많은 성취자들은 전부 현세의 번거로운 일을 버리고 힘써 고행하고 정진하여 성취를 얻은 것이지, 어떤 한 사람도 현세 속가의 일을 행하는 것과 동시에 행복과 안락, 명예를 갖추고 편리에 따라 수행해서 성취를 얻은 사람은 아무도 없다. 지명무외주(릭진 직메링빠)께서 말씀하시되

> 수행인의 의식이 풍부하고 머무는 곳이 편안하며 시주물이 풍족하면, 정법이 성취되기도 전에 마법이 이미 성취된 것이다.

라고 하셨으며, 또 샤오빠 게쉐께서도 말씀하시되

> 만일 내면의 깊은 곳으로부터 법을 닦을 것을 생각하면 반드시 자기의 마음이 가난함을 의지하여 가난해서 죽을 지경에 이르러야 한다. 만일 능히 이와 같은 뜻이 일어나면 하늘과 사람과 귀신이 반드시 방해하지 않을 것이다.

라고 하셨고, 밀라래빠 존자께서도 다음과 같이 말씀하셨다.

내가 병들어도 와서 문안을 오는 사람이 없으며
죽어도 울어 줄 사람도 없지만
능히 이 산중에서 죽는다면
유가瑜伽(수행자)의 마음은 족하다.
문밖에 사람의 자취는 없고
방 안에 인기척도 없지만
능히 이 산중에서 죽는다면
수행자의 마음은 족하다.
어디를 가는지 묻는 사람도 없고
가는 곳이 정해진 곳도 없지만
능히 이 산중에서 죽는다면
수행자의 마음은 족하다.
썩은 시체를 벌레가 먹고
혈맥을 모기가 빨아도
능히 이 산중에서 죽는다면
수행자의 마음은 족하다.

그러므로 우리는 반드시 일체 현세의 탐착을 놓고서 그것을 바람 따라 가게 하며, 일체의 고통과 어려움을 돌아보지 않고 춥고 더움에 관계없이 정법을 수행해야 한다.

ㄷ) 심오한 법의 의미를 두려워하지 않는 인욕
심오한 법의 의미를 두려워하지 않는 인욕은 곧 깊은 법의 공성실상空性實相이나, 더욱이 조작을 여읜 자성대원만실상自性大圓滿實相의 정요를 듣거나 선악인과를 초월한 십이금강대소十二金剛大笑·희유팔구希有八句 등의 법문을 들었을 때에 절대로 사견을 일으키지 말며, 아울러 수단과 방법을 가리지 않고 잘못됨 없이 그것들에 대한 의의를 받아 지녀야 한다. 그렇지 않고 만일 사견을 내거나 혹은 비방을 한다면 곧 법을 저버리는 죄가 되니, 이러한 죄업은 무수한 겁 중에 지옥의 깊은 늪에서 벗어나지 못하는 원인이 된다. 착메 린뽀체께서 말씀하신 것과 같다.

비록 선한 덕이나 악한 과실을 듣고 혹은 지옥 고통이나 수명 등을 들으며 진실이 아니라고 생각해서 사견을 일으키면, 이 죄는 오무간보다 커서 죄를 드러내어 참회해도 벗어날 수 없는 죄다.

일찍이 12두타행을 행하는 두 사람의 인도 비구가 있어 아띠샤 존자 앞에 왔다. 존자께서 인무아를 강의할 때 두 사람은 환희에 가득 찼다. 그러나 법무아를 강의할 때에 두 사람은 매우 놀라 말하되 "매우 두렵습니다. 청컨대 존자께서는 다시 강의하지 말아주십시오"라고 하였고, 이윽고 『심경』을 외우는 것을 들었을 때 두 사람은 두 손으로 귀를 가렸다. 이에 존자께서는 매우 슬퍼하며 말씀하셨다.

만일 자비심과 보리심으로 마음을 수련함이 없으면 깊은 법의 뜻에 대하여 경건한 신심을 일으키지 못하며, 단지 약간의 청정한 계율을 지키는 것으로는 어떠한 성취도 얻지 못한다!

옛날에 부처님께서 세상에 계실 때에 증상만이 많은 비구가 있어 깊은 공성의 실제 의미를 강의하는 것을 들었을 때 입으로 피를 토하고 죽었으며, 아울러 지옥에 떨어졌다는 이야기가 있다. 이 때문에 우리는 마땅히 깊은 정법에 대하여, 또 이 법을 강의하는 사람에 대하여 마음 깊은 곳으로부터 수승한 이해심을 내고 공경하여 참답게 믿어야 한다. 만일 자기 지혜가 얕아서 실제로 수승한 이해를 일으키지 못하면 힘을 다해서 망령되게 비방하는 것을 끊어버리도록 해야 하니, 이는 매우 중요하다.

④ 정진
정진바라밀에는 갑옷의 정진(擐甲精進), 가행정진加行精進, 만족하지 못하는 정진(不滿精進)의 세 가지가 있다.

ㄱ) 갑옷의 정진
옛날의 모든 성자와 제불보살님의 행적과, 정법을 구하려고 고행을 겪은 역사전기 등의 내용을 들었을 때 '그들은 불보살이기 때문에 능히 그와 같은 고행을 행한 것이니 우리들이 어떻게 능히 행하겠는가?'라고 이유를 달아서는 안 되며, 나아가 게으르고 방일하지 말아야 한다. 마땅히 생각하되 '그분들은 곧 이와 같이 수행하고서 성취를 얻으셨다. 나는 그분들을 따르는 자이므로 비록 그분들을 뛰어넘지는 못하더라도 반드시 동등한 성취를 얻어야 한다'라고 다짐해야 한다. 만일 그분들이 또한 그 같은 고행을 겪어서 힘써 정진하여 성취하였다면, 더욱이 우리들은 깊은 악업에 핍박을 받으며 무시이래로 정법을 닦지 않았으니, 어찌하여 고행과 정진을 필요로 하지 않겠는가?

그러므로 우리는 마음속으로 생각하되 '이미 가만인신(暇滿人身;

수행하기에 적합한 여덟 가지 조건과 열 가지 원만한 인연을 가진 사람 몸)을 얻었고 다행히 법상이 구족한 스승을 만났으며, 깊은 가르침을 들었고 여법하게 정법을 수행할 인연을 갖추었다. 이때 나는 응당 고난을 감당하고 중임을 맡으며, 목숨을 아끼지 않고 머리를 던지고 피를 뿌리는 것을 마다하지 않고 성심성의로 정법을 수행하겠다'라고 다짐하며 반드시 이 같은 소원을 세워야만 한다.

ㄴ) 가행정진

우리들은 비록 마음속에 법을 구하고 법을 닦는 생각이 있으나 여전히 내일로 미루며 세월을 허비한다. 이와 같이 정법을 수행할 소망을 품고도 인생을 헛되이 보내는 현상을 반드시 끊어야 한다. 철백련(哲白蓮, 빼마까르뽀) 대사께서 말씀하신 것과 같다.

> 인생은 도살장의 짐승 같이 한순간에 죽음이 닥친다. 오늘 다시 내일로 반복해 허송세월하다가 마침내 침상 위에서 한탄하게 될 것이다.

이 때문에 우리들은 반드시 시간을 아껴 게으르지 말고 정법을 닦아야 한다. 마치 겁쟁이의 품속에 뱀이 들어온 것처럼, 혹은 미녀의 머리 위에 불덩어리가 떨어져 급해서 기다릴 수 없는 것처럼 철저히 놓아버리고, 완전히 세간의 일체 번거로운 일을 버리고는 조금도 머뭇거리지 말고 불법을 닦는 데 힘써야 한다. 그렇지 않으면 세간의 번거로운 일은 끝날 새 없이 계속 이어서 생기며, 이곳에서 생겨서 저곳에서 없어지는 것이 마치 물결과 같아 시종 법을 수행할 겨를을 만나지 못한다. 일단 자기가 결심을 하고서 세간의 이해를 놓아 버린다면, 바로 그때가 세간의 번거로운 일들이 끝나는 때이다. 바로 전지 무구광 존자께서 말씀하신 바와 같다.

세상의 번거로운 일은 죽어도 다하는 때가 없다. 어느 때나 놓아버리면 끝나는 것이니, 그것이 곧 법칙이다.

또 말씀하셨다.

행하는 일이 마치 아이들 놀이와 같으니, 하면 끝나지 않고 놓아버리면 곧 끝난다.

그러므로 정법을 닦고자 하는 생각이 일어날 때 마땅히 무상으로써 자기를 격려하며, 한 찰나도 게으르거나 산만하지 말고 뒤로 미루지 말며, 마땅히 곧바로 마음을 바로 세워 정법을 닦아야 한다. 이상이 가행정진이다.

ㄷ) 만족하지 못하는 정진

자기가 무문관 수행·본존을 관함·경을 읽고 주력을 염송함·선법을 행함 등의 방면에 조금 성취한 것이 있어도 이에 만족하지 말고 힘써 반드시 소원을 발하고 닦음에 한결같아야 한다. 원만한 정등각의 과위를 얻기 전에는 정진하여 반드시 물결을 크게 일으키며 흐르는 계곡물과 같이 지속적으로 용맹정진을 해야 한다.

앞서간 선배 성인들이 말씀하시기를 "법을 닦을 때에 배고픈 소가 풀을 먹는 것과 같이 해야 한다"고 하셨다. 배고픈 소가 풀을 먹을 때는 앞의 한 입을 다 먹기도 전에 눈동자를 다음의 한 입으로 돌려본다. 마찬가지로 우리들이 법을 닦는 과정 중에 앞의 한 가지 법을 아직 완전히 닦지 아니했을 때라도, 마음속에 곧 뭔가 이 법을 닦아서 성취한 후에 다시 어떠한 법문을 수행한다는 계획을 세워야 한다. 삼문을 한순간도 한가히 방일하지 말며, 정법 중에 있으면서 헛되이 세월을 보냄이 없이 하며, 힘써서 하루하루 더욱더 정진하여 진보해야 한다. 지명무외주(릭진직메링빠) 존자께서 말씀하신 것과 같다.

죽음에 더 가까워질수록 선법을 더욱 정진 수행해야 한다. 이와 같이 법을 닦는 수행자는 아직 그릇된 연의 굴림을 받지 않는다는 표시이다.

요즈음 일부 사람들에게 알려진 대수행자 혹은 훌륭한 스승에게 다른 사람이 아부하여 말하되 "당신은 예배·송경염주·자량을 쌓음·죄장을 청정히 함 등이 필요치 않다"고 한다. 이때 그들 자신도 또한 생각하되 '나는 사실 이미 어떠하고 어떠하므로 어떤 수행도 또한 필요치 않다'라고 하지만, 이러한 사람은 바로 위없는 성취자 닥뽀 린뽀체(감뽀빠)께서 말씀하신 "스스로 수행이 필요치 않다고 생각하면 다시 더욱 수행이 필요한 표시이다"에 해당한다.

인도의 아띠샤 존자께서 일찍이 매일 흙가루를 비벼서 진흙 탑과 불상(짜차)을 만들며 정진했다. 모든 권속들이 그에게 말하였다. "당신은 위대한 스승이신데 매일 흙가루를 이기는 것은 다른 사람이 비웃을 뿐 아니라 당신 또한 매우 고생이 되며, 우리들에게 하도록 하는 것만 같지 못하다!"

존자께서 말씀하셨다.

"너희들은 뭐라고 말하는 것이냐? 내가 먹는 식사를 너희들이 내 대신 먹어 내가 배부를 수 있겠느냐?"

그러므로 원만한 정등각의 과위를 얻기 전에는 우리들은 각기 매 한 사람마다 모두 업력과 습기를 정화해야 하며, 얻어야 할 더 높은 공덕을 얻기를 노력해야 하기 때문에 절대로 한가하게 혹은 우발적인 법 수행이 돼서는 안 되며, 정법에 대하여 만족함이 없이 성심성의껏 최선을 다해 수행해야 한다.

총합해서 말하면, 불과를 획득하느냐 못하느냐는 오직 한 가지 바로 이 정진바라밀에 달려 있다. 그러므로 우리들은 반드시 부지런히 노력해서 이 세 가지 정진에 힘써야 한다. 비록 상등의 지혜를 갖췄다고 해도 만일 겨우 하등의 정진만 한다면, 그는 다만 하등의 수행인이 될 뿐이다. 그러나 지혜는 하등할지라도 세 가지 정진을 갖추면 반드시 상등의 수행인이 된다. 만일 정진을 하지 않으면 기타의 공덕을 갖추었을지라도 아무 쓸모가 없다. 전지자이신 직메링빠께서 말씀하신 것과 같다.

> 정진이 없는 선비는 지혜와 재산과 권력을 갖추어도 다 자기를 구제하지 못하니, 마치 어떤 상주商主가 배는 있으나 노가 없는 것과 같다.

이 때문에 우리는 어느 때와 장소를 막론하고 반드시 음식을 적당히 먹고, 수면을 적당히 취하며, 부지런함에 싫증내지 않고 지속성을 유지하며, 긴장하거나 방종하지 않고 법을 수행하는 데 정진해야 할 것이니, 이는 활시위를 당기는 것과 같다. 그렇지 않고 한가할 때 가끔씩 하는 공허한 수행으로는 그 무엇도 성취할 수 없다.

⑤ 선정
선정바라밀은 두 가지로 나뉜다. 선정의 필요와 진실한 선정이다.

ㄱ) 선정의 필요성
만일 우선 일체의 소란스럽고 산란한 환경을 피하여 적정한 처소에 의지함이 없으면 심식 가운데 선정을 생기게 할 수 없다. 그러므로 가장 먼저 산란을 여의는 것이 수행인에게 매우 중요하다. 우리들은 마땅히 아래와 같이 생각해야 한다. '무릇 모인 것은 다 흩어지는 것이 본성이며, 부모·형제·부부·친우와 심지어는 태어나면서 생겨난 몸과 뼈와 살 또한 마침내 각자 분리된다. 이미 이와 같을진대 우리들이 무상한 친족과 벗에게 집착하는 것에 무슨 소용이 있는가?'

　이와 같이 사유한 후에 항시 홀로 머무르며 고요히 닦아야 한다. 적광대사[147]께서 말씀하신 것과 같다.

> 홀로 한 사람이면 불과를 닦고
> 두 사람이면 선연을 닦지만
> 서너 명 이상이면 탐욕과 성냄의 원인이 된다.
> 그러므로 나는 홀로 안주한다.

---

147 적광대사寂光大師: 시와외래빠를 말한다. 밀라래빠 존자의 수제자 중 한 명이다.

탐욕은 일체 죄업의 근원이다. 사람들은 모두 음식과 생활용품을 가지는 것에 만족할 줄 모르고, 아울러 재산이 늘어남을 따라서 인색한 마음은 또한 더욱더 자란다. 게송에 말하되 "사람은 재물이 많으면 인색해진다"고 했다. 또한 "더 가지고 있으면 더 탐하는 것이 마치 부자 늙은이 같다"고 하였으며, "재물이 없어질 때 원수와 적이 떠난다"라고 하였다. 많은 음식과 재산, 재물을 가지고 있어도 원수와 적을 초래하며 도적 등의 가해를 입는다. 이러한 재물과 부에 의지하여 시간과 장소에 따라서 쌓아 모으고 지키고 늘리느라 분주하게 인생을 허비하며 목숨을 마쳐야 그치게 되니, 오직 죄를 짓고 고통을 받는 것 외에는 다시 다른 무엇이 없다. 이 때문에 성자 용수보살께서 말씀하셨다.

재물을 쌓고 재물을 지키고 재물을 늘이는 것은 다 고가 된다.
재물이 끝없는 화의 근원이 되는 것임을 마땅히 알아야 한다.

한 사람이 남섬부주의 모든 재산을 다 가져도 실제로 그저 한 사람의 의복과 의식을 만족시켜줄 뿐이며 다시 다른 무엇이 없다. 그럼에도 어떤 사람들은 아무리 부자라도 자신조차도 아까워 먹지 못하고 아까워 입지 못하며 실로 일체의 죄업과 고난, 악담을 돌아보지 않고 얻은 재산을 가지고 자기의 후세를 망쳐 버리고 자기의 금생을 허비해 버린다. 조그마한 재물을 위해서 목숨을 아끼지 않고, 인륜 도덕 및 오랫동안의 의리도 돌아보지 않고, 또한 정법과 선도 고려하지 않으며, 시종 재물을 탐하고 음식을 탐하고 이익을 탐함으로써 수치스러움으로 나날을 보낸다. 이는 마치 악귀가 먹을 것(똘마)을 찾는 것과 같이, 단 하루도 한가하고 자유로우며 행복하고 안락하게 누려보지 못하고 바쁜 가운데 목숨은 이미 죽을 때에 이르고 만다. 최후에는 수없이 쌓아 모은 재산이 결국 자신의 목숨을 해치는 것이 되어버리는 것이다. 곧 재산을 가지는 것은 자기를 날카로운 칼날 아래에 죽게 만들며, 결과적으로 일생 동안 애써 모은 재물과 재산은 원수 등 다른 사람이 사용하는 것이다.

 이 같이 쓸모없이 낭비해 버리고, 자기가 얻은 조그마한 것을 위해서 산과 같은 죄업을 지었으며, 마지막에 자신은 아득히 멀어 기약할 수 없는, 참기 어려운 악도에 떨어져 헤어나지 못하게 된다. 그러므로 만일 우리가 조금이라도 재물의 여유가 있으면 지금 자유자재한 때를 이용하여 내세를 위하여 귀중한 자량을 쌓을 것이며, 금생은 다만 배 채우고 몸 가리는 것으로 족한 줄 알아야 할 것이다.

 이밖에 오직 금생의 이익만을 추구하는 사람들을 곧 어린애(범부) 같은 친구라고 부르는데, 그들을 도와 이롭게 해주어도 도리어 그들의 가해를 받는다. 그들은 이와 같이 은혜를 원수로 갚으며, 한시도 뜻에 합당한 때가 없고 기쁨을 얻게 하기가 아주 어렵다. 만일 자기가 그보다 나으면 마음으로 질투를 내며, 가령 그가 자신을 이기면 곧 경멸하고 멸시하므로, 서로 오래된 사이와는 관계없이 그들과 더불어 사귀면 다만 죄업만 늘리며 선업을 감소시킨다. 그러므로 우리는 반드시 그들을 멀리해야만 한다. 만일 농업·공업·산업과 문화 등을 의지해서 널리 번잡하게 왕래하고 교제하면 그는 여전히 산란한 사람이며, 이 같은 것은 바쁘기만 하고 아무런 의미가 없다. 종일 바빠도 수입은 적으며, 어떻게 노력해도 또한 실다운 뜻이 없고, 원수와 적을 제압하는 일도 끝이 없으며, 친척과 벗을 돕는 것 또한 다할 때가 없다.

 이 때문에 우리는 응당 가래침을 뱉어버리는 것과 같이 마칠 때가 없는 일체의 번거롭고 산란한 것들을 내버려야 한다. 다시 말하면, 고향을 버리고 다른 곳으로 가서 바위 굴 속에 머무르며, 짐승을 벗으로 삼고 자기의 마음을 길들이며, 의식과 명예를 버리고 사람이 없는 빈 골짜기 가운데 인생을 보내는 것이다. 밀라래빠 존자께서 말씀하신 것과 같다.

　　사람이 없는 산골짜기 바위굴 가운데서
　　항상 출리심과 염세심을 갖추면
　　삼세의 부처님과 하나인 스승을 향한
　　강렬한 신심은 영원히 떠나지 않는다.

만일 존자께서 말씀하신 것에 의지해서 행하면 그것은 곧 이른바 "사람으로 하여금 슬픔(고독)을 느끼게 하는 곳은 가히 선정이 생긴다"는 말과 같다. 그러므로 만약 고요한 곳에 의지하면 자연히 출리심·염리심·신심·청정심·선정·삼마지 등 모든 정도正道의 공덕이 생기므로, 우리는 힘을 다해서 실천해야 한다.

고요한 수풀 사이 또한 과거 제불보살께서 선정을 얻으신 곳이다. 그곳은 이미 시끄럽고 산란함도 없으며, 농사와 상업도 없고, 일상의 벗과 만남도 멀리 여의어서 나는 새와 기는 짐승과 더불어 아침저녁으로 서로 만나니 진실로 안락하여 비할 데가 없다. 마시는 것은 청정한 샘물이고 먹는 것은 천연의 나뭇잎이니, 각성覺性은 자연히 맑아지고 선정은 자연히 더해진다. 그곳은 이미 원수와 적도 없고 친구도 없으며, 탐진의 그물을 벗어났고 많은 공덕을 구족한 좋은 곳이다.

스스로 이 같은 고요한 곳에 가서 안주함은 말할 것도 없고, 나아가 고요한 곳으로 가는 소원을 품고서 그곳을 향해서 일곱 걸음만 나아간 공덕도 또한 항하사수겁 중에 시방 제불을 공양한 공덕보다 더 수승하다. 부처님께서 『월등경月燈經』 등의 경전에서도 설하시길 "깊은 산 고요한 곳에 거하면 일체의 거동이 다 선을 이룬다"라고 하셨다. 그 속에 있으면 곧 힘들여서 정진하고 선을 닦지 않아도 염리심·출리심·자심·비심 등 모든 정도의 공덕이 자연히 생기며, 짓는 바가 또한 자연히 전부 선법을 이룬다. 시끄러운 곳에 있을 때 힘을 다해서 막아도 저지하기 어려운 일체의 탐진 번뇌가 적정처에 이르면 또한 자연히 감소하고 심식 가운데 매우 쉽게 모든 공덕이 생긴다. 이상 강의한 것은 선정의 예비수행법이므로 또한 매우 중요하여 소홀히 할 수 없는 것이다.

ㄴ) 진실한 선정

진실선정은 범부가 행하는 선정(凡夫行靜慮), 뜻을 분별하는 선정(義分別靜慮), 진여에 연한 선정(緣眞如靜慮)의 세 가지로 나뉜다.

청정한 무념의 감각과 느낌(覺受)에 탐착해서 하나의 목표를 추구하는 것을 가리킨다. 곧 각수覺受의 선열미를 탐착하면서 관행을 닦으면 이를 범부가 행하는 선정이라 부른다.

비록 각수의 탐착을 여의고 선의 즐거움을 누리는 것은 없으나, 도리어 대치법인 공에 집착하여 관행을 닦으면 이를 뜻을 분별하는 선정이라 부른다.

대치법인 공에 집착하는 생각을 여의고 법성의 무분별한 삼매(等持) 가운데 안주하면 진여에 연한 선정이라고 부른다.[148]

---

[148] 범부가 하는 선정은 명료함과 무분별에 집착하고 나와 대상에 대한 실체에 집착하는 닦음이며, 뜻을 분별하는 선정은 무분별에 집착하지 않지만 공성에 집착하는

일체의 좌선시에 몸은 비로7법[149]을 지으며, 눈은 보는 방식을 의지하는 것 등이 아주 중요하다. 즉 이른바 "몸이 바르면 맥脈이 곧 바르고, 맥이 바르면 기(氣, 風)가 바르고, 기가 바르면 마음이 바르게 된다"라고 하였다. 이 때문에 누워서도 안 되고 기대서도 안 되며, 신체는 단정하고 의식은 아무런 분별함이 없으며, 일체에 집착하지 않는 가운데 정에 들면 이것이 곧 선정바라밀의 본체이다.

⑥ 지혜
지혜바라밀에는 듣는 지혜인 문혜聞慧, 사유의 지혜인 사혜思慧, 닦음의 지혜인 수혜修慧의 세 가지가 있다.

ㄱ) 문혜
문혜는 스승이 강의한 일체 정법의 언어의 뜻에 대하여 자기가 듣고, 이치에 맞고 실제에 맞게 이해하는 것을 가리킨다.

ㄴ) 사혜
사혜는 스승이 강의한 일체 법의 뜻에 대하여 단지 표면으로 듣고 표면으로 아는 것에 그치지 않고 자신의 심식 가운데서 반복해서 분석·연구·관찰·사유함으로써 결택하여 이해하지 못하는 것은 다른 사람에게 묻고, 단지 표면적으로만 알고 긍정하는 데에만 그치지 말고 마땅히

가행도 수행이며, 진여에 연한 선정은 일체 희론을 여읜 견도에서 얻는 선정이다.
149 비로7법毗盧七法: 불교에 전하는 좌선의 7가지 자세. 결가부좌, 양손을 정인으로 함(兩手定印), 척추를 곧게 함(脊椎正直), 목을 야간 숙임(頸部微俯), 어깨를 뒤로 폄(肩臂後張), 눈은 코끝을 봄(眼覰鼻尖), 혀끝은 입천장에 댐(舌尖抵上齶).

이에 대해 정확한 이해를 생기게 하는 것이다. 이와 같이 하여 장차 자신이 적정한 곳에 머무르며 홀로 수행할 때 수행의 요점에 관해서 다른 사람에게 물을 필요가 없이, 완전히 독립적으로 스스로 통달할 수 있도록 하여 철저하게 의혹을 끊는 경계에 도달하는 것이다.

ㄷ) 수혜

수혜는 진정으로 법의 뜻을 안 후, 실제 수행을 통하여서 자신의 심식 가운데 실상의 뜻에 대하여 진실하여 잘못되지 않은 깨달음을 일으키며, 철저하게 바른 이해를 생기게 하고, 시비의 그물을 벗어난 후에 실상의 본래면목을 깨닫는 것을 가리킨다. 곧 처음에는 법을 듣고 사유하여(聞思) 번뇌가 늘어남을 제거한 후에, 실제 수행(修)을 행할 때에 마땅히 실제로 있는 것이 아닌 공의 모습을 환화의 여덟 가지 비유[150]로써 관한다.

다섯 가지 바깥 경계의 모든 나타남이 본래는 없으나 미혹된 사람의 앞에 나타나는 것은 마치 꿈의 경계와 같다. 즉 인연연기의 모임으로 말미암아 갑자기 나타나는 것은 마치 환술과 같고, 본래 없는 데도 있는 것으로 나타나는 것은 마치 허공 꽃(眼華, 빛 그림자)과 같고, 바로 나타날 때는 실제로 있지 않은 것은 마치 아지랑이와 같고, 안과 밖 어디에도 존재하지 않는데도 나타나는 것은 골짜기의 메아리와 같다. 의지하는 주체(能依)와 의지하는 대상(所依)이 없는 것은 마치

---

150 환화의 여덟 가지 비유(幻化八喩): 연기의 성품이 공하여 환과 같고 꿈과 같음을 경전에서 비유로써 드러낸 것. ① 꿈과 같음(如夢), ② 환과 같음(如幻), ③ 물에 비친 달(水月), ④ 메아리(回響), ⑤ 아지랑이(陽焰), ⑥ 안개나 수증기(野馬), ⑦ 먹구름(陰曀), ⑧ 건달바의 성(尋香城).

심향성(尋香城, 건달바의 성)과 같으며, 나타나되 자성이 없는 것은 마치 그림자의 모습(影相)과 같으며, 본래 없는 가운데 일체가 나타나는 것은 환화의 성과 같다.

  이와 같이 바깥 경계의 나타남이 모두 허망함의 본성인 줄을 요달하고, 다시 이러한 것을 나타내는 작자인 내심의 자성을 관하면 곧 대상경계가 나타남이 없어지지는 않지만 대상경계에 집착하는 분별의 마음은 쉬게 된다. 우리들이 만약 밝은 허공과 같은 법성(法性明空)을 깨달아 이 경계에 편안히 머문다면, 이것이 지혜바라밀이다.

  이와 같이 6바라밀을 다시 널리 분석하면, 각각 하나의 바라밀은 모두 나누어서 3종류가 되고 모두 합하면 18종류가 있다. 그 가운데서 재보시를 다시 나누면 3종류가 되어 모두 20종류가 있고, 거기다 방편바라밀·역力바라밀·원願바라밀·지智바라밀[151]을 더하면 모두 24종류가 된다. 만일 다시 상세하게 나누면 각 바라밀은 다시 6종류로 나눌 수 있으니, 모두 36종류가 있다.

  아래 보시바라밀 가운데 법보시를 예로 들면, 강의하는 스승과 강의되는 법과 강의를 전수받는 대상인 제자, 이 세 가지가 갖추어진 후에야 경을 강하고 법을 설하는 것을 진행하니, 이것이 곧 보시바라밀이다. 이와 같이 경을 강의하는 과정 중에 스승이 명예와 이익을 탐하지 아니하고, 아울러 또한 자기 공덕을 나타내거나 다른 사람을 깔보고 비방하는 등 번뇌의 물듦이 섞여 있지 않고 강의하는 것이 지계바라밀이고, 재차 반복하여 하나의 구문의 뜻을 강의하여 일러주며 일체의

---

[151] 여기에서 지혜는 본래지 혹은 원시지이며 중생의 마음에 본래 존재하는 명공요별적 의식의 원초적 지혜이다.

노고를 돌아보지 않는 것은 곧 인욕바라밀이다. 설법할 때에 게으르거나 지연시켜 곤란하게 하지 않고 시간을 넘기지 않고서 강의하는 것이 정진바라밀이며, 마음이 오로지 강의하는 것에 집중하여 밖으로 산란하지 않으며 틀리는 것이 없고 덜하지도 더하지도 않고 강의하는 것은 선정바라밀이다. 이와 같이 강의를 진행할 때에 삼륜(三輪; 행위자, 행위, 대상자)을 분별함이 없는, 곧 삼륜의 체가 공한 지혜를 거두어 지니는 것이 지혜바라밀이다. 다시 말해 법보시 가운데 이미 완전하게 육바라밀이 구족해 있다는 것이다.

다시 거지에게 음식을 베푸는 것을 예로 삼아 재보시를 설명하겠다. 보시하는 물건과 보시를 하는 사람과 보시를 받는 사람, 이 세 가지가 갖추어진 후에 보시를 행하는 이것이 곧 보시바라밀이다. 값싸고 나쁜 물건을 보시하지 않고 자기가 평소 먹는 음식을 거지에게 보시하는 이것이 지계바라밀이다. 상대방이 두세 번 요구해도 또한 성내거나 귀찮게 여기지 않는 이것이 인욕바라밀이며, 고생하거나 피로한 것을 돌아보지 않고 미루지 않고서 때맞게 보시하는 것이 정진바라밀이다. 한마음 한뜻으로 보시하고 다른 곳으로 흩어지지 아니하면 이것이 선정바라밀이며, 삼륜의 체가 공한 것을 이해하면 이것이 지혜바라밀이다. 이렇게 보면 재보시 또한 마찬가지로 육바라밀을 구족하고 있다. 지계 등 기타 바라밀도 모두 이것에 의지해 미루어 알 수 있다.

이밖에 만약 십바라밀을 귀납해서 개괄하면 밀라래빠 존자께서 말씀하신 것과 같다.

아집을 끊어 없앤 것 외에 달리 보시바라밀은 없으며
교활함을 끊어 없앤 것 외에 달리 지계바라밀은 없으며

깊은 뜻을 두려워하지 않는 것 외에 달리 인욕바라밀은 없으며
수행을 여의지 아니하는 것 외에 달리 정진바라밀은 없으며
본성에 안주하는 외에 달리 선정바라밀은 없으며
실상을 증오하는 외에 달리 지혜바라밀은 없다.
하는 바가 여법한 것 외에 달리 방편바라밀은 없으며
사마를 항복받은 것 외에 달리 역바라밀은 없으며
두 가지 이익을 얻는 것 외에 달리 원바라밀은 없으며
미혹함을 알아서 스스로 뛰어넘는 것 외에 달리 지혜바라밀은 없다.

또한 쿠, 응옥, 돔 세 제자가 일찍이 아띠샤 존자에게 "일체의 수도법은 무엇으로서 최고를 삼습니까?"라고 여쭈니, 존자께서 대답하셨다.

최고의 깨달음은 곧 무아의 뜻을 증득하는 것이며
최고의 정숙함은 자기의 심식을 조복하여 부드럽게 함이며
최고의 공덕은 중생을 크게 이롭게 하는 마음이다.
최고의 가르침은 항상 안으로 자기의 마음을 관하는 것이며
최고의 대치는 만법이 전체가 자성이 없다는 것을 통달하는 것이며
최고의 행위는 곧 세속을 따르지 않는 것이다.
최고의 성취는 곧 번뇌가 날로 적어지는 데 나아감이며
최고의 도풍은 곧 탐욕이 날로 감소하는 것이며
최고의 보시는 곧 탐욕이 없음이다.
최고의 지계는 곧 자기 마음이 적정함이며
최고의 인욕은 곧 몸이 낮은 위치에 거함이며

최고의 정진은 곧 번거로운 일을 버림이다.
최고의 선정은 곧 자신의 마음을 조작 없이 그대로 두는 것이며
최고의 지혜는 곧 일체에 집착하지 않는 것이다.

이밖에 릭진 직메링빠께서도 말씀하셨다.

족한 줄 아는 것이 곧 보시바라밀이고 그것의 본체는 평등한 마음이다.
삼보에 부끄러움 없음이 지계바라밀이고
지혜로운 생각의 수승함을 잃지 않는 것이 인욕바라밀이다.
일체의 반려가 도움을 필요로 하면 도와주는 것이 정진바라밀이고
집착하는 현상을 모두 거룩한 본존으로 관상하는 것[152]이 선정바라밀이고
탐욕을 스스로 풀어버리는 것이 지혜바라밀이다.
생각하는 주체(能思)와 생각하는 대상(所思)의 경계가 없고
아울러 세속적인 생각이 아니며, 고정된 이해(定解)를 여의면
곧 최상의 적멸인 열반이다.
이들은 모두 가히 말로 설할 수 없으니
너의 마음 가운데 새겨 두기를 바란다.

이와 같이 만일 육바라밀 등 광대한 보살승의 일체 경론을 정도正道로 귀납하면 곧 완전히 공성대비장空性大悲藏 중에 포괄할 수 있다. 사라하

---

152 일체의 현상에 대해 청정한 지혜의 나툼으로 보며 금강의 몸과 말과 마음을 지닌 본존으로 관상하여 수습한다, 예를 들면 여인을 볼 때 따라보살로 보는 등이다.

존자(용수보살의 스승)의 도의 노래(道歌)에서 말씀하셨다.

    연민을 여읜 공성의 견해로는
    수승한 도를 얻지 못한다.
    만약 오직 연민심만 닦으면
    어찌 이 윤회를 벗어나겠는가?
    이 두 가지를 겸하여 갖추면
    누구라도 공과 유에 머무르지 않는다.

삼유三有와 열반에 머무르지 않는 것은 곧 무주열반이며 정등각을 원만히 한 과이다. 그밖에 용수보살께서는 "공성대비장을 갖춘 자가 보리를 닦는 자이다"라고 하셨다.
    중돈빠 게쉐가 일찍이 아띠샤 존자에게 물었다.
    "일체 제법의 근본에 돌아가고 근원에 이르는 것은 무엇입니까?"
    존자가 대답하셨다.
    "일체 제법의 근원은 곧 공성대비장이다."
    또 말씀하셨다.
    "예를 들면 세상에서 만 가지 병에 응하는 단약(萬應丹藥)이 모든 질병을 치료할 수 있는 것과 같다. 곧 만응단약과 같이 만일 공성인 법성의 본뜻을 증오하면 일체 번뇌를 다스릴 수 있다."
    이에 중돈빠가 물었다.
    "그렇다면 공성을 증오했다고 주장하는 일부 사람들은 왜 일체의 탐진치가 감소함이 없이 여전히 존재합니까?"
    존자께서 대답하셨다.

"그들은 전부 헛소리를 할 뿐이다. 만일 참으로 공성의 뜻을 깨달았다면 몸과 마음과 뜻의 삼문이 마치 솜 덩어리를 밟는 것처럼, 혹은 죽 속에 수유(버터)를 넣은 것과 같이 부드럽고 잘 섞인다. 성천(聖天, 아리야데와) 아사리께서 말씀하신 것과 같으니, '다만 제법의 실상이 공성인가 아닌가를 사유하고 합당한 의심을 품어도 삼유를 파할 수 있다'고 하셨다. 이 때문에 전도됨이 없이 공성의 실의를 증오하면 만응단약과 같으며, 일체 도법이 이미 그것의 범주 내에 들어간다."

중돈빠 게쉐가 물었다.

"공성을 증오한 것이 어떻게 일체 도법을 포함합니까?"

존자께서 대답하셨다.

"일체 도법은 6바라밀 가운데 포함시킬 수 있다. 만일 그릇됨 없이 공성의 실제 뜻을 증오하면 곧 안팎으로 모든 사물에 대해서 탐욕과 집착이 있지 않으므로 계속해서 끊임없이 보시바라밀을 구족한다. 탐욕과 집착이 없는 사람은 근본적으로 불선한 번뇌에 물들여지지 않으며, 이 때문에 계속해서 끊임없이 지계바라밀을 구족한다. 이러한 사람은 아집(나에 대한 집착)과 아소집(내 것에 대한 집착)의 진애嗔恚가 없어서 끊임없이 인욕바라밀을 구족한다. 이러한 사람은 증득한 것의 뜻에 대하여 비할 데 없이 마음에 환희[153]가 가득하며, 그러므로 계속해서 끊임없이 정진바라밀을 구족한다. 이러한 사람은 실제로 집착과 산란함을 여의므로 끊임없이 선정바라밀을 구족한다. 일체 사물에 대해서 삼륜으로 분별하는 생각을 여의므로 계속해서 끊임없이 지혜바라밀을 구족한다."

---

153 진정한 기쁨과 열정.

중돈빠가 물었다.

"그러면 다만 실제의 뜻을 깨달은 것으로 말하면, 오직 공성의 견해에 의지해서 수행하면 성불할 수 있습니까?"

존자께서 대답하셨다.

"일체의 듣고 보는 것이 마음으로 말미암아 생긴 바가 아닌 것이 없다. 자기 마음이 곧 각성覺性과 공성空性이 둘이 아님[154]을 증오하면 곧 이것이 견見이 되며, 한마음으로 어지럽지 아니하여 계속해서 이 같은 견해 가운데 안주하면 곧 수修가 되며, 이 같은 경계 중에 환과 같은 두 가지 자량을 쌓으면 행行이 된다. 이러한 깨달은 경계를 만약 여리여실如理如實하게 전부 통달하면 곧 꿈속에서도 능히 이와 같이 나타나며, 꿈속에서 능히 나타나면 곧 임종 때에도 나타날 수 있으며, 임종 때에도 나타나면 곧 중음(바르도)에서도 곧 나타날 수 있으며, 중음에서도 곧 나타날 수 있으면 곧 반드시 수승한 성취를 얻는다."

그러므로 부처님께서 설하신 팔만사천 법문도 모두 심식 가운데 이 한 가지 보리심인 공성대비장을 생기게 하는 방법을 설하신 것이다. 만일 이 하나의 보리심의 여의보배를 여의면 견도와 수도의 법이 아무리 높고 깊어서 헤아릴 수 없다고 해도 원만한 깨달음의 과위를 얻는 데는 어떠한 도움도 없다. 생기차제와 원만차제 등 일체의 밀종 수행법을 만약 보리심으로써 수지하면 금생에 원만한 정등각의 인을 얻을 수 있다. 그러나 다만 보리심을 여의면 곧 외도와 더불어 구별이 없다. 비록 여러 외도 가운데는 또한 본존을 관함·주문을 외움·풍맥을 관함· 인과를 취사함 등 많은 수행법이 있으나, 그들은 귀의와 발심을 갖추지

---

154 마음과 공성이 하나로 합해진 것을 뜻한다.

못했기 때문에 윤회 가운데서 해탈을 얻을 수가 없다. 이 때문에 카락곰 충 게쉐께서도 말씀하셨다.

> 귀의로부터 시작하여 밀종(딴뜨라)까지 일체 율의를 지녀도 세간 법이 환인 줄을 이해하여 놓아버리지 않으면 이익이 없다. 비록 항상 다른 사람을 위해서 경을 강의하고 법을 설하나 아만을 소멸시키지 못하면 이익이 없다. 비록 정진하여 진보하더라도 귀의하는 법이 이치에 맞지 않으면 이익이 없다. 비록 밤낮으로 정진하며 선을 닦으나 보리심으로써 지니지 않으면 이익이 없다.

만일 귀의와 발심의 기초를 확립하지 않으면 비록 표면상으로 널리 문사수의 수행을 행하나 어떠한 실제 의미도 없다. 비유하면 겨울에 얼음 위에다가 구층의 높은 누각을 짓고서 정성스럽게 흙을 바르고 벽화를 그리는 것과 마찬가지이다. 이 때문에 우리는 절대로 귀의와 발심을 낮은 단계의 법이거나 혹은 초학자의 법문이라고 생각할 수 없으니 가벼이 봐서는 안 되고, 반드시 일체 성도의 가행(加行; 예비수행)·정행(正行; 본수행)·후행(後行; 회향)을 모두 알아서 원만하게 귀의와 발심 가운데 포괄시켜야 한다. 그러므로 자기가 좋든지 나쁘든지, 높든지 낮든지 관계없이 모든 수행인은 귀의와 발심을 중점에 두고 수행하는 것이 가장 중요하다.

더욱 시주의 공양물과 천도재 재물을 받아서 쓰거나, 영가를 천도하는 승려들에게 있어 심식 가운데에 한 조각 거짓 없는 보리심을 갖추는 것을 절대로 소홀히 할 수 없다. 만일 보리심을 떠나면 어떠한 기도문이나 업장을 참회하는 의식을 행해도 죽은 사람이나 산 사람 모두에게 효용이 없다. 다만 겉으로 보기에 남을 이롭게 하는 것 같으나 실제로는 단지 사사로운 욕심이 섞여 있을 따름이고, 결국 자기에게 따라오는 것은 신도의 재물을 받아 쓴 큰 죄업이고, 아울러 장차 후세에는 또한 지옥에 들어가지 않을 수 없다.

그러므로 한 사람의 수행인에 대해 말하는 것도 이와 같다. 비록 새와 같이 공중을 날며, 쥐와 같이 땅을 파고 들며, 바위를 통과해서 걸림 없이 다니는 신통이 있거나 돌 위에 손자국과 발자국을 남기는 등 각종 신기한 신통이 있어도 심식 가운데에 보리심이 없으면 그는 반드시 외도나 혹은 대마왕(大魔頭)에게 심식을 부림당할 뿐이다. 비록 이런 사람은 처음에는 바른 믿음이 없는 사람으로부터 추종·숭배·공경·신봉·공양 등을 받으나, 마침내 다른 사람을 해치고 자기도 해치게 된다. 만일 심식 가운데 한 조각 진정한 보리심을 갖추고 있다면 다른 어떤 공덕이 없어도 그 사람과 연을 맺은 중생은 이익을 얻게 된다.

그러나 우리는 근본적으로 보살이 어느 곳에 머무는지를 모른다. 경론 중에는 백정이나 기생 가운데도 많은 선교방편으로써 중생을 제도하는 보살이 섞여 있다고 말씀하신다. 그러므로 다른 중생의 심식 가운데 보리심을 갖추었는지 아닌지는 알기가 어렵다. 세존께서도 또한 "나와 나와 같은 자를 제하고는 누구도 다른 사람의 마음을 헤아릴 수 없다"고 하셨다. 그러므로 우리는 마땅히 자신의 심식으로 하여금 보리심을 생기게 하는 어떤 본존이나 스승, 선우 등에 대하여 참된 부처님이라는 생각을 내야 한다.

또한 자기의 심식에 대해서도 마찬가지이다. 자신이 이미 실상의 의미를 증오했고 신통삼매를 얻고 본존 등을 친견했다고 생각하거나 어떠한 표면적인 도의 모습에 공덕을 나타내었음을 막론하고, 이에 의지해서 자기의 자비심과 보리심으로 하여금 물러남이 없게 하고 더욱더 발전하게 하면, 이러한 두 모습은 진정한 공덕이 된다고 단정할 수 있다. 만일 이것에 의지해서 보리심과 자비심이 날로 감퇴한다면 이러한 표면상의 도의 모습은 또한 의심할 것 없이 마장이나 사도이다. 특별히 만일 자기 심식 가운데 거짓 없는 실상의 깨달음이 생기면 반드시 스승과 삼보에 대하여 경건한 신심과 청정심을 갖추어야 하며, 아래로 육도중생에 대하여 각기 다른 자심과 비심을 갖추어야 한다.

위없는 닥뽀 린뽀체가 일찍이 밀라래빠 존자께

"저는 언제 능히 제자 권속을 받을 수 있습니까?"라고 여쭈니, 존자께서 대답하시되

"일단 네가 이미 실제로 자심의 본체가 현재의 이것과 같지 않은 것을 보며, 일체의 의심을 여의면 그때 또한 늙은 아비인 내가 진실한 부처님과 다름이 없다는 생각이 들 것이며 아울러 또한 반드시 중생에 대하여 거짓 없는 자비심이 생기게 될 것이니, 그때 너는 권속을 받을 수 있다"라고 하셨다. 이 때문에 우리는 반드시 자비와 보리심을 근본으로 삼으며, 문사수 세 가지를 서로 여의지 않고 실제로 수행해야 한다. 만일 먼저 법을 들음으로써 증익增益을 끊지 않으면 실제의 수행을 이해하지 못한다. (싸카 빤디따가 설한) 게송에 이르되

들음이 없는 수행은
팔 없이 암벽을 타는 것과 같다

라고 하였다. 이른바 법을 들음으로써 증익을 끊는다는 것은 아득하여 끝이 없으며 종류가 많은 일체의 모든 법을 손바닥 뒤집듯이 알아야

함을 가리키는 게 아니다. 오탁악세의 짧은 일생 가운데서 이 일체의 학문을 다 통달할 수 없다. 그러므로 우리는 반드시 자기가 닦는 정법의 처음과 중간과 마지막의 모든 수행법을 정확하고 틀림없이 이해해야 하며, 아울러 사유를 통해서 모든 증익을 끊어버려야 한다.

이전에 아띠샤 존자께서 녜탕에 머무르실 때에 샹 마충뙨빠·궁뙨빠·랑창뙨빠라는 세 분의 게쉐가 존자님께 청해서 도리에 부합하는 종파에 대해서 여쭈었다. 존자께서 말씀하셨다.

"외도나 내도인 불교에는 모두 많은 종파가 있으나 전부 분별하는 생각으로서 이루어진 것이다. 헤아릴 수도 없는 이러한 분별하는 생각은 크게 필요치 않다. 인생은 한순간에 가버리므로 지금은 정수가 되는 요의를 귀납할 때이다."

이에 샹 마충뙨빠가 여쭈었다.

"그렇다면 어떻게 정수가 되는 요의를 귀납할 수 있습니까?"

존자께서 이르셨다.

"허공계와 같은 일체중생에 대하여 자비와 보리심을 닦으며, 그들을 위하여 힘써 노력하여 두 가지 자량을 쌓고, 이로 말미암아 생긴 일체 선근은 모든 중생에게 회향하고, 일체 유정과 더불어 원만한 보리를 성취하기를 발원하며, 아울러 이 일체의 자성이 공성임을 이해하고, 법상이 꿈과 같고 환과 같음을 이해해야 한다."

이로부터 보면, 우리들이 만일 수행의 정수가 되는 요의를 귀납할 줄을 알지 못하면 표면상으로는 이해하고 아는 것이 많아도 결과적으로는 어떤 작용도 일으킬 수 없다. 옛날에 아띠샤 존자께서 처음 티벳에 오셨을 때 대역경사인 린첸상뽀 존자를 맞았다.

당시에 존자께서 역경사에게 "당신은 모든 종류의 정법에 대하여 어떻게 알고 있는가?"하며 차례대로 물으셨다. 그 결과 역경사가 알지 못하는 것이 없는 것처럼 보였다. 존자는 매우 기뻐서 칭찬하며 말하였다.

"정말로 희유하다! 티벳에 당신과 같은 지혜 있는 사람이 있다면 나는 올 필요가 없었다."

이어서 또 물으셨다.

"그렇다면 좌복 위에서 응당 어떻게 이 일체 법을 수행하는가?" 역경사가 대답하였다.

"응당 각 종파에서 설한 바에 따라서 수행합니다."

존자가 말하였다.

"역경사는 틀렸다. 내가 이곳 티벳에 올 필요가 있었군."

역경사가 물었다.

"그렇다면 응당 어떻게 수행합니까?"

존자가 가르쳐 말씀하셨다.

"응당 일체 법을 한 개의 요결로 귀납해서 수행해야 한다."

이로 보건대, 우리는 반드시 스승이 전수해준 비결을 이해한 기초 외에, 실제로 수행하는 요점을 총결해서 수행해야 한다. 이 점을 분명하게 안다 해도 만일 실제의 수행이 없으면 소용이 없다. 밀라래빠 존자께서 말씀하신 것과 같다.

> 배고픈 사람은 다만 음식에 대해서 듣는 것만으로는 충분하지 않고 반드시 먹어야 한다. 마찬가지로 정법을 이해한 것만으로는 이익이 없으며 반드시 실제로 수행을 해야 한다.

우리들이 수행하는 목적은 자기 심식의 번뇌와 아집을 다스리는

데 있다. 밀라래빠 존자께서 말씀하셨다.

세상 사람이 항상 '좋은 음식을 먹었는지 나쁜 음식을 먹었는지는 먹는 사람의 얼굴 색깔을 보면 안다'고 하는 것과 같이, '불법을 이해했는가 못했는가?' 또 '수행을 잘 했는가 못했는가?'는 그 사람이 이미 번뇌를 잘 다스렸는가 잘못 다스렸는가를 보면 바로 안다.

뽀또와 게쉐가 일찍이 중돈빠 게쉐에게 "법과 비법의 한계는 무엇입니까?"라고 여쭈니, 중돈빠께서 다음과 같이 대답하셨다.

번뇌를 다스리면 법이 되고 번뇌를 다스리지 못하면 비법이 되며, 세간을 따르지 않으면 법이 되고 세간을 따르면 비법이 되며, 경론에 부합하면 법이 되고 부합하지 않으면 비법이 되며, 결과가 선이면 정법이고 결과가 악이면 비법이다.

또한 아사리 쩨곰께서 말씀하셨다.

인과가 헛되지 않음을 진심으로 믿는 것은 하근자의 정견이고, 안팎의 모든 법이 현공쌍운現空雙運[155]이자 각공쌍운覺空雙運임을 깨닫는 것은 중근자의 정견이며, 보이는 대상(所見)·보는 주체(能見)·증득하는 지혜(所證智慧)의 세 가지가 다름이 없는 것을 증오하면 상근자의 정견이다.

---

[155] 현상의 나타남과 그 본성의 공한 두 가지 특성은 분리될 수 없음.

한 가지 인연의 삼매에 의존하는 것은 하근자의 발원수행이고, 사종쌍운四種雙運[156]의 삼매에 안주하면 중근의 수행이고, 능수能修·소수所修·감수感受 세 가지가 무연無緣 가운데 안주하는 것은 상근자의 수행이다.

인과를 가리는 것을 눈동자를 지키는 것과 같이 하는 것은 하근자의 정행이고, 제법을 꿈과 같고 환과 같은 경계로 수행하는 것은 중근자의 정행이고, 일체의 능행能行과 소행所行을 행하는 것이 없는 것은 상근자의 정행이다.

아집·번뇌·분별념 등이 날로 감소하는 것은 상·중·하 세 종류 근기의 진실한 난상暖相이다.

위없는 닥뽀 린뽀체께서 『성도여의보(聖道如意寶, 승도보만론)』 가운데 설하신 바도 이와 똑같다. 그러므로 우리들은 법을 들을 때 반드시 정수가 되는 요의를 귀납할 줄 알아야 한다. 이는 전지자이신 롱첸빠 존자께서 말씀하신 것과 같다.

알아야 할 것은 허공의 별과 같고, 배워야 할 지식은 끝이 없으니, 지금[157] 법신의 정수가 되는 뜻을 구하면 반드시 변함없는 견고한 경지에 이를 것이다.

사유할 때에는 마땅히 일체의 증익을 끊어야 한다. 이는 곧 인도의

---

156 현공쌍운, 각공쌍운, 지복과 공성의 결합인 낙공樂空쌍운, 명료함과 공성의 결합인 명공明空쌍운을 말함.

157 가만난득暇滿難得의 기회를 얻었을 때.

파담빠상개 존자께서 말씀하신 것과 같다.

> 스승의 가르침을 구할 때는 마땅히 어미 비둘기가 먹이를 찾는 것과 같이 해야 하며, 법을 들을 때는 들짐승이 소리를 듣는 것과 같이 해야 하며, 수행할 때는 벙어리가 냄새 맡는 것과 같이 해야 하며, 사유할 때는 북방 사람들이 양털을 베는 것과 같이 해야 하며, 결과를 얻을 때에는 구름이 흩어져서 해가 나타나는 것과 같이 해야 한다.

그러므로 마땅히 우리들은 힘써 문사수를 행하며 이와 서로 여의지 말아야 한다. 위없는 닥뽀 린뽀체께서 말씀하셨다.

> 문사수 수행을 서로 어지럽게 하지 않고 가지런히 하여 수행하는 것이 곧 잘못됨이 없는 비결이다.

우리들이 반드시 분명히 해야 할 것은, 문사수의 결과는 반드시 자비심과 보리심이 날로 늘어나게 하며 아집과 번뇌가 날로 적어지게 하는 목적에 도달하게 한다는 것이다. 이 발보리심으로의 인도는 일체 정법의 정수이고 일체 성도의 정수이니, 이것이 있으면 반드시 족한 것이고 없으면 불가하다. 그러므로 우리는 표면적으로 듣고 이해하는 데 한정되지 말고 성심성의로 이를 수행하는 것이 아주 중요하다.

> 비록 수승한 보리심의 원을 발했으나 아직 생기지 않았고,
> 비록 육바라밀을 배우나 오히려 사욕이 있으니,

저와 더불어 저와 같은 어리석은 중생들이 수승한 보리심을 닦아 이루도록
가피를 주시기를 기도합니다.

3. 금강살타 염송수행

번뇌와 습기를 여의셨으나 죄장을 없애 청정히 함을 보이시고
구경의 수승한 도를 얻으셨으나 수행의 모습을 나타내시며
공과 유를 초월하셨으나 삼계 가운데 나투시는
비할 바 없이 뛰어난 스승의 발아래 정례하옵니다.

1) 참회의 이치

심식 가운데 깊은 도의 수승한 깨달음의 상을 생기게 하는 데 중요한 장애는 죄장과 습기[158]이다. 즉 아뢰야식의 밝은 거울에 깨달음의 영상이 나타나게 하기 위해서는 죄장을 제거하여 청정하게 하는 것이 아주 중요한 관건이다. 이것은 곧 거울에 영상을 비춰 나타나게 하기 위하여 거울의 표면을 닦는 것과 같다. 이를 위해서 부처님께서는 죄장을 깨끗이 하기 위한 헤아릴 수 없이 많은 방편 법문을 설하셨으며, 이러한 모든 법 가운데 가장 수승한 것이 상사 금강살타金剛薩埵를 염송하며 수행하는 것이다.

총체적으로 말하면, 어떠한 죄업에 관계없이 다만 참회하면 청정하게

---

158 밀교에서의 습기장은 세 가지이다. 즉 거친 몸을 생기게 하는 백색의 습기, 거친 말을 생기게 하는 적색의 습기, 마음이 생기게 하는 백색의 것과 적색의 것의 결합인 흑색의 습기로 분류한다.

하지 못할 것이 없다. 고대의 모든 대덕들께서 일찍이 말씀하신 것과 같다.

> 본래의 죄업은 공덕이 없으나 참회하여 청정하게 하면 그것은 덕이 된다.

그러므로 밖으로 별해탈계를 범하고 안으로 보살계를 범하는 것을 막론하고, 또 밀종의 삼매야를 범하는 등 죄업이 아무리 심하고 무거워도 모두 참회를 통해서 능히 청정하게 할 수 있다. 예를 들면 바라문 앙굴리말라, 곧 '지만왕(指鬘王, 손가락 목걸이 왕)'은 비록 잔혹하게 99명을 죽였으나 참회를 통해서 죄업을 청정하게 하고 난 후 금생에 아라한 과위를 얻었다. 또 미생원왕(未生怨王, 아자따사뜨루)은 비록 자기 아버지(빔비사라왕)를 죽였으나, 후에 참회를 통해서 청정함을 회복하여 그 결과로 고무공이 땅에 떨어짐과 동시에 바로 튀어 오르는 것 같이 짧은 기간 동안 지옥의 괴로움을 받고서 지옥으로부터 벗어났다.

부처님께서는 여러 경전 속에서 참회를 통해서 청정함을 얻은 많은 실례를 말씀하셨다. 그래서 보호주 용수보살께서도 말씀하셨다.

> 어떤 사람이 이전에 방일했어도 이후의 행위가 불방일하면 달이 구름을 벗어나 청명하게 빛나는 것과 같이 된다. 난타와 지만(앙굴리말라)과 미생원왕과 능락能樂[159]처럼.

---

[159] 능락(能樂, 샹까라Sankara)은 극단적인 애착과 성냄을 보여주는 사람의 예이다. 승려였던 그는 다른 남자의 아내와 동침하고 싶어 했는데 어머니가 말린다고 어머니를 살해하여 승가에서 추방되었다. 하지만 나중에 그는 참회하고 많은

만약 사종대치력四種對治力을 구족해서 성심성의껏 진실하게 참회를 하면 곧 죄업을 청정하게 할 수 있다. 이와 반대로 동서로 두리번거리고 어지럽게 떠들며, 자기 마음이 기타 외경의 분별망념을 따라서 구르며, 한편으로 입으로는 드러내어 참회한다고 하면서도 다만 입으로만 참회문을 외우거나, 혹은 이후에 참회하면 된다고 생각하거나, 참회했기에 이후로는 죄를 지어도 해가 없다고 여기는 경우가 있다. 그런 경우는 참회를 행해도 죄업을 완전히 청정하게 할 수 없다. 밀라래빠 존자께서 말씀하신 바와 같다.

만약 죄를 참회한다고 생각만 한다면 청정하게 될 수 있겠는가?
억념憶念해야 곧 청정하게 할 수 있다.

그러므로 어떠한 사람이 참회를 행하더라도 그 가능한 바를 다하여 사종대치력을 갖추도록 하는 것이 가장 중요한 관건이 된다.

2) 사종대치력

사종대치력은 소의대치력, 염환대치력, 반회대치력, 현행대치력의 네 가지이다.

승려들이 거주할 수 있는 큰 사원을 지었다. 난다와 앙굴리말라는 아라한이 되었고, 미생원왕(아자따사뚜루)은 보살이 되었으며, 상까라는 환생하여 천상에 태어났다가 나중에 견도(예류과)를 얻었다. 이들에 대한 상세한 이야기는 『친우서약석親友書略釋』에 나온다.

(1) 소의대치력

소의대치력(所依對治力, 의지처¹⁶⁰의 대치력)은 곧 금강살타를 귀의 대상으로 삼아 원보리심과 행보리심을 구족하는 것을 가리킨다. 다른 곳에 있어서도 또한 기타 참회의 대상경계가 있다. 예를 들어『삼취경』 가운데서 삼십오불이나 혹은 선지식·불상·불경·불탑 등의 앞에서 참회를 행하면 모두 소의대치력이 된다. 이밖에 원과 행의 보리심을 발하는 것은 일체 죄업을 참회하는 데 모두 반드시 없어서는 안 되는 것이다. 만일 보리심을 발함이 없으면 곧 사종대치력을 구족해서 죄를 참회하여도 조금 가벼워질 뿐이며, 철저하게 청정해지는 효과에 도달할 수 없다. 그러나 만일 심식 가운데 거짓 없는 보리심이 생기면 과거에 지은 많고 작은 죄업이 모두 자연히 청정해진다.『입보리행론』에서 말씀하셨다.

> 어떤 사람이 비록 매우 엄중한 죄를 범했으나 용사를 의지해서 두려움을 없애는 것과 같이, 어떤 것을 의지해서 속히 해탈할 수 있다면 선인善人들이 그런 방편들을 어찌 의지하지 않겠는가? 보리심은 공겁(겁말)의 불과 같아서 찰나에 모든 무거운 죄를 없애버린다.

(2) 염환대치력

염환대치력厭患對治力은 곧 과거에 자기가 지은 바 일체 죄업에 대하여 후회하는 마음을 일으키는 것을 말한다. 만일 죄업을 죄업으로 보지

---

160 금강살타나 근본스승 혹은 불상 등을 외적 의지처라 하고, 보리심과 연민심을 내적 의지처라 한다.

아니하고, 강렬하게 후회하는 마음으로 발로참회發露懺悔를 하지 않는다면 절대 죄업을 청정하게 할 수 없다. 『삼취경』에서 "발로참회는 덮지 않고 숨기지 않는 것이다"라고 하셨다. 이밖에 대성취자 까르마착메 린뽀체께서도 말씀하셨다.

후회하는 마음이 없으면 참회가 청정하지 못하니, 과거의 죄업에 대해 독을 먹은 것과 같이 하여 마땅히 크게 부끄러워하고 두려워하고 후회함으로써 참회해야 한다.

(3) 반회대치력

반회대치력返回對治力은 자기의 과거에 지은 바 죄업을 회상한 후에, 오늘부터 생명의 위협을 만나도 절대 다시 죄업을 짓지 않는다고 맹세하는 것이다. 『삼취경』에 설하시기를 "지금부터 이후로 반드시 허물을 끊어서 계율을 엄하게 지키겠다"라고 하셨다. 또한 『극락원문極樂願文』에서도 말씀하셨다.

만약 계를 지키려는 마음이 없으면 청정해지지 못하므로, 지금부터 목숨의 위험을 만나도 모든 선하지 않은 업을 짓지 않겠다고 맹세합니다.

(4) 현행대치력

현행대치력現行對治力은 전심전력으로 과거의 지은 바 죄악에 대치하는 선업을 받들어 행하는 것을 가리킨다. 더욱이 불보살 전에 예배하며 다른 사람의 복덕을 수희하고 일체 선근을 보리에 회향하며 원·행보리심을 발하고 거짓 없는 실상의 본체를[161] 호지하는 등 이러한 것은 모두 현행대치력에 속한다.

이전에 한 수행 제자가 위없는 닥뽀 린뽀체에게 가르침을 내려 주기를 청하되 "제가 과거에 불경을 판매함으로써 생계를 유지했으나 지금 생각건대 후회막급입니다. 청컨대 스승이시여! 저는 어떻게 참회를 진행해야 하겠습니까?" 하였다. 린뽀체께서는 "그러한 내용의 경전들을 새겨라!"고 말씀하셨다. 이에 그 사람은 경전을 새기기 시작했으며, 그 과정에서 항상 마음이 바깥으로 달아났다. 그가 또 매우 슬픈 심정으로 스승의 앞에 가서 여쭈었다. "경전을 만들 때에 제 마음이 또한 항상 산란하며, 죄업을 참회하는 것에 대해서 말하면 본성을 지키는 것에 비해서 더 깊은 것이 없을 것 같습니다." 스승은 유달리 기뻐하며 말씀하시되 "실제로 곧 이와 같다. 비록 과거에 지은 바 죄업이 태산과 같아도 또한 능히 현재에 본성을 보는 순간 청정함을 얻는다"라고 하였다.

이 때문에 죄업을 청정히 하는 방법은 보리심을 닦고 항상 거짓 없는 실상을 호지하는 것보다 더욱 깊은 것이 없다. 여기에서도 또한 이 두 가지를 여의지 아니하는 기초 위에 금강살타의 백자진언(百字明)을 염송하는 등을 수행하며, 감로가 흘러내리고 죄업을 청정히 함을 관하여 닦는다.

3) 진실하게 금강살타를 닦음

이와 같이 네 가지 대치력을 명확하게 관한 후에 진실로 금강살타(도르제

---

161 무조작의 자연지이며 공지무별의 완전한 지혜.

쎔빠) 백자진언을 염송하는 단계에 들어간다. 먼저 자신이 평범한 가운데[162] 안주하며, 머리 위에서 화살대 하나 길이의 허공 가운데 천 개의 꽃잎이 있는 백련화를 관상하고, 그 위에 하나의 둥근 달(圓滿月輪)이 있음을 관상한다. 이른바 '둥글다(圓)'라는 것은 그것의 크고 작은 척도를 가리키는 게 아니라 밝은 달의 모든 부분이 완전하게 가려진 데가 없는 것을 가리키며, 곧 보름날의 달과 같아서 조금도 굽어진 곳이 없이 완전하게 둥근 것을 뜻한다. 이어서 다시 월륜月輪 위에 한 개의 빛나는 백색의 '훔(吽, ཧཱུྃ Hūṁ)'자를 관한다.

비록 기타 종파에서는 '훔'자 방광과 빛을 거두어들이는 것 등을 관상하지만, 우리 종파(寧提派)는 이러한 관상을 하지 않는다. 그러한 후 한 순간에 '훔'자가 곧 변해서 본체인 삼세제불의 총체가 되고, 더할 나위 없는 대비보장大悲寶藏의 구덕근본상사具德根本上師가 됨을 관상한다. 그 형상은 보신의 본사인 금강살타 주존이시고, 그 몸의 색은 하얗기가 완전히 십만 개의 태양이 설산 위에 비치는 것과 같다.

한 얼굴에 두 팔이 있는데 오른손은 가슴 앞에서 명(明, 깨달음)과 공空을 표시하는 오고금강저(방편을 상징)를 잡고 계시고, 왼손은 허리 부분에 의지해서 현(現, 현상)과 공空을 대표하는 금강요령(지혜를 상징)을 잡고 계시며, 두 다리는 금강의 결과부좌를 하시고, 몸에는 13가지 원만한 보신의 복장이 장엄되어 있다. 13가지 보신의 복장은 또한 곧 능라(綾羅, 비단)로 된 다섯 가지 옷과 여덟 가지 보배 장식품으로 되어 있다. 그 가운데의 능라로 된 다섯 가지 옷은 면류관(冕旒)·견피(肩披,

---

162 본수행에서는 가끔 자신을 본존의 형상으로 관한다. 여기서 우리는 처음에는 평상적이고 청정치 못하다가 수행을 통하여 청정하게 되는 것으로 여긴다. 그래서 우리는 자신의 몸을 일상의 평범한 몸으로 생각하는 것으로부터 시작하는 것이다.

오른쪽 어깨를 드러낸 가사)·댕기·허리띠·치마를 가리키며, 여덟 가지 보배 장식은 머리장식·귀걸이·목걸이·어깨 팔찌·영락·팔찌·반지·발찌로 되어 있다. 금강살타와 백만불모(白慢佛母, 도르제넴마)가 둘이 아닌 하나가 되어 쌍운雙運하고 있으며, 신체는 나타나되 자성은 없으며, 현現과 공空이 마치 물속의 달과 같고 혹은 거울속의 영상과 같이 분명하다. 자기의 머리 위 성존(금강살타)의 얼굴이 향하는 방향은 자기 얼굴의 방향과 같다고 관상한다. 이상은 소의대치력所依對治力이다.

이러한 종류의 명료한 관상은 이미 탕카나 벽화를 관상하는 것과 같이 평평한 것이 아니며, 흙상이나 금상과 같이 실질적인 물체의 자성이거나 혹은 무정물의 형체와 같이 관상하는 것이 아니다. 현現의 측면에서 말하면, 주존의 두 눈과 검은 머리와 얼굴색을 포괄해서 모두 서로 혼잡 되지 않게 하여 관상하는 것이 분명하게 한다. 공空의 측면에서 말하면, 한 터럭 끝만큼도 실질적인 육체의 살갗이나 피, 오장 등이 없다. 마치 허공 가운데 나타난 무지개나 혹은 때가 없는 수정 보배병과 같이 관상한다. 이 같이 명료하게 관한 후에 자기 마음으로 성심껏 다음과 같이 생각한다.

> 큰 은혜의 근본상사와 더불어 둘이 없고 다름이 없는 보호주이신 금강살타이시여! 당신은 큰 지혜와 큰 자비로써 저와 일체중생을 굽어 살피십니다. 저 자신이 무시이래로 지금에 이르기까지 몸과 마음과 뜻으로 지은 십불선업·오무간죄·사중죄四重罪·팔사죄八邪罪, 밖으로 별해탈계와 안으로 보살계와 금강승(密持明呪乘)의 삼매야계를 범한 것과, 세간의 맹서를 버리고 거짓말을 말하며 부끄러워함이 없는 것 등 직접 기억할 수 있는 일체의 죄업을

스승이신 금강살타의 면전에서 부끄러움과 두려움과 뉘우치는 마음으로 놀라고 살결이 솟으며 모골이 송연하도록 밖으로 드러내어 참회합니다.

이밖에 자기가 생각나지 않지만 무시이래로 윤회에 떠도는 세세생생 가운데 분명히 많은 죄업을 쌓았으므로 이 일체 죄업을 이때에 덮어두지 않고 숨기지 않으며 하나같이 발로참회하고 용서하기를 빈다. 다만 이러한 모든 죄장이 곧 이때에 이곳에서 완전하게 하나도 없이 빨리 청정해지기를 원해야 할 것이니, 이상은 염환대치력厭患對治力을 관상하는 것이다. 마음으로 다음과 같이 묵상한다.

제가 과거에 어리석어 알지 못했기 때문에 이 같은 죄업을 지었으나, 지금 은혜가 크신 스승의 자비심을 의지해서 이로움과 해로움을 이해하는 사람이 되었으므로 지금부터 이후로 생명의 위험이 이르더라도 굴복치 않고 그러한 죄업을 짓지 않겠습니다.

이것은 반회대치력返回對治力이다. 그런 다음 예비수행의궤를 염송한다.

아啊
나의 평범한 머리 위
백련과 달 방석 가운데
훔吽 금강살타 스승을 이루어서
희고 깨끗한 수용원만보신으로

금강저와 금강령을 쥐시고 백만불모와 쌍운하고 계시네.

당신께 귀의하오니 죄장을 깨끗이 해주시길 비옵니다.
맹렬한 후회심으로써 발로참회하오며
이후로 목숨이 위태로울지라도 서언을 지키겠습니다.

당신의 심장 속 밝은 달 위에
훔呼 주위로 만뜨라가 둘러싸여 돌고 있습니다.
만뜨라를 독송하여 마음을 가지하니
두 부모님이 쌍운을 교류하는 곳에서
보리심의 감로가 구름처럼 솟아나
하얗게 흘러내리는 것이 마치 얼음조각에서 나오는 물 같습니다.

저와 삼계 모든 중생들의
고통의 원인인 업과 번뇌,
병마와 죄장, 살기와 오염
남김없이 청정해지기를 기원합니다.

4) 백자명을 염송함

다음으로 금강살타의 무이무별無二無別인 불부·불모가 심장의 마음자리에 하나의 밝은 달임을 관상한다. 그 크기는 눌러 반반해진 겨자씨 크기와 같고, 달의 윗부분에 한 개의 완전히 붓으로 쓴 것과 같은 백색 '훔(%)'자가 있음을 함께 관상하며, 한편으로는 백자명(백자진언)을 한 번 염송한다.

|ཨོཾ་བཛྲ་སཏྭ་ས་མ་ཡ། །མ་ནུ་པཱ་ལ་ཡ།
옴 벤자 사뜨 사마야 / 마누 빨라야

|བཛྲ་སཏྭ་ཏྭེ་ནོ་པ་ཏི་ཥྛ། །དྲྀ་ཌྷོ་མེ་བྷ་ཝ།
벤자 사뜨 떼노빠 띡타 / 디도메바와

|སུ་ཏོ་ཥྱོ་མེ་བྷ་ཝ། །སུ་པོ་ཥྱོ་མེ་བྷ་ཝ།
쑤또카요 메바와 / 쑤뽀카요 메바와

|ཨ་ནུ་རཀྟོ་མེ་བྷ་ཝ། །སརྦ་སིདྡྷི་མྨེ་པྲ་ཡཙྪ།
아누락또 메바와 / 싸르와 씻띠 멧따 야짜

|སརྦ་ཀརྨ་སུ་ཙ་མེ། །ཙིཏྟཾ་ཤྲི་ཡཾ་ཀུ་རུ་ཧཱུྃ།
싸르와 까르마 쑤짜메 / 찟땀 씨리얌 꾸루훔

|ཧ་ཧ་ཧ་ཧ་ཧོཿ །བྷ་ག་ཝན།
하하하하호 / 바가완

|སརྦ་ཏ་ཐཱ་ག་ཏ། །བཛྲ་མ་མེ་མུཉྩ།
싸르와 따타가따 / 벤자 마메무짜

|བཛྲཱི་བྷ་ཝ། །མ་ཧཱ་ས་མ་ཡ་སཏྭ་ཨཱཿ ཧཱུྃ་ཕཊ།
벤지바와 / 마하 싸마야 싸뜨아 훔 펟[163]

아울러 백자명이, 서 있는 짐승의 뿔과 같이, 서로 닿지 않게 '훔'자를 둘러싸고 있는 것을 관상한다. 그런 후 기도하는 방식으로 입으로 백자명을 염송하는데, 모든 글자로부터 지혜와 자비의 감로가 얼음이 불에 녹아서 형성된 물방울과 같이 방울방울 끊이지 않고 떨어져 내려

---

163 백자진언의 티벳어와 발음은 '한국티벳불교사원 광성사'의 것을 따랐다. http://www.koreatibetcenter.com/

신체를 통과하여 불보와 불모가 쌍운하는 비밀한 곳으로부터 흘러내려 자타의 일체중생의 머리 정수리로 흘러 들어가서 체내의 모든 번뇌의 질병을 고름과 피로 변화시키고, 모든 마장을 지네·청개구리·물고기·뱀·이·빈대 등 조그마한 곤충의 형상으로 변화시키며, 모든 죄장이 변해서 연기·숯 물·재·구름·기의 형태가 되니, 이 일체는 마치 쏟아지는 홍수물이 흙을 쓸어내려 가는 것 같아 감로의 흐름에 조금도 막힘없이 전부 씻겨 내려가며, 발밑·항문·모든 털구멍 부위를 통해서 검은 형태로 몸 밖으로 배출된다고 관상한다.

이때 자기 아래의 땅이 갈라져서 모든 남녀의 원수가 염라대왕을 둘러싸고 있으며, 그들 전부는 입을 벌리고 손을 펴서 손톱으로 움켜쥐며 그 검은 물을 받는다고 관상한다. 이와 같이 관상하는 한편으로는 백자명을 염송한다. 능히 한 번에 일체의 대상경계를 분명히 관하면서 곧 이와 같이 관상한다. 만일 실제로 이렇게 하지 못하면, 그때는 통일된 마음으로 금강살타의 몸과 얼굴과 팔 등을 관상하면서 염송한다. 그때마다 온전히 정신을 집중하여 주존의 복장 중의 '훔'자와 금강살타 진언을 관상하면서 염송하며, 감로가 흘러 마장과 죄장을 씻어 내림을 관상하면서 염송하고, 그 전의 잘못을 뉘우치고 이후로는 다시 범하지 않을 것을 다짐하는 마음 상태로 염송한다.

마지막에는 지하의 염라대왕 등 모든 원수가 전부 마음으로 만족해하는 것을 관상한다. 여기에 이르러 이미 과거의 원한이 해결되고 지난 빚을 갚았으며 죄업을 청정하게 된 것을 관상한다. 이제 염라왕 등은 모두 또한 그들의 손과 입을 다물었으며, 갈라진 대지는 다시 원래 상태로 돌아왔음을 관상한다.

또한 자기의 신체는 안과 밖으로 투명한 광명의 자성이라고 관상한다.

신체 중앙에 한 개의 중맥中脈이 있고 그것이 나누어져서 네 개의 바퀴 형상(짜끄라, 법륜)이 우산살과 같으며, 배꼽의 환화륜幻化輪에는 64개의 맥판(작은 기맥)이 있고 맥판의 끄트머리는 위를 향한다. 심장 사이의 법륜은 8개의 맥판이 있고 판은 아래를 향하며, 목구멍 사이의 수용륜受用輪에는 16개의 맥판이 있고 판의 끝은 위를 향하며, 정수리의 대락륜大樂輪에는 32개의 맥판이 있고 판의 끝은 아래를 향한다. 이러한 맥판 또한 모두 전과 마찬가지로 감로로 흘러내린다. 자신의 머리 대락륜으로부터 시작해서 사맥륜四脈輪[164]과 그들로부터 나뉘어져 나온 체내의 모든 부분과 손발가락 끝까지를 포함한 이 모든 부분에 수정병 속에 우유가 가득 찬 것과 같이 충만한 백색의 감로가 흘러내린다.

자타의 일체중생이 이로 말미암아서 보병寶瓶·비밀秘密·지혜智慧·구의句義의 네 가지 관정(四種灌頂)[165]을 얻으며, 업장·번뇌장·소지장·습기장의 네 가지 업장을 청정히 하고, 심식 가운데에 희흠·수희殊喜·극희極喜·구생희俱生喜 네 가지 기쁨(喜)의 지혜를 생기게 하며, 화신·보신·법신·자성신의 네 몸의 과위를 현전하게 한다. 그런 후에 다음을 염송한다.

> 보호주이시여! 제가 무명으로 인해
> 삼매야를 위반하고 범하여 훼손시켰사오니
> 보호주이신 스승께서 구해주시기를 기원하옵니다.
> 제불의 지존이시자 금강지金剛持[166]이신

---

[164] 사맥륜四脈輪: 대락륜, 수용륜, 법륜, 변화륜.
[165] 네 가지 관정(四種灌頂): 무상유가의 네 가지 관정인 보병관정, 비밀관정, 지혜관정, 구의관정을 말한다.

대자비의 자성을 구족하신 분이시여!
중생들의 주존께 제가 귀의하옵니다.

참회문 염송하기를 마치면, 이어서 상사 금강살타의 얼굴이 온화한 색깔을 띠고서 말씀하시기를 "선남자여! 네가 어기고 범한 일체의 죄장은 다 이미 청정하게 되었다"라고 하심을 관상한다. 이러한 것을 인정한 후에 상사 금강살타께서 빛으로 화해 자신의 몸에 들어오며, 이를 연하여 자신이 변해서 전면에 관상했던 금강살타와 한 몸을 이루게 한다. 심장 사이에 납작한 겨자 크기의 달 위에 중앙은 남색의 '훔(ཧཱུྃ)'자이고, 훔자의 전면은 백색의 '옴(ༀ)'자이고, 우측은 황색의 '벤자(བཛྲ, 바즈라)'자이며, 후방은 홍색의 '싸(ས)'자이고, 좌변은 녹색의 '뜨(ཏ)'자이다. 그러한 후에 다시 "옴 벤자 사뜨 훔(ༀབཛྲསཏྭཧཱུྃ), 옴 바즈라 싸뜨와 훔)"을 염송하며, 동시에 다섯 개 글자가 백·황·홍·녹·남의 오색 광명을 놓는다. 빛의 끝에는 공양천녀가 있어 손을 내두르며 팔길상八吉祥[167]의 휘장·윤왕칠보輪王七寶·번개일산·보배깃발·화개華蓋·천폭금륜(千輻金輪, 천 개의 살을 지닌 금륜)·우선해라(右旋海螺, 오른쪽으로 감긴 소라) 등 무량한 공양물을 흩어 보내며, 공양은 시방에 머물러 광대무변하고 불가사의한 정토 가운데 모든 불보살에게 공양하여 그들로 하여금 마음에 환희를 내게 하고, 자량을 원만히 하며 죄장을 청정하게 함을 관상한다.

---

166 금강지(金剛持, 지금강불, 바즈라다라): 도제창이라고도 하며, 석가모니께서 밀승을 설하실 때 지금강불로 나투어 밀법을 설하셨다고 한다.

167 팔길상八吉祥: 보륜寶輪, 보나(寶螺, 보배소라), 승리의 깃발(勝利幢), 산개傘蓋, 보병寶甁, 연화蓮花, 길상매듭(吉祥結), 싸어雙魚.

다시 모든 불보살의 일체 대비와 가피로 이루어진 다섯 개 얼굴과 여섯 개 색깔의 가지가지 빛이 자기에게 녹아들며, 자기 현전에 수승과 공동성취와 도를 배우는 데에 상관되는 사종지명四種持明[168] 및 구경과인 무학도無學道 쌍운雙運의 과위가 현전함을 관상하는데, 이것은 자리自利의 법신성취를 준비하는 연기緣起이다. 또 이 다섯 개 주문의 글자가 아래를 향해 무량한 빛을 방사하여 삼계육도의 일체중생을 비춘다. 마치 태양이 어두운 곳에 나타나는 것과 같이 중생의 심식 가운데 있는 일체의 죄장·고통·습기가 청정해진다. 일체의 바깥 기세간이 기쁨의 정토(동방 묘희세계)로 바뀌어 나타나고, 내부의 일체중생이 변하여 백·황·홍·녹·남의 오색 금강살타의 자성으로 변화되며, 그 후에 그들이 전부 입으로 "옴 벤자 사뜨 훔"을 염하며 웅장한 소리를 흘려내니, 이는 이타他利의 색신을 준비하는 연기이다. 『법행습기자해탈속法行習氣自解脫續』 가운데 말씀하셨다.

자리와 이타의 발산과 거두는 두 가지 이익으로 분별업장을 제거하여 깨끗이 한다.

이와 같이 설명한 뜻도 위에서 서술한 핵심요결을 말한 것이다. 이 같은 관상의 요결을 의지한 밀종 금강승의 선교방편의 요점은 한순간에 곧 불가사의의 복혜자량(福慧資糧, 복덕자량과 지혜자량)을 원만히 할 수 있으며, 동시에 또한 능히 허공계에 두루한 끝없는 중생을 이익되게 하는 사업을 성취할 수 있다. 이와 같이 힘을 다해서 금강살타

---

[168] 사종지명(四種持明, 위드야다라의 네 단계 수행법): 이숙異熟·수명자재壽命自在·대수인大手印·임운지명任運持明.

심주를 염송한다.

마지막에 자리행을 거둘 때 기쁨의 정토의 일체 바깥 기세간 전부가 유정의 오부五部 금강살타 본존들의 가운데로 거두어 짐을 관상한다. 그들은 또 차례로 자신에게 빛으로 녹아들고, 자신은 또한 바깥쪽에서부터 점점 빛으로 화해서 심장의 '옴(ༀ)'자로 녹아들며, '옴'은 '벤자(བཛྲ)'로 녹아들고, '벤자'는 '싸(ས)'로 녹아들고, '싸'는 '뜨(ཏ)'로 녹아들며, '뜨'는 '훔(ཧཱུྃ)'자의 '삽규(ꞏ)'로 녹아들며, '삽규'는 '작은 아(ཨ)'로 녹아든다. '작은 아'는 '하(ཧ)'로 녹아들며, '하'는 머리 부분의 '일월명점(日月明點, ༔)' 가운데로 녹아들고, '나다nāda'¹⁶⁹의 사이로 차례로 녹아들어서 최후에는 '나다' 또한 무지개같이 공중에 사그라져서 그림자와 자취도 없게 된다. 이와 같은 인연과 희론을 여의는 경계 가운데 점점 편안하고 느긋하게 선정에 든다. 그 후에 또 분별념이 일어나기 시작할 때에는 다시 일체 기세간과 유정이 모두 금강살타의 정토가 됨을 관하면서 회향과 발원을 염송한다.

  제가 지금 이 선근으로써 빨리
  금강살타 본존을 성취하여

---

169 나다(nāda, 那達): 법계(법성)에서 자연적으로 나오는 소리를 의미한다. 또는 '훔(ཧཱུྃ)' 글자의 맨 위 빈두 위에 작은 불꽃 모양으로 표현되며(༔: 원은 빈두, 원 위의 불꽃모양은 나다), 깨달음의 상태를 나타내는 일종의 부호로 생기차제 때 반드시 관상해야 한다. 아래는 '훔(ཧཱུྃ)'과 훔의 부분 명칭.

    ༔ : 초승달과 그 위의 빈두와 나다
    ཧ : '하'의 몸통과 머리
    ཨ : 작은 '아'
    ꞏ : 삽규(shapkyu)

모든 중생들로 하여금 하나도 남김없이
이 경지에 편안히 머무르게 할지이다.

금강살타를 염송하는 등의 어떠한 수행시간에도 몸과 마음은 소연(所緣, 대상)인 금강살타의 모습에 집중하여 다른 곳으로 흩어지게 하거나 소란스럽게 말하지 말지니, 이는 매우 중요하다. 딴뜨라 경전에서 말씀하신 것과 같다.

만약 이 삼매가 없다면
바다 밑의 반석과 같아
수 겁 동안을 염송해도 결과가 없다.

고요함과 산란함은 차이가 천 배이며
삼매가 있는 것과 없는 것은 차이가 십만 배이다.

밀교 진언을 염송할 때 만일 속된 말을 하면서 염송하면 그가 염하는 진언은 곧 불청정한 염송이 된다. 예를 들면 순금과 백은 가운데 조금의 황동을 섞으면 사람들로부터 금이 아니라거나 혹은 거짓된 은이라고 불리며, 또한 그것은 순금과 순은의 작용을 할 수 없다. 우갠국의 연화생 대사께서도 말씀하셨다.

잡된 말을 섞으며 일 년을 외우는 것이
묵언으로 한 달을 외우는 것만 같지 못하다.

요즘 시대에도 경을 외우고 참회를 닦는 스님들이 대중 가운데서 경을 독송하고 주를 외우는 기간에 묵언을 하는 것은 십분 중요한 점이다. 잡담을 섞은 독경이나 진언염송은 어떠한 실질적인 뜻도 없다. 특히 영가를 천도하는 등의 불사 때에는 중음계에서 두려움과 고통 등 핍박을 받는 중생들이 이익을 얻기 위해서 구원의 희망을 가지고 승려들 앞에 온다. 그때 만일 승려들이 삼매를 관하지 아니하고 청정한 계율과 선을 갖추지 아니하며, 입으로 탐욕과 성냄을 말하며 마음속은 여전히 산란하면, 결과적으로 신통을 갖춘 중음신이 밝게 안 후에는 문득 이 승려들에 대해서 사견을 일으키거나 화를 내게 되며, 이것이 연이 되어 삼악도에 떨어지게 된다. 이러한 승려가 염송하는 것은 없는 것만 같지 못하다.

마땅히 그러한 중요한 기로에 처해 있거나 고통을 배로 받으며 의지할 데가 없는 환자나 죽은 자에 대하여 하나같이 자비심으로 보고 발심하여 그들을 이익 되게 하고, 자비심과 보리심으로써 거두어 일을 행하며, 통일된 마음으로 부지런히 노력하여 자기가 요달한 바의 생기차제와 원만차제 법문을 염송하며 닦아야 한다. 이 같이 하지 못하는 사람은 또한 마땅히 경론의 문구를 따라서 뜻을 생각하며, 또는 최소한 한 조각 자비의 마음을 가지고 이러한 불쌍한 중생을 가엾게 여기며, 삼보의 속임 없는 진실한 힘에 대하여 신심과 신해를 일으키는 등 신어의 삼문을 다하여 정력을 집중하여야 한다.

만일 능히 기도문을 염송하는 데 있어서 음이 고름·분명함·발심이 청정함을 갖추면 귀의처인 삼문의 대비력과 속임 없는 인과의 위력과 보리심의 무량공덕에 의지해서 반드시 병든 환자나 죽은 자로 하여금 이익을 얻게 함이 적지 않다. 게다가 이는 진실로 사람들이 설하는 바 "사람들의 좌복 위에서 자기의 죄업을 청정히 한다"고 함과 같으며, 동시에 또한 자기도 이롭고 남도 구제하는 두 가지 자량을 원만하게 얻게 하며, 아울러 무릇 인연을 맺은 중생을 해탈도로 인도한다. 이 때문에 우리는 반드시 힘을 다해서 이 같이 행해야 한다.

더욱이 밀종 금강승의 의식에서는 이른바 "생기차제 관상법을 밝히는 것은 말에 의거한다"라고 나와 있다. 본래 생기차제 관상법을 밝히는 핵심 의미는 반드시 말에 의지하여 관상하는 것이므로, 마땅히 관상해야 할 생기차제와 원만차제의 의미에 대해 털끝만큼도 집중하지 않고 단지 입과 머리로만 낭랑한 소리를 내어 소리를 조화롭게 하여 다양한 의궤문을 생각 없이 외우다가, 마지막의 가장 중요한 심주를 독송할 때에는 마음과 정신이 풀어지고, 심지어는 원래 단정히 앉아 있어야 할 몸도 이리저리 뒤틀어지고, 백 가지 악의 근원인 담배를 피우기 시작한다. 내장을 씻을 때 내장의 오물을 밀어내는 것처럼 아무 생각없이 염주를 돌리며 시간을 보낸다. 오후가 되면 하늘을 한번 쳐다보고 "바즈라뿌뻬 두흐뻬……"라고 염송하면서 커다란 뢰모(바라와 같은 의식용 악기)로 웅장한 소리를 내는 것은 제대로 된 밀교 의식의 반영이라기보다는 가장 저급한 의식의 재반영이다. 따라서 그렇게 하는 것보다 아주 깨끗한 마음으로 『삼취경』이나 『보현행원품』을 단 한 번 독송해도 그것이 훨씬 더 좋을 것으로 확신한다.

그처럼 순수하지 못한 만뜨라 독송과 겉치레의 허울 좋은 의식으로 돌아가신 분을 악도에 떨어지게 하는 그런 승려들은 살아 있는 사람을 위한 종교의식을 해도 도움보다 해가 더 큰 것은 그와 마찬가지이다. 게다가 그러한 사람이 공양물을 유용하는 것은 벌겋게 불붙은 쇳덩어리를 삼키는 것과 꼭 같다.

그러므로 믿음에 의한 공양물이나 돌아가신 분을 위해 바친 공양물을 받는 사람들은 라마든 승려든 누구라도 고기의 크기나 버터기름의 두께나 공양물의 좋고 나쁨만을 수행의 핵심으로 삼지 말고, 환자나 돌아가신 분 누구든지 만일 장애물을 만나 고통에 직면한 중생이 의지처가 없다면 그에게 도움을 주고자 하는 보리심의 사랑(자애)과 자비(연민)로 감싸고 보살펴주어야 하며, 생기차제와 원만차제에 대해 본인이 알고 있는 모든 것을 마음이 다른 곳으로 산란되지 않게 하여 가슴속 깊은 곳으로부터 모든 노력을 기울여 수행해야 한다. 그와 같은 것을 알지 못하는 사람들도 말에 따르는 의미를 단지 떠올리거나 적어도 고통을 받는 중생들에 대해 사랑과 자비를 일으키고, 삼보의 진리가 지닌 틀림없는 능력에 대해 믿음과 확신을 일으킬 수 있도록 몸과 말과 마음까지 하나로 모아 독송하는 데 노력을 기울여야 한다.

만뜨라 독송을 분명하게 하고 의식을 청정하게 행하고 있다는 것을 확신한다면 귀의의 대상인 삼보의 자비와 틀림없는 인과의 힘과 보리심의 한없는 공덕으로 인해 환자나 돌아가신 분 누구에게도 확실한 도움을 줄 수 있다. "다른 사람의 자리 위에서 자신의 장애를 닦는다"고 말한 것처럼, 자신과 다른 사람들을 위한 두 가지 자량을 동시에 완성할 수 있다. 당신이 만나는 사람 누구나 해탈의 길로 확실히 들어서게 하는 것이기 때문에 그러한 각각의 수행법에 대해 어떤 경우에도 열심히 수습해야 한다.

요즈음 일부 사람들에게 비교적 어질고 인과에 밝은 스승이라고 일컬어지는 승려들이 도리어 신심 있는 공양물과 천도재 공양물의 후과를 두려워하고, 심지어 병든 이나 죽은 자들에 대하여 가피·회향·발원 등의 불사 또한 즐겨 행하지 않으니, 이것은 진심으로 자비심과 보리심의 근원을 끊어버린 것이다. 기타 일부 자기의 사리사욕에 치중하는 사람들이 시주의 집에 이르러서 대중 행렬 가운데 있으면서 시주집에 염송해 주어야 하는 경은 염송하지 않고, 반대로 자기의 염송집을 꺼내어 자기의 매일 기도를 끊이지 않게 하기 위하여 숨겨서 외우면, 그들이 자기의 경을 외우고 주를 외우는 것을 열심히 함으로써 자기의 죄는 청정하게 할 수 있으나 시주물을 받는 것은 죄가 될 것이다. 또한 시주의 집에 염송해 주러 가는 대중행렬 가운데 있으면서 도리어 떠들고 산란하게 다니면서, 마땅히 구호해 주어야 할 중생, 곧 죽은 사람이나 혹은 산 사람의 이익은 전연 생각하지 않는다. 이러한 사람은 이미 자비심과 보리심의 근본을 끊어버린 것이다. 그들이 후에 시주물을 받은 죄를 힘을 다해서 청정하게 하려 하지만 이기적인 악한 마음으로는 또한 시주물을 받아 쓴 장애를 청정하게 하기가 어렵다.

그러므로 만일 우리가 처음에 능히 자비심과 보리심으로 근본을 삼는다면, 자기의 아는 바를 다 하고, 할 수 있는 바를 다 할 것이며, 성심성의껏 생기차제와 원만차제 등에 정진하는 것의 모든 것에 있어서 중생을 이익 되게 하는 생각의 동기를 여의지 말아야 한다. 그러면 자기의 집에 있으나 신도의 집에 가서 생기차제와 원만차제를 닦으며 경을 외우고 진언을 염송하는 것이 모두 조금도 차별이 없다. 어떻게든 사욕의 마음을 떠나서 한마음 한뜻으로 다른 중생을 유익하게 하면 이는 모두 완전히 같은 것이 된다. 이 때문에 우리는 반드시 이러한 목표를 희구하여야 한다.

5) 참회의 공덕

만일 일심으로 수행하는 경계에 정신을 쏟으며 속된 말을 하지 않고,

단번에 백자명을 백팔 번 염송하면 과거에 지은 일체의 죄업과 계율을 파한 것을 반드시 청정하게 됨을 얻으니, 이것은 상사 금강살타께서 친히 승락하신 것이다. 『무구참회속無垢懺悔續』 가운데서도 말씀하셨다.

백자명은 일체 선서善逝의 지혜정화이다. 계율을 파했거나 모든 분별의 죄장을 능히 청정하게 하며, 모든 참회의 왕이라고 일컬어진다. 만일 단번에 백팔 번을 염송하면 문득 일체의 잃어버린 계를 다시 얻으며 삼악도에 떨어지지 않는다. 어떤 수행자가 만일 능히 서원을 발하고 염송하면 이 사람은 금생에 삼세제불께서 수승한 장자로 삼으시어 더욱 보호해주시며, 목숨이 마친 후에도 또한 의심 없이 제불의 장자가 된다.

이밖에 밀종 금강승의 문에 들어온 후에 근본서언이나 지분支分서언을 파했어도 매일 금강살타를 관상하면서 스물한 번 백자명을 염송하면 죄를 파한 것에 가피를 얻으며, 또한 곧 죄를 파함으로 생긴 이숙과가 더욱더 증장하지 않는다. 만일 십만 번의 백자명을 염송하면 곧 철저하게 일체의 지은 죄를 청정하게 한다. 『장엄장속莊嚴藏續』에서 말씀하신 바와 같다.

흰 연꽃과 달 방석 위에 상사 금강살타 존을 묘하게 관하며
백자명의 의궤를 의지하여 스물한 번을 염송하면
곧 지은 죄가 가피를 얻어 다시 더 늘어나지 않게 된다.
이는 모든 성취자께서 설하신 것이므로
마땅히 항시 정진하여 닦을 것이며

이미 십만 번을 외웠으면 반드시 청정한 본성을 이룬다.

요즈음 티벳 영역 내에 승려나 신도들이 관정을 받지 않은 사람은 없다고 할 수 있으므로, 밀종의 문에 들어오지 않은 사람은 없다. 밀종에 들어온 후에 만일 선을 지키지 않으면 반드시 지옥에 떨어지며, 만일 선을 지키면 원만 불과를 얻을 수 있다. 이 두 가지 가능성 외에는 다른 출로가 없으니, 마치 뱀을 잡아서 대나무 통 속에 두는 것과 같다. 예를 들면 대나무 통 속의 뱀은 다만 위로 올라가거나 아래로 내려오는 것 외에는 다른 방법이 없다. 『공덕장』 가운데 말씀하셨다.

밀법 수행자가 갈 곳은 악도나 성불 외에는 다른 곳이 없다.

분류가 세밀하고 종류도 많은 밀종의 삼매야계는 또한 매우 지키기 어렵다. 그러므로 아띠샤 존자께서도 일찍이 말씀하시되 "밀승에 들어온 때 이후로 끊임없이 과실이 출현한다"라고 하셨다. 이미 존자께서도 이와 같거늘, 우리들의 대치 능력은 취약하고 정념을 상실하고 있으며, 정지正知가 없고 죄를 지으면서도 모르는 종류의 사람이며, 범한 죄의 수량도 의심할 것 없이 비 내리듯 많다. 이 때문에 우리는 응당 아래와 같이 '언제 어디서든지 금강살타를 염송하여 이러한 죄에 떨어지는 것을 다스리고, 지금부터 최소한 또한 매일 끊임없이 21번의 백자명을 염송하겠다고 서원을 세워야 하니, 이 점은 매우 중요하다.

만일 자기가 이미 생기·원만차제의 비결을 정통했으면 곧 정지正知·정념正念과 밝게 관하는 등의 방법에 의지해서 삼매야를 파하는 과실을 범함이 없도록 해야 한다. 또한 기타의 근본서언을 파한 사람과 더불어

서로 대화하며 접촉하고 왕래하거나, 심지어 공통으로 한 산골짜기의 물을 마시는 것까지도 또한 함께 계를 파하는 죄를 조성한 것이 된다. 이 때문에 우리는 반드시 참회 정진하고 죄업을 청정하게 하는 데 힘써야 한다. 딴뜨라 경전인 『무설의참속無說義懺續』 가운데 말씀하셨다.

 죄를 짓거나 계를 파한 자와 교류하고, 계를 파하여 법기가 아닌 자에게 법을 강의하며, 저들 계를 파한 자를 경계하지 아니하면 반드시 서언을 파한 길상하지 못한 기운에 물들게 된다. 이러한 일체 금생의 장애와 내생의 죄장을 갚기 위하여 자기의 허물을 뉘우치는 마음으로 다 드러내어 참회해야 한다.

대중 행렬 가운데 있어서 곧 다만 서언(誓言, 밀승의 계율)을 파한 한 사람이 있으면 그곳에 있는 사람 모두 또한 그 상서롭지 못한 기운에 물들게 된다. 구체적으로 말하면, 곧 수천 명의 서언을 갖춘 자도 또한 조금도 수행의 성과도 얻지 못함이 한 방울의 상한 우유가 한 솥 가득한 신선한 우유를 부패시키는 것과 같고, 한 마리의 병든 청개구리가 함께 있는 청개구리를 전부 전염시키는 것과 같다. 게송에 이르되

 마치 한 방울의 썩은 우유가
 일체의 신선한 우유를 부패시키는 것과 같으니,
 서언을 어긴 한 사람이
 능히 서언을 갖춘 모든 사람을 망친다.

라고 하였다. 뿐만 아니라 한 분의 상사나 고승 대덕 또는 성취자

또한 불순한 검은 기운에 물드는 것을 면치 못한다.

　예를 들면, 과거에 링제래빠 존자가 일찍이 '짜리'라는 지방에 계셨다. 한번은 귀신이 방해하는 것으로 인하여 정오에 태양이 가려서 보이지 않으며, 별이 빛나 보이는 칠흑 같은 밤같이 되었다. 그러나 존자는 도리어 아무런 장애도 받지 않고 검붉은 핏빛 호숫가에 이르렀으며, 금강의 노래를 부르고 금강의 춤을 추었으며, 아울러 돌 위에 발의 흔적을 남겼던 것을 지금도 여전히 볼 수 있다. 비록 이 같은 대성취자라도 나중에 한 가지 서언을 파한 제자가 그 앞에 왔을 때, 불순한 검은 기운에 물들어 정신이 맑지 못하고 벙어리가 되었다. 이밖에 성취자 우갠빠 또한 일찍이 도를 노래한 게송 중에 말씀하셨다.

　　설역(티벳)의 걸인인 나 린첸뺄은
　　오직 서언의 계를 파한 적에게만 해를 당하니
　　오로지 스승께서만 구호해 주실 수 있다.

　그러므로 만약 밀종 금강승의 삼매야계를 파하면 죄가 매우 엄중하며, 아울러 계를 지키기도 또한 어렵다. 자기 심식을 관찰하지 않고서 자기가 서언을 구족했다고 생각하며 마음에 아만을 내는 사람은 마침내 어떤 것도 성취하지 못한다. 밀종의 여러 속부續部 중에 말하되 "한 찰나라도 삼문이 세 만다라의 본성을 여의면 밀종서언을 어기게 된다"라고 한 것과 같다. 분명 밀종 금강승의 서언은 여러모로 지키기가 어렵다. 만일 상세하게 분류하면 수량이 많아서 십만 종의 서언보다 적지 않고 서언을 파하는 죄과 또한 상당히 엄중하다. 속부에서 설한 바와 같다.

피에 목마른 금강나찰(바즈라야차)이 심장의 피를 마실 것이다.[170] 수명이 짧아지고 병이 많으며, 재물을 잃고 원수를 두려워하며, 오랫동안 무간지옥에 머무르고 심한 공포로 참기 어려운 고통을 받는다.

이 때문에 우리는 언제 어디서든 마땅히 금강살타를 관하여 닦으며 백자명을 염송하고, 생각나거나 혹은 생각나지 않는 일체 계를 파하고 서언을 범한 것에 대해 참회해야 한다.

옛날에 대덕 또한 일찍이 말씀하시되 "처음에는 죄에 물들지 않기를 바라고, 일단 죄에 물들면 참회가 매우 중요하다"고 하셨다. 만일 참회를 다하면 밀종의 서언을 파한 죄업 또한 가벼워지며 청정함을 얻는다. 성문승 가운데 설하되 "만일 한 번 근본 계율을 파한 죄를 범하면 곧 도자기가 깨진 것과 같아서 회복할 방법이 없다"고 하였다. 보살계를 파한 죄는 보배 그릇을 깨뜨린 것과 같으니, 예컨대 보배 그릇은 부서지면 기술자를 의뢰해서 수리할 수 있다. 마찬가지로 다른 선지식의 인연에 의지해서 보살계를 회복할 수 있으며, 밀승의 계는 마치 조금 쭈그러진 보배 그릇과 같아서 또한 자기가 본존과 밀주와 삼매를 의지해서 참회를 진행하면 완전히 청정하게 할 수가 있다. 만일 범한 후에 머뭇거리지 않고 드러내어 참회하면 곧 쉽게 청정해지며, 시간을 끌어서 오래 하면 죄업은 더욱 증진되고 참회 또한 어느 정도 어려움이 있다. 일단 3년 이상을 초과하면 곧 참회의 기한이 지나게 되며, 참회를

---

[170] "심장의 피를 마신다"는 것은 생명력을 파괴하는 것이다. 가장 근본적인 생명의 바람과 직접 만나게 하는 비밀 진언승의 삼마야를 지키면 수행이 진전되나, 만일 지키지 못하면 이것을 '바즈라야차'라고 한다.

해도 청정하게 할 방법이 없다.

이밖에 주력을 의지하거나 또 가피로서 다른 중생들을 보호하며 우박을 그치게 하고, 전염병을 제거하며 병을 치료하고, 사람을 구하거나 어린애들로 하여금 건강하게 자라게 하는 등 자기와 남의 두 가지 이익을 겸해서 돌아보는 사람들 또한 마찬가지로 주력과 가피를 갖추고자 생각하면 반드시 언어의 장애를 청정하게 해야 한다. 언어의 장애를 청정하게 하는 방법은 백자명보다 더 수승한 것이 없다. 그러므로 언제 어느 곳에서든 정진하여 백자명을 염송하는 것은 매우 중요하다. 우리의 지존 상사(저자 뺄뛸 린뽀체의 스승인 직메걜와뉴규)께서는 일찍이 농담 삼아 쉽게 말씀하셨다.

> 다른 중생들을 구제하기로 생각하면서 신심 있는 신도의 재물이나 천도재물을 받아서 쓰는 사람은 반드시 먼저 언어의 장애를 청정하게 해야 하며, 이를 위해서 일천만 번의 백자명을 염송하는 것을 소홀히 할 수 없다.

스승의 제자 중 많은 제자가 이미 이천만 번의 백자명을 염송했으며, 가장 적게는 이삼십만 번은 염송했다.

스승 금강살타는 백부(百部, 백 분의 본존)를 일부一部의 자성에 모으신 분으로서 대밀일부大密一部 금강살타라 일컫는다. 늘 아득해서 경계가 없으며, 불가사의한 일체 적정존과 분노존이 금강살타 가운데에 포함되지 않음이 없다. 금강살타를 근본상사와 다름이 없이 관하기 때문에 또한 상사유가(구루요가)를 포괄하고 있으며, 그 때문에 '진귀한 보배를 다 모은 관상수행법'이라고 일컬으며 매우 깊은 구경의 법문이다. 바로 앞에서 설한 것처럼 밀주 가운데 주문의 왕인 백자명을 뛰어넘는 것은 없다. 그러므로 우리는 마땅히 어느 곳에도 또한 다시 이보다 더 깊은 법은 없다는 것을 알아야 한다.

구전 비결을 들었지만 일상 언어로 여기며
실제수행을 약간 하였지만 산란함에 속게 되는
저와 더불어 저와 같은 미혹한 모습의 중생들이
원컨대 생기와 원만차제의 정화를 얻기를 기도하오니 가피하여 주십시오.

4. 자량 쌓음

비록 세속제의 허망함을 알지만 두 자량을 쌓으시고
비록 승의제에는 닦음 없음을 깨달았지만 선정에 드시며
비록 쌍운이 현전하여도 여전히 정진하시는
비할 바 없이 뛰어난 스승의 발아래 정례하옵니다.

1) 만다라 공양

(1) 만다라 공양의 필요성

만일 복덕과 지혜의 두 가지 자량의 원만함이 없으면 두 가지의 청정함을[171] 갖춘 불과를 얻기 어렵다. 다시 말하면 두 가지 자량을 원만히

---

171 불성의 청정함과 일시적인 오염에서 완전히 벗어난 청정함. 소연 복덕자량의 인과 무소연 지혜자량의 연이 만나 붓다의 색신을 성취하며, 무소연 지혜자량의 인과 소연 복덕자량의 연이 만나 붓다의 법신을 성취한다고 설명한다.

하기 전에는 자기 심식 가운데 전도됨이 없는 공성의 지혜를 생기게 하기 어렵다. 경 가운데 말씀하신 것과 같다.

> 수승한 두 자량이 원만하지 아니하면
> 그때에는 수승한 공성을 증오할 수 없다.
> ……
> 응당 승의제는 지혜가 함께 생김을 알지니
> 오직 자량을 쌓고 업장을 청정히 하는 힘에 의지한다.
> 바로 증득함을 갖춘 스승의 가피력과 함께 함을 알지니
> 다른 법을 의지함은 진실로 어리석다.

이미 현량으로 공성을 깨달았더라도 원만한 정등각의 과위를 얻기 전에는 반드시 수행의 지혜가 날로 늘어나게 해야 한다. 그러므로 여전히 부지런하고 성실하게 복과 지혜의 두 가지 자량을 쌓아야 한다. 대유가사 띨로빠 존자께서 친히 말씀하신 것과 같다.

> 나의 제자 나로빠여.
> 이 연기로 생기는 현상으로는
> 무생無生의 뜻을 증득한 것이 아니니,
> 두 가지 자량 쌓음을 여의지 말아야 한다.

유가사 비루빠 또한 일찍이 도가道歌 중에서 말씀하셨다.

> 비록 세속제에

더 이상 바랄 것 없는 불과의 도를 확실히 알았더라도
응당 힘을 다해서
복덕자량을 쌓음에 정진해서 중단하지 말아야 한다.

위없는 닥뽀 린뽀체께서도 말씀하셨다.

비록 자량을 쌓고 장애를 정화하는 일이 본래청정일지라도,
다만 조그만 자량으로부터 시작해서 쌓아야 한다.

그러므로 부처님께서는 대자대비하신 훌륭한 방편으로써 불가사의 한 자량을 쌓는 방법을 설하셨는데, 그 가운데 가장 수승한 방편이 만다라 공양이다. 속부 가운데서 말씀하신 것과 같다.

모든 부처님 국토에
삼천대천세계 남김없이
묘한 공덕으로 장엄하여 공양한다면
부처님의 지혜가 원만할 것이다.[172]

만다라를 공양할 때에, 우리 종파의 전통을 비추어 보면 수행의 대상인 만다라와 공양의 대상인 만다라의 두 종류가 있다. 만다라에 사용하는 재료에 관하여는 자기의 경제 조건에 근거한다. 상등은 금·은 등 보배 만다라 판을 쓰고, 중등은 청동 등의 재료로 제조한 만다라 판을 사용하며, 하등은 석판이나 목판 등의 매끈하고 평평한 판 등을

---

172 만다라 공양을 통해 복을 쌓으면 불성에 대한 완전한 지혜를 증득한다는 의미이다.

사용하는 것도 모두 가능하다. 받들어 올리는 공양물로는, 상등은 터키석·산호·청금석·진주 등 진귀한 보배이며, 중등은 가리륵(訶子)·여감자 등 약용과실을 쓰며, 하등은 쌀보리·쌀·밀·콩 등 곡류를 쓰며, 최하등은 다만 돌가루·자갈·모래 등을 써서 공양물로 삼는다. 어떤 공양물이든 모두 성실하게 만다라의 판을 문지르고 공양하면 된다.

(2) 만다라 수행의 대상

먼저 수행의 대상인 만다라의 판 위에 다섯 줌의 공양물을 놓고, 중앙의 한 곳을 비로자나불이 여러 불부존중佛部尊衆에 의해 둘러싸여 있음을 관상한다. 전면의 한 무더기는 금강부동불이 금강부 존중에 의해서 둘러싸여 있고, 남방의 한 무더기는 보생불이 진보부珍寶部 존중에 의해 둘러싸여 있으며, 서방의 한 무더기는 무량광불(아미타불)이 연화부 존중으로 둘러싸여 있고, 북방의 한 무더기는 불공성취불이 갈마부(사업부) 존중으로 둘러싸여 있음을 관한다.

또는 귀의 대상을 분명하게 관함과 같이, 중앙의 한 무더기를 근본상사와 다름이 없는 연화생 대사와 대원만(족첸) 전승의 모든 조사들이 겹쳐 포개어 앉아 있는 것으로 관한다. 전면의 한 무더기는 석가모니불이 현겁의 천두 분의 부처님에 의해 둘러싸여 있고, 우측의 한 무더기는 팔대수행불자八大隨行佛子가[173] 대승(보살승)성자 승중에 의해 둘러싸여 있으며, 좌측의 한 무더기는 성문 이승인 사리자와 목건련이 소승의 성자 승중으로 둘러싸여 있음을 관하고, 후면의 한 무더기는 빛살이 찬란한 네모진 상자 안에 층층이 포개어 놓여 있는 법보인 경전을

---

[173] 문수·금강수·관세음·지장·제개장·허공장·미륵·보현보살을 말한다.

관상한다. 어떠한 관상이든지 모두 수행 대상인 만다라를 공양의 불단 위에 올려놓는다.

만일 경제 조건이 허락하면 곧 다섯 가지 공양물(五供) 등을 진열하여 만다라의 주위에 둘러놓고 불상·불전·불탑 앞에 공양한다. 만일 경제적 조건이 안 되면 수행 대상 만다라가 없어도 가능하며, 마음속으로 생각하여 복전을 분명히 관하면 된다.

(3) 삼십칠 무더기의 만다라를 공양함

만다라를 공양하는 과정 중에 왼손으로 만다라 판을 잡고 오른손바닥을 써서 오랜 시간 동안 판을 문지르며, 동시에 마음속으로 소연(所緣, 대상)을 집중하여 다른 곳으로 흐트러지지 않게 하고 칠지공(七支供, 7가지 공양기도문)을 염송한다. 만다라 판을 문지르는 이유는 만다라 판 위에 청정하지 못한 것이 있어서 깨끗하게 하기 위한 것이 아니고, 이러한 종류의 고행인 문질러 단련하는 방식을 통과해서 자기 심식 가운데 두 가지 죄장의 때를 청정하게 하기 위함이다. 이전에 까담빠의 모든 대덕들은 만다라를 공양할 때 먼저 손바닥의 앞면을 써서 만다라 판을 문지르고, 손의 앞면이 헤질 때는 다시 옆면을 써서 문지르며, 또 옆면이 헤지면 등 쪽을 써서 문질렀다. 이 때문에 만다라 판을 문지를 때 절대 기타 털실덩어리나 부드러운 포를 써서 문지르면 안되며, 다만 손바닥으로만 문질러서 과거 까담빠의 모든 대덕의 전통을 따라야 한다.

다음으로 공양 무더기를 놓기 시작한다. 「삼십칠 무더기 만다라 의궤」는 사꺄빠의 법왕이며 중생의 보호주인 빠스빠 존자[174]가 지은 의궤를 쓰는데, 간단하고 쉬워서 신구파에서 보통 통용된다. 여기에서도 먼저 삼십칠 무더기 만다라를 공양하는 전통이 있기 때문에 이와 같이 행한다. 이밖에 물론 신파나 구파에 관계없이 각자의 만다라 의궤가 있다. 더욱이 닝마빠의 복장伏藏 가운데도 모두 각각 한 종류의 만다라 의궤가 있다. 우리 종파(닝틱빠) 또한 이와 같아서, 널리 삼십칠 만다라를 공양하는 의궤에 관하여는 전지 무구광 존자(롱첸빠)께서 『심적(心滴, 롱첸닝틱)』[175] 가운데 친히 설하신 가르침에 의거한다. 그러므로 어떠한 종류의 의궤를 차용하여도 공양하는 것은 가능하다.

삼십칠 무더기를 공양할 때는 "옴 반자 부메아 훔"으로 시작할 때 만다라 판을 왼손으로 들고, 오른손으로 향수를 뿌린다. 그 다음 오른손 집게손가락과 무명지를 써서 한 송이 꽃을 집어서 "옴 반자 레게아 훔" 등의 진언과 함께 판 위로 우측을 향하여 한 바퀴 돌리며 마지막에 중앙에 놓는다. 그 다음 "수미산왕須彌山王……"으로부터 염송을 시작할 때에 중앙에 한 무더기를 놓으며, 그 후 동승신주 등 4대주의 공양무더기를 놓을 때 자기의 동쪽에서부터 시작해서 차례로 우측으로 돌아서 놓는다. 신주身洲와 승신주勝身洲 등 8부주附洲의 공양무더기를 놓을 때 각 한 주의 동방과 서방에 각 하나씩 부주의 무더기를 놓고 순서에 따라서 놓는다. 공양은 동방에 진보산珍寶山·남방에 여의수如意樹·서방에 여의우如意牛·북방에 자연도自然稻의 무더기를 놓는다. 그리고 나서 윤왕칠보輪王七寶와 보장병寶藏瓶의 공양 무더기는 차례에 따라서

---

174 빠스빠(八思巴, 1235~1280): 도괸최곌곽빠. 성자혜당聖者慧幢으로 번역한다. 사까 빤디따(1182~1251)의 조카로 사까빠의 5대 조사이다. 원나라 황제 쿠빌라이 칸의 신임을 얻어 몽고문자(빠스빠문자)를 만들고 티벳불교를 원나라의 국교로 삼게 하는 등 티벳불교를 중국 땅에 전파하는 데 큰 공헌을 했다.

175 닝틱: 마음의 정수, 닝틱은 족첸의 증득을 위한 가장 심오한 가르침의 법문이다.

네 모서리와 네 모퉁이(四方四隅)에 놓는다. 희녀嬉女 등 외적인 네 천녀에 공양하는 것은 네 모서리에 놓고, 화녀 등 내적인 네 천녀에 공양하는 것은 네 모퉁이에 놓으며, 그 후에 차례로 동서남북에 일日·월月·진보산珍寶傘·사업존승당事業尊勝幢을 표시하는 공양 무더기를 놓는다. 그 다음 "이러한 등 인천의 재물을 하나도 빠짐없이……"라고 염송함에 이르면 그 공양무더기 위에 공간이 없이 공양물을 쌓으며, 만일 보배 정수리(寶頂)가 있으면 위에 올려놓는다.

"이 만다라를 큰 은혜의 수승한 근본스승과 법맥의 전승조사들에게, 그리고 모든 붓다와 보살들에게 공양 올립니다"라고 독송할 때, 어떤 사람이 '원만하지 않음이 없고 원만하여 흡족하다'라는 문구를 첨가해야 한다고 말하지만, 나의 근본상사께서 '이 한 문구는 본론에 없으므로 군더더기 말이다'라고 말씀하였다. 만다라의 관상 차제에 대하여 나의 근본상사께서 가르침을 친히 전수해 주실 때 이상의 내용만 전수해 주셨기 때문에 여기서도 더 이상 쓰지 않았다. 그렇지만 '이 관상법은 『꽁뒤남섀(集密意續釋)』에 자세한 설명이 있다'고 했으니, 상세하게 알고 싶은 사람들은 그것을 보면 된다.

(4) 3신 만다라 공양

3신의 만다라를 우리 닝마빠의 의궤에 따라 공양 올릴 때 다음과 같이 한다.

① 공동화신 만다라 공양

처음 공동화신共同化身에 대한 만다라는 다음과 같다. 이전에 공양물을 배치하는 법에서 설명한 것과 같이, 4대주와 수미산을 범천과 함께 하나의 세계로 간주하여 그와 같은 것이 천 개가 되면 '일천 소천세계'라고 한다. '한 소천세계'에는 4대주로 된 세상이 천 개가 있는데, 그것을 하나로 간주하여 그와 같은 소천세계가 천 개가 되면 '2천 중천세계'라고 한다. '중천세계'를 하나로 계산하여 그와 같은 것이 천 개가 되면 '3천 대천세계'라고 한다. 그러므로 4대주로 된 세상 백억 개가 있는 것이 화신 붓다 한 분이 교화할 수 있는 영역으로, 예컨대 붓다 샤까무니의 교화국토를 '사바세계'라고 하는 것과 같다.

이어서 헤아릴 수 없고 상상할 수 없는 그와 같은 모든 세계에 천신과 인간 세계의 전륜왕 7보 등 주인이 있는 것이든 없는 것이든 존재하는 모든 최상의 물건들을 관상한 다음에, 그 위에 자신의 몸과 재물, 생명, 복덕, 권세, 힘, 삼시에 걸쳐 쌓은 선근들을, 행복과 평안을 가져다주는 모든 것들과 함께, 소중하게 여기는 모든 것과 필요로 하는 모든 것을 남김없이 전부 쌓아서, 욕심이나 집착이 깨알만큼도 없이 근본상사와 화신의 본존들에게 공양하는 것이 공동화신 만다라 공양이다.

② 불공보신 만다라 공양
다시 관상하되, 무수한 숫자의 다섯 대장엄 불국토는 전부 불가사의한 좋은 땅과 무량한 궁전, 아름다운 여인 등 공양 올리는 수많은 천녀들로 장엄하게 장식되어 있는데, 이로써 스승과 보신의 본존들께 공양하는 것이 불공보신不共報身 만다라 공양이다.

③ 수승법신 만다라 공양
본래 존재의 법계를 만다라 판의 형상으로 놓고, 그 위에 현현하는 4상[176] 등 떠오르는 모든 생각을 공양물을 쌓는 식으로 올려놓아 스승과

법신의 본존들께 공양하는 것이 수승법신殊勝法身 만다라 공양이다.

따라서 그러한 관상수행의 핵심을 확실히 이해한 상태에서, 공경과 헌신의 간절한 마음을 지니고 다음과 같이 독송한다.

옴 아 훔, 수백 구지 3천세계 국토를
천신 세계와 인간 세계의 일곱 가지 보석과 재물로 가득 채워
저의 몸과 향수하는 모든 것을 함께 온전히 공양 올리니
법륜을 굴릴 수 있는 왕위를 성취할 수 있기 원합니다.

보신불 처소인 대락 밀엄정토의 5결정을 갖춘 5부 응공보살에게
욕망을 승화시킨 헤아릴 수 없는 공양 구름 무리를
찬탄공양 올리오니 원만보신의 과위를 얻을 수 있게 하소서.
청정함을 지닌 동자 보병의 몸과
대자비와 불생멸의 법성유희장엄을
지명신의 명점이 청정한 국토에 공양 올리오니
수승한 법신의 과위를 얻을 수 있기를 원합니다.

만다라 공양에 있어 숫자를 셀 때는 왼손은 최초 공양할 때와 같이 만다라 판을 잡고서 오른손은 공양 무더기를 놓는다. 이와 같이 하면 왼손은 매우 아프게 되지만, 만다라 판을 잡을 수 없을 정도에 이르기 전에는 반드시 강한 의지로 만다라 판을 쥐어야 한다. 이른바 고행정진으로 정법을 구함이 단순히 배고픔만을 말하는 것이 아니며, 시시각각

---

176 밀승 대원만도를 수행하여 증득하는 도의 경계: 법성현전상, 각수증장상, 각성여량상, 법진멸진상.

일체 시의 고난을 두려워하지 않고 굳건한 의지력으로 수행해야 한다. 그러므로 만다라를 닦는 이런 고행과 인욕에 의지해서 능히 광대한 자량을 원만히 할 수 있으니 우리는 반드시 힘써 행해야 한다.

　마지막에 왼손이 실제로 만다라 판을 잡을 수 없을 정도로 아플 때면 그것을 앞의 공양 탁자 위에 놓고 공양을 올리는 한편 수를 센다. 밥 먹고 차 마시는 등 일체 쉬는 때에는 앞의 공양물과 만다라 판을 다 거둬들인다. 새로 시작할 때에는 다시 앞과 같이 먼저 37무더기 만다라를 공양하고, 아울러 계속해서 수를 센다. 이러한 방식을 통해서 만다라를 공양함에 있어 반드시 10만 번을 채워야 한다. 잠시 삼신의 만다라 공양을 크게 올리지 못하는 사람들은 (앞에서와 같이)

　　　대지를 향기로운 물로 적시고 그 위에는 꽃을 흩뿌려
　　　수미산과 사대주와 해와 달로 장엄한 것을
　　　부처님의 정토로 생각하며 공양하오니
　　　일체중생들이 부처님 정토를 누릴 수 있게 하소서!

라고 독송하면서 일곱 무더기 만다라 공양만 올려도 된다.
　물론 어떤 공양이든 처음에는 가행발심加行發心, 중간에는 정행무연正行無緣, 최후에는 결행회향結行廻向, 즉 세 가지 수승한 방법으로써 거두어 지니는 것이 매우 중요하니, 이 점은 다른 수행법에도 똑같다.

(5) 공양물을 깨끗하고 청정하게 함

만다라를 공양하는 기간에 쌀보리·밀 등의 곡물을 써서 만다라를 공양할 때 경제사정이 부유하면 절대 이미 사용한 것을 중복해서 공양해서는 안 되며, 마땅히 완전히 새로운 양식으로 공양해야 한다. 이 같이 공양하는 외에 그 공양한 양식을 새·쥐·맹인·거지 등에게 보시하며, 혹은 불상·불경·불탑 앞에 놓는 것도 가능하지만 자기를 위해서 사용하는 것은 불가능하다. 만일 경제가 넉넉하지 않으면 자기의 현실적 상황에 따라 공양하는 쌀 등의 공양물을 새것으로 바꾼다. 가난한 사람은 한 번 공양한 양식을 반복해서 공양함도 가능하다. 어떠한 경우를 막론하고 먼저 공양물 안에 흙덩이나 모래, 새똥 등 잡물을 제거하고 깨끗하게 해야 하며, 아울러 장홍화(藏紅花, 새프란) 등을 사용하여 묘한 향기로운 물에 적신 후 공양한다.

아무 것도 가진 것 없는 가난한 사람은 "한 티끌 안에 헤아릴 수 없는 정토가 있다"고 관상하여 마음으로 공양을 올릴 수 있으니, 불경에서도 흙가루나 기와조각 등을 공양할 수 있다고 허락하였다. 자기가 본래 많은 재산을 가지고 있으면서도 재산을 써서 공양하지 않고, 도리어 주문을 외우고 관상하는 등으로 공양물을 대신하며 올리지 않는 사람은 실로 자신을 속이는 것이다. 게다가 모든 속부와 비결 가운데 분명히 말하되 "깨끗하고 아름다운 공양물" 및 "청결한 물품을 만들어서 묘한 공양을 삼는다"라고 말했으며, 아울러 "더럽고 오염된 공양물"이라고 말하지 않았다. 때문에 우리는 절대 자기가 먹다 만 밥이나 더러워서 쓸 수 없는 물품을 공양물로 삼아서는 안 되며, 또는 좋은 보리는 자기가 먹고 찌꺼기를 가지고 공양물을 만들어서는 안 된다.

옛날에 까담빠의 대덕께서 말씀하시되 "자기가 쓰는 신선한 것을 간절히 공양하며, 상한 기름이나 떡, 누렇게 뜬 채소 잎으로 삼보에 공양해서는 안 된다"고 하셨다. 썩은 버터 등으로 공양물을 만들거나 혹은 썩은 버터기름으로 등불 공양을 하거나, 자기가 쓰고 남은 신선하지 못한 버터로 공양하는 것은 모두 복덕을 손상하는 원인이 되니 반드시 금하여야 한다.

이밖에 공양물을 만들 때에 음식의 부드럽고 단단한 정도는 자기가 먹는 것과 같아야 하니, 간편하게 하려고 연하고 묽게 만들어서는 안 된다. 아띠샤 존자께서 일찍이 말씀하셨다.

> 티벳 사람들은 풍족하게 되기 어려우니, 너무 묽게 반죽하여 똘마를 만든다.

이밖에 존자께서 또 말씀하셨다.

> 티벳에서는 복덕을 쌓음에 다만 물만으로도 충분하다. 인도의 날씨는 더워서 티벳과 같이 맑은 물이 없다.

만약 자기가 정진하고자 하여 청정한 물을 공양함으로써 자량을 쌓는다면 또한 생각할 수 없는 공덕과 이익을 얻는다. 물로 공양할 때 일곱 개의 공양 컵을 성실하게 닦아서 깨끗이 하며, 배열해 놓을 때의 거리도 적당히 하고 너무 사이가 좁거나 넓거나 들쑥날쑥하게 하지도 말고, 아울러 물에 잡물이 섞이게 하지 말아야 한다. 또한 물그릇 가운데 물이 넘치거나 적게 하지 말며, 공양 탁자 위에 물을 흘리지도 말며, 반드시 정성스럽고 보기 좋게 하여 사람으로 하여금 흡족하게 해야 한다. 「보현행원품」에서 "이와 같은 것이 가장 수승하게 장엄된 공양물이다"라고 말씀하신 것과 같다. 어떠한 종류의 공양물이라도 나열해 놓는 때는 보기 좋게 장엄하며, 사람들의 마음이 기쁘고 편안하게 해야 한다. 이렇게 하면 제불보살께 공덕을 심는 원인이 되어 자기의 광대한 복덕 자량을 원만히 하기 때문에 우리는 반드시 힘을 다하여 실천해야 한다.

　자기가 궁핍해서 능력이 없는 상황에서는 당연히 한 조각 청정한 마음으로 먹다 남은 밥이나 가치 없는 물품 등이라도 공양할 수 있다. 제불보살은 깨끗하고 더럽다는 집착의 분별념이 없으시기 때문이다. 과거에 가난한 여인인 중열마(涅瑪)가 세존께 버터기름 등(燈)을 공양한 이야기가 있다. 그밖에 일찍이 마풍(나병)에 걸린 여자가 구걸할 때 한 사발 쌀죽을 얻어서 대가섭 존자에게 공양하였다. 당시에 한 마리의 모기가 탕 속에 빠졌는데, 마풍녀는 공양물의 모기를 건지려고 하다가 그만 손가락이 끊어져 탕 그릇 속에 떨어지고 말았다. 그러나 대가섭 존자는 신도의 마음의 원을 만족해 주기 위해서 쌀죽을 마셨으며, 또한 자기의 하루 동안의 식사로 삼았다. 이로 인해 마풍녀는 비할 데 없는 환희심을 얻었으며, 이 공덕으로 그녀는 죽은 후에 33천에 태어났다. 그러므로 만다라를 공양할 때에는 이 같이 청정하고 기쁜 마음으로 자기가 할 수 있는 힘을 다하여, 순수하고 청정한 열의로 만든 물품을 가지고 공양하는 것이 수승한 비결이다.

(6) 자량을 쌓는 이치

만다라를 공양하는 등 자량을 쌓는 데 정진하는 방편은 수도 과정 중에 없어서는 안 되는 수행법이다. 속부 가운데 말하되 "자량을 쌓지 않으면 해탈을 성취할 수 없으니, 모래로 기름을 짜지 못하는 것과 같다"라고 하였다. 자량을 쌓지 않으면 성취를 얻을 희망이 없는 것은 물가의 모래로 기름을 짜려고 생각하는 것과 같아서, 전력을 다하여 모래를 쥐어짜도 한 방울의 기름도 얻을 수 없다.

 자량을 쌓는 것을 통해 성취를 얻는 것은 깨를 짜서 기름을 얻는 것과 같으니, 얼마나 많은 깨를 짜서 얼마나 많은 기름을 얻는가는 자신의 노력에 달려 있으니, 단지 하나의 깨를 손톱 사이에 두고서 누르면 또한 손톱이 변해서 기름 짜는 도구가 되는 것과 같다. 부처님께서 경에서 말씀하셨다.

> 일찍이 자량을 쌓지 않고서 성취를 얻으려고 함은
> 물을 저어서 버터를 얻고자 생각하는 것과 같으며
> 자량을 쌓아서 성취를 얻고자 함은
> 우유를 저어서 버터를 얻고자 하는 것과 같다.

 그러므로 최종의 수승한 성취를 얻는 것은 두 가지의 자량을 원만히 한 과보이다. 앞에서 설한 바와 같이, 만일 복덕자량과 지혜자량을 원만히 하지 않으면 두 가지 청정함을 갖춘 불과를 얻을 방법이 없다. 보호주 용수보살께서 말씀하신 것과 같다.

> 이 착한 원을 가진 모든 대중이
> 복덕과 지혜의 자량을 원만히 하면,
> 복덕과 지혜로 말미암아 생긴
> 수승한 두 가지 몸을 얻는다.

 유연有緣의 복덕자량을 원만하게 하면 수승한 색신을 얻으며, 무연無

緣의 지혜자량을 원만하게 하면 수승한 법신을 얻는다.[177]

　마찬가지로 잠시 세간에서 성취하는 것도 또한 모두 자량을 원만히 함으로부터 생긴다. 만일 자기가 근본적으로 자량을 쌓음이 없으면 아무리 큰 노력을 해도 이룰 수가 없다. 예를 들어 다만 눈앞의 소유물·음식·재물로 말하면, 어떤 사람은 과거에 자량을 쌓은 것에 의해서 후세에 복덕을 받으며 부지런히 노력하지 않고도 자연히 재물이 모여든다. 그러나 어떤 사람들은 일생 동안 상업과 농업 등에 종사하여 천만 가지 계교로써 부지런하게 힘쓰지만 결과적으로 조그마한 수익도 없으며 결국에는 굶어 죽는 지경에까지 이른다. 이와 같은 사정은 우리들이 현실 생활 가운데 서서 항상 보는 것이다.

　이밖에도 재신이나 호법신 등에 기도함을 통해서 재부를 얻고자 생각하는 사람도 마찬가지이니, 만일 자기가 과거에 쌓은 보시의 과보가 없으면 호법신도 또한 능히 도울 수가 없다.

　예전에 한 사람이 깊은 산에서 수행하였는데, 극도로 가난하여 문득 담쩬 호법신을 수행하기 시작했다. 그 결과 진실로 닦음을 이루어 마치 다른 사람과 이야기하는 것 같은 경계에 도달했으나 도리어 어떠한 실지悉地[178]도 얻지 못했다. 담쩬 호법신이 그에게 말하였다.

　"그대는 이전에 보시의 과보가 터럭 끝만큼도 없어서 내가 실제로 그대에게 실지를 줄 방법이 없다!"

---

177 불성과 3신 공덕이 중생의 본성에 갖추어져 있으니, 복덕과 지혜 두 자량을 함께 쌓아야 3신을 성취할 수 있음은 태양과 그 빛이 하나임과 같다.
178 실지悉地: 실지는 범어 싣디Siddhi의 음역으로 문자적인 뜻은 '완성', '성취', '얻음' 등이다. 여기서는 본존이나 스승께 기도하여 받는 깨달음의 지혜 또는 감응의 징표.

하루는 많은 거지의 행렬 가운데에서 이 수행인이 한 사발의 죽을 얻었다. 돌아와서 담쩬 호법신이 그에게 말하였다.

"오늘은 내가 그대에게 실지를 주었는데, 그대는 아느냐?"

그 사람이 말하였다.

"나는 다만 한 사발 죽을 얻었을 뿐이고 나뿐만 아니라 모든 거지들이 다 얻었습니다. 당신이 준 실지는 도대체 무엇인지 알지 못하겠습니다!"

담쩬 호법신이 말하였다.

"죽을 풀 때 그대의 사발 속에 한 덩어리의 기름을 떨어뜨렸는데 그것이 내가 준 실지이다."

그러므로 만일 자기가 실제로 과거에 쌓아둔 보시의 과보가 없으면 재신에게 기도하는 수행법을 닦아도 빈궁함을 제거할 수 없다. 가령 세간의 재신 등도 재물에 대한 실지를 줄 수는 있으나 제불보살의 위덕과 신통력은 그들보다 백배 천배나 더 뛰어나고, 부탁받지 않아도 일체중생을 유익하게 하시며, 이 세계에 재물의 묘한 비를 한 순간만 내려도 일체의 가난함을 없애주실 수 있다. 그러나 일체의 소유물과 재물 등은 오직 스스로 복덕을 쌓은 것에 의해서 얻는 것이기에 불보살께서는 이렇게 하시지 않는 것이다. 그러므로 옛 성인께서 진실로 말씀하신 것과 같다.

> 재신에 대한 기도 정진을 산과 같이 한다 해도, 조그마한 복을 쌓은 것만 같지 못하다.

요즘 시대에 산간벽지의 사람들이 조그마한 재물과 지위가 있으면 모두가 큰소리로 "스승님! 이 사람은 어찌된 것인지요?"라고 놀라면서 말한다. 사실, 만약 수승한 복전을 만나고 자기가 청정하고 좋은 의도를 가지고 있으면 큰 복덕자량을 쌓을 필요가 없다. 예컨대 역사상 아유전륜왕我乳轉輪王이 일찍이 일곱 개의 완두를 보시한 과보로 후에 33천 이하까지 지배했다는 이야기가 있으며, 파사닉 왕의 복록 또한 과거에 소금기 없는 따뜻한 음식 덩어리를 보시한 과보이다.

옛날에 아띠샤 존자께서 처음 티벳에 왔을 당시의 티벳은 현재에 비해서 번영하고 풍부하였다. 그러나 존자께서 말씀하시되 "티벳은 진정으로 아귀 세계가 되었다. 티벳에 한 사람도 일찍이 청정한 복전에 대해 한 말의 쌀보리를 보시하여 복을 짓고 그 과보를 누리는 사람이 없다"고 하셨다. 그러므로 어떤 사람이 눈앞의 적은 재물이나 지위에 대하여 대단하게 보고 느끼는 원인에는 세 가지가 있다. 첫째는 자기가 못나고 배운 게 없으며 식견이 천박한 것이고, 둘째는 현세에 대하여 지나치게 탐착하는 것이며, 셋째는 앞에서 설한 근심이 없는 과보 등의 요결이 되는 인과규율을 충분하게 이해함이 없고, 혹은 이해는 했으나 정성스런 믿음이 없는 것이다.

그러므로 만약 청정한 복전으로 인하여 심식 가운데 진정으로 거짓 없는 출리심이 생기면 곧 현세에서의 부가 용왕과 같고, 높기가 허공과도 같고, 날래기가 번개와 같으며, 빛나기가 무지개와 같은 사람을 볼지라도, 이러한 것들은 깨알만큼도 영원하거나 견고한 실질이 없는 것을 안다. 나아가 담병膽病에 걸린 환자가 기름진 음식을 보는 것과 같이 혐오감과 싫어함을 느낀다. 당연히 금생에 재물의 원만함을 위해서 부지런히 자량을 쌓는 것은, 세간의 평범한 사람에게는 또한 억지로라도 말할 수 있으나 출세간의 정법 면에서는 조금도 해당됨이 없으니, 왜 그런가? 만약 해탈과위를 얻기 원하는 진정한 수행인이면 반드시 앞에서 여러 번 강조한 바와 같이 현세의 일체 탐욕과 집착을 가래침 뱉듯이 버리고, 고향을 등지고 다른 지방에 가서 고요한 곳을 의지하며, 질병을 앓아도 낙관적으로 대하고, 죽음이 임박한다 해도 편안하게 대면해서 정진하며 법을 닦아야 하는 것이다.

한 제자가 일찍이 위없는 닥뽀 린뽀체에게 물었다.

"지금 같은 말법 시대에 정법을 수행하는 사람이 의식주의 용품을 얻기 어려우니, 우리가 재신법(財神法, 재물 신에게 기도하는 법)을 수행해야 하는지, 혹은 섭생술[179]을 닦아야 하는지, 혹은 빨리 필연적인 죽음을 향해야 하는지요? 도대체 어떻게 해야 좋겠습니까?"

린뽀체께서 그에게 대답하셨다.

"비록 재신법을 닦아도 과거에 보시의 과보가 없으면 목적에 도달하기 어려우며, 더욱이 내면의 마음에 여법하게 수행할 것을 생각하는 사람이 금생의 이익을 위해서 재신법을 닦는 것은 또한 모순이 된다. 섭생술 또한 마찬가지여서, 과거에 번영하고 발달한 시대에 흙과 돌, 모래와 나무 등의 영양이 충분했을 때는 도리어 쉽게 닦아 이루었으나, 영양이 이미 다한 현대에는 섭생술을 닦는 것 또한 이익을 얻을 수 없다. 필연적인 죽음을 향함도 또한 이치에 맞지 아니하니, 지금 이 같은 좋은 여건의 인생을 장래에는 다시 얻기 어렵기 때문이다. 만일 내면의 마음 깊은 곳에서 진정으로 죽음을 무릅쓰고 수행하고자 하는 결정심을 일으키면 영원히 의복과 음식에 부족함이 없으니, 법을 수행하는 자가 굶어 죽었다는 예는 지금까지 없었다."

또한 세존께서 일찍이 말씀하셨다.

---

[179] 섭생술攝生術: 피곡술避穀術, 금단술金丹術을 말함. 목숨을 연장하는 수련법.

"비록 한 되의 밀가루로 한 되의 진주와 바꾸는 가뭄이 발생해도 부처님을 따르는 자는 또한 옷과 밥이 부족하지 않다."

그러므로 모든 부처님의 아들인 보살들이 자량을 쌓고 죄장을 청정하게 하는 것은 모두 허공에 가득한 일체중생을 이익 되게 하기 위함이다. 자기만 현세에 이익을 얻는 것은 말할 것도 없고, 자기만 정등각의 과위를 원만하게 얻기를 바라고 원하는 것 또한 근본적으로 대승의 도에 속하지 않는다. 그러므로 자량을 쌓거나 혹은 죄장을 청정하게 하는 것을 너나할 것 없이 모두 반드시 일체중생의 이익을 위해서 해야 하며, 절대 사리사욕의 마음을 섞으면 안 되니, 이 한 가지가 매우 중요하다. 만일 이와 같이 수행하면 자기의 이익과 금생의 행복과 안락 등을 구하지 않아도 또한 자연히 얻어진다. 마치 불을 지필 때 연기가 자연히 생기며, 보리를 심으면 보릿대가 자연히 나는 것과 같다. 따라서 우리는 마땅히 자기 이익을 추구하는 마음을 독을 버리는 것과 같이 힘써 버려야 한다.

2) 육신보시 수행

(1) 육신보시 수행[180]의 뜻

단번에 네 가지 마(四魔)[181]를 끊어 제거하는 것이 꾸살리(육신보시

---

[180] 육신보시 수행(꾸살리kusāli, 斷法): 티벳에서는 죄Chö 수행이라고 하는데, 죄는 '자르다'란 뜻이다. 먹고 자는 외에 모두를 끊고 일심으로 선정을 닦으면서 관상으로 자신의 몸을 잘라 보시하는 수행을 말한다.

[181] 네 가지 마(四魔): 『티벳 사자의 서』에 의하면 네 가지 마는 다음과 같다. 첫째는 탐욕 등의 번뇌마煩惱魔, 둘째는 색수상행식의 음마(陰魔, 오음마), 셋째는 사람의 목숨을 끊어버리는 사마死魔, 넷째는 욕계 제6천 타화자재천의 마왕인 자재천마自在天魔.

수행) 자량을 쌓음이다. 여기서 말하는 꾸살리 자량을 쌓는다는 것은 몸을 버려 보시하는 간략한 수행법으로, 본래 『심성휴식心性休息』 가운데에 상사유가(구루요가)와 함께 강의하는 것이다. 그러므로 상사유가에 소속이 되어도 또한 모순이 없다. 다만 이곳에서는 내(저자) 스승님 가르침의 전통에 따라 만다라 공양의 뒤에 부가하여 설명하겠다.

　이른바 '꾸살리'는 '거지'라는 뜻으로, 현세를 버리고 깊은 산에 머물며 수행하는 유가행자가 자량을 쌓기 위한 기타의 공양물을 얻지 못하여, 관상을 통해 자기의 몸을 대신 공양하여 보시하는 일종의 수행법이다. 부지런하고 정성스럽게 고생하며 모은, 아끼는 일체의 기타 물질 또한 자기의 이 몸을 기르기 위한 것 아님이 없다. 중생들이 자기의 몸을 아끼는 것이 기타 일체의 어느 물건보다 더하다. 그러므로 몸의 애착을 끊기 위하여 몸을 공양하여 보시하는 것을 행하면 기타 물질을 공양하는 것과 비교하여 분명히 공덕이 더 크고 이익이 더 많다. 게송에서 말한 바와 같다.

　　말과 코끼리를 보시함은 다른 공양의 백 배의 공덕을 이루고,
　　처자식을 보시함은 천 배의 공덕을 이루고,
　　몸을 보시함은 십만 배의 공덕을 이룬다.

마찍랍된께서 또한 말씀하셨다.

　　탐욕 없이 몸뚱이를 보시하는 것이
　　두 가지 자량공덕이 됨을 알지 못하고
　　오온의 몸을 귀하게 여기고 애착한 것을

불모佛母 전에 참회합니다.

(2) 몸을 보시하는 수행법

만일 자기가 능숙한 관상 능력을 갖추었으면 먼저 의식이 허공으로 올라가 한순간에 분노불모(忿怒佛母, 마찍퇴마나모)로 변하는 것을 관상한다. 만일 이러한 능력을 갖추지 못했으면 자기 심장 사이에 심식의 본체를 마찍퇴마나모로 삼는다. 그녀가 일어나 춤을 추는 자세를 지어 오른손으로 공중에 만도彎刀[182]를 휘두르며, 왼손으로는 피가 가득 찬 까바라(해골 잔)를 가슴 앞에 쥐고 있으며, 우측 귀에는 하나의 검은색 돼지 얼굴이 있어서 소리를 내며, 그녀가 전체적으로 분노존의 분장을 다 갖추고 있는 것을 관상한다. 입으로 "파!"라고 염송할 때 정신이 중맥도中脈道를 경과해서 범정혈梵淨穴로부터 완전히 벗어나온 후에, 자기의 신체가 바로 한 구의 시체가 되어 쏜살같이 땅에 납작하게 떨어짐을 관상한다. 이 한 구의 시체는 아울러 현재 자기의 작은 신체와 같은 모양이 아니며, 매우 크고 또한 살쪄서 웅장하며 기름기가 흐르는 형상이고, 크기는 삼천대천세계와 같은 것으로 관한다.

이어서 자기를 마찍퇴마나모로 관상한다. 오른손으로 만도를 써서 자기 시체의 백호 사이의 한 지점을 향하여 내려치며, 그 결과 머리통이 즉시 잘라져나간다. 그의 까바라 또한 현재의 조그만 것과 같지 않고 그 크기가 삼천대천세계와 같다. 다시 분노불모가 왼손에 그 까바라를 들고서 크기가 수미산 같은 사람 머리통 세 개로 떠받치고 있는 아궁이 위에 놓으며, 이마가 자기를 향하고 오른손은 만도를 써서 시체를

---

[182] 초승달 모양의 금강도인데, 아집을 잘라내는 지혜를 상징하며 다끼니를 나타내는 장엄구이다.

완전히 들어 올려 까바라 솥 안에 넣는다.

그 후에 까바라 위쪽의 허공 가운데서 한 개의 감로의 자성인 백색 "항(ह)"자를 관상하며, 까바라 아래쪽에 한 개의 뜨거운 불의 자성인 홍색의 짧은 "아(अ')"를 관상하며, 다시 "옴 아 훔(Oṁ Aḥ Hūṁ, ॐ अः हूँ)"을 염송하는 동시에 짧은 "아" 가운데(ㅣ)로부터 맹렬한 불꽃이 치솟아 까바라 안의 시체를 끓이는 것을 관상한다. 그것으로 하여금 용해되어 감로 자성이 되게 하며, 부글부글 끓어서 전체 까바라에 가득 차고, 일체의 더럽고 오염되고 부정한 물질이 물거품이나 부막浮膜의 형태로 변해 바깥으로 넘쳐 나오는 것을 관상한다. 수증기가 "항(ह)"자에 닿으면 "항"자 또한 뜨겁게 변하며, 계속해서 끓이지 않고 흘러내리는 홍색과 백색 감로와 섞여서 한 몸체가 되고, 최후에는 "항"자가 완전히 빛으로 화하며, 다시 까바라 안의 감로와 섞여 한 몸이 됨을 관한다. 이와 같이 관상하는 한편으로는 꾸살리의 기도문을 염송한다.

> 사랑하고 집착하는 몸을 버리니 천마가 무너지고
> 심식이 범정혈로부터 나와 법계로 들어갑니다.
> 분노불모가 되어 죽음의 주인인 마를 무너뜨리고
> 오른손으로 만도를 잡고 번뇌의 마를 무너뜨리고
> 해골 잔을 잘라 색온의 마를 무너뜨립니다.
> 왼손으로 사업인事業印을 지어 해골 잔을 잡고
> 삼신을 상징하는 사람 머리 모양의 삼발이 위에 올려놓습니다.
> 그 안에 삼천대천세계를 가득 채우는 이 몸을 넣고
> 그 몸을 "아(अ')"자와 "항(ह)"자로 가열하니 감로로 용해되며
> "옴 아 훔(ॐ अः हूँ)" 주문의 힘으로써

감로가[183] 청정해지고 증가되고 변합니다.

자기가 "옴 아 훔"을 염송할 때 '옴(ॐ)'자로써 색·향·미 등 6진의 모든 번뇌와 허물을 청정하게 하며, '아(अ)'자가 많아짐으로써 '훔(हूं)'자가 변하여 일체의 구하고자 하는 사물이 되는 것을 관상한다. 또한 일체 원하는 바의 무루지혜의 감로 자성이 허공에 가득한 구름으로 두루 펴져 피어나는 것을 관한다.

이어서 자기 앞의 허공 가운데 부드러운 보배법좌가 있고, 그 위에 큰 은혜의 근본상사께서 앉아 계시며, 상사의 위에는 근본 전승상사께서, 중간에는 본존의 성존이 계심을 관상한다. 다시 까바라의 입구 쪽에 있는 허공 가운데 길상보호주인 75존 등 지혜의 호법신들과 법력으로 이루어진 호법신과 지방신이 있으며, 그 아래쪽의 대지 위에 8만 가지의 마중魔衆과 15가지의 조그마한 아귀 등의 마중이 주객主客이 되어, 삼계육도 일체중생이 햇빛에 비친 먼지와 같이 많이 모여 있음을 관상한다.

이어서 윗면에 모든 근본 전승상사와 불보살이 함께 금강관金剛管과 같은 혀끝으로 감로의 정화를 빨아들여 마시며, 이로써 자기의 자량을 원만하게 하고 죄장을 청정하게 하며, 이른바 서언을 어긴 것을 청정하게 하고 공동성취와 수승성취를 얻는 것을 관상한다. 다시 중간의 사속부四續部·육속부六續部[184]의 본존 등 모든 성중들이 각자의 표식이

---

183 마를 정복한 농축액으로, 오염되지 않는 지혜를 표시한다.
184 사속부(四續部, 4부 딴뜨라)는 끄리야(所作) 딴뜨라, 짜리야(行) 딴뜨라, 요가 딴뜨라, 아눗따라(無上)요가 딴뜨라이다. 육속부(六續部, 6부 딴뜨라)는 외전外傳과 내전內傳 딴뜨라로 나뉘는데, 외전 딴뜨라에는 끄리야 딴뜨라, 짜리야 딴뜨라,

있는 혀로, 곧 공심空心을 갖춘 금강·법륜·진보珍寶·연화·금강십자가 등 모양의 혀끝으로 감로의 정화를 빨아들이는 것을 관상한다. 이로써 자기의 자량을 원만케 하며 죄장을 청정케 정화하고, 서언을 어긴 것을 청정하게 하고 공동성취와 수승성취를 얻는 것을 관상한다. 또 공행(空行, 다끼니)·용사(勇士, 다까)·호법신과 길상보호주(吉祥怙主) 75존 등이 햇빛의 빈 대롱과 같은 혀끝으로 감로의 정화를 빨아들여 마신다. 이로써 자기의 자량을 원만케 하며 죄장을 청정케 정화하고, 일체의 보리승법을 닦는 데 장애가 되는 것을 제거한다. 또한 일체의 순조로운 인연으로 하고자 하는 바 선묘한 자량이 증가한다고 관상한다. 이것이 위로 청정한 공양의 재계(上供素齋)이다.

　만일 자신에게 익숙한 관상능력이 있으면 곧 자기를 마찍퇴마나꼬(분노불모)로 관상한다. 가슴 사이로부터 백색·남색·황색·홍색·녹색의 다섯 가지 색의 사업공행모事業空行母가 수천 수만으로 햇빛에 비치는, 가득한 먼지구름과 같아 수를 헤아릴 수 없이 변화해 나온다. 그들이 지혜의 까바라 속에 가득한 무루의 정화감로를 삼계육도의 모든 중생들에게 낱낱이 베풀어 그들의 마음이 만족하게 한다. 만일 자기가 이같은 익숙한 관상능력을 갖추지 못했으면, 곧 자기를 분노불모로 관상하여 왼손으로 까바라를 들고 뜨거운 감로를 삼계육도의 일체중생에게 뿌리며, 널리 감로의 비를 내리고 모든 중생으로 하여금 마시게 한 후 마음에 만족함을 관할 것이니, 이것이 곧 아래로 베푸는 청정한 공양의 재계(下施素齋)이다.

　이어서 끓는 감로의 증기 가운데로부터 목욕물·꽃·향·버터 등·향수

요가 딴뜨라가 있고, 내전 딴뜨라에는 마하요가(大瑜伽), 아누요가(隨瑜伽), 아띠요가(最勝瑜伽)가 있다.

·공양음식·악기·팔길상 휘장·윤왕칠보·번산·보당·화개·천폭금륜·오른쪽으로 감긴 소라 등이 불가사의한 공양의 구름을 발산해 내며, 이 일체의 공양물로써 위로 불보살께 공경스럽게 공양하여 자신과 다른 일체중생의 자량을 원만케 하고 업장을 청정히 함을 관상한다. 이것이 위로 꽃을 공양 올리는 재계(上供花齋)이다.

다시 아래로 육도의 모든 중생 각자가 구하는 모든 물건을 비 오듯이 내려주어 그들 전부를 기쁘게 하며, 뜻과 같이 이루게 해주는 것을 관상한다. 더욱이 자신은 무시이래 윤회로부터 현재에 이르기까지 반드시 많은 빚을 졌음을 생각한다. 예를 들면 살생하여 단명한 빚·훔쳐서 빈궁한 빚·때려서 병이 많은 빚·위로부터 구호를 얻은 빚·아래로부터 공경을 받은 빚·중간으로 우정의 빚·고관의 방에 거주한 빚·비천하여 농사지은 빚·친구와 이웃의 빚·자손과 짐승의 빚·음식을 받은 빚·의복을 입은 빚·빚지고 빚지며 서로 연결된 빚·젖을 빨아먹은 빚·낙타를 부려 운반한 빚·황무지를 개발한 빚·물자를 소비하여 사용한 빚 등의 묵은 빚이다.

이때에 일체의 남녀 원수와 빚쟁이들이 손으로 그릇을 가져와 수명을 빌며 뼈와 살을 비는 등 빚쟁이가 빚을 가져가는 것 같이 떼를 지어 모여드는데, 그들은 각자 구하는 바가 각기 같지 아니하다. 그들이 무엇을 원하는가에 관계없이 모두 그들의 원을 만족하게 하는데, 밥을 구하면 밥을 베풀고, 옷을 구하면 옷을 베풀고, 재물을 구하면 재물을 베풀고, 정원을 구하면 정원을 베풀고, 말을 구하면 말을 베풀고, 방을 구하면 방을 베풀고, 친구를 구하면 친구를 베푸는 것이 마치 비 내리듯 내려서 다 가져가도 다함이 없으며 써도 마르지 않는 보배창고와 같다. 그로부터 과거생의 인연을 다 해결하여서 빚을 다 갚았으며, 속세의 원한을 다 풀었고, 죄장을 다 청정히 했으며, 그러한 원수나 빚쟁이 또한 전부 만족하여 다 기뻐하는 것을 관상한다.

이 외에 말을 할 수 없고 세력이 미약하며 절름발이·봉사·귀머거리·벙어리 등 고통으로 핍박받는 모든 육도의 가련한 중생들에 대해서도 그렇게 해야 한다. 그들에게 각기 구하는 바 물건을 주며, 의지할 데 없는 사람 앞에서는 그들의 의지가 되며, 벗이 없는 사람 앞에서는 그들의 벗이 되고, 친척이 없는 사람 앞에서는 그들의 친척이 되며, 이웃이 없는 사람 앞에서는 그들의 이웃이 되고, 병든 자에게는 회복하는 영단묘약을 주며, 죽어가는 사람에게는 기사회생하는 감로를 주며, 절름발이에게는 신족통을 주고, 맹인에게는 지혜의 눈을 주고, 귀머거리에게는 무루無漏의 귀를 주고, 벙어리에게는 지혜의 혀를 주는 등 그들이 각기 필요한 물건을 받고 만족해하며, 육도 각자의 일체 업감業感과 고통과 습기를 여의게 한다.

마지막에 모든 남자들은 성스러운 관세음의 과위를 얻으며, 모든 여자들은 성스러운 돌마(따라보살)의 과위를 얻으며, 그리하여 철저하게 삼계윤회를 끊어버린다고 관상한다. 이것이 아래로 꽃을 공양 올리는 재계(下施花齋)이다.

이런 종류의 관상이 분명하게 되어 완료될 때까지는 마땅히 오직 "옴 아 훔"만을 한결같이 염송하고, 이와 같이 힘을 다하여 염송한 뒤에는 다시 다음을 염송한다.

'파드', 위로 공양의 (관상의) 대상인 귀한 손님들의 뜻을 만족케 하니
자량이 원만해져 수승성취와 공동성취의 묘과를 얻습니다.

아래로 중생들에게 보시하여 기쁘게 하니
묵은 업보의 빚이 청정하게 됩니다.
더욱이 해를 입히는 마의 종류가 다 배불리 먹고 만족해합니다.
병마와 장애가 멸하여 법계 안으로 사라집니다.
일체의 악연과 아집이 무너지고
일체의 공양하는 자와 공양 받는 자, 공양의 대상이
변하지 않는 본성인 대원만 속으로 은멸됩니다. 아啊.

염송을 마치고 일체의 공양하는 자와 공양 받는 자, 공양의 대상을 분별하지 않는(無緣) 가운데 선정에 든다.

모든 단법(斷法, 죄)의 논전 가운데는 본래 소素·훈薰·화花·흑黑의 네 가지 공양물(齋)을 말하고 있지만, 다만 여기서는 소와 화의 공양물을 예로 들었으며, 훈과 흑의 공양물은 말하지 않았다.

요즈음 일부 스스로 단법을 닦는 자라고 자랑하는 사람들은, 이른바 단법을 곧 죽임·베어버림·구타함·쫓아버림 등의 수단을 통해서 흉악한 귀신들을 철저하게 소멸시켜 버리는 일종의 포악한 사업이라고 생각한다. 그들은 모두 여전히 노기와 살기가 등등하여 기세가 흥하고 득의양양한 작태를 뽐내어야 하며, 반드시 염라대왕의 옥졸과 같이 위풍이 늠름하며 기세가 드세어야 한다고 생각한다. 또한 병든 사람에게 단법을 행할 때에도 화내어서 가히 저지할 수 없는 폭력행위로 주발같이 큰 양쪽 눈알을 부릅뜨고 노한 눈으로 쳐다보며, 어금니를 부딪치고 동시에 두 주먹을 불끈 쥐고 연속해서 때리며, 심지어는 병든 사람이 입은 의복을 갈래갈래 찢어 놓는다. 그들은 스스로 이 같이 하면 문득 귀신에게 항복받는다고 생각하니, 이 같은 법이 실제로 크게 틀린 줄을 모른다. 마찍랍된 공행모께서도 말씀하셨다.

> 무시이래로 악업의 인으로 말미암아 악연의 부는 바람을 맞으며, 끊임없이 미혹되어 어지러움을 나타내는 가운데 끊임없이 고통을 받는다. 심지어 죽은 후에는 또한 바로 악도의 깊은 못에 빠지는 흉맹하고 잔혹한 귀신이 되고 마니, 나는 대비의 쇠갈고리로써 그들을 끌어내며 나의 따뜻한 피와 살로써 그들에게 보시하며, 자비의 보리심으로써 그들의 마음을 바꿔준다. 아울러 그들을 섭수해서 나의 권속으로 삼는다.
> 그러나 미래(말법시대)에 자칭 저 '위대한 단법 수행자'는 도리어 단법은 곧 죽임·쫓아냄·때림이라고 생각하며, 내가 대자대비의 갈고리로써 섭수한 악한 귀신을 쫓아내고 때리니, 이것은 완전히 삿된 단법이며 마귀의 가르침이 흥성하게 되는 표시이다.

아울러 또 말씀하셨다.

> 이 외에 장래에 아홉 종류의 흑단법黑斷法 등 삿된 단법이 출현한다. 이러한 것은 모두 자비의 보리심을 멀리 떠나서 하는 것이기 때문에, 단지 잔혹한 행위를 통해서 귀신을 굴복시키는 삿된 법일 뿐이다.

> 이러한 종류의 법은 한두 개의 세력이 미약한 귀신을 항복시킬 수는 있지만, 만일 사납고 잔혹한 귀신을 만나면 도리어 자기의 목숨을

잃게 된다. 이 점은 우리들 일상생활 중에 직접 많은 실례를 봄으로써 증명할 수 있다.

특별히 정법을 수행하는 자의 예로써 말하면, 그들이 얻은 마귀를 항복받는 등의 능력은 진정한 공덕인지 아니면 마장인지 알기가 매우 어렵다. 대부분 귀신을 부리는 신들린 사람은 표면상으로는 신통을 갖추고 위력이 있기 때문이나, 멀리 보면 그들의 언행과 행동거지는 정법과는 더욱 서로 어긋나며, 끝내는 깨알 같은 착한 마음도 있지 않다. 그 결과 자기가 얻는 것은 수미산 같은 신도의 시주물에 대한 이숙異熟의 빚뿐이다. 비록 약간의 재산을 얻는다 해도 금생에는 아무런 이익도 얻지 못하며, 결국에는 생명을 유지하는 의복과 음식 또한 얻을 수 없다. 혹은 얻었다 해도 아까워 먹지 못하고 입지 못하며, 얼어 죽고 굶어 죽는다. 앞에서 말한 이러한 사람들은 죽은 후에 또한 고독지옥 등의 악도 가운데 환생한다.

(3) 단법의 뜻

단법(죄, chö)에 있어 항복하고자 하는 마귀와 요괴는 실은 바깥에 있지 않고 내면의 마음에 있다. 바깥 경계에 미혹한 현상이 귀신의 형상으로 나타나니, 이는 모두 아집과 아집을 끊지 못한 오만으로 말미암아 생긴 것이다. 마찍랍된 공행모께서 말씀하셨다.

  유애마·무애마,
  희락마·오만마,[185]

---

185 유애마有礙魔: 바깥 경계의 지신, 귀신, 지수화풍, 질병 재난 등. 무애마無礙魔: 탐진치 등 팔만사천 번뇌. 희락마喜樂魔: 자기가 하는 수행법과 수행의 경계가

이것의 근본은 아만마이다.

이른바 마는 곧 아집의 오만마를 가리킨다. 공행모께서 또 말씀하셨다.

　　많은 마(衆魔)는 인식이고
　　흉악한 마(凶魔)는 아집이며
　　야생의 마(野魔)는 분별이니
　　그것을 끊으면 끊는 자가 곧 단법 수행자가 된다.

밀라래빠 존자 또한 일찍이 암나찰녀에게 말씀하셨다.

　　너보다 더 드센 마는 바로 아집이며
　　너보다 더 많은 마는 인식이고
　　너보다 더 방종한 마는 분별이다.

단법의 분류에는 세 가지가 있는데, 마찍랍된 공행모께서 말씀하셨다.

　　험한 산에서 기거함은 외단법外斷法이며
　　몸을 버려서 음식으로 보시함은 내단법內斷法이고
　　오직 한 번에 뿌리를 제거함은 궁극적 단법이며
　　이 세 가지를 함께 끊는 것은 바로 유가瑜伽이다.

아주 높다고 착각하여 스스로 기뻐하고 집착하는 것. 오만마傲慢魔: 아집의 번뇌로 인해 오온이 없는데도 나와 나의 것에 집착하여 아만을 부리는 것.

그러므로 모든 단법행자가 무명의 미혹한 집착으로 나타나는 근본인 아집을 철저하게 끊어버리는 것을 일컬어서 '오직 한 번에 뿌리를 제거하는 의단법'이라고 한 것이다. 그러므로 아집을 끊어버리기 전에는 바깥 경계에 미혹하여 나타난 마를 죽이려 해도 또한 죽일 수 없으며, 때려도 또한 거꾸러뜨릴 수 없으며, 눌러도 또한 눌러지지 않으며, 쫓아도 또한 쫓겨 달아나지 않으니, 곧 불이 꺼지지 않으면 연기를 없앨 방법이 없는 것과 같다. 마찬가지로 마음속에 오만마를 근본적으로 끊어버리기 전에는 그 힘과 작용으로 생긴, 바깥 경계에 미혹하여 나타나는 귀신이 없어질 수가 없다.

암나찰녀가 밀라래빠 존자에게 "마가 마음의 근본인 줄 요달하지 못하면 나와 같은 마귀는 헤아릴 수 없이 많으니, 네가 비록 나를 쫓아도 가지 않는다"라고 말한 것과 같다. 이에 지존 밀라래빠께서도 말씀하셨다.

> 마에 집착하면 마의 해침을 만나게 되고
> 마를 알면 마음의 해탈을 얻게 되며
> 마가 공하다는 것을 증득하는 것이 단법이다.
> 이 남녀의 모습을 한 나찰마를 알아차리지 못한 때에는
> 마가 되고 장애를 지어서 해를 일으키지만
> 만약 마가 본래 천존임을 깨달으면
> 일체 실지(성취)가 너로부터 나오게 된다.

이른바 단법은 철저히 마음속의 마에 집착하는 분별념을 끊어버리는 것이며, 죽임·때림·쫓음·진압함·외마를 소멸함을 가리키는 것이 아

니다. 그러므로 우리는 반드시 끊어야 할 마귀는 바깥 세계에 있지 않고 마음속에 있다는 것을 알아야 한다.

일반적으로 말해서 대부분의 기타 교파에서는 일체 사업에 날카롭고 폭력적인 위력을 가하고, 창과 화살 끝을 바깥으로 향하며, 바깥 경계의 원수와 적의 마장에 대하여 항복하는 사업을 펴 보이나, 우리들의 교파는 이와 같지 않다. 밀라래빠 존자께서 말씀하신 것과 같다.

우리 교파의 종지는 철저하게 아집을 끊어버리고 세간의 팔법을 던져버려, 삿된 마로 하여금 스스로 부끄럽게 하는 것이다.

모든 수행은 곧 자기를 돌이켜봄이며, 모든 능력·법력·정력 전부를 아집을 끊어버리는 것에 쓴다. 그러므로 일백 번을 소리치며 "나를 구해주세요! 나를 구해주세요!"라고 하는 것보다 "나를 잡수세요! 나를 끌고가세요!"라고 하는 것이 더 좋으며, 일백 명의 본존을 향하여 구호해주기를 기도하는 것보다 자신의 몸을 일백 명의 귀신에게 줘서 먹게 하는 것이 더 낫다. 마찍랍된 공행모께서 말씀하신 것과 같다.

병든 사람을 귀신과 마에게 내주고
적에게 호위를 맡기며
입으로 백 번 나를 구해 달라 외우는 것보다는
한 번 나를 끌고 가 먹으라고 말할 것이니
이것이 바로 불모인 나의 가르침이다.

만일 마음속에서 마에 집착하는 근본을 끊어버리면 일체 현상은 모두 청정함을 얻으며, 또한 "마가 장차 호법신이 되고, 호법신이 얼굴을 바꿔 화신化身이 된다"라고 하는 일이 나타난다. 요즘 일부 이것의 이치를 이해하지 못하고서 스스로 단법을 닦는 자라고 뽐내는 사람들은 바깥 경계 가운데 실로 귀신이 존재한다고 생각한다. 아울러 항시 마에 집착하는 경계를 여의지 못하는 처지에 있으니, 결국 일체의 현실 경계가 진실로 요괴와 마귀가 된다. 또한 자신이 종일 신심이 안정되지 못하고 불안하며 항상 다른 사람에게 "산 위에 마가 있고 산 아래에 마가 있다", "이것은 귀신이고 저것은 마이다", "저것은 요정인데 나는 그를 보고 잡았으며, 최후에는 그를 죽여버렸다", "네 몸에 한 개의 마가 잠복해 있는 것을 내가 쫓아버렸는데, 그것이 너를 한 번 돌아보고 갔다"라고 하며 지껄인다. 이러한 것은 거짓말로 사람을 속이고 횡설수설하는 것이며, 절대 믿을 만한 말이 못 된다.

이러한 때에 귀신과 아귀들이 이러한 상황을 알고 나서 문득 그들에게 따라 붙는다. 그들이 어디에 가도 귀신이 어디든지 그림자같이 그들을 따라와서 좌우를 여의지 않으며, 아울러 마음이 좁고 쉽게 제압당하는 여인 등의 심식 안에 들어가서 말하되 "나는 귀신이다", "나는 죽은 사람이다", "나는 너의 늙은 부친이다", "나는 너의 늙은 모친이다"라고 말한다. 더 심한 자는 또 말하되 "나는 본존이다", "나는 호법신이다", "나는 담쩬(호법신의 하나)이다"라는 등의 말을 하고, 아울러 망언으로 수기하며, 신통을 얻었다고 함부로 지껄인다. 귀신은 스승을 속이고 스승은 시주를 속이는 것이, 세간에 떠도는 말과 같이 "아버지는 자식에게 속고 자식은 적에게 속는다"라고 함과 같다. 말법 시대(오탁악세)의 상징은 진실로 이미 드러났고, 국토 또한 마왕에게 통치당하고 있다. 마치 우갠국의 연화생 대사께서 일찍이 수기하여 말씀하신 것과 같다.

오탁악세에 남자의 마음에 남자의 마가 들어가고, 여자의 마음에 여자의 마가 들어가고, 아이들의 마음에 독각귀신(獨角鬼)이 들어가고, 승려의 마음에 삼마야를 위반하는 마가 들어가고, 티벳 사람들 각각 한 사람에 하나의 마가 들어간다.

또 말씀하시되

독각귀신을 본존으로 삼을 때 진정으로 티벳 사람들이 고통을 받는 시대가 이를 것이다.

라고 하셨다. 이러한 예언의 시간을 보건대 현재 이미 가까이 오고 있다. 그러므로 우리는 절대로 표면상으로 외적 경계에 미혹하여 나타나는 귀신과 마장의 형상을 실제로 있는 것으로 보지 말아야 하며, 이러한 일체를 꿈과 같고 허깨비의 춤과 같은 것으로 여겨서 마음을 수련해야 한다. 임시적으로 나타나는, 해를 끼치고 해를 입는 자로 보이는 귀신 병이 든 사람은 둘 다 모두 과거의 악업의 미혹으로 말미암아서 초래되어, 그로부터 능히 해침과 해침을 당하는 관계를 맺은 것이다. 그러므로 그들에 대하여 절대로 친소나 애증의 마음을 두지 말며, 평등관으로써 자비 보리심을 닦아야 하며 철저하게 자기를 탐착하는 아집을 끊어버리고, 몸과 목숨을 터럭 끝만치도 아낌없이 귀신에게 보시해서 음식을 삼게 하며, 그들의 마음속에 화냄과 포악함을 쉬게 하며 성심성의로 그들의 심식에 정법을 행할 수 있는 법요와 발원을 강의해 주어야 한다.

최종적으로는 자타에 집착하여 능히 해침과 해침을 입음, 성스러움

(본존)의 나타남과 마의 나타남, 자신과 타인에 대한 희망과 의심, 탐욕과 성냄, 어짊과 모자람, 고통과 즐거움 등 일체의 분별하는 마음을 뿌리째 끊어버려야 한다. 게송에 말씀하신 바와 같다.

    본존도 없고 마도 없음이 견해의 요점이며
    산란함도 없고 집착도 없음이 닦음의 요점이며
    취함도 없고 버림도 없음이 행동의 요점이며
    희망도 없고 의심도 없는 것이 과를 성취하는 요점이다.

만약 일체의 능히 해침과 해침을 받는 것이 법성의 평등한 성품인 줄을 크게 사무쳐 깨달으면 곧 마음속 오만마의 근본을 끊어버린 것이며, 곧 구경의 뜻인 단법을 통달하는 것이다.

    비록 무아의 견해를 갖추었으나 아집이 무거우며
    비록 두 가지 집착을 끊으려 하나 여전히 기뻐하고 근심하오니
    저와 더불어 저와 같은 악연의 중생들이
    원컨대 무아의 실상을 증하도록 가피해 주시기를 기도합니다.

5. 전승조사의 관상

    먼저 훌륭한 스승을 의지하여 가르침을 받들어 행하고
    중간에 백 가지 고행으로 실답게 수행하며
    최고의 비밀스런 뜻과 둘이 없는 스승의 전승을 얻으신
    비할 바 없이 뛰어난 스승의 발아래 정례하옵니다.

1) 전승조사 관상(구루요가)의 중요성

전체적으로 말하여, 한 종문의 정법을 수행하고자 생각하면 먼저 반드시 일체 법상法相을 구족한 한 분의 진정한 스승을 찾아야 한다. 그러한 후에 가르침에 의지하여 받들어 행하며, 스승에 대하여 참 부처님이란 생각을 일으키고 성심성의껏 스승에게 기도드리는 것은 매우 중요하다. 경에 말하되 "승의제는 신심을 의지해서 증오하는 것이다"라고 하였다. 이밖에 아띠샤 존자께서 일찍이 친히 말씀하셨다.

> 모든 법우들은 보리를 얻기 전에는 스승에게 의지하는 것이 필요하다. 그러므로 훌륭한 선지식에게 의지해야 한다. 실상을 증오하기 전에는 법을 듣는 것이 필요하며, 스승의 가르침을 자세히 들어야 한다. 일체 안락은 모두 스승의 가피이므로, 마땅히 스승의 은혜를 마음속에 간직해야 한다.

카락곰충 게쉐[186]께서 말씀하셨다.

> 스승은 이 세간과 출세간의 일체 성취를 이루신 분임을 반드시 인식해야 한다. 삼장을 통달했어도 만일 스승을 공경하지 않으며 스승에 대하여 헌신이 없으면 이익을 얻을 수 없다.

더욱이 밀종의 금강승은 일체 도법 중에 오직 홀로 스승이 중요한 위치를 점유하며, 그래서 모든 속부(딴뜨라 경론) 중에서 모두 전승조사

---

[186] 10~11세기 까담빠의 수행자.

의 관상(상사유가, 구루요가) 수행법을 강술하였다. 아울러 이 한 가지 수행법이 일체 생기차제와 원만차제를 수행하는 것보다 더 수승하다고 지적하였다. 속부에서 말씀하셨다.

어떤 사람이 구지겁(천만겁) 동안 십만의 본존을 모셔 수행하여도
한 찰나에 스승을 기억하는 수승함보다는 못하다.

이 자성대원만自性大圓滿인 닝틱(마음의 정수精髓)의 금강장승金剛藏乘의 관점은 하승(소승)의 사유를 의지하고 논리로 따지는 등의 방식으로 깊은 뜻을 결택하는 것과 같지 않으며, 하속부(하부 딴뜨라)의 공동 성취에 의지해서 구경의 수승한 성취를 얻는 것과 같지 않다. 또 기타 상속부(상부 딴뜨라)의 제3관정의 비유의 지혜를 통해서 승의의 지혜[187]를 바로 가리키는 것도 아니며, 오직 순금으로 된 실선과 같아 조금도 서언을 파한 녹슬음으로 오염됨이 없이, 오직 한 분의 수승한 깨달음을 갖춘 스승의 전승에 의지해야 한다고 생각한다. 이 스승을 진실한 부처님으로 보며,[188] 견고하고 변함없는 신심과 공경심으로써 맹렬하게 기도하여 자기의 범부마음과 스승의 지혜가 둘이 없고 다름이 없게 한다. 또한 스승의 가피가 전이됨으로써 깨달음이 제자의 마음속에 일어나게 한다.[189] 앞에서 인용한 바와 같다.

---

[187] 비유의 지혜는 지복과 공성이 결합한 지혜이고, 승의의 지혜는 각성과 공성이 결합한 지혜이다.
[188] 대원만 전통에서는 스승을 보통 스승으로 보지 않고 붓다의 법신으로 본다.
[189] 스승을 본존의 참 모습으로 수행하면 가피가 신속하고 성취가 빠르다.

마땅히 승의구생지(勝義俱生智, 본래 갖춘 승의의 지혜)는 오직 자량을 쌓고 업장을 청정하게 함과 증득함을 갖춘 스승의 가피에 의지할 것이니, 다른 법을 의지하는 것은 진실로 어리석은 줄 알아야 할 것이다.

사라하 존자께서도 말씀하셨다.

스승의 말씀이 어느 사람의 가슴에 들어가면 마치 손안에서 보배를 보는 것과 같다.

이밖에 전지법왕 무구광 존자께서도 일찍이 『허환휴식虛幻休息』에서 말씀하셨다.

생기차제와 원만차제 등 각 수행도의 본체를 관하여 닦는 것을 의지해서는 해탈이 가능하지 않다. 그것들은 행위(보살행)와 공덕의 개발(증상增相)[190] 등을 의지함을 필요로 하기 때문이다. 상사유가(구루요가)는 오직 도 자체의 본체인 전승조사의 관상만으로 능히 자신의 심식 가운데에 실상에 대한 증오가 생기게 하고 해탈을 얻을 수 있다. 그러므로 일체의 성도聖道 가운데 상사유가가 가장 심오하다.

『서언장엄속誓言莊嚴續』에서 말씀하셨다.

---

[190] 수도인이 현실생활에서 보리심을 실천하고 본인의 수행을 심화시키는 것을 말한다.

십만 겁 중에 상호를 구족한 본존을 부지런히 수행하는 것이, 찰나에 스승의 수승함을 생각하는 것만 같지 못하며, 진언을 염송하는 수행법을 천만 번 해도 스승에게 한 번 기도하는 수승함만 같지 못하다.

또 『아띠장엄속』에서 말씀하셨다.

크신 은혜의 스승을 정수리 위와 심장 사이에, 혹은 손바닥 가운데에서 관상하면 천 부처님의 성취공덕을 그도 또한 얻을 수 있다.

지존 괴창빠[191]께서도 말씀하셨다.

만약 상사유가(전승조사의 관상)를 닦으면 죄업을 제거하고 덕이 원만해진다.
……
비록 생기차제를 많이 닦아도 스승의 도를 닦는 것이 최상이며, 비록 원만차제를 많이 닦아도 성실하게 스승을 의지하는 것이 최상이다.

이밖에 디꿍곱빠 린뽀체[192]께서도 말씀하셨다.

---

[191] 괴창빠(果倉巴, 1189~1258): 까규빠의 8소 전승 가운데 하나인 둑빠 까규빠의 가르침을 널리 전한 성취자로, 히말라야 산 등지에서 고행하였다.
[192] 디꿍곱빠 린뽀체(哲貢炯巴仁波切, 1143~1217): 까규빠의 8소 전승 가운데 하나인 디꿍 까규빠의 창시자. 디꿍 사원을 세웠다. 제2의 용수보살로 추앙받으며, 73세 때 18만 명의 승중들을 거두어 각지에서 까규빠의 불법을 홍양하였다.

스승의 4신(법신, 보신, 화신, 자성신)인 설산 위로 공경한 믿음의 해가 아직 뜨지 아니하면 가피의 물 흐름이 내리지 않으리니, 부지런히 공경하며 믿는 마음을 수행해야 한다.

지존 랑릭래빠께서도 말씀하셨다.

만약 스승님께 기도하지 않으면 무분별의 지혜를 구해도 북쪽으로 향한 굴속에 앉아서 해를 기다리는 것과 같으니, 거기에는 경계와 마음이 융합[193]할 때가 없다.

그러므로 거짓 없는 실상을 깨달아 증득하는 것은 오직 공경하며 정성스러운 믿음의 마음으로써 전승조사의 관상(상사유가)을 닦는 데에 있다. 문득 자신의 심식 가운데 공경심을 일으키는 것 외에는 기타 어떠한 방법을 의지해도 깨달아 증득할 법이 없다.

나로빠 존자께서 비록 삼승에 정통한 빤디따(대학자)이시고 능히 일체 외도를 항복했으나, 비끄라마쉴라에서 북문을 지키는 빤디따를 맡았을 때 지혜 공행모가 그에게 말하되 "그대는 다만 문장만 정통했지 의미를 통달하지 못했으므로 여전히 스승을 의지해야 한다"라고 하였다. 이때 존자는 문득 공행모의 수기를 비추어 보고 천신만고를 다 겪으면서 띨로빠 존자를 의지하였다. 일정한 때에 이르러 스승은 그에게 말하되 "이렇게 강의를 하고 설명했건만 아직도 통달하지 못했구나"라고 말하고는, 문득 신발 밑바닥으로 그 이마를 때렸다. 그 결과 나로빠

---

[193] 현상과 마음이 둘이 아닌 공성을 깨달아 진실한 본성을 체득하게 된다.

존자의 심식 가운데 갑자기 실상의 깨달음이 생겼으며, 상사의 비밀한 뜻과 둘이 아닌 평등한 하나의 경계에 도달하였다.

전하는 말에, 아사리 성자 용수(나가르주나)가 한 방울 콧물을 흘리니, 그 제자인 용보리(龍菩提, 나가보디)가 전부 받아먹은 까닭에 수승한 성취를 얻었다고 한다.

이밖에 지명 무외주(릭진 직메링빠)께서도 또한 일찍이 친히 말씀하셨다.

> 나는 일찍이 제2의 붓다(무구광 존자, 롱첸빠)의 저서를 읽은 후에, 마음속으로 그 노인이 곧 진실한 부처님이라는 생각이 자연스럽게 생겨서 한마음 한뜻으로 정성스럽게 기도를 올려 존자님이 지혜 몸으로 섭수해주심을 입었다. 그로써 자아의 심식 가운데 자연 본래의 지혜가 생겼고, 이후로 나는 수백 명의 법을 구하는 자들을 인도해주기 시작했다. 그 가운데 정진을 갖춘 자는 출세간 선정을 얻었고, 지혜가 있는 자는 분별하고 관찰하는 갈래 길로 들어가지 않았다. 그들 모두는 진정으로 승의제의 깨달음은 완전히 스승에 대한 대단한 공경과 견고하고 성실한 믿음에 의지해서 얻는다는 것을 알았다.

대역경사 바이로짜나[194]가 걜모차와룽 지역에서 행각하는 동안에 80살 된 미팜괸뽀라는 노인 한 사람을 만났다. 스승은 참선하는 띠(禪帶)를 그 몸 위에 묶어주고 참선 지팡이(禪杖)는 그 허리 사이에 기대어

---

[194] 바이로짜나(貝諾紮那, vairocana): 산따락시따에 의해 티벳에서 최초로 출가한 7인 중의 1인이자 3대 역경사의 한 사람.

주고서, 그에게 전승조사의 관상 수행법을 전해주었다. 그 결과 그의 심식 가운데 번뇌를 곧바로 끊어(直斷, 까닥텍최)[195] 본래 청정한 밀의密意가 생겨났으며, 최후에는 무지개 몸을 성취하여 성불하였다.

그러므로 모든 구승차제九乘次第의 법문 가운데 이 전승조사의 관상보다 더 수승하고 심오한 수행법은 다시 찾아볼 수 없으니, 비록 이것을 가행도(예비수행)라고 부르나 실제상으로는 일체 정행도正行道의 궁극적인 요결이다. 만일 우리가 능히 언제 어디서든 오직 전승조사의 관상으로 수행의 핵심을 삼으면 다른 어떠한 수행이 없어도 된다. 그러므로 성심성의껏 힘을 다하여 전승조사의 관상을 수행하는 것이 가장 중요하다.

2) 전승조사의 관상 실제 수행법
(1) 복전을 분명하게 관함

정토를 관상하는 것[196]은 광대한 심력心力의 활동경계이다. 따라서 자기가 있는 장소를 모두 일체의 장엄한 법상法相이 원만하게 구족되고 광명이 사방에 두루 비치는 연화광蓮花光 궁전[197]으로 관상하며, 그것의 중앙에 자기 본체를 예쉐초갤(慧海) 공행모로 관한다.[198] 이와 같이 관상하는 것에는 세 가지 원인이 있다. 이것은 곧 관정법기灌頂法器가

---

[195] 모든 번뇌를 일시에 끊고 본래청정의 공성의 상태로 직입하여 법신을 성취하는 최상승법을 말한다.
[196] 마음이 청정하면 현재 인식하는 모두가 정토가 된다.
[197] 연화생 대사(구루 린뽀체)가 계시는 정토인 동색길상산.
[198] 상사유가에서는 자신을 본존인 바즈라요기니, 곧 예쉐초갤로 관상하며 머리 위에 연화생 대사를 관하면 그분들과 '성스러운 인연'이 만들어진다.

됨을 감당하며, 공락지혜空樂智慧를 생기게 하고, 스승으로 하여금 환희하여 섭수하게 하는 수승한 연기가 된다.

형상은 지존 금강유가모(金剛瑜伽母, 바즈라요기니)이고, 몸의 색깔은 맑은 홍색이고, 하나의 얼굴에 두 개의 팔과 세 개의 눈이며, 뚫어지게 바라보는 눈은 스승의 가슴을 절박하게 주시하고 있다고 관상한다. 이른바 '절박하게'란 말이 가리키는 것은, 한 번 스승을 보는 것이 비교할 수 없는 기쁨이어서 매우 조급한 상태를 말한다. 오른손은 공중을 향해 무명·우치·수면을 깨우는 해골로 만든 북(다마루)을 쥐고 흔들며, 왼손은 허리 부위에서 삼독을 제거하는 굽은 칼(彎刀, 디국)을 쥐고, 몸 전체는 나체인데 뼈로 된 장식품을 찼으며 꽃 타래를 둘렀다. 이 같이 나타나되 자성은 완연히 없으니, 마치 허공 가운데 무지개가 나타난 것과 같이 관상한다.

이어서 다시 정수리에서 화살대 길이 정도의 위쪽 허공중에 여러 가지 진귀한 보배로 이루어진 10만 개의 꽃잎으로 된 연화 방석 위에 해 바퀴(日輪)가 있으며, 해 바퀴 위에 달 바퀴(月輪)가 있고, 달 바퀴 위에는 그 본체가 삼세제불의 총집이자 비길 데 없는 대비보장大悲寶藏의 덕을 갖춘 근본스승께서 앉아 계신다. 그 형상은 우갠의 도르제창(大金剛持, 연화생 대사)이고, 몸의 색깔은 하얀 붉은 빛을 머금었고 윤택하게 빛나며, 얼굴은 하나인데 팔은 둘이고, 두 발은 국왕이 유희하는 자세로 앉아 계신다. 몸에는 큰 망토를 걸치고 법의와 주사의呪士衣를 입으시고, 머리에는 연꽃봉우리 모양의 모자를 쓰고 계신다.

연화생 대사 정수리의 이 모자는 세 가지의 같지 않은 형식으로 되어 있다. 즉 우갠국의 제2의 붓다이신 연화생 대사는 이미 아버지의 인因으로 말미암아 태어나신 것이 아니며, 또한 어머니의 연緣으로 말미암아 태어나신 것도 아니다. 서남쪽의 구유해具乳海 가운데 있는 연꽃의 꽃술 사이에서 단박의 각성(頓生覺性) 중에 탄생하셨으며, 아울러 나타나는 존재는 본래 기반이 원만히 이루어져 있음을 깨달았을 때, 당시의 모든 공행모가 연화부의 중요한 표시로 모자를 만들어 주었는데 그것을 '연꽃 봉우리 모자(蓮花苞帽)'라고 부른다. 연화생 대사가 8대 시다림 가운데서 금언수행을 하면서 행위가 선악의 범위를 멀리 여의었을 때, 모든 공행모가 공덕의 표시로 모자를 만들어서 주었는데 그것을 '사슴 귀 모자(鹿耳帽)'라고 부른다.

연화생 대사가 사호르 국에서 국왕 아르사다라에게 불태움을 당할 때 그 금강의 몸은 불에 침입을 당하지 않았고 전신이 나체로 드러나 밝게 빛나며 연꽃 가운데 앉아 계셨다. 당시 국왕은 놀라면서 아울러 신심을 내어 명령하되 "비단이 있는 보배창고의 문을 열어서 나의 모든 옷과 모자를 꺼내어 오너라!" 하고는, 일체의 귀한 옷과 장식과 국정과 권속을 모두 연화생 대사에게 공양하였다. 당시 국왕이 공경히 바친 그 모자를 '견해탈모見解脫帽'라고 부른다. 이를 달리 '연화를 보면 해탈하는 모자(蓮花見解脫帽)' 혹은 '5부의 꽃잎을 가진 모자(具瓣五部帽)'라고 부른다.

이 모자는 겉과 속이 두 겹으로 되어 있어 생기차제와 원만차제의 상응을 표시하며, 모자 끝이 세 갈래로 뾰족한 것은 삼신三身을 표시하며, 다섯 종류의 색깔은 다섯 몸(五身)[199]으로 중생을 이롭게 함을 표시한다. 해와 달은 지혜와 방편을 표시하며, 남색의 장식품은 삼매야가 무변하여 한계가 없음을 표시하며, 금강보정金剛寶頂은 삼마지가 부동

---

[199] 법신, 보신, 화신, 현증보리신, 부동금강신.

함을 표시하고, 독수리 머리의 깃털 장식은 견해와 증오가 극점에 도달하고 수행이 구경에 이르렀음을 표시한다.

연화생 대사의 오른손은 가슴 앞에 두어 계극인(契克印, 무드라)을 지으며 순금의 금강저를 쥐고, 왼손은 평안하게 죽음이 없는 지혜 감로의 장수보병長壽寶瓶을 쥐었는데, 병의 입구는 여의수如意樹로 장식 하였다. 연화생 대사의 좌측 옆구리 아래로 명비明妃인 공행불모가 숨겨져 있는 방식으로 카땀가(삼지창)를[200] 가지고 있으며, 카땀가의 끝에 있는 세 개의 송곳은 본체와 자성과 대비의[201] 세 가지를 표시하고, 마르고 촉촉하고 오래된 세 가지의 해골은 법신·보신·화신의 삼신을 표시하며, 아홉 개의 쇠고리는 구승차제를 표시한다. 다섯 종류의 색깔의 비단은 다섯 지혜(五智)를 표시하며, 죽은 사람과 산 사람의 머리털을 장식함은 8대 시다림 중에서 금행禁行으로써 모든 여자귀신(마모, 분노의 다끼니)과 공행모를 섭수한 것을 표시한다.

이어서 연화생 대사 주위로 다섯 가지 빗살무늬의 무지개 무리가 눈으로 주위로 둘러쌌으며, 중앙에 인도의 팔대지명八大持明[202]·티벳의 군신君臣 25존尊 등 광대하기가 바다같은 삼근본三根本과 호법신이 있고, 그들은 모두 범부를 뛰어넘어 성인에 들어간 형상으로 머물러 있음을 관상한다.

총체적으로 말하면, 전승조사의 관상을 수행하는 것에는 세 가지

---

200 끝에 3개의 두개골이 장식된 3지창으로 3독을 물리치는 천신의 권위를 상징한다.
201 3보와 3근본과 3신의 실체이며, 이 3신의 공덕들이 성취되어 있으므로 원만이며, 제법의 진실한 이치이므로 '대'라 하고 그래서 대원만이라 부른다.
202 만주스리 미뜨라, 나가르주나, 홍첸까라, 비말라미뜨라, 쁘라바하스띠, 다나산스끄 리뜨, 신땀가르바, 구햐찬드라.

다른 관상 수행법이 있다. 그중에 귀의할 때는 마땅히 귀의 대상 중의 여러 스승들께서 중첩한 방식으로 있음을 관상한다. 곧 연화생 대사의 머리 위에 일체 대원만의 전승상사가 중첩한 방식으로 앉아 있는 것을 분명히 관한다.

금강살타(도르제셈빠)를 염하며 닦을 때는 보배가 모두 집합되어 있는 방식으로 관상하고, 또 일체의 전승상사와 근본상사께서 금강살타 한 몸에 모인 것으로 관상하며, 전승조사의 관상을 닦을 때는 담장에 둘러싸여 있는 것처럼 관상한다. 즉 대원만의 모든 전승상사와 일체의 넓은 바다와 같은 삼근본과[203] 호법신이 연화생 대사를 둘러싼 것이 마치 많은 사람이 집회하는 것과 같이 편안히 앉아 있는 것으로 관상한다. 이어서 다음 게송을 염송한다.

애마호![204]
저절로 드러나는 본래 청정무변한 정토로
장엄된 동색길상산 가운데에서
자신의 몸을 바즈라요기니(금강유가모)로 관상하나니
얼굴 하나 두 팔, 붉게 빛나는 몸으로 만도와 두개골로 된 발우를 들고
두 발은 춤추는 자세로, 세 눈은 허공을 바라보면서
정수리에 10만 꽃잎의 연꽃 좌대, 일월 좌복이 겹쳐진 위에
귀의처의 총집합체이며 근본상사이신

---

[203] 상사(구루), 본존(이담), 공행(다끼니)를 말하고, 상사는 가피의 원천이고 본존은 성취의 원천이며 공행은 행위의 원천이다.

[204] 모든 현상이 청정하다는 인식에 대한 놀라움의 감탄사.

호수에서 태어난 화신, 금강의 연화생 대사가 앉아 계신다.
하얀 피부 불그레한 혈색에 투명하게 빛나는 동자상이며
몸에는 국왕의 망토를 차려 입고 안으로 가사를 수하시며
얼굴 하나에 팔은 둘, 왕의 편한 모습으로 앉아
오른손에는 금강저, 왼손에는 두개골 감로사발을 쥐고 계신다.
머리에는 꽃받침 가진 연꽃의 사슴 귀 모자 쓰고
왼쪽 옆구리에 대락과 공성의 수승한 명비를
감춘 형상으로 3지의 카땀가를 쥐시고
무지갯빛 명점의 빛다발 속에 앉아 계신다.

외부로 빙 둘러 오색 빛 무리로 장엄된 가운데
화현한 왕과 신하, 그리고 스물다섯 존자와
인도와 티벳의 성취자인 지명, 모든 성중
일체 공행모와 호법신들이 구름처럼 모여 계신다.

　문구의 뜻을 생각하며 분명히 관상하고, 그 다음 강하고 간절한 믿음과 공경의 마음을 일으켜 염송한다.

훔! 우갠 정토 서북쪽 변방지역
연꽃 줄기의 꽃술 좌대 위에서
희유하고 수승한 성취를 이루신 분
연화생으로 널리 호칭되시니
수많은 다끼니들에게 에워싸여 계시네.
우리도 당신 따라 수행하리니

부디 오시어 가피를 내려 주옵소서.
구루 빼마 싣디 훔!

염송을 마치면 즉시 동색길상산(銅色吉祥山, 상독뻴리 혹은 상두바리) 연화광 궁전 가운데 일체의 주체와 객체의 성중이 진실로 강림하시는 것이, 마치 물이 물 가운데로 흘러드는 것과 같이 자신이 관상하는 서언존자(근본스승)의 몸 가운데로 섞여 들어가 한 몸이 되는 것을 관한다.

(2) 칠지공

칠지공(七支供, 일곱 가지의 공양)은 다음 7가지로 나눈다. 정례지頂禮支, 공양지供養支, 참회지懺悔支, 수회지隨喜支, 청전법륜지請轉法輪支, 기청불입열반지祈請不入涅槃支, 회향지廻向支가 그것이다.

금강승의 도는 방편이 많고 어려움은 없으며, 근기가 예리한 상근기의 수행경계이다. 그러므로 광대한 마음의 힘을 갖춘 자는 자량을 쌓고 끊임없이 수행하는 것을 통해 한 찰나 가운데에서 일대겁 중에 쌓은 자량을 원만한 바라밀행으로 현증하여 금생에 문득 해탈을 얻는다. 따라서 무상밀종無上密宗의 복전 중에 가장 높은 것은 유일무이한 금강 아사리임을 가리킨다. 그렇기에 칠지공을 또한 전승조사의 관상 뒤에 이어서 강의하는 것이며, 자량을 쌓는 무량한 법문은 전부 칠지공 가운데 포괄된다.

① 아만을 대치하는 정례지
자신이 변화해서 무량 무수한 국토의 미진수가 되고, 끝없는 일체중생

또한 자기와 더불어 한 가지로 정례(절)한다고 관상하면서, 아울러 다음 염송을 외운다.

흐릉!
제 몸을 찰진 수만큼 변화시켜
가없고 한량없이 절하옵니다.

공동수행(예비수행)을 함에 50만 번을 다 채우지 않고 예비수행을 하는 사람은 정례와 귀의게 등을 합하여 수행해도 되는데, 왜냐하면 또한 이와 같은 수행 전통이 있기 때문이다. 하지만 진실한 정례수행은 이것이기 때문에 정례와 전승조사의 관상을 합하여 함께 수행하는 것이 가장 적합하다.

정례할 때 몸으로 정례하는 것은 몸으로 예배(절)하는 것을 가리키며, 말로 정례한다는 것은 입으로 정례의 문구나 혹은 기도문을 외우는 것을 가리키며, 뜻으로 정례한다는 것은 정성 가득히 공경스러운 마음으로 '스승이여, 당신은 알지 못하는 바가 없으시니, 저는 전심전력으로 당신을 의지합니다'라고 생각하는 것을 가리킨다.

아울러 나와 일체중생이 한가지로 몸과 말과 뜻의 삼문을 집중하여 지극하게 정례하는 것을 관상하는 것은 매우 중요하다. 만일 이렇게 하지 않고 예배하면서 한편으로는 이리저리 바라보면서 쓸데없이 지껄이고 마음이 안정되지 않아 우측 사람과 왕래하며 말을 주고받게 되면 곧 눈과 의식은 우측으로 쏠리게 되며 합장한 손이 좌측 볼에 닿게 된다. 좌측에서도 그와 같은 상황이 일어나면 눈과 의식도 좌측으로 쏠리고 합장한 손이 우측 볼에 닿게 된다.

그러므로 우리들은 마땅히 이와 같이 생각이 흩어지고 경계를 따라다니면, 몸은 동서로 엎드리고 굽히며 절을 하지만 자기의 몸만 수고롭게 괴롭히는 것일 뿐 어떠한 실제적인 의미도 없다는 것을 알아야 한다.

이뿐 아니라 정례할 때에는 두 손을 반드시 완전히 피려고 하는 연꽃 봉오리와 같이 할 것이며 절대 손바닥을 붙이거나 손가락 끝만 대어 합장해서는 안 된다. 『대해탈경』에서 말씀하신 것과 같다.

> 피어나는 연꽃 봉오리처럼 손을 정수리 위에 합장하고, 구름무더기처럼 무량한 몸으로 시방의 불보살님께 경례한다.

또 『공덕장』에서 말씀하신 것과 같다.

> 몸이 산란한 마음 따라 정례하는 것이 아니고, 손을 가슴 사이에 공경하는 모습으로 합장하는데, 합장은 마땅히 연꽃 봉오리와 같이 하며, 혹은 작은 성물함(가우)의[205] 모습을 지녀야 한다.

이어서 차례로 머리에 대고 합장함으로써 몸의 장애를 청정하게 하고, 내려와서 목 사이에 대고 합장함으로써 말의 장애를 청정하게 하고, 가슴 사이에 합장함으로써 뜻의 장애를 청정하게 하며 그 후에 오체투지를 한다. 오체는 이마와 두 손과 두 무릎을 가리킨다. 오체가 땅에 닿게 정례함으로써 오독 번뇌의 장애를 청정하게 하고, 몸·말·뜻·공덕·사업(행위)의 다섯 가지 가피 등을 얻는다. 몸을 일으킬 때는

---

205 티벳에서 사리, 짜차 등의 가피물을 담아 몸에 지니는 작은 성물함이며 '가우'라고 한다.

허리와 엉덩이는 꼿꼿하게 하며, 몸을 반듯이 세워 양손은 합장하며, 다시 이어서 앞에서 설명함과 같이 거듭해서 엎드려 예배한다. 만일 앞에 요구한 사항에 따라서 두 손을 정성껏 합장하지 않고 대충 하며, 무릎과 이마가 땅에 닿지 않고 다만 몸을 굽히기만 하고 일어날 때 허리 또한 바르고 곧지 아니하여 굽은 듯이 예배를 하는 동작은 모두 매우 공경스럽지 못한 정례 방식이므로 절대로 허락하지 않는다. 경에서 말씀하셨다.

  구부정하게 절하는 이 습관의 장래 과보는 곱사등이로 환생하니,
  곧 등에 큰 혹이 있는 난쟁이 꼽추로 태어난다.

  우리들은 공덕을 얻고자 희망하여 절하는 것인데, 만일 이와 같이 기형의 보기 싫은 모습이 된다면 절을 할 필요가 없다. 그러므로 절하는 숫자가 많지는 않아도 좋지만, 중요한 것은 한 번의 절을 하여도 정성을 다해서 여법하고 바르며 정확하게 해야 한다는 것이다. 만일 힘들이지 않고 가볍게 예배하려고 생각하여 산비탈이나 혹은 물건의 높이에 기대어서 예배하는 것은 조금도 실제적인 의미가 없다.
  요즘 시대의 몇몇 사람들은 스승을 친견할 때 먼저 한 번은 조금이나마 정식으로 예배한 후에 다시 몸을 굽혀서 두 번째로 반배를 한다. 그리고 이것이 중요한 인물에 대한 예배라고 말하여 지혜가 없는 대부분의 사람들도 자연스럽게 그것을 따라 배우지만, 이것은 매우 저속한 행위이다. 법을 구하는 자가 되어서, 심지어 예배하는 방식에 대해서 이해하지도 못하면 반드시 스승의 앞에서 배워 듣고 이해할 필요가 있으며, 이해한 후에는 언제 어디서든 생각생각에 잊지 말고 실제로 응용해서

행동해야 한다. 비록 이 같이 간편하여 쉽게 실행할 수 있으며 간단하고 쉽게 이해할 수 있는 법이지만 실제로 행하지 않으면 불법을 구하는 데 있어서도 어떠한 실질적인 의미나 결과도 없다. 그러므로 법을 구하는 자는 몸으로 한 번 예배하는 것을 포함하여 일체의 행위가 모두 정법을 이해하지 못하는 사람들보다 훨씬 뛰어나야 한다.

이전에 밀라래빠 존자께서 응옥빠 상사의 면전에 와서 법을 구할 때 응옥빠 상사가 많은 승려들 앞에서 '이관찰속(二觀察續, 헤바즈라딴뜨라)'을 강의하고 있었다. 밀라래빠 존자는 먼 곳에서 예배를 올렸다. 응옥빠 상사 또한 매우 기뻐하며 모자를 벗어서 예배를 받으며 말하였다.

"법문을 강의하는 사이 잠깐 쉬는 인연 또한 매우 좋구나. 저쪽에 예배하는 사람은 품격이 로닥에 있는 마르빠 존자의 전승을 받은 예배방식이니, 가서 그가 누구인지를 물어보아라!"

본래 스승께 의지하여 법을 구하는 것은 마땅히 옷감을 염색하는 것과 같이 이전과는 완전히 달라야 한다. 성자인 스승의 행위가 어떠하든 제자도 마땅히 이치에 맞게 따라 배워야 한다. 예를 들어 천조각을 염료에 넣으면 비록 물드는 빛깔이 좋고 나쁜 차별은 있지만, 천조각을 염료에 넣기 전과 비교하면 그 색깔이 완전히 다르다. 요즘의 사람들은 수백 번이나 법을 구한다고 하여도 스스로의 심식이 이전과 비교해서 털끝만치도 변함이 없으며, 행동하는 바가 세간 사람과 조금도 차이가 없다. 이러한 사람을 '불법의 뺀질이'[206] 혹은 '서언을 무너뜨린 사람'이라고 부른다. 이른바 불법은 악한 사람을 조복시킬 수 있지만 불법의 뺀질이는 조복할 방법이 없으며, 뻣뻣한 가죽은 기름으로 부드럽게

---

[206] 법을 많이 듣기만 하고 믿음과 수행이 없어 스승을 마치 스스럼없는 친구처럼 대하는 둔하고 고집스러운 사람이다.

하나 버터를 담았던 포대는 기름으로 부드럽게 할 수 없다.[207]

이러한 종류의 사람들은 비록 이미 선법의 얘기나 죄업의 과보에 대해 들었고 부처님의 공덕 등에 대해서도 듣지만, 다만 하나같이 그렇게 말하는 것일 뿐이라고 여기며 심식 가운데 근본적으로 조그마한 바른 견해와 신심도 일으키지 못한다. 비록 원만한 깨달음이 저절로 그에게 임한다 해도 어떠한 작용도 일으키지 못한다. 이에 대해 연화생 대사께서는 "불법의 뺀질이 무리들을 받아들이지 말라. 서언을 파한 도반을 가까이하지 말라"고 말씀하셨다.

그러므로 한 마디 정법의 의미를 알았어도 자기의 심식 가운데 녹아들어서 실제로 수행할 줄을 알아야만 한다. 우리들이 스승을 의지하는 목적은 스승의 몸과 말과 뜻의 행위를 관찰해서 그대로 본받아 따라 배우는 것이다. 세간의 전하는 말에 "일체의 일은 모방에서 오며, 모방하는 가운데 방법이 생긴다"라고 말한 것과 같다. 스스로의 심식 가운데 스승이 가지고 있는 안팎의 비밀한 공덕을 받아 지녀야 하니, 마치 진흙으로 만든 탑이나 작은 불상을 형틀에서 꺼내는 것과 같다.

본래 정례라는 것은 또한 일종의 공경하고 존중하는 형식이다. 그래서 정례의 방법 또한 종류가 다양하고 각 지역마다 정례의 방식도 일정하지 않지만, 여기서는 스승께서 불경에 비추어 정례의 방식을 가르치신 것이다. 만약 자기가 이러한 이치를 분명히 알면서도 도리어 가벼운 마음으로 기회를 엿보아 적당히 행하며, 혹은 오만방자한 자세로 성실하게 정례하지 아니하면, 이것은 공경하지 않고 대상을 경시하는 태도로 정례하는 것이 된다. 이 때문에 세금을 낼 때의 모습과 같이

---

[207] 교리의 지식만 많은 사람은 모든 가르침을 다 안다고 자만하여 가르침을 더 받아들이지 않는다.

흉내 내는 정례는 다만 자기에게 후환만 가져올 뿐 어떠한 필요도 없음을 알아야 한다. 반대로 여법하게 정례를 진행하면 곧 공덕이 무량하다.

예전에 한 비구가 부처님의 머리털과 손톱을 모셔둔 불탑에 정례하고 있었는데, 아난존자가 부처님께 그 정례한 공덕을 여쭈니 부처님께서 대답하시되 "그가 이 같이 정례를 한 번 하면 자기 몸 아래 덮여 있는 면적에서부터 금강대지金剛大地에 이르기까지 모든 먼지 수량만큼의 전륜왕위를 얻는데, 이는 그렇게 예배한 공덕의 변두리에도 미치지 못한다"라고 하셨다. 이밖에 경에서도 말씀하셨다.

> 부처님의 무견정상無見頂相[208]은 존경하는 스승께 마땅히 공경을 다하여 정례하는 것에서 생긴 것이다.

정례는 바로 구경원만정등각의 무견정상을 이루는 원인인 것이다.

② 공양지

공양지(供養支, 공양 올림)는 앞의 만다라 공양에서 설명한 바와 같이, 실제로 자기가 가지고 있는 재산을 올바르고 여법하며 청정한 방식으로, 인색함에 구속됨이 없고 가식적인 것도 없으며, 오만하게 과시하는 마음도 없이 바르게 차려놓아 그것을 소연의 대상경계로 삼는다.

이어서 꽃·향·버터기름 등·향수·공양드릴 음식 등을 관상하며, 무량궁전·지방의 건축물·경당經堂·전륜왕의 칠보·팔길상 휘장과 16

---

[208] 무견정상無見頂相: 여래 32상의 하나로 부처님의 머리끝에 있는 정골頂骨이 솟아올라 상투처럼 된 것을 말한다. 사람이나 천인들의 눈으로는 바로 볼 수 없다.

금강천녀 등의 노래와 춤과 특이하게 연주하는 악기 등 허공과 대지에 있는 일체의 공양물을 보현보살의 변화시켜 공양(幻變供養)하는 방식을 따라서 공양하는 것으로 관상하며, 또한 보현보살의 삼매력에 의지해서 자기의 마음 사이에 백천 구지百千俱胝의 한량없는 국토의 먼지 수만큼 여러 가지 색깔의 빛살을 방사하며, 각각 하나의 빛줄기 끝마다 각각 앞에서와 같이 보현보살과 동일한 한 분이 변화해 나타나며, 그들 각각 한 분의 심장 사이에 또한 앞에서와 같이 빛살이 방사되며, 아울러 빛줄기마다 또 무수한 불가사의한 보현보살이 변화하여 나타난다. 그들 각각의 한 분 또한 모두 불가사의한 무량무수의 공양물로써 시방의 부처님께 공양을 올리니,[209] 이것이 이른바 "보현의 공양구름무리(普賢雲供聚)"이다.

이와 같이 자기의 마음을 다하여 할 수 있는 대로 마음으로 변화시킨 공양(意幻供養)을 올리며 아울러 다음을 염송한다.

차려놓은 공양물은 선정에서 마음으로 변화시킨 공양물이니
현존하는 모든 것을 공양의 인(印, 무드라)으로 공양 올립니다.

만약 자기가 공양 올릴 능력을 갖추었으면 제불보살께서는 받을 능력을 갖추고 있다. 따라서 우리들은 이 세간에 있는, 주인이 있거나 주인이 없는 인간계와 천상계의 모든 재물을 마음으로 변화시켜 공양물로 삼을 수 있다. 만약 자기가 큰 공양 능력을 갖추고 있으면 곧 얼마든지 변화해서 공양할 수 있다. 자량을 원만히 하는 것으로 말하면, 이러한

---

209 보현보살은 선정의 힘으로 당신의 공양물을 무한히 증가시킨다.

마음의 관상으로 변화시킨 공양은 실제의 재물로 공양하는 것과 털끝만큼도 차별이 없다. 그러므로 자기에게 공양할 공양물이 없다고 생각할 필요가 없이 실로 때와 장소에 따라서 다른 사람이 가진 일체 공양물이나, 혹은 현재에 눈으로 보는 모든 재물을 자신이 마음속으로 가져와 먼저 삼보에 공양하거나 근본 전승상사에게 공양을 올린다고 관상한다. 심지어 길가에 끊임없이 흐르는 맑은 시냇물을 보거나, 혹은 꽃이 평원에 가득 피어 있는 것과 같이 마음을 기쁘게 하는 어떠한 것이라도 모두 뜻으로 생각해서 삼보에 공양하면 알지 못하는 사이에 자연스럽게 자량을 원만히 하니, 우리는 반드시 이 같이 관상해야 한다.

③ 참회지懺悔支

무시이래로부터 윤회하며 지금에 이르기까지 자기가 기억하거나 기억하지 못하는, 지은 죄들을 드러내어 매우 간절하게 참회한다. 곧 몸과 말과 뜻의 삼문으로 지은 십불선업·오무간죄·오무간에 가까운 죄·사중죄·여덟 가지 삿된 죄(八邪罪) 및 삼보 재물을 약탈한 죄 등의 일체를 드러내어 참회하며, 지금부터 이후로는 영원히 다시 짓지 않겠다고 매우 통절하게 결심한다. 이전에 금강살타를 염송하며 닦는 인도문 가운데 강의한 것과 같은 네 가지 대치력을 분명하게 관하며 참회한다.

이어서 일체 죄장이 자기의 혀끝에 모여 검은 덩어리가 되며, 복전(귀의 대상)인 성인 무리의 몸과 말과 뜻으로부터 방사되어 나오는 빛줄기가[210] 그 검은 덩어리를 비추어, 이로써 오염된 때를 씻어내듯 죄장을 청정하게 함을 관상한다. 그 뒤에 다음을 염송한다.

---

210 이마에서 나온 하얀 광선은 몸, 입의 붉은 광선은 말, 심장의 푸른 광선은 뜻을 나타낸다.

몸과 말과 뜻으로 지은 모든 불선업을
　　광명계의 법신 안에서 참회하옵니다.

④ 수희지

질투를 대치하는 수희지隨喜支에서는 모든 부처님께서 중생을 이롭게 하기 위하여 크게 법륜을 굴리신 것과 일체 보살께서 널리 행하신 것, 일체중생이 복덕과 해탈의 선법을 따르는 것, 자기가 과거에 쌓았던 것과 지금 짓는 것과 장래에 반드시 행할 일체의 선근에 대해 모두 성심성의껏 큰 기쁨으로 따라 즐거워한다. 아울러 다음을 염송한다.

　　두 가지 진리에 포함된
　　일체의 선업 자량을 따라 기뻐합니다.

　구체적으로 말하면, 구승차제의 일체법은 세속과 승의의 두 가지 진리 가운데 포괄되지 않는 게 없다. 그러므로 우리는 마땅히 두 가지 진리에 포함되는 자신과 일체중생의 유루와 무루의 모든 선법을[211] 따라 기뻐하는 것이다. 이와 같이 따라 기뻐하는 공덕은 무량하다.
　이전에 승광왕(勝光王, 빠세나디 왕)이 세존과 그 제자들을 청하여 네 달 동안 식사공양을 보시하였고, 아울러 일체의 필요한 생활용품을 공양하였다. 당시에 한 가난한 거지 여인이 마음속으로 '이 승광왕은 과거에 쌓은 복덕의 힘으로 말미암아 이와 같이 부귀영화를 누리는 군왕이 되었으며, 또한 석가모니 부처님과 같은 수승한 복전을 만나서

---

[211] 선근의 측면에서 모든 복덕자량은 유루이고 모든 지혜자량은 무루이다.

지금 이 같이 광대한 복덕자량을 쌓으니, 실로 매우 희유하다'고 생각하였다. 그가 이 같이 완전히 자기 내면의 마음으로부터 수희하는 마음을 내어 무량한 복덕을 얻었다. 세존께서는 이를 아시고 난 후, 저녁 무렵에 공덕을 회향할 때에 국왕에게 물었다.

"그대가 쌓은 이 복덕 선근은 당신 자신에게 회향하겠는가, 아니면 그대와 비교해서 복덕을 더 많이 얻은 사람에게 회향해 주겠는가?"

국왕이 말하였다.

"누군가의 선근이 크다면 그에게 회향해 주십시오."

이에 세존께서는 그 가난한 여인의 이름을 부르면서 공덕을 회향하셨다. 3일 동안 계속해서 이와 같이 회향을 하셨다. 이 때문에 승광왕은 매우 기분이 안 좋아 여러 신하들과 더불어 상의했다. 국왕이 물었다.

"어떻게 하여야 세존께서 이 같이 회향하지 않게 할 수 있겠는가?"

신하들이 상의하며 대책을 강구하여 말하였다.

"내일 세존께서 그 제자들과 함께 와서 공양을 받을 때 많은 음식을 그릇에 담아줘서 밖으로 넘치게 한 후, 만일 그 가난한 여자가 와서 주워 먹으면 우리가 그를 때리면 반드시 좋은 효과가 있을 것입니다."

이와 같이 상의하고 다음날이 되었다. 공양한 사람에게 수희한 마음을 낸 가난한 여자가 와서 넘친 식품을 주워 먹을 때 시종에게 이끌리며 구타를 당하자 자기도 모르게 화를 내었고, 그 결과 선근을 파괴하였다. 그날 부처님께서는 국왕의 이름을 부르면서 회향을 하였다.

그러므로 선과 불선의 차별은 털끝만큼도 행동거지에 있지 않고, 오직 자기의 한 덩어리 마음에 의해서 정해진다. 바로 이전에 서너 번 강조한 것과 같이, 이 점에 관하여는 부처님께서 『교왕경教王經』에서 말씀하셨다.

다른 사람이 선법을 행하는 것을 보면 마땅히 청정한 마음상태로 다른 사람의 일체 선한 행동을 보고 성심성의껏 기뻐하고, 아울러 그 선근을 지니어 원만한 보리에 회향해야 한다. 이와 같이 하면 그대에게 쌓인 자량은 경쟁심으로 다른 사람의 선행을 대하거나, 오만한 마음으로 자신도 이 같이 선행을 할 수 있다고 생각하는 등 겉모양을 지어 수행하거나, 현세의 명예를 구하거나, 세간팔법의 독한 기운이 스민 광대한 선법을 멀리 초월하게 된다.

또한 착메 린뽀체[212]께서 말씀하셨다.

다른 사람이 선을 행함을 들었을 때 불선한 질투심을 버리고 환희심으로 수희하면 동등한 복을 얻는다.

『휘집경彙集經』[213]에도 말씀하셨다.

삼천대천세계와 수미산은 가히 측량할 수 있으나, 선근을 수희하는 공덕은 가히 측량할 수 없다.

---

212 착메Chagme 린뽀체는 연화생 대사의 25명의 마음의 제자 중 한 분인 걜와 최양 Gyalwa Chö Yang의 화신으로, 16세기경에 티벳불교의 두 전통인 까규빠와 닝마빠의 전통을 하나로 융합한 성취자이다. 이후로 현재까지 9대에 걸쳐 착매 린뽀체의 툴쿠(환생불)가 나타났다.
213 『반야섭송攝頌』, 『섭공덕보경』을 말하며 불타께서 방대한 반야경의 요점을 총괄하여 설하신 반야경의 정화이며, 이 경전을 불단에 모시거나 몸에 지니기만 해도 공덕이 한량없다고 한다.

이 때문에 말하되, 이와 같이 수희하는 것은 반만 행해도 배로 공덕을 얻는 법이라 하였으므로, 우리들은 마땅히 언제 어디서나 수희를 실천해야 한다.

⑤ 청전법륜지

청전법륜지請轉法輪支는 법륜을 굴리시기를 청하는 것[214]이다. 불·보살·스승·선지식 등 광대하게 남을 이롭게 하는 중임을 맡을 수 있는 분들께서 중생의 삿된 행과 근심과 수고롭게 하는 행동에 대해 싫어하는 마음을 내어 경을 강의하고 법을 설하는 것을 그치고 고요한 경계에 머물고 계신다고 관상한다. 자신이 그분들 앞에서 백천 구지의 무수한 신체를 변화시켜 법륜과 보배 등을 공양하며 그분들이 법륜을 굴리시기를 청하는 것을 관상하면서 다음을 염송한다.

항상 삼승의 법을 굴려주시기를 청하옵니다.

종합적으로 말하면, 일체 불법은 성문·연각·보살의 삼승 가운데에 포함된다. 그것을 다시 9가지로 나누면 모아서 끌어 인도하는 바깥 삼승(外三乘)인 성문·연각·보살의 삼승, 고행으로 밝게 깨닫게 하는 안의 삼승(內三乘)인 곧 사(事, 끄리야)·행(行, 우빠)·유가瑜伽, 방편을 따라 행하는 비밀의 삼승(密三乘)인 마하·아누·아띠요가로, 모두 9승이 있다. 교화할 중생을 조복하기 위해서 그분들이 널리 이에 상응하는 법륜을 굴려 주시기를 청하며 기도한다.

---

214 청전법륜은 무지에 대한 대치법이다.

⑥ 기청불입열반지

기청불입열반지祈請不入涅槃支는 열반에 들지 마시기를 청하며 기도하는 것[215]이다. 세계나 혹은 기타 모든 국토 가운데서 어떤 스승이나 불보살께서 이미 중생을 이롭게 하는 사업을 완성하고서 열반에 들려고 준비하는 때에, 그분들 앞에서 과거에 쥔다(珍達) 우바새가 세존께 세상에 머무르시기를 간청한 것과 같이 자신도 수만 개의 몸으로 변화의 몸을 나타내어 모든 성자들에게 윤회가 다하지 않는 한 계속하여 세상에 머물러서 중생을 제도해주시기를 간청하는 것을 관상한다. 그리고 다음 게송을 염송한다.

윤회계가 텅 비기 전까지
열반에 들지 마시고 세상에 머무시기를 간청하옵니다.

⑦ 회향지

회향지廻向支는 현재의 선법이 위주가 되어 나와 남이 삼세 동안 쌓은 일체 선근을 문수동자가 회향한 것과 똑같이 무연의 지혜로써 인증하여 일체중생에게 회향하는 것이다. 아울러 다음과 같이 염송한다.

삼세 동안 쌓은 모든 선근을
광대한 보리의 인因에 회향하옵니다.

언제 어느 곳에 있든지 어떠한 크고 작은 선근이든지 간에 끝맺을

---

215 이는 잘못된 견해에 대한 대치법으로, 스승이나 도반의 장수를 기원함은 수명의 장애를 제거하는 깊은 수행방편이다.

때에 회향을 하는 것을 잊어서는 안 된다. 만일 이 같이 회향하지 않으면 이루어 놓았던 일도 그 과보가 한 번만 이루어지고는 없어진다. 만일 구경에 보리를 얻는 인으로 회향하면 백 번이나 선의 과보를 받아도 그 선근은 원만한 정등각의 과위를 얻기 전까지는 전혀 없어지지 않으며, 도리어 날로 더해진다. 『혜해청문경慧海請問經』에서 말씀하신 것과 같다.

> 물방울이 큰 바다 가운데 떨어지면 바다가 마르지 않는 한 그것도 다하지 않는다. 보리에 회향함 또한 그와 같아서 대해탈을 얻을 때까지 그것은 다하지 않는다.

마찬가지로 자기가 성문이나 연각이나 원만보리 등의 구경과위를 얻는 것을 바라는 것도 좋고, 선도인 인천人天의 몸을 얻거나, 장수하며 상호가 단정한 등 잠시의 과보를 희망하는 것도 좋다. 하지만 어떠한 목적을 위해서 이루어 놓은 선근은 최후에는 모두 보리를 위해서 회향해야 한다. 디궁꼽빠 린보체가 말씀하신 것과 같다.

> 두 자량의 여의보를 만약 발원을 통해 연마하지 않으면 과보를 구해도 생기지 않으니, 그러므로 마땅히 부지런히 회향해야 한다.

그러므로 자기가 행한 선법이 원만 보리의 인이 될지 안 될지는 모두 회향의 힘에 의해서 결정된다. 아무리 많고 큰 유위의 선법을 쌓았어도 다만 회향으로써 인증함이 없으면 해탈도에 들지 못한다. 캄빠룽빠 게쉐께서 진실하게 말씀하신 것과 같다.

일체 유위의 선법은 무기無記이니[216] 중생에게 회향해야 바야흐로
광대한 이익을 얻는다.

마찬가지로 자기의 부모나 친척 등을 위하여 법사를 짓거나 죽은 자의 이익을 위하여 불사를 지으면서 그들에게 회향하지 않으면 그들은 이익을 얻지 못한다. 그들에게 회향하면 곧 바라는 바의 이익을 얻는다.

예전에 광엄성(廣嚴城, 바이샬리)의 사람들이 다음날 세존을 청해서 점심식사를 공양하려고 하였다. 청하러 온 사람들이 떠난 후에 오백 명의 아귀가 세존의 앞에 와서 청하여 말했다.

"내일 광엄성의 사람들이 세존과 제자들에게 점심을 공양하는 선근을 저희들에게 회향해 주십시오."

세존께서는 분명하게 아시면서도 물으셨다.

"너희들은 도대체 누구인가? 광엄성 사람들의 선근을 무엇 때문에 너희들에게 회향해 주겠는가?"

그 아귀들이 대답하였다.

"저희들은 광엄성 주민들의 부모이며, 과거에 인색한 행의 업으로써 환생해서 아귀가 되었습니다."

세존께서 말씀하셨다.

"그렇다면 내일 회향할 때 오면 우리들이 회향해 주겠다!"

아귀들이 말하였다.

"저희들이 이 같이 하열한 몸이 되어서 매우 부끄러움을 느끼므로 감히 갈 수 없습니다."

---

[216] 중생의 유루선근은 능소를 초월하지 못하므로, 선행의 결과를 모든 중생을 해탈하게 하는 무루선근에 회향하지 않으면 지은 선근은 소멸된다.

세존께서는 꾸짖어 말씀하셨다.

"너희들이 악업을 지은 때부터 본래 부끄러워해야 했거늘, 그때는 너희들이 부끄러움을 몰랐다가 현재 환생해서 하천한 몸이 되어서 부끄러워하면 무슨 소용이 있겠는가? 만일 오지 않으면 너희들에게 회향해줄 방법이 없다."

아귀들이 말하되 "그렇다면 저희들은 반드시 가겠습니다"라고 하고 떠나갔다.

그 다음날 회향할 때에 그 오백 명의 아귀가 앞에 와서 선근을 그들에게 회향해 주기를 청했다. 광엄성 사람들은 놀래서 달아나려 하였다. 세존께서 말씀하셨다.

"여러분들은 놀랠 필요가 없다. 이 중생들은 그대들의 부모가 환생한 아귀라고 그들이 말했다. 그러므로 장차 선근을 가져서 회향해줄 수 있겠는가?"

사람들이 대답하였다.

"이미 이와 같을진대, 어떠하든지 간에 그들에게 회향해 주십시오."

세존이 곧 회향하시며 말씀하시되, "이 보시한 모든 선근이 원컨대 아귀들을 이롭게 하며, 아귀들의 하급한 몸을 벗게 하여 선도의 즐거움을 얻도록 하라"고 하시자, 그 결과 아귀들은 죽은 후에 모두 33천에 환생했다.

이밖에 지존 밀라래빠께서 일찍이 말씀하셨다.

산간에서 고요하게 수행하는 행자와 공양을 하는 시주는 함께 성불의 인연을 갖췄으니, 그 인연의 정화는 곧 선근의 회향이다.

이와 같이 회향을 하여 원만 정등각의 인을 이루기 위해서는 반드시 삼륜무연三輪無緣의 지혜를 거두어 지녀야 한다. 그렇지 않고 만약 삼륜에 실로 집착하여 오염에 물들면 곧 '독을 갖춘 회향'이라고 부른다. 『회집경』가운데 말씀하셨다.

독이 섞인 보기 좋은 음식을 먹는 것과 같으니, 정법에 대한 인연(분별)도 또한 이와 같다고 부처님께서 설하셨다.

이른바 '삼륜'은 회향되는 선근과 그것을 회향하는 보특가라(사람)와 회향하는 대상경계 이 세 가지를 말한다. 삼륜은 실다움이 없는 지혜를 증오함으로써 거두어 지니는 진실한 독이 없는 회향이다. 범부의 지위에서는 근본적으로 이를 행할 방법이 없으므로 우리는 응당 과거에 제불보살이 어떻게 회향하였는지를 관상하여 우리도 이와 같이 회향해야 하니, 이와 같이 회향하면 삼륜이 청정한[217] 회향과 차별이 없다. 『삼십오불참회경三十五佛懺悔經』가운데서도 말씀하셨다.

과거 모든 부처님께서 이와 같이 회향하신 것처럼
미래에 모든 부처님께서 이와 같이 회향하실 것처럼
현재의 모든 부처님께서 이와 같이 회향하시니
저 또한 이와 같이 회향합니다.

「보현행원품」에서 말씀하신 것과 같다.

---

217 행위자와 행위의 대상, 행위가 자성이 없이 공한 경지.

문수사리보살의 용맹하고 크신 지혜와
보현보살의 지혜와 행원에 사무치고자
제가 지금 그분들을 따라
항상 배우고 모든 선근을 회향합니다.

이로 보면 선법이 원만보리의 원인인 확실한 요결을 이루도록 하는 것은 오직 회향으로써 도장을 찍는(印持) 이 맺음의 행위(結行)에 의지한다. 그러므로 마땅히 시시각각으로 정진하며 회향해야 한다.

(3) 전심으로 기도함

전심으로 기도하며 아울러 사금강四金剛[218]의 본체를 수지한다. 즉 길상보호주인 수승한 스승은 일체 깨달음의 정토의 주존이신 헤루까[219]의 본체인 것을 수행하고[220] 관정을 원만하게 구족한다. 스승을 눈으로 보며, 존호를 귀로 듣고 기억하고 접촉함만으로도 해탈의 종자가 심어지니, 스승은 모든 부처님 사업을 짓는 분이시므로 네 번째 보배(第四寶)라 불린다.

우리들 자신의 입장에서 말하면, 스승은 일생 동안 능히 해탈을 성숙시키는 깊은 도를 열어주시며, 완전히 대비의 가피와 강력한 방편을

---

218 사금강四金剛: 성취해야 할 네 가지 금강을 말한다. 첫째는 청정한 맥(脈, 나디)인 금강의 화신, 둘째는 청정한 풍(風, 氣, 쁘라나)인 금강의 말씀(보신), 셋째는 청정한 마음인 금강의 마음(법신), 넷째는 청정한 본성인 금강의 자성신이다.
219 헤루까Heruka: 빠드마쌈바와(연화생 대사)의 분노의 화신.
220 확고한 믿음과 공경심으로 스승께 간절히 기도함으로 성취를 얻는다. 스승께 헌신하는 첫째는 스승이 붓다임을 앎이며, 스승의 몸은 색신이고 마음은 법신이며, 스승은 법성과 원초적 지혜가 쌍운을 이루신 분이라는 것이다.

통해서 자신을 금강지(金剛持, 바즈라다라)의 경지로 올려주신다. 그러므로 자기로 봐서는 그 은혜가 부처님보다 더 크다. 공덕의 측면으로 따져보면, 진실로 비밀한 뜻은 넓고 크기가 허공과 같으며, 지혜가 무량한 것은 바다와 같고, 비심悲心이 맹렬한 것은 폭포수와 같으며, 자성이 견고한 것은 산과 같고, 대중을 평등하게 보는 것은 부모와 같으니, 그 낱낱의 공덕은 헤아리기 어렵다.

그러므로 오직 스승을 의지해 기도하는 것은 여의보배와 같이 노력하지 않는 가운데서 꿈에도 그리워하는 일체의 실지(성취)를 얻을 수 있다. 마땅히 마음속으로 생각하되 '저는 여의보배인 스승님 당신께 의지하며, 당신의 과위를 바라며, 오직 당신을 향하여 수행합니다'라고 하며, 은덕에 감사하는 마음으로 가득 차서 눈물을 흘리며 수지한다. 처음 실지(성취)를 수지할 때 다음을 염송한다.

  지존이신 연화생 대사님
  당신은 모든 부처님의 총체이십니다.
  널리 대비의 가피를 내려주시는
  일체 유정의 유일한 의지처
  저 자신의 의식과 마음과 가슴을
  털끝만큼의 망설임없이 당신께 공양 올립니다.
  지금부터 보리를 얻기 전까지
  선악과 고락, 귀천 등을
  모두 지존이신 연화생 대사님께서 아시는 까닭입니다.
  옴 아 훔, 벤자 구루 빼마 싣디 훔

매 백 번 염송했을 때마다 사이에 전과 같이 "지존이신 연화생 대사님……"을 염송한다. 이와 같은 염송을 절반 정도 염송했을 때, 다시 '실지'를 기원하며 매 백 번 연화생 대사 심주를 염송하는 중간에 다음 게송을 한다.

저는 희구할 곳이 달리 없습니다.
지금과 같이 오탁악세의 중생들은
참기 어려운 고통의 늪 가운데 빠져 있으니
존귀하신 대사님께서 이 고통에서 구해주시길 원하옵니다.
네 가지 관정으로 가지하여 주시는 분이시여!
지혜의 증득을 주시는 대비하신 분이시여!
두 장애를 제거하여 깨끗이 해 주소서, 큰 힘 지니신 분이시여.

(4) 네 가지 관정받기

그리고 실지를 구하여 기도할 때 네 가지 관정을 받는 것을 관상한다. 곧 상사의 백호 사이에서 수정과 같은 빛나는 "옴(ॐ)"자로부터 빛이 나와 자기의 머리 위로 들어오며, 이것에 의해서 살생·도둑질·사음의 세 가지 신업을 정화하고, 능히 몸에 맥의 장애를 이루는 것을 제거하며, 스승으로부터 신금강身金剛의 가피를 얻고, 그로부터 심식 가운데에 화신 과위의 인연을 얻어 가진다. 이어서 스승의 목구멍 사이에 홍련화와 같은 찬란하게 빛나는 "아(आः)"자로부터 붉은 빛이 방광하여 자기의 목구멍으로 들어옴을 관상한다. 이것에 의지해서 망어·이간어·악어·기어의 네 가지 업과 언어를 더하는 풍의 장애를 제거하며 어금강語金剛의 가피를 얻고, 마음속에 원만보신의 과위의 인연을 얻는다고 관상한다.

또 상사의 심장 사이에 허공과 같은 색깔의 옅은 남색의 "훔(ཧཱུྃ)"자가 방광하여 자기의 심장 가운데로 들어와 이를 의지하여 탐심·해심害心·사견의 세 가지 의업意業과 능히 의식을 더하는 명점明點의 장애를 정화한다. 그리하여 스승으로부터 의금강意金剛의 가피를 얻고, 심식 중에 법신과위를 얻는 인연을 얻는다고 관상한다.

다시 스승의 가슴 사이의 "훔"자 가운데 유성같이 출현하는 제2의 "훔"자가 자기의 마음과 더불어 섞여서 한 몸이 됨을 관상한다. 그로부터 삼문이 의지하는 바인 아뢰야의 업과 소지장所知障을 제거하여 청정하게 하며, 스승의 지혜금강의 가피를 얻고, 심식 가운데 구경의 과인 본성신本性身²²¹의 과위를 얻는 연분을 가진다. 최후에는 자기의 범부의 마음과 스승의 지혜가 차별 없고 둘이 아닌 하나가 되어 선정에 든다. 자리에서 일어날 때는 다음과 같이 염송한다.

    수명이 다해 목숨을 마치는 어느 때
    스스로 동색길상산(상독빨리)
    쌍운의 화신 정토에 나타나
    금강유가모(바즈라요기니)가 된 몸이
    맑고 투명하게 빛나는 둥근 빛으로 사무쳐
    지존이신 연화생과 차별 없이 하나가 된
    정등각을 분명하게 관합니다.
    공성과 대락大樂이 쌍운하는 신변神變으로
    광대한 지혜의 춤을 추며 노니는 가운데

---

221 자성청정과 객진청정을 가진 궁극적 법계의 몸으로 무위무별, 해탈 3장, 영단 2변, 자성광명의 특성이 있다.

삼계의 중생들을 하나도 남김없이
가장 뛰어나게 인도하는 상주商主가 되리니
연화생 대사께서는 위로해 주시기를 기도합니다.
마음속 깊이 지극한 정성으로 기도합니다.
이는 입에 발린 말이 아니오니
지혜의 가피를 주시기를 비오며
일체 마음의 발원이 자연히 이루어지이다.

그와 동시에 깊은 공경과 정성스러운 신심을 가득히 채워 아래와 같이 관상한다. 연화생 대사의 온화한 얼굴은 자애로운 눈썹과 선한 눈을 하고 연민히 여기는 눈빛으로 주시하며, 가슴 사이에서 따뜻하게 금빛이 나는 듯한 홍색 광명을 방사한다. 그 빛이 자기의 관상하는 금강유가모(바즈라요기니)의 심장 사이에 닿으면 그녀는 바로 완두콩 크기만한 빛 덩어리로 변하였다가 최후에는 불똥이 날아오르는 소리와 같은 '따거' 소리가 연화생 대사의 가슴 사이로 녹아드는 이러한 경계 가운데 정에 든다. 정에서 나온 후에 나타나는 모든 현상은 스승의 춤으로 관상하며 다음을 염송한다.

제가 지금 신속히 이 선근으로써
보호주이신 스승의 경지를 성취하여
모든 중생이 남김없이
모두 다 이 경지에 이르게 하겠습니다.

위와 같이 회향을 하고 혹은 동색길상산(銅色吉祥山, 연화생 대사의 정토인 상독뺄리〔상두바리〕) 발원문을 염송한다. 이와 같은 전승조사에 대한 관상을 함에 있어서, 다닐 때에는 스승이 오른쪽 어깨 위쪽의 허공 가운데에 계시다고 관상하며 우측으로 꼬라를 도는 대상경계로 삼는다. 편안히 앉아 있을 때에는 스승이 머리 위의 허공 가운데에 계시다고 관상하며 기도하는 대상경계로 삼는다. 음식을 먹을 때에는 스승이 목구멍에 계신다고 관상하며 음식을 드리는 공양처로 삼는다. 침대에 누울 때에는 스승이 가슴 사이에 계신다고 관상하며 '아는 것을 병에 넣는 요결(入甁之攝要)'로 삼는다.

총체적으로 말하면, 언제 어디서나 자신이 머무르는 곳을 진정한 동색길상산(상두바리 정토)으로 관상한다. 이 같은 바른 생각을 가지고서 일체의 현상경계를 스승의 몸으로 관상하며 공경스럽게 믿는다. 질병을 앓을 때나 마장이 출현할 때 등의 불행한 사정이 있을 때에는 마땅히 스승이 대비의 은혜로써 악업을 제거하는 방편을 내려주신다고 관상한다.

마음이 기쁨으로 가득 차서 중단하는 마음을 내지 말 것이며, 행복·안락·의식이 풍족함·선법이 증상하는 등 수순하는 인연을 얻었을 때는 이러한 것은 모두 스승의 대비심으로 이루어지는 것임을 알아야 하며, 마음에 아만을 내어서 미친 듯이 기뻐하는 짓은 절대로 하지 말아야 한다. 만일 선정을 닦을 때 피로나 졸음이나 산란함 등의 현상이 나타나면 자기의 마음이 스승의 지혜와 더불어 분별이 없는 하나임을 관상하며, 실상의 견해로 지키고 보호한다. 정신을 모아서 스승에게 기도하면서 연화생 대사의 심주를 외운다.

옴 아 훔, 벤자 구루 뻬마 싣디 훔

만일 진정으로 위와 같이 수행하면 곧 만사만물이 모두 상사와 본존으로 나타날 것이며, 일체의 행위가 모두 선법이 된다. 밀라래빠 존자께서 말씀하셨다.

　　내가 드러내 보인 행이 도의 쓰임으로 바뀌니
　　육취(육근)가 스스로 해탈하며 가는 방식이다.
　　앉을 때는 거짓 없는 본래의 자리에 머무르니
　　이것이 보배롭고 핵심적인 의미로 앉는 방식이다.
　　음식을 먹을 때는 공성의 음식으로 받아먹으니
　　이것이 유와 무의 두 가지 집착을 끊고서 먹는 방식이다.
　　마실 때는 정지正知와 정념正念의 샘물로 여겨 마시니
　　이것이 게으르지 않고 굳게 지니며 마시는 방식이다.

이뿐만 아니라 밀종 금강승을 깨달아 들어간 후에는 서언을 파하더라도 청정함을 회복하고자 하며, 생기차제와 원만차제와 대원만(족첸) 등 일체의 도를 수지하여 장애가 나타나지 않으며, 잘못된 길에 들어가지 않으며, 공덕자량이 날로 더하는 등 처음부터 끝까지 모두 능히 성숙시키는 관정에 의지한다. 게송에서 말씀하신 바와 같다.

　　밀종은 관정에 의지하지 않고는 성취하지 못하나니
　　마치 뱃사공의 손에 노가 없는 것과 같다.

또 말씀하셨다.

관정을 받지 않으면 성취가 없나니
모래를 짜서 기름을 나오게 할 수는 없다.

관정에는 세 가지가 있다. 먼저 법상을 갖춘 금강아사리께서 우리들을 만다라에 들게 한 후에 관정을 주시니, 이것을 기관정基灌頂이라고 부른다. 전승조사의 관상에 의지해서 다른 인연을 기다리지 않고 자기 스스로 네 가지 관정을 받으니, 이것을 도관정道灌頂이라고 부른다. 구경과위 때에 광대한 광명이나 깊고 밝아 둘이 없는 관정을 얻어, 이 원만한 정등각이 현전하는 것을 과관정果灌頂이라고 부른다.

전승조사의 관상은 또한 청정·원만·성숙이라는 세 가지 종류의 불가사의한 깊은 비결을 갖추고 있다. 정행(본수행)을 실제로 수행할 때에는 일반적으로 모든 예비수행법을 다 버려서는 안 된다. 더욱이 생기차제와 원만차제 등을 수행할 때에 전승조사의 관상 수행법에 의지해서 도관정을 받는 것은 매번 시작할 때 반드시 없어서는 안 되는 수승한 비결이다. 만일 경건한 믿음과 서언이 구족한 청정한 수행인으로서 위에서 말한 전승조사의 관상을 원만히 수행한 사람은 정행(본수행)을 기다리지 않고도 묘길상산(상두바리 정토)에 왕생할 수 있다. 저 청정한 정토 가운데서 네 가지 지명(持明, 위드야다라)의 도를 통과해서, 해와 달이 운행하는 것보다 더 빨리 보현왕여래(싸만따바드라, 꾼두상뽀)의 과위를 얻을 수 있다.

3) 전승조사 내력

내삼속(內三續, 내부 딴뜨라 세 가지)의 전승은 대원만 전행(예비수행)을 강의할 때 법을 듣는 자가 마음에 환희를 내게 하기 위한 것이다.

일반적으로 말해서 상사는 모두 내삼속 유가가 주가 되는 불법 기원과 역사적 전통을 강의하는데, 이곳에서는 간단명료하게 진술할 것이다. 지금까지 전해지는 닝마빠의 내속內續은 생기차제인 마하요가·원만차제인 아누유가·대원만인 아띠유가의 세 가지 법맥 전통으로 나누어지며, 이는 여래밀의전·지명표시전·보특가라이전이다.

(1) 여래밀의전

여래의 밀의로 전승된 것(如來密意傳)은, 최초불이자 본사이신 보현여래의 무량대비의 신통변화 가운데 제불의 정토와 법을 강의하는 성스러운 경계와 4신의 본사가 현현한 것이다. 본사는 자기와 다름없는 오신[222]이 임운자재한 지명(任運持明)이시며, 광대하기가 바다와 같은 불가사의한 부처님 권속 앞에 있다. 비록 언어나 표시의 방식이 없어도 제법을 잘 설명하시니, 함이 없는 임운대비任運大悲의 스스로 깨친 지혜의 자상광명성自相光明性 가운데서 말이 없는 방식으로써 모든 법을 전수하신다. 모든 권속들로 하여금 현전에 전도됨이 없는 실상의 밀의를 요달하게 하였으며, 끊음과 깨달음의 공덕(斷證功德)이 본사와 더불어 다름이 없음을 이루게 하신다.

이렇게 진여를 철저하게 깨달을 연분을 갖추지 못한 권속에 대하여 불타께서는 기타 단계적인 수행 방식인 다른 승을 전수하셨다. 총체적으로 말하면, 불가사의 세계 중에서 근기에 따라 중생을 교화하고 무수한 화신을 내보냄으로써 중생을 이익 되게 하신 것이다. 분별해서 말하면, 여섯 능인(能仁, 부처님의 별호) 화신의 형상으로써 육도에서 교화할

---

222 오신五身: 법신, 보신, 화신, 불변(부동)금강신, 현증보리신.

중생들을 조복시키셨다. 더욱이 남섬부주에서는 석가모니불께서 인간과 하늘 경계 가운데에서 세 차례의 법륜을 굴리셨으며, 인승因乘의 경·율·논 및 밀승외속(밀교 외부 딴뜨라)의 사부事部·행부行部·유가부를 설하셨다. 게송에서 말씀하신 것과 같다.

> 탐심과 미혹을 조복하는 대치법은
> 부처님이 설하신 율장으로 이만 일천 송이고,
> 진심을 조복하는 대치법은
> 부처님이 설하신 경장으로 이만 일천 송이며,
> 치심을 조복하는 대치법은
> 부처님이 설하신 논장으로 이만 일천 송이고,
> 함께 삼독을 조복하는 대치법은
> 부처님이 설하신 밀장으로 이만 일천 송이다.

(2) 지명표시전

지명표시전(持明表示傳, 위드야다라 표시의 전승)은 어떻게 생겼는가? 일찍이 석가모니불께서 열반에 드실 때, 장차 무상밀법無上密法이 출연할 것을 예언하셨다. 즉 『승락후속勝樂後續』에서 말씀하신 바와 같다.

> 내가 열반에 든 후 28년이 되는 때에 33천에서 교주 승심천勝心天이 인간에 내려와서 남섬부주 동방의 모퉁이에서 사람 가운데 인연의 종자를 갖추리니, 그 이름을 국왕 잡匝이라 할 것이다. 상서로운 징조가 출연하고, 자사견산(𢇇謝堅山, 우가하 산) 위에 금강수(金剛手, 바즈라빠니)가 현전하며 오성현五聖賢과 나찰경주(羅刹境主,

연화생 대사) 등에게 법을 전수할 것이다.

　이와 같이 수기를 하신 후에 부처님은 열반을 보이셨다. 나중에 부처님의 수기가 맞아 떨어져 무상밀법인 생기차제·원만차제 및 대원만법이 출현했다.

① 마하요가
그 가운데 마하요가의 모든 속부(딴뜨라 경전)는 본사 석가모니불의 열반 후 28년에 출현한 것이다. 당시 국왕 잡의 꿈에 7가지의 징조가 나타났는데, 자기의 황궁 위에서 유리용액으로 금종이 위에다 쓴 많은 비밀 딴뜨라 경전 상자와 팔꿈치 하나 높이의 금강수 불상 한 분을 얻었다. 국왕 잡은 기도를 통해서 그 가운데 「면견금강살타품面見金剛薩埵品」을 통달했다. 이후로 이 한 품의 경전과 금강수 불상에 의지하여 6개월간 수행하여 최후에 금강살타를 친견하여 가피를 얻었고 모든 경전의 뜻을 걸림 없이 통달하였는데, 이후로 점점 널리 전파하기 시작하였다.

② 아누요가
아누요가가 세상에 일어난 과정은 다음과 같다. 그때 거룩한 종성인 다섯 현자가 말라야 산 정상에 있으면서 시방 제불을 관상하고 슬픔이 깃들어 간절하게 기도하되 "슬픈지라, 매우 슬픈지라! 스승이 돌아가셨으니 세상의 어두움을 누가 능히 제거해 주겠는가!" 하고 23구의 비애사悲哀詞를 낭송하였다. 그 결과 모든 선서(善逝, 부처님)들께서 밀주금강수密主金剛手에게 청하여 이르셨다.

"밀주금강이여! 당신은 자세히 들으시오. 옛날의 맹서를 어찌 버리시는가? 세간의 고통을 모르시는가? 당신은 대비심으로 인간에 내려와 세간의 고통과 슬픔을 없애주셔야 합니다."

밀주께서는 허락하여 대답하시기를 "시작도 없고 또한 마침도 없이 나는 서언을 버리지 아니하리니, 지금 부처님들의 권청에 의지해서 내가 또한 신통변화를 나투겠다."라고 말씀하시고, 문득 마라야 산 정상의 거룩한 종성인 다섯 현자 앞에 강림하셨다. 그들을 위해『집밀의속集密意續』등을 강의하였고, 서방 우갠 정토의 다나꼬사에서 금강수의 화신인 극희금강(極喜金剛, 가랍도르제)을 위해서『길상밀속吉祥密續』,『규결속竅訣續』,『보파속普巴續』,『불모속佛母續』등을 강의하였다. 그것들은 또한 계속하여 연화생 대사에게 전해졌으며, 그 후로 점점 흥성하였다.

③아띠요가

특별히 비결 아띠요가가 세상에 흥성한 과정은 다음과 같다. 먼저 천계에서 널리 전하여졌다. 33천의 천인인 호현(天人護賢, 데와바드라빨라)이 뜻으로 500천자天子를 화현해 냈는데, 그 가운데 장자 보희장(普喜藏, 아난다가르바)의 지혜와 재주는 모든 형제 중에서 가장 뛰어났다. 그는 항상 홀로 선방 가운데서 고요하게 수련하고 금강밀주를 염송하는 것을 즐겼다. 그는 천계 가운데 있어서 승심천자勝心天子라고 칭송되었다.

천자에게 물소의 해(水牛年)에 네 가지의 꿈의 징조가 나타났다. 첫째는 일체 여래가 빛살을 사방으로 놓아 시방을 널리 비추고, 빛살 가운데 여섯 능인能仁께서 중생을 둘러싸며 돌다가 마지막에 그 정수리 육계 가운데로 녹아드는 꿈이었다. 둘째는 자기의 한 입으로 범천(브라

호마)과 변입천(遍入天, 비쉬누)과 대자대천(大自在天, 쉬바)의 셋을 삼키는 꿈이었다. 셋째는 허공중의 해와 달이 자기의 손바닥 가운데 출현하고, 그를 따라서 빛 무리가 우주 전체에 퍼지는 꿈이었다. 넷째는 공중의 보배 구름 가운데 감로의 묘한 비가 내리니, 일시에 문득 풀이 나서 싹이 트고, 산림이 무성해지고, 보배의 싹이 자라고, 깨끗한 꽃이 만발했으며, 과실이 주렁주렁 달리는 꿈이었다.

새벽에 천자가 꿈의 경계를 가지고 천왕께 말씀드렸다. 제석천왕이 찬탄하며 말했다.

"기쁘도다(에마호)! 노력하지 않아도 불법의 정화精華가 출현하는 때에, 불타의 화신인 삼세 보살이고 십지十地가 자재한 세간의 수승한 등불이며, 천계를 장엄하는 당신은 실로 희유하다!"

천자의 첫째 꿈은 제불의 밀의密意를 받아 지녀서 법의 태자가 됨을 예견하였고, 둘째 꿈은 일체 마귀의 무리를 항복받고 철저하게 삼독을 제거하는 것을 예시했으며, 셋째 꿈은 교화하는 중생의 마음속 어리석음을 제거하고 정법의 등을 밝히는 것을 예시하였고, 넷째 꿈은 자연스럽게 대원만의 감로수로써 번뇌의 더운 열을 제거하고, 아울러 노력하지 않고 흐름에 맡겨 저절로 성취하는 대원만 과승果乘을 홍양하는 것을 예시하였다.

다시 삼세제불이 운집한 다음, 금강살타께 간청하며 말씀하셨다.

귀한 보배의 신통변화를 갖춘 자여!
마땅히 교화하고자 하는 바 문을 여시고
노력 없이 귀한 보배를 구족하게 하소서!

제불의 권청이 지나가자 길상 금강살타의 심장 사이에 여의보의 자연륜自然輪이 출현하였으며, 이를 금강수(金剛手, 바즈라빠니) 존자에게 주었고 아울러 부탁해 말하되 "모든 권속에게 마땅히 둘이 없는 지혜의 밀의이고, 함이 없고 노력 없는 본래불이며, 대 중관의 도라고 이르는 법을 선설하여 주소서"라고 하였다. 금강수 존자가 설법할 것을 허락하여 말씀하셨다.

허공처럼 광대한 금강살타여! 본래 언어가 없는 행의 경계여서 내가 지금 말로 설하기가 매우 어렵다. 그러나 말로써 설하는 것은 아직 깨닫지 못한 자로 하여금 깨닫게 함이니, 구함에 응하여 수행자를 구제할 것이다.

친히 대답한 후에 금강수 존자는 동방의 금강광명정토의 금강밀여래 등 금강부 존중尊衆 앞에 나아가서, 남방 진보광명정토의 진보광명여래 등 진보부珍寶部 존중 앞에 나아가서, 서방 연화광세계 연화광여래 등 연화부의 불가사의한 존중 앞에 나아가서, 북방 성취청정정토의 성취광명여래 등 사업부의 무량한 존중 앞에 나아가서, 그리고 중방 이변離邊 정토의 비로자나불 등 진여부眞如部의 성중들 앞에 나아가서, 희유한 불법의 정화이자 노력하지 않아도 자연히 생기는 밀의인, 인과를 초월한 법문인 아띠유가의 의의를 들었으며, 번뇌의 증가를 끊어 없앴다. 또한 제불 밀의의 정수를 빨아들인 후에 33천의 아홉 마디 금강저의 중앙 기둥을 갖춘 존승궁尊勝宮의 중앙 궁전에 거주하며 인연을 갖춘 수행자 승심천자(勝心天子, 아디찌따)를 알았으며, 이에 존승궁으로 갔다.

당시 승심천자는 중앙 기둥 정수리의 아홉 마디 금강저 위에 찬란한 진보珍寶로 조성한 보좌를 설치하고 금강수 존자를 청해서 앉게 하시며, 각종 진보로 조성된 산개를 세우고 많은 하늘 물건인 공양물로 공양하였다. 금강수 존자는 겉으로 설명하는 방식으로 승심천자에게 왕권금강병원만관정王權金剛甁圓滿灌頂을 주었으며, 아울러 10부 비결 환화속幻化續을 전수해 주었다. 또 짧은 순간에 일곱 개의 관정(七個灌頂)과 다섯 가지 규결(五種竅訣), 단자속單紮續 등 모든 규결을 강의해 주었으며, 그 다음 관정을 주고, 그로 하여금 법왕의 계승인이 되게 하고는 다음과 같이 말씀하셨다.

> 이것은 바로 희유한 정화법이니 33천에 두루 전하라. 원컨대 그대는 다시 희금강喜金剛으로 환생해서 이 법을 남섬부주 가운데 널리 펴라.

④ 아띠요가가 인간에서 기원한 역사

인도 서방 우갠국의 공행모 지역(다끼니의 나라), 다나꼬사 지방의 꾸뜨라 호숫가에 금강주(金剛洲, 도르제링)라는 동굴 지역의 한 곳에는 백화가 만발하며 마음과 눈을 기쁘게 하고 환경이 우아한 정원이 있었다. 이를 다스리는 국왕 우빠라자와 황후 광명구광모(光明具光母, 알로까바스와띠)에게 딸이 하나 태어났는데, 이름을 화명花明이라 하였다. 화명공주는 묘한 상을 구족하고 날 때부터 마음씨가 선량하며, 강렬하고 수승한 보리심을 갖추었고, 소박하고 화려하지 않으며, 삼가고 침착하고 중후하였으며, 간교하고 방일한 세속 생활을 버리고 출가하여 비구니가 되었다. 비구니계를 지키는 것에 조금도 오염됨이 없었고 오백 비구니 권속과 함께 거주하였다. 티벳력으로 물소의 해 사월 초파일 새벽에 공주는 꿈을 꾸었는데, 꿈속에서 제불께서 빛살을 놓아 태양과 달을 이루고 태양이 자기의 머리로부터 몸 안으로 들어와서 녹아들며, 달이 발바닥 중심으로부터 들어와서 위로 향하는 꿈을 꾸었다.

 새벽에 깨었을 때 공주의 심식 가운데 깨달음이 생겼으며, 꾸뜨라 호숫가에 가서 목욕을 하였다. 이때 금강수 존자께서 한 마리의 두루미왕으로 변하여 승심천자로 하여금 '훔(ཧཱུྃ)'자 가운데 녹아들게 하였으며, 한 마리 두루미는 네 마리의 두루미로 변화하여 하늘에서부터 내려와 목욕하였다. 그 후에 세 마리의 두루미가 공중을 날아 밀주密主로 변화한 하늘두루미가 되어 부리로 화명공주의 가슴 사이를 세 번 쪼았고, 빛이 찬란한 '훔(ཧཱུྃ)'자가 빛나면서 공주의 가슴 가운데에 녹아들게 하고는 문득 날아갔다. 공주는 이에 대하여 매우 기이함을 느끼고 문득 부왕과 권속들에게 사정의 경과를 설명하였다. 부왕 또한 기이하다고 하면서 환희하여 말하기를 "부처님의 화신이 탄생한 것인가?" 하면서 공주에게 온갖 기쁨을 나타냈으며, 신하들에게 명하여 힘을 다해서 시봉하게 하고 그녀를 위하여 광대한 불사를 거행하였다.

 공주는 어떠한 잉태의 흔적도 나타내지 않으며 9개월을 지냈다. 하루는 그녀의 가슴 사이로 눈부신 광채가 나와서 아홉 마디의 금강저가 출현하였으며, 그것은 상호가 구족한 작은 동자로 변하였다. 동자의 오른손은 금강저를 잡고, 왼손은 보배로 된 지팡이를 가지고 낭랑하게 『금강살타태허공속』 등의 딴뜨라 경전을 외우니, 모든 사람들이 바깥으로 나와서 보았다. 국왕은 관상 보는 바라문을 청하여 동자의 관상을 보게 했다. 그 관상 보는 사람이 매우 놀라 말하되 "이분은 성자의 화신이다. 수승한 대승교주께서 세상에 탄생하셨다" 하니, 많은 사람의 기쁨이 극에 달하였다. 그의 손에 금강을 가지고 있었기 때문에, 이로부터 이름을 극희금강(極喜金剛, 가랍 도르제)이라고 지었으며, 또한 많은 사람들이 다 크게 환희하고 기뻐하였기 때문에 희금강(喜金剛, 계빠 도르제)이라고도 불렀으며, 많은 사람들이 웃으면서 얼굴이 웃음꽃으로 피어났기 때문에 소금강(笑金剛, 새빠 도르제)이라고도 불렀다.

그가 등극할 때에 밀주 금강수 존자께서 친히 강림하시어서 한순간에 완전하게 그 왕권을 원만히 하는 보병관정 등의 모든 관정과 구계九界 2만 권 등 모든 속부의 비결을 전해주었고, 아울러 극희금강이 교주가 되는 관정을 내려주었다. 관정 후에 밀주 금강수는 모든 호법신에게 힘을 다해서 협조하고 불법을 호지할 것을 부촉하였다. 극희금강은 노력 없는 대원만에 의지해서 찰나 간에 성불하였다.

당시 인도 성지에는 또 한 분의 문수보살의 화신으로, 이름이 성장(成藏, 사라싯디) 혹은 승락장(勝樂藏, 삼바라사)이라고 하는 바라문의 아들이 탄생하였다. 그 부친은 수카빨라 바라문이며, 모친은 꾸하나였다. 승락장이 뒤에 세속을 버리고 출가하여서 오백 빤디따(대학자)의 수장이 되었는데, 사람들이 그를 문수우(文殊友, 만주스리미뜨라) 아사리라고 일컬었다.

한번은 성자 문수보살께서 그를 위해서 수기하여 말씀하셨다.

"이곳으로부터 서방으로 우갠국의 꾸뜨라 호숫가 '마하헤의 금'이라는 지역에 큰 시다림(공동묘지)이 있는데, 그 중앙의 금강주라는 동굴에 금강살타의 화신이며 제불의 노력 없이 행하는 교법의 교주께서 머무르고 계신다. 그분은 이미 제불의 관정을 얻었으며 이름이 화신 극희금강이라고 부르니, 너는 응당 찾아가서 희유한 불교의 정화인 행함 없이 성불하는 정법인 아띠유가를 구할 것이며, 아울러 그 교법의 결집자가 되어라."

이에 문수우는 다른 빤디따에게 말하되 "서방의 우갠 지방에 인과를 초월한 법이 있다. 우리는 반드시 가서 논파해야 한다"고 하며 여러 빤디따들과 상의하였다. 그리하여 라자하따 등 일곱 명의 빤디따가 천신만고를 겪으면서 우갠국에 도착했다. 그들은 혼신의 힘을 다하여 화신 극희금강과 인과와 외부와 내부의 밀법에 대하여 토론하고 변론하였으나 시종 승리를 얻지 못하였다. 최후에 문수우가 모든 도반에게 물었다.

"화신 극희금강을 향하여 인과를 초월하는 법을 구하는 것이 어떻겠는가?"

라자하따가 말하였다.

"비록 구법의 마음이 있으나 우리는 이미 그를 모욕했으니 감히 법을 구할 수 없다."

어떤 사람이 말하였다.

"우리는 이제 바른 견해를 일으켰으니, 이에 마땅히 법을 구해야 한다."

모두가 상의한 후에 성심성의로 참회를 행할 것을 결정하였다. 어떤 사람은 예배하며 혹은 화신 극희금강 주위를 돌았으며, 어떤 사람은 통곡하며 얼굴 가득히 눈물을 흘렸다. 문수우는 몸을 굽혀 예배하고 소리 없이 눈물을 흘리며 마음으로 생각하기를 '나는 이미 화신이신 이분을 모욕하고 입을 크게 열고서 많은 변론의 말을 했으므로 반드시 혀를 끊어서 참회해야만 한다' 하였고, 이러한 생각이 들자 곧 칼을 찾았다. 화신 극희금강은 그들이 마음속으로 생각한 바를 알고서 말씀하셨다.

"너희들의 혀를 끊는 것으로도 죄업을 청정하게 하지 못하나, 인과를 초월하는 한 부의 수승한 논전을 지으면 가히 죄업을 참회할 수 있다."

당시에 인연이 없는 사람들은 돌아갔으며, 문수우는 스승이 점차 법의 상징적 표시를 보여주는 것에 의지하여 활연히 대오하고, 그로부터 일체 만법을 통달하였다. 그로 하여금 불법을 원만하게 하기 위하여 극희금강은 그에게 왕권보병관정王權寶瓶灌頂을 전수해 주었고, 아울러 구계九界 2만 권 등 모든 경속부와 구결을 완전히 그에게 전해주고, 그를 위하여 '문수우'라는 이름을 지어주었다. 그 후 화신 극희금강은 모든 가르침의 실제적인 의미를 글로 써서 문수우에게 주면서 말씀하셨다.

> 마음의 자성이 본래 부처이며
> 마음에 생멸이 없음은 허공과 같다.
> 만약 제법의 평등한 성품의 뜻을 증득하면
> 분별없이 머무는 것이 곧 닦음이 된다.

문수우는 증오한 바의 의미를 통달한 후에 게송을 써서 증오證悟의 경계를 표현하였다.

> 나는 바로 잠뺄쉐넨(문수우)이다.
> 이미 대위덕大威德[223]의 실지를 얻었고
> 윤회와 열반이 크게 평등함을 깨달았으며
> 일체의 묘한 지혜가 나타났다.

---

[223] 문수보살의 분노존, 곧 야만따까로 죽음의 신을 정복한 지혜를 나타낸다.

아울러 『보리심금용석菩提心金溶石』을 저술하여 참회문으로 했으며, 동시에 또한 화신 극희금강 교법의 결집자가 되었고, 대원만 아띠요가를 스리싱하에게 전해주었다.

스리싱하는 중국 수하주秀夏洲에서 탄생하였는데, 부친의 이름은 구선具善이고 모친의 이름은 광명모光明母였다. 그는 자란 후에 아사리 잠뻴쉐넨에게 나아가 성명聲明·인명因明·역산曆算 등 대소大小의 오명五明을 학습하였으며, 이를 모두 통달하여 걸림이 없었다. 25세에 다행히 아사리 문수우를 만나서 원만하게 깊고 심오한 대원만 아띠요가의 거룩한 법과 모든 딴뜨라의 전승과 비결을 얻었으며, 희론을 떠난 수승한 깨달음을 현전에서 증오하였다. 또한 장차 이 대원만법을 우갠국의 제2의 붓다(구루 린뽀체)와 지자 즈냐나수뜨라와 대학자 비말라미뜨라와 대역경사 바이로짜나에게 전해주었다. 이상 설명한 것은 지명표시전持明表示傳이다.

(3) 보특가라이전耳傳

그렇다면 이후에 티벳 설역에 있는 이 영토에 도대체 어떻게 정법의 핵심 가르침이 전파되어 왔는가? 옛날에 부처님이 계실 때에 티벳 국토는 사람이 없었다. 후에 성자 관세음보살의 화현인 수컷 원숭이와 도모(度母, 따라보살)의 화현인 나찰녀 두 사람이 티벳 인종을 번식시켰다. 당시에는 아직 정법과 법규가 없었으며, 장관과 두령도 없었고, 차 덩어리(茶磚)와 같이 머리도 없고 꼬리도 없는 상태였다.

당시 인도에서는 배군(背軍, 사타니까)이라는 국왕이 한 명의 태자를 낳았는데, 모든 손가락과 발가락이 두루미의 발과 같이 함께 이어져 있었으며, 두 눈은 새의 눈알과 같았고 눈꺼풀로 덮여 있었다. 태어난 아들을 보면서 그 부왕이 말하였다.

"이것은 사람의 자식이 아니니 변경으로 쫓아버리는 게 좋겠다."

그리하여 왕자가 점점 자라자 국경으로 쫓겨났다. 그는 업력이 이끄는 대로 걸어서 유랑하다가 티벳까지 이르러 목동들을 만났다. 그들이 물었다.

"너는 어디로부터 왔는가? 도대체 누구냐?"

왕자는 바로 손가락으로 하늘을 가리켰다. 목동들은 그가 하늘에 있는 사람이라고 생각했으며, 흙과 바위를 날라다가 높은 대를 만들고 그를 청해서 수령으로 삼고 견좌왕(肩座王, 냐티짼뽀)이라고 불렀으니, 이 사람이 바로 제개장보살除蓋障菩薩의 화신이다.

여러 왕조가 지나고 나서 성자 보현보살의 화신인 하토토리낸짼 시기에 이르러 윰부라카르 왕궁의 지붕 위에 몸이 의지하는 바인 십일면관음상이 출현했으며, 말이 의지하는 바인 『보협경寶篋經』과 『백배참회경百拜懺悔經』의 여러 경장이 출현했고, 마음이 의지하는 바인 한 자 높이의 수정불탑이 출현했으니, 이것이 곧 정법의 시작이었다.

이후에 다섯 왕조를 지나서 성자 관세음보살의 화신인 국왕 송짼감뽀가 세상에 나와 진지사鎭肢寺·진제사鎭節寺와 라싸의 대초사(大昭寺, 쭉라캉)를 세웠다. 왕은 지존 따라보살의 화신인 한족의 문성공주文成公主와 빈미도모(顰眉度母, 금강분노불모)의 화신인 네팔의 적존공주赤尊公主를 아내로 맞았으며, 동시에 양존의 각옥불상覺沃佛像을 티벳에 맞이하였다.

이 기간에 퇸미삼보타가 문자를 창제하여 티벳에 문자가 없는 역사를 마무리했다. 그는 인도 대학자인 천명사자(天明獅子, 하릭빠셍게) 앞에 나아가 성명聲明을 배웠고, 아울러 『삼보운(三寶雲, 보운경)』 등의 경장

번역을 시작하였다. 국왕 송짼감뽀는 자기의 백호 사이로부터 화신 비구인 아까르마띠를 변화시켜 냈으며, 인도 성지의 외도 국왕을 항복시켰다. 아울러 인도와 동주(銅洲, 상링) 국경에 있는 '뱀의 마음(蛇心)'이라는 한 그루 전단향나무에서 다섯 분의 전단관음梅檀觀音을 조각했으며, 동시에 라싸의 십일면관음상을 조성하였다. 국왕 송짼감뽀 시기에 진실로 불법의 깃발을 땅에 세웠다.

또 다섯 왕의 시대를 지나서 성자 문수보살의 화신인 국왕 티송데짼이 탄생했으며, 그가 열세 살이 되던 때에 부왕은 곧 불행하게 세상을 떠났다. 열일곱 살 때에는 이미 암따라루공과 하상루뻴 등 모든 신하들과 함께 국사를 의논했으며, 변방의 많은 부족들을 정복하여 부속국으로 삼았다. 후에 국왕이 조상의 완전한 역사 자료를 보고서 그중 하토토리 낸짼 시기에 정법이 시작되었음을 알았다. 국왕 송짼감뽀 시기에 법의 깃발을 세웠고, 역대 국왕이 전부 불법을 의지해서 국가를 다스렸음을 발견하고 이에 문득 결심을 하되 '내가 반드시 정법을 널리 펴겠다'고 하였다. 이어서 괴뻬마궁짼을 우두머리로 삼아서 주요한 신하들과 상의하였으며, 그 나머지의 신하들 또한 좋은 계책을 내었고 마침내 절을 세우기를 만장일치로 동의하였다.

땅을 정화[224]해줄 스님을 찾을 때, 국왕은 삼예사 침푸에 거주하는 국사인 묘정(妙定, 냥띵진상뽀) 존자에게 가서 물었다. 국사는 적지광명지혜(寂止光明智)에 의지해서 인도 동방 사호르 지방에 머무르고 있는 법왕 고마데비야의 태자인 켄뽀 정명(靜命, 산따락시따)[225] 논사가 있음

---

224 땅을 정화함(淨地): 절이나 건축물을 세우기 전에 그 땅을 정화하는 일종의 밀교의식.
225 정명(靜命, 산따락시따): 티송데짼 왕(742~797)이 빠드마삼바와(연화생)와 함께 초청한 인도의 대학자. 중관파와 유가행파를 융합한 유가행중관학파를 확립하였

을 알고 이를 국왕에게 알려주었다. 이에 국왕은 위대한 켄뽀 정명을 초청하여 땅을 정화하는 스승으로 삼았다.

　절을 세우는 과정 중에 아리야빨로 지역의 한 무더기 가시나무 숲을 베어버리고자 하였다. 그곳에 머무르는 악룡이 그것을 알아차린 후에 모든 귀신들을 불러서 원군으로 삼고, 스물한 명의 우바새 등 귀신의 군대를 소집하고서, 사람들이 낮에 세운 건축물을 밤에 와서 남김없이 부수어 버렸으며, 모든 흙과 돌을 모두 원래 자리로 갖다놓았다.

　국왕이 켄뽀에게 물었다.

　"이러한 일이 발생한 것은 나의 업장이 깊고 또 켄뽀 당신이 가피가 없기 때문입니다. 그렇다면 절을 짓는 일이 뜻과 같이 이루어지겠습니까?"

　켄뽀가 대답하였다.

　"나는 비록 보리심이 이미 익었으나 이러한 방법에 의지해서는 실제로 그들을 항복시킬 수 없고, 이 귀신들을 항복시키는 비밀한 법을 써야만 조복할 수 있습니다. 요즈음 인도의 금강좌에는 화생하신 연화생 대사께서 계시는데, 그분은 오명(五明, 5가지 학문)에 정통하고 승의의 공용功用을 잘 알며, 이미 공동의 성취와 수승의 성취를 얻었고, 일체 마귀 무리를 쳐부술 수 있습니다. 그분은 마음이 하고자 하는 바를 따라 천룡팔부를 시켜 모든 귀신의 간담을 서늘하게 할 수 있으며, 일체의 악마를 충분히 항복받을 수 있습니다. 만일 그분을 청해 모셔오면 모든 귀신이 다시 와서 방해를 하지 못하며, 대왕의 마음에 원하시는 바를 철저하게 실현하실 수 있습니다."

　다. 티벳에 와서 삼예사의 승정이 되었으며 『중광장엄론』을 지었다.

국왕이 말하였다.

"그렇다면 그 대사를 청해올 수 있겠습니까?"

켄뽀 정명 논사는 마음에 계책이 있어 국왕에게 말하였다.

"이전(전생)에 우리들이 서원한 것이 있기 때문에 반드시 초청해올 수 있습니다."

예전에 네팔에 닭을 키우는 사람이 있어 쎌레라고 불렀는데, 그 딸인 승락모勝樂母는 말을 키우고, 돼지를 기르고, 닭을 기르고, 개를 기르는 네 사람과 결혼해 네 명의 아들을 낳았다. 이 네 아들이 자룽카슐 불탑(카트만두에 있는 보우다나트 불탑)을 세울 때 일찍이 발원하되 "장래 티벳에서 불법을 널리 펴겠다"라고 하였다. 켄뽀가 그들이 발원한 상세한 경과를 설명하는 것을 들은 국왕은 바티세르·도르제뒤좀·침샤까쁘라바·쉬뿌뻴기셍게에게 각기 한 되의 금과 한 말의 금 조각물을 가지고 인도에 가게 했다. 그들은 연화생 아사리를 뵌 후에 공양물을 바치고 청하되 "반드시 대사님께서 티벳에 가서 절 짓는 땅을 가피해 주시기를 바랍니다"라고 하였다. 연화생 대사께서는 이를 허락하고 길을 나섰다.

도중에 차례로 열두 명의 지모地母와 (지모를 따르는) 열두 명의 호모護母와 스물한 명의 우바새 등 티벳의 모든 귀신들을 항복받았다. 붉은 바위(紅巖, 닥마르)에 도착해서 절의 땅을 정화하는 의식을 거행한 후 곧바로 3층으로 된 삼예사원을 건립하였다. 그 사원은 사방으로 사대주·팔소주·나찰주·일월·철위산이 둘러싸여 있는 모양이었다. 이 절을 준공한 후에 켄뽀 정명 아사리와 연화생 대사와 대지자 비말라미뜨라, 이렇게 세 분 대사가 이 절과 불상을 점안하고 세 번 싱싱한 꽃을 뿌렸으며, 당시에 그들이 크게 신통변화를 나타내어 기묘한 서상이 가지가지로 나타났다.

제3장 공통되지 않는 내적 예비수행 533

이후에 정명 켄뽀는 계율을 강화하고 현교의 법을 홍양했으며, 아사리 연화생 대사는 비말라미뜨라와 더불어 밀법을 홍양하였다. 당시 우갠 연화생 대사께서 대지자 비말라미뜨라와 함께 임금과 신하, 그리고 벗 세 사람을 위하여, 또 묘정선사(妙定禪師, 냥웬띤진상뽀) 등 법기의 인연을 갖춘 자를 위하여 분명한 구분(區分, 섄제)·결정(決定, 라다)·자해(自解, 랑될)의 법문을 강의하였다. 곧 대원만 아띠요가 등 세 가지 내부 딴뜨라 요가(內三續)의 법륜을 전한 것이다. 이후로부터의 전승을 보특가라이전(補持迦羅耳傳, 사람의 구전전승)이라고 부른다.

이뿐 아니라 우갠의 연화생 대사께서는 임금과 신하와 인연을 갖춘 자를 위하여 각자 근기에 상응하는 불가사의한 법문을 전수하였으며, 금종이에 은밀히 써서 복장伏藏으로 삼아 숨겨 이것으로써 미래의 수행하는 자를 이익 되게 하기를 발원하였으며, 아울러 호법신에게 보호하라고 부촉하였다. 그 이후에 수기의 시기가 이미 당도한 때에 옛날의 원력을 얻은 대성취자 화신이 한 사람 한 사람씩 세상에 강림하여 심오한 복장 법문을 열었고, 많은 인연을 갖춘 사람들을 섭수하여 중생을 이롭게 하였으니, 이러한 전승은 모두 육종전승이나 혹은 구종전승[226]으로 일컬어진다.

---

[226] 육종전승六種傳承은 여래밀의전(如來密意傳: 여래의 비밀한 뜻에 의한 전승), 지명표시전(持明表示傳: 위드야다라의 상징에 의한 전승), 보특가라이전(補特迦羅耳傳: 사람의 구전에 의한 전승), 황지사구전(黃紙詞句傳: 누런 종이에 적은 기도문에 의한 전승), 공행촉부전(空行囑咐傳: 다끼니에게 부촉한 전승), 발원관정전(發願灌頂傳: 관정을 발원한 것에 의한 전승)을 말한다. 구종전승九種傳承은 여래밀의전, 지명표시전, 보특가라이전, 공행촉부전, 발원관정전에 교수수기전(教授授記傳: 수기로 가르쳐준 전승), 수지가지전(修持加持傳: 가피를 닦아 지니는 전승), 이문실수전(耳聞實修傳: 듣고 실제 수행함에 의한 전승), 행지사업전(行持事業傳: 사업을

이와 같이 화신 복장대사(떼르뙨)들이 대대로 나와 끊이지 않았는데, 그 가운데 지명 무외주持明無畏洲[227]께서는 성자 심성휴식心性休息[228]께서 친히 선지식의 모습으로 화현하신 분으로, 그분은 우걘국의 제2의 붓다(연화생 대사)와 대지자 비말라미뜨라와 전지 무구광 존자(롱첸빠) 등을 좇아서 원만하게 여래밀의전·지명표시전·보특가라이전을 받아 지녔으며, 완전하고 결함 없이 인연 있는 모든 보특가라의 널리 전하는 법륜을 갖추고 원만정등각의 경계 가운데에 안주하였다. 게송에서

몸은 비록 나타내서 인간의 모습이 되었으나
수승한 밀의는 참 부처님이다.

라고 한 것과 같다. 이 때문에 나의 지존상사(직메 걜와뉴구)께서도 일찍이 다음과 같이 말씀하셨다.

중생의 보호주이시고 금강지金剛持이신 나의 지존상사께서는 확실하게 원만정등각 대금강지(大金剛持, 도르제창)이시니, 단지 공경심으로 찬탄하기 때문에 그러는 것이 아니라 완전한 붓다이시다. 바로 그 지금강불은 중생을 이롭게 하기 위하여 화현하시어 보특가라의 모습을 이루어 세간에 오셨으므로, 만일 그대들이 경건한 신심으로 기도하면 나의 스승과 그대들 사이에는 나를 제외하고는 그밖의 전승에 가로막힘이 없다. 나는 또한 처음부터

지니고 행함에 의한 전승)을 더한 것이다.
227 저자 빼뙬 린뽀체의 스승 직메 걜와뉴구의 스승인 릭진 직메링빠.
228 관세음보살의 다른 이름.

다행히 금강지 스승을 만난 후에 여전히 가르침에 의지해 받들어 행하고 세 가지 환희로써 스승을 의지하였으며, 스승의 뜻에 맞지 않는 어떠한 일도 하지 않았다. 심지어 스승을 곁눈으로 보는 일조차 하지 않았다. 그러므로 나의 전승은 순금의 줄과 같아 서언을 파하여 오염으로 녹슬게 하지 않았다. 이 때문에 이 전승의 가피는 다른 전승과는 같지 않다.

이상 간단하게 전승상사의 역사를 서술했으니, 『일월문합속(日月吻合續, 해와 달의 결합 딴뜨라)』에서 말씀하신 바와 같다.

만약 역사적인 뜻을 분명하게 설하지 아니하면
이 위대한 비밀 요의의 가르침을
장차 진실하게 믿지 아니하는 허물이 있을 것이다.

전승의 기원을 찾고 역사에 있었던 일을 강설하여 후학자로 하여금 정성스런 믿음을 생기게 할 필요가 있으므로, 여기에 전승조사의 관상을 설명하는 동시에 전승조사의 역사를 강설하였다.

이러한 전승조사의 관상의 염송(연화생 대사 심주)과 수량은 절대적으로 일천만 번을 원만히 해야 한다. 따라서 응당 힘을 다해 염송하여 반드시 원만하게 도달해야 한다. 만일 그렇지 않으면 이러한 것들이 다만 전행(前行, 예비수행)일 따름이라 생각하며 중요하게 여기지 않거나, 혹은 높고 깊고 헤아리기 어려운 정행의 법을 수행해야 한다고 말하며 전행을 수행할 여가가 없다고 할 것이고, 표면적으로만 생기차제와 원만차제 등을 수행할 것이다. 이러한 사람은 바로 세간에 전하는 속담인 "소머리가 익지 않았는데 그 혀를 맛보며, 침대가 아직 따뜻해지지 않았는데 발을 뻗는다"라는 경우와 같다.

전행법을 빠뜨린 수행은 깨알만큼의 실질적인 의미도 없다. 곧 우연히 약간의 난상暖相이 생겨나도 또한 견고하지 못한 것이, 마치 기초를 잘 다지지 않은 건축물과 한가지이다. 어떤 사람이 비록 전행을 수행함에 있어서 형식만 갖추며 숫자만 채우고는 전행을 다 했다고 할지라도, 정행을 할 때 그러한 전행은 필요하지 않다고 하며 방기하는 것도 역시 앞의 경우와 같다.

거룩한 도의 기초가 되는 전행법을 버리는 것은, 곧 벽 없이 벽화를 그리는 것과 같아서 정법의 근본을 끊는 것이 된다. 그러므로 매 한 사람 한 사람의 수행인은 언제 어디에 있든지 응당 모두 전행법에 대하여 힘써서 정진 수행하며 거짓 없는 정견을 일으켜야 한다. 더욱이 그것에 역점을 두고 정진에 힘써 수행한다면 이 가피에 들어가는 문인 전승조사의 관상은 가장 수승한 요결이 된다.

  비록 큰 은혜의 스승을 진실한 부처님과 같이 보지만
  도리어 성격은 억세어 스승의 가르침을 어기고
  비록 삼계의 중생이 부모인 줄을 알지만
  도리어 성격이 거칠어서 악한 말을 하며
  저와 더불어 저와 같은 악업 중생이
  이생과 그 모든 세세생생 가운데서
  원컨대 적정하고 부드러운 언행으로써
  스승과 도반에게 의지하기를 가피해 주소서.

제4장
왕생법(포와법)

우매한 중생을 더욱 연민히 여기시고
죄업이 깊고 무거운 자를 섭수하시며
좋은 방편으로 교화하기 힘든 중생을 교화하시는
비할 바 없이 뛰어난 스승의 발아래 정례하옵니다.

1. 왕생의 분류

1) 이근자의 견해로 법신의 왕생을 인지印持함

이생에서 자신의 심식에 조작 없는 실상의 확실한 견해가 생기고, 아울러 끊임없이 수행하여 힘을 얻은 사람(이근기 중생)은 임종 시에 본래의 청정한 비밀의 도를 통과하여 법계각성法界覺性의 요결에 의지해 법신계法身界 가운데로 왕생(의식전이, 포와)한다.

2) 중근자의 생기·원만차제가 쌍운되는 보신의 왕생

생기차제와 원만차제가 둘이 아닌 요가에 매우 익숙하며, 아울러 환과 같은 거룩한 본존의 신상身相에 대하여 익숙한 묘력妙力이 있는 사람은 임종 시에 중음의 어지러운 형상이 출현하는 것과 동시에 쌍운 지혜의 몸 가운데로 왕생한다.

3) 하근자의 무량 대비화신의 왕생

밀종의 능히 성숙하는 관정을 얻고, 서언을 파한 과실에 물듦이 없고, 생기차제와 원만차제에 대하여 수승한 이해를 갖추며, 아울러 중음에 대한 비결을 얻은 사람은 부정한 입태의 문을 막고 대비심이 이끄는 힘에 의지하고 전환시켜 화신의 도용道用으로 청정한 정토에 왕생한다. 게송에서 말한 것과 같다.

> 태문을 봉하여 막고 마땅히 적정한 경계를 기억해야 하니
> 청정한 관행에 정진하는 한 순간이 필요하다.

4) 평범한 자가 세 가지 생각을 갖추어 왕생함

일반적으로 보통 사람은 중맥(中脈, 아와두띠)을 길로 생각하고 심식의 명점(明點, 빈두)을 여행객으로 생각하며, 극락청정찰토를 가야 할 곳으로 생각하면서 왕생한다.

5) 대비의 갈고리로써 영혼을 천도하여 왕생함

'수승한 증오를 갖춤·마음과 경계를 조복함·중음신의 심식을 내다봄'을 갖춘 유가사(요가 수행자)는 기타 임종자 혹은 중음신을 천도해서 왕생

하게 할 수 있다. 본래 영혼을 천도하는 자는 반드시 견도見道를 얻은 보살이어야 한다. 밀라래빠 존자께서 말씀하셨다.

아직 성스러운 도성제를 보기 전에는(견도를 얻기 전에는)
절대 영혼을 천도하지 말라.

영혼을 천도하는 가장 적당한 때는 임종하는 자의 바깥 기운(外氣)이 이미 끊어졌고, 안 기운(內氣)은 아직 끊어지지 않은 때이다.[229] 만일 이와 같은 정확한 때를 만난다면 어느 정도 왕생의 비결을 익숙히 익힌 사람을 청하여 왕생 의식을 행하면 이익이 절대적으로 크며, 악도에 떨어지는 것을 피할 수 있다. 이것은 막 길을 나선 여행객이 다른 사람에 의지하여 잘못된 길을 쉽게 바꾸는 것과 같다. 반대로 심식이 이미 육체와 떨어진 후에 영혼을 천도하여 왕생케 하는 것은 조금 곤란한 점이 있다.

위와 같이 중음신을 천도하는 자는 반드시 중음계에 대해 손바닥 뒤집듯이 하며, 이미 자신의 마음이 자재함을 얻은 사람이어야 한다. 이러한 유가사는 이미 육신의 몸을 떠난 중음신일지라도 그가 행하는 천도의식의 바깥 인연(外緣)에 의지해서 쉽게 망자의 업을 전환시킬 수 있다. 곧 중음 상태에 있는 영혼에게 왕생의식을 행하면 충분히 그 영혼을 청정한 정토로 인도할 수 있다. 그렇지 못하고 사람이 죽은 후에 다시 그 영혼을 끌어다가 망자의 원래 몸으로 가져와서 천도한다고

---

[229] 일반인은 임종 시 외호흡이 멎고 의식이 4단계의 소멸과정을 마친 뒤 사자의 의식이 떠나기 전 3일 반 동안 내호흡이 계속되며, 성취자는 성취의 정도에 따라 다르다고 한다.

하면 어떠한 실제적인 의미도 없다.

이 때문에 요즈음 대다수의 헛된 이름만 있는 스승이나 혹은 활불 등의 무리들이 영혼을 천도할 때, 만약 그들이 완전히 자비 보리심의 동기 하에서 근본적으로 사리사욕에 끌림이 없고, 다만 보리심 이 한 동기에 의지한다면 또한 크게 영혼을 이롭게 하는 동시에 또한 자기 수행의 장애도 되지 않을 것이다. 반대로 마음속으로는 자기의 이익을 추구하고 입으로만 염송하여 망령을 천도하며, 죽은 자의 천도에 대한 대가로 말 등의 재물을 받는 것은 실로 매우 비열한 짓이다. 게송에서 말한 바와 같다.

> 이미 해탈의 경계에 이르지 못했으면서
> 도리어 힘써서 남을 인도하려는 것은
> 서로 조금도 맞지 않으니
> 마치 물에 빠진 사람이 물에 빠진 사람을 구하려는 것과 같다.

예전에 크게 깨달음을 얻은 자(大證悟者, 똑댄)인 땐진최펠 대사께서 짜리 신산(神山)을 도는 기도수행기간 가운데, 그가 예전에 천도해주고 왕생천도 재물을 받은 한 영가가 출현하였다. 그 사람이 피바다 가운데 머리를 내놓고 대사 땐진최펠의 이름을 부르며 "나는 마땅히 어떻게 해야 합니까?"라고 소리치는 것을 보았다. 놀란 대사가 "내가 신산을 도는 공덕을 너에게 회향한다"라고 말하고서야 보이지 않았다.

다만 이뿐 아니라 수승한 깨달음을 갖춘 고승대덕이라도 천도에 대한 공양금을 받은 후에 염불 독경으로 회향하지 않으면 장차 이루게 될 수행의 경지와 길에 장애가 된다. 이전에 족첸 린뽀체인 규르메텍촉

땐진께서 죽었을 때 제자들이 디메싱꽁괴뽀 존자를 청해서 시체를 화장하는 의식을 진행했다. 그때 존자는 하루 종일 목욕 기도문을 염송하며 천도를 진행하였는데, 보통사람에 대해서 천도하는 것과 완전히 똑같았다. 모든 승려가 원인을 물으니, 존자가 그에 대해 해석해 답하되 "그는 살아서 영혼을 천도하는 공양물을 받고서도 당시에 죽은 사람을 위해 기도문을 읽고 회향을 하지 않았으며, 그가 천도할 공양금을 받은 그 영혼의 죄업이 아주 깊은 사람이었기에 그의 수행 성취에 장애가 되었고, 오직 현재 우리들이 천도하여 끌어주는 힘을 통해 효과를 얻었다"라고 하였다. 이 영혼의 이름이 곧 골록땐진이다.

그러므로 스승이나 대환생자라는 위치에 있는 사람들도 이와 같이 만일 망자의 재물을 받고서 회향기도나 염송 등으로 회향해 주지 않고 "나는 어떠어떠한 대단한 스승이며 대환생자다"라고만 생각하면 실제로 전혀 좋을 것이 없다. 만일 잘못됨 없이 전생의 고승이 환생한 자라고 인정된 분들도 처음에는 티벳 글자의 언어의 자모를 따라서 학습해야 하며, 경전 문자를 독송하는 것이나 기타 모든 것을 보통사람과 같이 학습해야 한다. 생이 바뀜에 따라 정통한 문자는 깨끗하게 잊어버리며, 생기차제와 원만차제의 유가를 잊어버리지 않은 사람은 매우 드물다. 따라서 내가 생각하건대, 말 타기를 배우기 시작하자마자 신심 있는 신도의 보시나 천도 재물을 받지 말고, 정력을 기울여 수행하며, 발심하여 무문관에 들어가 정진하는 데에 노력하는 것이 매우 중요하다고 본다.

2. 세 가지 생각을 갖춘 왕생

이곳에서 강의할 왕생법은, 평범한 사람에 대해서는 '세 가지 생각을 갖춘 왕생법'이나 혹은 '심식상사心識上師[230]의 왕생법'이라고 하며, 이것은 또한 『무구참회속』에서 설한 "임종 시에 있어 빛 무리와 소리를 의지해서 왕생한다"는 뜻과 서로 부합한다. 이러한 왕생법은 수승한 깨달음을 갖춘 보특가라에 대해서는 필요치 않다. 『무구참회속』가운데 말하되 "죽는다는 것은 바로 분별이며, 공행(다끼니)의 정토로 인도할 수 있다"고 하였으며, 또한 "이른바 죽음은 요가행자에게는 작은 성불이다"라고 하였다. 금생에 이미 견고한 지위를 증득했고 생사자재를 얻은 모든 보특가라는 비록 표면상으로는 죽은 것 같으나 실제상으로는 현재의 한 지방에서 다른 지방으로 옮겨가는 것과 같다. 또한 생기차제와 원만차제를 수행한 모든 수행자는 앞에서 설명한 생사와 중음의 세 가지 실수법에 의지해서 삼신 중에 왕생을 얻으니, 이른바 "왕생법은 수행법이 하열한 자를 인도한다"는 뜻과 같다.

이 때문에 수도에 견고함을 얻지 못하거나 혹은 죄장이 두꺼운 사람 등은 삼상을 갖춘 왕생법(具三想往生法)의 비결이 필요하다. 만일 이 같은 비결을 얻으면 그의 죄업이 얼마나 무겁냐에 관계없이 결코 악도에 떨어지지 않으며, 무간죄업을 지어서 바로 지옥에 떨어지게 되는 사람일지라도 만일 이 하나의 가르침을 만나면 결코 지옥에 떨어지지 않는다. 『딴뜨라』에서 말한 바와 같다.

---

[230] 자기 심식이 스승의 지혜와 다름없음을 관상함.

날마다 범지(梵志, 브라만)를 죽이고 오무간업을 지었어도 이 방편
도로써 해탈하며 죄업으로 물들지 않는다.

또 말하되

아홉 구멍[231]의 위쪽 정문頂門에 의념을 모으면 가히 왕생할 수
있으니 죄업에 물들지 않고 청정한 국토에 왕생한다.

라고 하였으며, 기타 경속 가운데 말하되

정수리 위 일월의 좌복 위에 법상을 구족하신 상사의 발아래서
만약 중맥으로 들어가는 길을 알면 오무간업을 지었어도 또한
해탈한다.

라고 하였다. 그러므로 이 하나의 심오한 도인 왕생법의 가르침은
닦지 아니해도 성불하는 법이며 또한 강한 힘으로 죄가 무거운 자가
해탈을 얻는 비밀한 도이다. 금강지불께서 말씀하셨다.

날마다 범지를 죽이고 오무간업을 지었어도 만약 이 가르침을
만나면 의심 없이 반드시 해탈한다.

연화생 대사께서도 말씀하셨다.

---

231 5가지 외경外境을 받아들이는 인체 감각활동의 9가지 처소. 곧 두 눈과 두 귀와
두 콧구멍과 입, 소변구멍과 대변구멍이 그것이다.

닦아서 성불하는 법은 남들도 다 갖추고 있지만 닦지 않고 깨달음을 얻는 법은 오직 나에게만 있다.

대지자 나로빠께서 말씀하셨다.

아홉 문은 윤회의 창이 되나 이 한 가지 문은 곧 대수인(大手印, 마하무드라)의 문이니, 아홉 문을 막고 하나의 문을 열면 의심 없이 해탈도에 들어간다.

일찍이 로닥의 마르빠 존자께서도 말씀하셨다.

나는 금생에 왕생법을 닦아 지녀 반복해서 수행할 뿐인데, 평범하게 죽어도 또한 두려워함이 없는 것은 앞서 이미 왕생법 수행을 갖추었기 때문이다.

지존 소금강(笑金剛, 섀빠 도르제)께서 말씀하셨다.

왕생 융합의 비결은[232] 바로 중음계로 향하는 것을 타파하는 것이다. 이러한 도를 구족한 사람이 있는가? 생명의 바람(命風)이 중맥으로 들어간 사람은 안락하며, 그는 장차 법계의 환희에 들어간다!

---

[232] 본인의 의식을 스승의 의식과 융합시켜 의식을 법성광명의 상태로 전이시킴으로써 정토에 왕생하는 것.

3. 왕생 수행법

1) 수련

지금 자기가 왕생(포와)으로 인도하는 가르침을 얻은 후, 반복해서 수련하며 증험이 나타나기 전까지 여전히 정진하여 노력해야 한다. 현재 자신의 풍風과 맥脈과 명점明點[233]이 온전히 쇠퇴함이 없고 왕성한

---

[233] 풍風, 맥脈, 명점明點: 육체를 형성시키는 요소이자 금강신金剛身을 이루는 세 가지 요소로, 무상유가 딴뜨라에서는 이 셋을 몸·말·뜻의 삼금강三金剛과 법신·보신·화신의 삼신을 성취하는 근본으로 보아 수행의 핵심으로 삼는다.

풍風은 티벳어로 릉rLuṅ이라 부르며, 범어 바유vāyu와 쁘라나Prana의 옮김이다. 한자의 기氣, 기식氣息 등에 해당한다. 우리말로는 생명의 바람으로 옮긴다. 일반적으로는 인체를 구성하는 오대원소의 하나인 바람의 원소인 풍대風大를 말한다. 그러나 밀교에서는 수행의 측면에서 생사와 열반의 근원이 되는 극도로 미세한 풍심風心의 하나로서 생명의 바람으로 이해한다. 이 극도로 미세한 풍(持命風)에서 10가지 바람인 근본오풍(持命風·下行風·等住風·上行風·遍行風)과 지분오풍, 그리고 인체의 21,600가지 종류의 풍들이 발생한다. 생명의 바람은 유동하는 성품으로 모든 맥도들 속에 존재하며, 명점의 운반을 담당한다.

맥脈은 티벳어로 짜rtsa라고 부르며, 범어 나디nāḍī의 옮김으로 기맥氣脈, 맥관脈管 등의 의미로 이해된다. 맥은 온몸을 덮고 있는 신경망과 같이 미세한 육체를 구성하는 생명의 바람과 명점이 머무는 곳이자 그 둘이 이동하는 통로이다. 인체의 모든 맥들(72,000 또는 3,500만의 지맥)은 중맥(中脈, 아와두띠), 좌맥(左脈, 랄라나), 우맥(右脈, 라싸나)의 근본 3맥에서 파생되며, 이 세 맥이 만나는 장소에 형성된 맥의 그물망이 맥륜(脈輪, 짜끄라)이다.

명점明點은 티벳어로 틱레Thig le라고 부르며, 범어 띨라까Tilaka와 빈두Bindu의 옮김으로, 문자적 의미는 둥근 점 또는 방울을 뜻한다. 숨은 의미는 밀교에서 말하는 공성空性과 대락大樂을 낳게 하는 요소이자 종자種子에 속한다. 명점은 몸의 맥도 안에 미세하거나 거친 다양한 형태로 존재한다. 거친 형태로는 남녀의 물질적인 정액과 경혈을 의미하는 하얀 보리심(白精)과 붉은 보리심(赤精)을 뜻하고, 미세한 차원에서는 순수한 정신적인 요소인 보리심을, 가장 미세한 차원에서는

젊은 시기이면 왕생법에 의지해서 직접 왕생하는 것은 조금 곤란하다. 매우 나이가 많고 늙었거나 진정으로 죽음에 이르렀을 때 비교적 쉽게 왕생할 수 있다. 마치 여름에는 잎이 무성한 때여서 과일 열매 등을 따기가 어려우나, 가을에 이르러 열매가 익어 꼭지가 떨어지려고 하는 때에는 옷만 스쳐도 떨어지는 것과 같다.

2) 운용

자기에게 죽는 모습이 출현하면 어떠한 경우에도 죽음을 피할 수 없다는 것을 알고, 아울러 은몰차제隱沒次第[234] 등이 출현할 때는 곧 왕생법을 운용하도록 한다. 이를 제외한 그밖의 시간에는 이러한 방법을 의지해서 왕생하는 것은 모두 불가능하다. 『딴뜨라』에서 말한 것과 같다.

> 시기가 성숙되었을 때 왕생법을 행하는 것이 마땅하며
> 시기가 아닌데 왕생법을 쓰면 본존을 죽이게 된다.[235]

본래 은몰차제는 다양하지만, 쉽게 이해하도록 말하자면 오근五根과

법신을 의미하는 불괴명점不壞明點을 뜻한다. 불괴명점은 윤회와 열반의 터전이자 근본으로, 다른 이름으로는 마하무드라(大印), 마하쑤카(大樂), 여래장, 반야바라밀다 등 다양하다.(중암 역저, 『밀교의 성불원리』, 정우서적, 2009, 81~88; 483~484쪽에서 요약.)

[234] 사람이 임종 시에 오온 등이 차례로 소멸하며 나타나는 죽음의 현상. 여기서 은몰隱沒은 티벳어로는 팀빠Thim pa인데, 물이 모래 속에 스며들어 없어지는 것을 뜻한다. 은멸隱滅, 소멸消滅 등으로 번역한다.(중암 역저, 앞의 책, 97쪽.)

[235] 우리 몸이 본존 만다라이므로 때를 어겨 행하면 생명을 단축시키고 만다라를 파괴함이 된다.

사대四大와 명증득明增得의 세 가지 은몰차제로 나눌 수 있다.

(1) 오근 은몰차제

만일 자기의 베갯머리에서 승려가 경을 외우는 데 있어, 다만 웅얼거리는 소리만 들리고 글자의 자구는 분명하지 않으면 이때는 이미 이식耳識이 다했음을 나타낸다. 혹 위와 같지는 않더라도 다른 사람이 대화하는 소리 등을 들으면 또한 먼 곳에서 전해오는 소리와 마찬가지이며, 소리는 들리나 뭘 말하는지는 분명하지 않다. 이와 마찬가지로 눈동자로 보는 색깔 또한 분명하지 않고 결국 어떤 물건인가를 분명히 보지 못하는데 이때는 안식眼識이 이미 다한 것이다. 이런 식으로 코의 향기·혀의 맛·몸의 촉각 등도 모두 감각이 없어지는 때에는 이것이 최후의 은몰차제이다. 이때 스승은 그를 위해서 심성의 본래면목을 바로 가르쳐 주어야 하며, 또한 왕생의궤를 염하는 사람이 있다면 이때가 천도를 하는 가장 좋은 시간이다.

(2) 사대 은몰차제

그 이후에 육신의 요소가 지대地大에 녹아드는 때에는 신체가 구덩이에 빠지거나 혹은 산에 눌리는 것과 같은 중압감이 나타난다. 마치 현재 임종에 처해 있는 사람이 입으로 고함치며 "나를 위로 끌어 달라"고 하거나 혹은 "나의 베개를 높여 달라"는 말을 하는 것 등이다. 이어서 피의 성분이 수대水大에 녹아드는 때에는 입의 침이나 혹은 콧물이 흘러내리는 등의 현상이 있다. 또한 열 기운이 화대火大에 녹아드는 때에는 입과 코가 완전히 마르며 체온이 바깥에서부터 안으로 거둬들여지는데, 이때 어떤 사람은 머리에서부터 갑자기 증기가 올라오기도

한다. 기운의 요소가 풍대風大에 녹아드는 때에는 상행풍(上行)·하행풍(下泄)·평주풍(平住)·편행풍(遍行)이 전부 지명풍持命風²³⁶ 가운데로 거두어지며, 숨을 들이쉬는 것이 곤란해져 호흡이 폐부로부터 검고 흰 목구멍을 지나서 극렬하게 바깥으로 내뿜어진다. 체내의 모든 혈액은 명백命脈 가운데로 모아지며, 심장 사이에 차례대로 세 방울의 피가 흐르면 길게 세 번 숨을 내쉬며 외기外氣가 갑자기 중단된다.

(3) 명증득 은몰차제

이때에 정수리로부터 부친에게서 받은 백명점(白明點, 하얀 보리심)이 빠른 속도로 아래로 내려가며, 바깥 모습은 달빛이 밝게 비치는 맑은 허공과 한 줄기의 하얀 광명(白光)이 출현하고, 안 모습은 밝은(明) 자각의 느낌이 출현하며, 아울러 33가지 성내는 마음의 분별념이 소멸하여 다하는데, 이것이 이른바 명상(明相: 顯明, 밝은 마음)이다. 배꼽 부위로부터 어머니에게서 받은 홍명점(紅明點, 붉은 보리심)이 빠르게 위로 올라오며, 바깥 모습은 햇빛이 널리 비춰 밝은 허공에 일반적인 홍광紅光이 출현하는 것과 같으며, 안으로는 대락大樂의 느낌이 생기고, 40가지 탐내는 마음의 분별념이 소멸하여 다하는데, 이것이 이른바 증상(增相: 顯明增輝, 한층 밝은 마음)이다. 이어서 백명점과 홍명점

---

236 이상 다섯 가지 바람을 근본오풍根本五風이라 한다. 근본오풍은 인체를 지탱하는 5가지 생명의 바람으로, 지분오풍支分五風과 함께 수행의 핵심이 되는 열 가지 바람(十風)을 이룬다. 상행풍은 위로 올라가는 바람, 하행풍은 아래로 내려가는 바람, 평주풍(平住風, 等住風)은 배꼽 부위에 머무는 바람, 편행풍은 몸 전체를 감싸는 바람이고, 지명풍은 인체의 모든 생명의 바람들의 근원으로서 중맥 안에 머물며, 아뢰야식과 능의 또는 소의 관계를 갖는다. (중암 역저, 『밀교의 성불원리』, 83쪽 참조.)

두 가지가 심장 사이에서 서로 만나 심식이 그들 사이로 들어가며, 바깥 모습은 흑암이 두루한 맑은 허공과 한 줄기 검은 광명(黑光)이 출현하며, 안의 모습에는 무분별의 느낌이 생기므로 칠흑같이 되어 돌연히 혼미해지는데, 이것이 이른바 득상(得相: 顯明近得, 정광명에 가까운 마음)이다.

나중에는 점점 깨어나서 구름과 안개와 먼지의 세 가지 때를 벗어난 청정한 허공과 같은 원초의 정광명(基位光明, 죽음의 정광명)이 출현[237]하는데, 만일 이때 능히 그것이 자성의 본래면목임을 알아서 정에 들면, 이것이 곧 상근기의 법신 왕생이며, 중음(中陰, 바르도)을 경과하지 않고도 성불한다. 그 뒤를 따라 차례대로 법성중음(法性中陰, 최니바르도)과 생유중음(生有中陰, 시빼바르도)이 출현하는데, 이것은 정행(본수행)의 한 부분이기에 여기에서는 장황하게 늘어놓지 않겠다.

수도의 경험이 부족한 사람의 경우에 왕생법을 운용하는 가장 좋은 시각은 곧 은몰차제가 출현하기 시작하는 때이다. 이때 스스로 반드시 일체 금생의 탐욕 자체를 끊어버리고 통일된 마음과 뜻으로 생각하되 '내가 곧 장차 죽어가면서 현재 스승께서 전한 비결에 의지해서 용사가 쏜 화살과 같이 청정한 정토에 날아가면 나는 얼마나 기쁠 것인가?'라고 한다면 자신감이 충만하여서 용기가 가득하게 된다. 만약 자신이 왕생법의 대상경계(所緣境)들을 분명히 관하기가 어려우면 또한 능력 있는 벗에게 도와달라고 청할 수 있으니, 어떻든 간에 이때는 반드시 과거에 닦은 깊은 도인 왕생의 가르침에 의지해서 강력하게 왕생해야 한다. 물론 수련을 뒤돌아보거나 운용의 때에 있어서 왕생의 수행법은 모두

---

[237] 여명의 하늘빛과 같은 텅 빈 고요함 속에 극도로 투명한 광명인 공성을 깨닫는 사마타의 광명이 발생한다.

마찬가지이다. 왕생을 수행하는 진정한 가르침의 순서는 아래와 같다.

3) 진실로 왕생을 관하여 닦는 가르침의 차례

한 개의 적당한 좌복 위에 금강결가부좌를 하고 앉아 몸을 단정하고 바르게 한다. 먼저 「원환상사遠喚上師」[238]를 염송하는 송을 시작하면서 완전하고 빠짐없이 전승조사에 대한 관상 수행법의 모든 차제를 포괄하여 밝게 관한다.

이어서 정행(본수행)에 들어가는 관상을 한다. 먼저 자기의 오온으로 된 몸이 한순간에 금강유가모(바즈라요기니)가 되는 것으로 관한다. 그 몸은 홍색이고, 한 얼굴에 두 팔이며, 두 팔은 일어서서 춤추는 자세이며, 세 눈은 허공을 바라본다. 왕생법을 닦을 때 유가모의 표정은 적정한 모습 가운데 약간 노기를 띠며, 오른손은 허공 가운데 무명과 우치의 수면을 일깨우는 작은 뼈로 만든 북을 흔들며, 왼손으로는 허리 부분에 삼독을 제거하는 굽은 칼을 쥐고 서 있다. 벌거벗은 몸에는 뼈 장식과 옥으로 만든 꽃 조각을 차고 있다. 몸은 나타나지만 자성은 없어, 몸이 팽팽하게 친 붉은 비단 장막과 같이 보이는데, 이것이 '외부적인 몸의 관상법'이다.

또 신체의 중앙에 위치한 곧은 중맥이 비어서 실내에 세운 기둥과 똑같다고 관상한다. 그것은 좌우 어느 한 쪽으로 기울지도 아니하고 곧게 신체의 중앙에 서 있으므로 중맥中脈이라고 일컫는다. 법신이 변함없음을 표시하기 위해서 그 색깔은 버드나무 껍질과 같은 옅은 남색으로 관하며, 습기장習氣障이 엷은 것을 표시하기 위해서 연꽃잎과

---

[238] 스승을 찬탄하고 가피를 구하며 기도하면서 외우는 게송문.

같이 얇은 것으로 관상하며, 무명흑암을 제거하는 것을 표시하기 위해서 기름 등과 같이 밝은 것으로 관상하며, 하열한 도에 들지 않는 것을 표시하기 위해서 파초나무가 곧게 서 있는 것으로 관상한다.

총합하면, 중맥이 이상 네 가지 특징을 구족함을 관상한다. 선도와 해탈도를 표시하기 위해서 그 상단은 머리의 범천혈梵天穴에서 열려 있음을 관상하는데 곧 하늘의 창을 여는 것과 같으며, 윤회와 악도의 문을 닫아버리는 것을 표시하기 위하여 그 하단에는 배꼽 아래 손가락 네 마디 위치에 터럭 끝만치도 샘이 없으며 완전히 막혀버린 것으로 관상한다. 이것이 '내부적인 맥의 관상법'이다.

다시 중맥의 안에서 바로 심장 사이에 하나의 대나무 마디를 잘라버린 것과 같은 맥의 마디가 있으며, 그것의 윗면에 한 개의 엷은 녹색의 바람 덩어리 명점(風團明點)이 있어서 잠시도 머물지 않고 뛴다고 관상한다. 그 윗면에는 자기심식본체自己心識本體를 대표하는 열반점 "(ঃ)"[239]과 짧은 "아(ཨ)"가 화합된 홍색의 글자 "흐링(ཧྲཱིཿ)"이 있는데, 바람에 깃발이 말린 것과 같이 가볍게 흔들린다. 그것은 자기 마음의 근본인 각성(覺性, 릭빠)[240]이다.

이어서 자기의 머리에서 팔 하나 길이 위의 허공 가운데 여덟 마리의 큰 공작으로 장엄된 하나의 보좌가 있고, 윗면에는 각종 연화와 일월로 된 삼층의 좌대가 있으며, 좌대 위에는 본체가 삼세제불 총체의 자성이며, 비할 바가 없는 대비보장大悲寶藏의 덕을 갖춘 근본상사가 앉아 계신다고 관상한다. 그 형상은 세존이시고 보호주이신 무량광불(아미타

---

239 두 개의 작은 원은 지혜와 방편을 상징한다.
240 무명에 반대되는 개념으로 '본래 여실하게 깨어 있는 마음의 본성'으로 지명智明을 의미한다.

불)이시다. 몸은 홍색인데, 완연하기가 마치 십만 개의 태양이 밝게 비추어 불타는 듯한 홍색의 보석 산과 같다. 한 얼굴에 두 팔이며, 두 손은 등인(等印, 선정인)으로 죽음 없는 지혜의 감로가 가득 찬 발우를 들었다. 수승한 화신의 범정행梵淨行의 장식을 구족하고, 몸은 세 종류 법의를 입고, 머리는 육계로 되어 있으며, 두 발에는 법륜보배무늬(輪寶) 등 32상을 갖추고 80종호로 장엄되어 있으며, 무량한 빛을 쏟아내고 있다고 관상한다.

우측에는 제불 대비의 자상自相인 성자 관세음보살(아발로키테쉬와라)이 계신다. 몸의 색깔은 희며 한 얼굴에 네 개의 팔이 있고, 첫 번째 두 손은 가슴 앞에 합장하고, 우측의 아래 손은 수정염주를 가졌으며, 좌측의 아래 손은 백련화의 자루를 쥐었고, 꽃잎은 귓가에서 피어 있다.

무량광불의 좌측에는 제불 역량의 주존인 밀주密主 금강수보살(바즈라빠니)이 계신다. 그 몸의 색깔은 옅은 남색이며, 두 손은 교차한 자세로 요령과 금강저를 쥐고 있다. 그들 두 분 존자(사비관음과 금강수보살)는 모두 보신의 13가지 복장으로 장엄되어 있다. 무량광불의 두 발이 금강가부좌인 것은 있음(有)과 공적함(寂)의 두 치우침에 머물지 않음을 표시하며, 두 분 보살이 두 발로 서 있는 것은 중생을 이롭게 함을 싫어하거나 번거롭게 여기지 않는 것을 표시한다.

심오한 길인 왕생법의 여러 전승조사들은 완전히 청정한 허공에 모인 구름덩이 같이 세 분 주존의 주위에 계시며, 그들은 모두 웃음을 띠고서 자비롭고 인자한 눈빛으로 자타의 일체중생을 주시하시고, 아울러 기쁨에 가득 찬 마음으로 내려다보시며 자타의 일체중생이 윤회의 고통에서 벗어나도록 구원하고 제도하시니, 곧 대상주大商主와 같이 모든 중생을 청정한 정토로 이끌어 인도하신다.

4. 왕생의궤

다음과 같이 독송하면서 관상한다.

> 에마호!
> 저절로 드러나는 청정 무변한 정토
> 원만하게 장엄된 서방극락정토에서
> 자신의 몸을 금강유가모로 관상하네.
> 얼굴 하나 팔 둘 붉게 빛나며 칼과 일산을 들고
> 두 발은 춤추는 자세로, 세 눈은 허공을 바라보고 있네.
> 그분의 몸 한가운데 중맥은
> 굵기는 대나무 화살과 비슷하고
> 유와 공을 갖춘 깨끗한 빛의 관이니
> 상단은 범정혈에서 열려 있고
> 하단은 배꼽 아래에서 닫혀 있네.
> 심장 사이 막힌 마디 위에
> 연두색 풍단명점風團明點 가운데
> 자심自心의 붉은색 '흐링'을 분명하게 관하고
> 정수리에서 한 자 정도 위에
> 무량광불을 밝게 관상하니
> 상호가 구족하여 뛰어나고 원만한 몸이시네.

그런 다음 굳게 움직이지 않는 믿음으로 털이 곤두서고 눈물을 흘리면서 온 힘을 다해 여러 번 염송한다.

세존, 선서, 불멸의 원만정등각, 보호주 무량광불에게
엎드려 절하옵고 공양 올려 귀의합니다.

에마호!
경계가 스스로 나타나는 요의了義의 밀엄정토
백배로 충만한 믿음의 무지갯빛 무리 속에
귀의처의 총집합체인 근본상사께서
비범하고 맑고 투명한 몸으로
길상吉祥한 아미타불의 본체로 머무르시네.
강렬한 믿음과 공경으로 간절히 기도드리니
눈앞에서 왕생의 거룩한 길로 나아갈 수 있게 가피하시고
밀엄정토로 들어갈 수 있게 가피하시어
법신 법계의 불지佛地를 얻을 수 있기를 발원합니다.

이렇게 전체를 완전하게 세 번 독송한 후에, 다시 "강렬한 믿음과 공경으로 간절히 기도드리니"로부터 끝까지 세 번 독송하고, 마지막으로 "법신 법계의 불지를 얻을 수 있기를 발원합니다"를 세 번 독송한다. 그러한 것들을 독송할 때 반드시 근본상사와 보호주 아미타불께 믿음과 헌신이 가득한 마음을 가지고, 한마음으로 각성의 마음이 의지하는 바인 '흐링' 글자에만 집중한다.

그 다음, 혀를 입천장의 안쪽에 대고 '흐링, 흐링'이라고 다섯 번 반복하고, 동시에 각성의 마음이 의지하는 바탕인 붉은색 글자 '흐링'이 밝은 녹색으로 진동하는 모습을 하고 있는 '풍기의 명점'[241]에 의해

---

[241] 움직이는 특성인 '생명의 바람'과 알아차림의 마음.

바르르 떨면서 들어 올려져, 점점 더 높이 올라가며 정수리의 정문에서 나오는 것과 동시에 '힉'이라고 외치고, 마치 힘센 용사가 화살을 쏜 것처럼 위로 날아올라 아미타불의 가슴속으로 녹아든다고 관상한다.

다시 이전처럼 가슴에 '흐릫' 글자를 떠올리면서 관상을 하고 정신을 집중하여 '힉' 소리를 일곱 번 또는 스물한 번 혹은 그 이상 염송한다. 전해 내려오는 다른 종파에서는 '힉'을 송하면서 의식이 위로 솟아오르고, '까'라고 송할 때 아래로 내려가는 것으로 관상해야 하는 전통도 있다. 다만 우리 종파에서는 '까'라고 송하면서 의식이 아래로 내려가는 수행 전통은 없다. 또한 '까'를 송해 마친 후에 다시 전과 같이 "세존, 선서, 불멸의 원만정등각, 보호주 무량광불에게……"의 기도문을 염송하고, 온 힘을 다해 '포와 수행법'을 행한다. 그 다음, 다시 "세존, 선서, 불멸의 원만정등각, 보호주 무량광불에게……"를 일곱 번 또는 세 번 독송한다. 마지막에 복장대사伏藏大師 일월불(日月佛, 닌다상개)의 간략한 기도문인「입초왕생법(入草往生法, 포와작죽마)」을 염송한다.

무량광불께 엎드려 절합니다.
우갠국 대사 빼마중내께 간절히 기도합니다.
크신 은혜의 근본상사께서 자비로 섭수하시고
근본상사와 전승조사께서 인도해주시어
왕생법을 닦아 성취하도록 가피를 주소서.
이 지름길에 의지하여 공행찰토에 이르며
저희들이 이 목숨을 마칠 때에
속히 극락정토에 왕생할 수 있도록 가피하소서.

이 기도문의 마지막 한 구절인 "속히 극락정토에 왕생할 수 있도록 가피하소서"를 세 번 독송한다. 이 '포와 수행법'을 열심히 가능한 한 오랫동안 수행한다. 그 다음, 다시 "세존, 선서, 불멸의 원만정등각, 보호주 무량광불에게……"를 염송하고, 그 후에 백옥파(白玉派, 뺄율사원)에서 전승된 「천법왕생법(天法往生法, 남최포와)」이라는 기도문을 염송한다.

    에마호!
    매우 희유한 보호주 아미타불
    대비 관세음, 대력 금강수께
    저희들이 지극정성으로 기도하오니
    왕생의 심오한 길을 닦아 성취하도록 가지하소서.
    저희들에게 어느 날 죽음의 시간이 나타날 때
    신식이 극락정토에 왕생하도록 가지하소서.

여기서 마지막 줄을 세 번 반복하며, 이어 다시 이전과 같이 '포와 수행법'을 염송한다. 마지막 두 기도문은 롱첸닝틱의 수행의궤가 아니므로 지명무외주 직메링빠로부터 전승된 것이 아니지만, 족첸 린뽀체와 고첸 린뽀체 등으로부터 하나로 합쳐진 흐름으로 전승되어 꺕제도둡 린뽀체에게 이르게 되었다. 나의 근본상사께서도 그분들이 가르치는 전통에 따라 가르쳐주셨다. 다만 도둡 린뽀체에게는 본래 감뽀빠로부터 전해 내려온 까규의 포와(왕생법)의 가르침에 대한 전승도 있었고, 도둡 린뽀체께서 편찬한 왕생법을 염송하는 기도문도 있었지만, 나의 근본상사께서 가르치시는 전통에는 그것이 없다.

어떻든 간에 갖가지 모든 전승체계들이 관상차제 등에 별 차이가 없기 때문에 포와의 가르침이 한 법맥으로 전승되었던 것이다. 나의 근본상사께서는 깝제도둡 린뽀체 앞에서 여러 번 가르침을 받으셨으며, 나의 근본상사로부터 포와의 가르침을 받은 사람들 또한 까규의 포와에 대한 구전전승을 받은 것과 다름이 없다.

위의 두 간략한 기도문은 도둡 린포체께서 정리해 적으신 것으로, 다른 기도문과 조금 다르지만 나의 근본상사께서 전해주신 대로 적었다. 또한 나의 근본상사께서 남최포와에 대한 구전전승(룽)에 의거해 대중들에게 포와를 행하실 때, "저희들에게 어느 날 죽음의 시간이 나타날 때"를 "이 사람들에게 어느 날 죽음의 시간이 나타날 때"라고 바꾸어 염송하셨다. 그러나 요즈음 일부 의미와 맞지 않게 이해한 몇몇 사람들이 "이생에서 나타난 어느 날" 또는 "여기에서 어느 날" 등으로 독송하는 것은 잘못된 것이 아닌가 생각한다.

이와 같이 반복해서 수련하고 마지막에 마칠 때가 되었을 때, 오신법계五身法界에 인증하는 의미로 "파더(拍得, 팻)"를 5번 염송하고 아울러 희론을 떠난 실상實相 가운데서 정에 든다. 그 후에 머리 정수리 위의 모든 전승상사가 삼위의 주존 가운데로 녹아들며, 두 분 보살은 또한 무량광불 가운데로 녹아들고, 무량광불은 변화해서 빛이 되어 자기 몸으로 녹아듦을 관상한다. 이로 말미암아 자신이 한순간에 변하여 세존이신 보호주 무량수불이 된다고 관상한다. 몸은 홍색이고 한 얼굴에 두 팔이며, 두 다리는 금강결가부좌로 편안히 앉아 계시고, 두 손은 평등인(선정인)을 하고서 죽지 않는 지혜 감로가 충만한 장수보병을 받쳐 들었는데, 병의 입구는 여의수如意樹 잎으로 꾸며졌으며 온몸은 보신의 13가지 복장으로 꾸며졌다.

한편으로는 이 같이 관상하고, 한편으로는 입으로 장수주長壽呪인 "옴 아마라니 자완띠예 쏘하"를 백 번 염하거나 다른 장수주를 염한다. 이 장수주를 염하면 수명이 손해를 받지 않게 되며, 아울러 연기의 실다운 힘으로써 수명의 장애를 제거할 수 있다. 따라서 영혼을 천도하거나 혹은 임종자, 혹은 자기가 죽을 때는 장수법을 염하며 닦지 않는다.

　이와 같은 수련이 이미 순숙한 경계에 도달한 증험은 논전 가운데서 "머리 위에 황수黃水가 나오며 풀 등이 들어가는 모습이다"라고 말한 것과 같다. 이와 같은 증험의 상이 출현하기 전까지는 반드시 여러 번 수련한다. 마지막에 선근을 회향할 때에는 마땅히 「극락원문極樂願文」 등을 염송하며 회향한다.

　이 하나의 깊은 도인 왕생법의 가르침은 기타의 생기차제나 원만차제와 같이 장기간의 수련을 경과할 필요가 없다. 다만 7일간만 닦아 숙련하면 반드시 증험의 모습이 나타나기에 '닦지 않고 문득 성불할 수 있는 법'이라고 일컬어진다. 그러므로 모든 사람들은 이치에 매우 합당한 이 같은 위없는 지름길의 법을 중요한 수행법을 삼아야 한다.

　　스스로도 제도하지 못하면서
　　모든 망령을 천도한다 하고
　　스스로는 실지로 수행함이 없이 교묘한 말에 의지하니
　　저와 더불어 저와 같은 교활한 종성의 사람들이
　　원컨대 능히 정진하며 수행하도록 가피를 주소서.

제5장
결론

전체적으로 말하면 다음과 같다.

  가만난득(暇滿難得; 수행하기에 적합한 조건과 인연을 만나기 어려움)을 사유함으로써 한가한 몸을 변화시켜 의미 있게 하며, 수명이 무상한 이치를 사유함으로써 자기의 정진을 채찍질하게 한다. 일체의 윤회와 고통의 본성을 이해함으로써 출리심과 연민심을 일으키며, 인과의 차별을 명확히 이해함으로써 이치에 맞게 선과 악을 취하고 버리며, 해탈의 이익을 기억하여 생각함으로써 자기의 성불에 대한 희망과 용기가 생기게 한다. 진정한 선지식을 의지함으로써 그의 뜻과 행(意行)을 배우고 닦게 한다. 이것이 공통되는 외적인 6가지 전행(前行, 예비수행)의 가르침이 된다.

  삼보에 귀의함으로써 해탈도의 기초를 군건히 다지고, 수승한 보리심을 일으킴으로써 불자의 행위를 바다와 같은 넓이로 수립하며, 금강살타를 염송함으로써 네 가지 대치력을 통해서 일체의 환난이 되는 근본적인 죄업을 참회한다. 삼신三身의 만다라를 공양함으로써 일체공덕의 근본인 복과 지혜의 자량을 쌓으며, 일체 가피의 원천인 선지식에게 기도함으로써 자기 심식 가운데에 수승한 지혜가 생기게 한다. 이것이 공통하지 않는 내적인 5가지 전행의 가르침이 된다.

만약 수행인이 수도하였으나 증오를 얻지 못하고 죽음이 임박하면, 곧 닦지 않고 문득 성불하는 왕생법에 의지해서 정토에 왕생한다. 이상을 모두 합하면 12가지의 수행지침 법문이 된다.

다시 한 걸음 나아가 말하면, 네 가지의 세상을 멀리하는 마음을 관하여 닦음에 의지해서 거짓 없는 출리심을 생기게 하며, 해탈의 공덕을 관하여 닦음에 의지해서 모든 수도의 문을 열며, 일체 공덕의 원천인 선지식에 의지해서 성도에 나아가는 인연으로 삼는다. 우리들이 귀의로써 기초를 삼고 수승한 보리심을 발하여 육바라밀다를 배우고 실천하는 과정을 통하여 정변지인 원만정등각의 진실한 정도 가운데에 들게 한다. 이로써 기타 종파에서 공통으로 일컫는 삼현분[242]·삼사도(三士道, 하사도·중사도·상사도)·대수인(大手印, 마하무드라)의 현종顯宗 법문 등 일체 불도의 요결을 모두 완전히 이 법문 가운데에 포괄한다.

금강살타를 염송하고 만다라를 공양하는 무상방편無上方便에 의지해서 죄업을 제거하고 복덕자량을 쌓으며, 또 깊은 가피가 있는 밀승도의 전승조사의 관상을 닦지 않고 문득 성불하는 왕생법의 수행지침이 있는데, 이러한 법문은 모두 닝틱파의 위없이 특별한 법이다.

그리고 닝틱파의 금강장金剛藏인 성도의 공통되지 않는 정행(본수행)의 문에 들기를 원하면, 먼저 공통되지 않는 전행(특별예비수행)인 삼신의 수행지침을 수행하여 심식이 각성覺性의 수행법문과 더불어

---

[242] 삼현분三現分: 부정현분, 유가경상분, 청정현분.

같아진 후에 실상의 각성묘용을 바로 가르치는 관정을 얻어야 바야흐로 가히 정행을 실지로 수행하는 뜻이 된다.

이와 같이 위에서 서술한 일체의 내용은 문장이 화려하거나 문법이 깊은 것에 중점을 두지 아니하고, 완전하고 지극히 높은 선지식께서 친히 입으로 가르쳐 주신 것에 의거해 기록한 것이며, 아울러 자기의 생각을 삽입하는 것을 가능한 피했으며, 평범하고 쉽게 이해되며, 내면의 마음수행에 이익이 되는 원칙에 입각해서 썼다. 더욱이 많은 대치함이 있고 직언으로 숨김없이 허물을 파헤쳐 드러내는 스승의 가르침이 있으며, 이것들 중에 내가 능히 기억한 것을 가져다가 모두 적당한 곳에 방편을 펴는 방식으로 삽입하여 열거하였다.

이러한 가르침에 대하여 우리들은 절대로 다른 사람의 잘못을 보는 구실로 삼지 말 것이며, 내면으로 자신을 돌이켜보는 것으로 삼고 자기의 허물을 관찰하는 거울로 삼을 것이며, 아울러 자기에게 이러한 허물이 있는지를 자세히 살펴야 한다. 만일 있으면 곧 반드시 정확하게 알며, 철저하게 과실을 끊어버리며, 자기의 마음으로 하여금 자연히 진실한 정도로 나아가게 해서 자기가 자기의 심식을 고쳐야 할 것이다. 그러므로 아띠샤 존자께서도 친히 말씀하셨다.

    죄악을 파헤쳐 드러내주니 수승한 스승이고
    정곡을 찌르니 수승한 법문이고
    정지와 정념이니 수승한 도반이고
    원수와 마장과 질병과 고통이니 수승한 격려이고
    바꾸지 않으니 수승한 방편이다.

어떤 고통을 받더라도 모두 자신을 원망해야 한다. 존자가 설한 바가 정법이니, 법문은 죄악의 정곡을 찌르며, 정법이 자기의 마음에 녹아들게 하고, 항상 정지와 정념을 일으키니, 일체의 그릇됨을 자신에게 돌리게 하며, 한 개의 악한 분별이 내심에 생겨도 외부의 산란으로 향하지 않도록 정법으로써 자기의 심식을 조복하게 하는 것이 수승한 비결이다. 만일 능히 이와 같이 행하면 자기가 스스로에게 실제로 큰 은덕이 되며, 정법의 이익으로써 자기의 마음으로 스승을 의지하면 또한 실질적인 뜻을 얻는다. 아띠샤 존자께서 말씀하신 것과 같다.

　　이익을 베푸는 최상의 방법은 바로 정법에 들게 하는 것이며,
　　이익을 얻는 최상의 방법은 마음이 정법에 드는 것이다.

　요컨대 지금 우리는 이미 가만暇滿의 사람 몸을 얻었고, 다행히도 훌륭한 스승을 만났으며, 깊은 법문을 얻었고, 실제로 구승차제의 법문을 닦고 불과를 성취할 기회를 갖추었다. 이는 미래 세세생생에 영원히 큰 사업이 되니, 성공하는 것도 이때에 있고 성공하지 못함도 또한 이때에 있으며, 내심으로 선을 행하는 것도 이때에 있고 내심으로 악을 행하는 것도 이때에 있다. 이 기회를 가히 헛되이 할 수 없으며, 이때가 곧 영원히 착한 길이거나 영원히 악한 길 중에서 하나를 가리는 때이며, 일백 생 가운데 한 번 먹는 기회에 해당된다. 그러므로 우리는 밤을 낮 삼아서 정진 수행해야 하며, 항시 죽음으로써 자기를 독려하고, 현세의 이익을 추구하는 마음을 끊어버리며, 생명을 아끼지 않고 정진하여 수행하며, 악을 끊고 선을 행하는 데에 노력해야 한다.

　일체의 공덕을 갖춘 선지식을 의지한 후에 가르침을 의지해서 받들어

행하며, 온전한 마음과 뜻으로 삼보께 귀의하며, 자기가 누리는 행복이 모두 삼보의 대비심으로 이루어진 것이며, 자기가 받는 고통은 과거에 지은 악업으로 받는 것임을 알아야 한다.

심지를 선량하게 수행하며, 보리심의 기초 위에서 복덕자량을 쌓고 죄업을 맑게 하는 데 노력해야 한다. 마지막으로 수행자는 공경심으로 정성스럽게 가르침을 믿으며 계율을 청정하게 지녀서 자기의 마음으로 하여금 전승상사의 지혜와 둘이 아님을 이루도록 해야 한다. 금생에 견고한 지위(佛果)를 성취하면 나이 드신 어머니 같은 일체의 중생들이 윤회의 굴레에서 벗어나도록 제도하는 큰 임무를 감당해야 한다. 이상으로 모든 가르침의 요점을 총결했다.

이와 같은 세 가지 전승의 비결인 감로의 강물과
전승상사의 입의 진액의 정수와
구승차제 수행의 정밀한 뜻이
잘못됨 없이 다 이 법문에 포함된다.

언어 꾸밈의 군더더기를 버리고
매우 깊은 실지수행의 요결을 모으고
친히 증득한 비결의 정화를 응집하였으므로
이 훌륭한 법문은 맛있고 풍성한 음식과 같다.

삼독의 하열한 성품의 거친 황야 위에
허물을 제거하는 비결인 금강의 쟁기로 개간하며
좋은 방편의 진실하고 묘한 법의 물로써 물을 대니

이 훌륭한 법문은 영리한 농부와 같다.

출리심의 비옥한 논 가운데에
교묘하게 보리심의 종자를 뿌리고
청정한 정법을 쌓음으로써 공덕의 과실을 열게 하니
이 훌륭한 법문은 풍년 든 농장과 같다.

자신의 죄를 파헤치며 또한 그 뿌리를 제거하고
좋은 방편의 언어로써 백 가지로 공덕을 펴며
항상 오직 이익이 되는 일을 부지런히 행하니
이러한 좋은 법문은 자애로운 젖먹이 어머니와 같다.

언구가 아름다울 뿐만 아니라 뜻 또한 깊으며
비할 바 없는 스승님의 따뜻한 숨결이 아직 없어지지 아니하여
이 훌륭한 법문은 마음 가운데 여의보배와 같으며
이를 얻은 모든 자는 반드시 진실한 도에 든다.

오로지 이타행을 행하기 위하여 성스러운 가르침을 닦아 지니고
시구의 수식에만 의지하지 않으며
일상의 세속적인 말로써 바른 도를 보이니
이는 일체 보살의 특별한 점이다.

논전論典은 문구가 비록 광범하고 번다하더라도
어리석은 사람의 마음 가운데 젖어들기 어려우며

견해와 수행의 깊은 뜻은 비록 그럴 듯한 말을 사용하더라도
행업이 탁하고 지혜가 천박한 사람이 닦아 지니기 어렵다.

그러므로 이 법문은 쉽게 이해되고 요의를 포괄했으며
지혜가 옅은 자의 마음에 황금의 보배를 갖추게 하고
지혜가 하열한 자의 심식이 어두운 곳에 밝은 등이 있는 것과
같으며
묘한 뜻이 스스로 드러나 엄하지 않은 스승과 같다.

화려한 문장을 꾸미는 데 집착하는 지자와
모든 논에서 가르침의 구결을 알지 못하는 대사는
이 수승한 법문의 영양분을 얻은 후에
실지로 수행하는 비결을 얻어 반드시 용기가 백배할 것이다.

공을 관하고자 하나 어두운 곳에 돌을 던지듯 하는 수행자와
선을 닦는다고 모양만 꾸미는 수행자와
스스로 공덕이 미치지 못하며 성취했다고 자만하는 자가
만약 이 도법을 보면 자극을 받을 것이다.

내가 비록 품격이 높은 문장의 논을 많이 배웠으며
무지개 빛깔같이 아름다운 그림과 같은 시구를 잘 지으나
이는 은혜가 크신 스승님의 전승이 아니므로
이곳에 스스로 꾸미는 문장은 섞지 않았다.

훌륭한 스승이신 부처님께서 이 세상에 출현하시어
티벳 국토에 길상한 뜻을 더하셨고,
스승께서 돌아가신 때가 오래되지 않았으니
지금도 금강도반이 있어 증명할 수 있다.

이러한 연고로 진실하고 성스러운 가르침을 모으고
이 정진의 원인이 되는 스승의 은혜로운 법문에 의지하여
내가 스승에 대한 헌신과 좋은 뜻으로 이 논을 지으므로
도반과 호법은 이치에 비추어 마땅히 수희해야 할 것이다.

미래의 세상에 나오는 이와 인연이 있는 모든 수행자가
만약 이 문장을 보면 마땅히 마음에 친히 스승을 만난 것과 같아
마땅히 부처님을 공경하는 참된 신심을 일으킬 것이며
말해놓은 비결이 틀림없음을 스스로 깨달을 것이다.

이와 같이 이 가운데에서 얻은 모든 선근을,
일찍이 자비로운 어머니가 되었던 모든 중생에게 회향하니
모두가 수승한 스승의 받아들임을 얻은 후
가르침을 받들어 행하여 구경에는 성불한다.

훌륭한 스승님과 원만한 부처님을 친견하고
그 말씀의 감로로써 배양된 모든 대중이
모두 함께 위없는 정등각을 이루어
중생을 제도하는 사업의 길을 걷기를 원합니다.

은혜가 큰 스승님의 제자들
수승하고 묘한 법문의 감로수를 마시고
이끌어주시는 훌륭한 스승님의 가르침에 즐겁게 노래하며
모두가 오랫동안 세상에 머물기를 원합니다.

내가 이로부터 세세생생에
스승님을 따라 배우는 종이 되어서
일체에 삼가 스승님의 말씀을 의지하고 배우고 행하며
그로 하여금 환희하여 항상 섭수해주심을 얻기 원합니다.

내가 윤회의 중생을 다 제도하기 전에
자신이 가지는 일체 이익을 버려서
기쁘게 일체의 가련한 나이든 어머니 같은 중생의 종이 되며
이러한 중생들이 부처님의 원만하고 묘한 법을 닦아 가지기를
원합니다.

내가 잠시 마음에 떠올리니
전승받은 스승님의 가피가 찬란한 해처럼 빛나고
적정한 곳에 의지해서 이생을 수행하다가
구경에 위없는 스승님의 불과를 얻기를 원합니다.

이 롱첸닝틱의 공동共同과 불공동不共同인 내외의 전행 안내문은 우리의 훌륭하고 수승하신 스승님의 구전을 따라서 저술한 것이다. 또한 지극히 높은 스승님께 친히 전수받은 제자로 지계가 훌륭하며

정진이 뛰어난 된마체링이 자신이 기록한 내용을 정리해서 필기본을 만들어 나에게 주면서 간곡하게 말하되 "청컨대, 그대는 이것을 기본으로 해서 완전하고 높으신 스승님의 가르침을 담은 한 부의 안내문을 지어 달라"고 하였다. 지극히 높고 수승한 스승님의 밀법을 전수받은 법왕자이며 대환생자인 꾼상텍촉 도르제[243]께서 친히 나를 위해서 종이를 제공해주고 재삼 권하셨으며, 중생의 보호주인 스승님의 법문을 계승하고 전승받은 뜻의 제자이며 원만한 교법의 주존이신 환생자 섄펜타얘외세르 린뽀체께서 또한 말씀하시되 "스승님의 구전인 가르침을 문자로 써두면 곧 스승을 기억할 수 있으며, 아울러 진실하게 공경하는 믿음을 일으키는 데 필요하다. 그러므로 청컨대, 어떻게든 그대는 반드시 한 부의 책을 저술해야 한다"라고 하셨다.

이와 같은 위로와 더불어, 이밖에도 성불을 얻기까지 반드시 등불과 등심지 같이 화목하며, 혹은 두 눈이 서로 돕는 것 같이 하는 도반들이 격려하고 위로해주었고, 용기를 북돋아 주어서 나로 하여금 감동을 받게 했다. 비록 모든 수도의 계위를 성취했으며 깨달음을 얻으신 스승 보리금강(菩提金剛, 릭진장춥 도르제)[244]께서 나에게 직메 최기왕뽀라는 좋은 이름을 내리셨으나, 사실상 나 자신은 다만 오독의 업이 치열하며 행동이 하열한 한 사람일 뿐이다.

이 글은 오갠 삼땐최링이라고 불리는 고요하여 아름답고 흠이 없이 장엄되어진 웅장한 대위덕궁전(大威德宮殿, 야만타까 수행처) 안에서 지었다. 이 고요한 곳의 환경은 고상하고 조용하여 사람들을 편안하게

---

243 14대 까르마빠(1797~1867).
244 제1대 도둡첸 린뽀체.

하며, 갖가지 모양의 나무와 돌과 능선과 개울물이 있으며 볕이 따뜻한 곳이다. 나무들은 뿌리에서 시원한 감로를 빨아들여 가지를 뻗어 있고 잎이 무성하며, 백 가지 꽃이 활짝 피어 있다. 열매가 주렁주렁 열려 마치 보배열매가 열린 것과 같고, 나뭇잎 사이로 햇살이 비치는 것은 마치 아름다운 여인의 미소 짓는 얼굴과 같은 경관을 갖췄기에, 이곳은 사람으로 하여금 마음이 편안하고 기쁘게 하는 곳이다.

한량없는 중생이 이 수승한 수행규결에 의지해서
얻은 바 일체의 선근으로
본래의 보호주(원초불인 보현왕여래)의 법성 안에서
해탈의 인을 이루기를 간절히 발원합니다.

번역 후기

오명불학원의 직매푼촉 린뽀체께서 "이 시대의 수행자들은 구두선만 앞세우고 실지 수행을 중히 여기지 않으며 대원만大圓滿·대수인大手印만 논하는 자들이 많다. 우리는 이러한 과오를 버리고 오직 티벳 4대 종파의 핵심과 중국 대승불교의 요점을 포괄하고 있으며 전승조사의 가피가 깃든 심오한 대원만 가행 요결법을 수행해야 한다"라고 하셨다.

내가 티벳불교 교리서를 번역하게 된 것은 우연한 기회를 통한 티벳불교 사원과의 인연에서 비롯되었다. 나는 삼십대 후반 중국에 유학하여 중국어를 배우고, 2000년도에 사천성 오명불학원에 들어가 중국어로 진행하는 수다지 캔뽀의 강의를 통해 『입보살행론』, 『대원만전행인도문(대원만 수행 요결)』 등을 수학했다. 이같이 티벳불교와 인연을 맺은 나는 『입보살행론광석』을 번역하여 출판한 바 있다. 그런데 이 논서를 본 많은 불자들로부터 내용을 이해하는 것이 어렵다는 말을 자주 들었다. 그래서 『입보살행론』의 전 단계에 해당하는 이 『대원만전행인도문』을 번역할 계획을 세웠던 것이다.

오명불학원에서 이 논서를 배울 때는 한국 불교학과 비교하여 생소하게 생각되어 그 중요성을 인식하지 못하였으나, 몇 년 뒤 야칭사에서 풀빠자시 린뽀체로부터 두 달 동안 감동을 느끼며 환희심으로 『전행비망록前行備忘錄·닝틱왼도신디』을 전강 받으면서 비로소 이 논서가 티벳불교 수행에 있어 매우 중요하다는 것을 이해하게 되었고, 2009년

난징(南京)의 관음사로 돌아와 이를 번역하고 내부 교재용으로 만들어 법보시용으로 배포하였다.

내가 감히 티벳불교 교리서를 번역하는 데 선뜻 마음을 내게 되기까지는, 나름대로의 수행이력을 쌓으며 경험을 축적하는 일련의 과정을 거쳐 왔다. 나는 고등학교 1학년 때 김해안 선사를 친견하고 화두선을 배웠으며, 19세에 출가하여 37세가 되기까지 선방에서 조사선의 활구 참선을 행하였고, 그 후 중국에 유학하여 오명불학원에서 티벳불교를 배웠다. 2000년도에 사천성 오명불학원에 들어가『입보살행론』,『보현상사언교』,『입중론』,『정혜보정론』,『극락원문』,『계율론』 등을 수학했으며, 2004년 해인사 강사로 재직하며『입보살행론광석』을 번역하기 시작했다.

2006년에는 미얀마 쉐우민 선원에 들어가 4개월 동안 떼자니아 사야도께 위빠사나를 배웠으며, 인도 다람살라에 가서 깔마빠 존자님을 두 달간 모시면서 4가행 전법을 받았고, 2007년도엔 중국 사천성 년용사에 가서 나의 근본스승인 남카랑빠 존자님으로부터 년용상사 부모 복장법과 돈종 린뽀체 복장법과 썬리랑빠 린뽀체 복장법 법맥의 전체 관정법을 전수받았다. 그해 가을 다시 인도에 가서 따시종에서 캄튤 린뽀체로부터 4가행, 도제팍모 등의 법을 전수받아 수행하였고, 2008년 가을에는 대라둔의 민도린사에 가서 딸룽쩹둘 린뽀체로부터 닝마빠의 린첸 떼르죄의 보장법 관정을 4개월에 걸쳐 받았으며, 2009년에는 중국 간즈현 야칭사에서 풀빠자시 린뽀체로부터 롱칭빠 법맥과 롱사빠 법맥의 대원만 선법을 구전 받고『전행비망록』을 전강 받았으며, 2010년에는 아송 린뽀체로부터 토가 관정과 보장법 관정을 2개월에 걸쳐 전수 받았다. 그 후 사천성 년용사로 돌아가 근본스승님으로부터 연화생 대사의 법과 스승님의 법을 한국에 전법하라는 부촉의 명을 받았다. 이상의 경력을 배경 삼아 나는 감히 티벳불교 교리서의 번역에 손을 대게 되었던 것이다.

2011년 법등사에서 봉행된 캄튤 린뽀체의 방한법회에 동참했을 때, 인도 다람살라에서 티벳불교 수행에 매진하시는 현진 스님을 만나 이 논서를 보이니, 이 『꾼상라매셀룽』은 아주 중요한 책이니 정식으로 출판함이 좋겠다고 하시며 나와 함께 운주사를 방문하여 사장님께 출판 허락을 받아주었다.

다음날 캄튤 린뽀체를 뵙고 이 논서의 서문을 청하니 흔쾌히 허락하시며, 『대원만룽첸닝틱』은 7보장寶藏(롱첸빠의 7가지 저작. 각주 8 참고)과 4심적心滴(『상사여의보』, 『본존여의보』, 『공행여의보』, 『구경여의보』를 말한다)의 비밀한 뜻을 하나로 모은 수승한 규결 요점을 갖춘 매우 훌륭한 대원만의 수행 지도서라고 말씀해주셨다. 후에 나의 근본스승 녠용상사의 부모님을 찾아뵙고 내부 교재용 번역본을 공양 올리니, 이 논서는 당생에 금강지 과위(여래장의 과위)를 얻는 심오한 정법의 가르침이라면서 머리에 정대하고 감동적인 표정을 지으시면서 한국에 전파하게 됨을 매우 기쁘게 여기심을 보고, 이 논서의 중요성을 더욱 실감하게 되었다.

이 논서의 번역은 중국 오명불학원에서 수다지 캔뽀께서 번역하고 출판한 중문본에 의거하였으며, 『전행비망록』을 참고하여 우리말로 옮겼다. 독자들께 한 가지 이해를 구하고 싶은 점은, 동쪽 티벳의 언어체계가 라싸와는 사뭇 다르므로, 중문본에 의거해 번역함에 따라 인명과 지명이 라싸 표준어와 다른 표기법이 더러 있다는 점이다. 운주사 편집부에서 이 번역본을 가지고 「티벳어 한글 표기안」(티벳장경연구소)

과 영어 번역본을 꼼꼼히 참고하여 교정을 보아 최대한 라싸어 표기법으로 수정하는 노력을 하신 것을 고맙게 생각한다.

끝으로 이 논서는 수행자를 해탈의 문에 들게 하며 해탈도를 성취하도록 수행의 바른 길을 제시하는 보전 중의 보전이므로, 독자들께서는 스스로 이 논서를 열람하는 데만 그칠 것이 아니라 티벳불교 수행의 법맥전승 상사에게 전수를 받는다면 수행 방법의 깊은 의미를 체득하는 가피를 얻을 수 있으리라 본다. 아울러 이 논서는 항상 머리맡에 두고 수행의 지침으로 삼을 수 있다.

나의 근본스승님의 부촉도 있고, 본인 또한 한국불교 수행법에 티벳을 비롯한 다른 나라의 훌륭한 수행법이 받아들여져 변화 발전해야 한다고 여기고 있었기에 이 논서가 번역 소개됨을 기쁘게 생각한다. 지금 이 시대는 각 국가 간에 문물교류가 활발하며 세계의 다양한 문화가 서로 어울리는 흐름 속에 있기에, 한국불교에서도 조사선 전통만 고집하는 경향은 지양됨이 바람직하다고 생각한다.

나는 스승님의 부촉에 따라 빠드마삼바와의 수행법을 전해야 하는 임무를 수행함에 있어 『입보살행론광석』과 이 『대원만 수행 요결』을 번역하는 일로 첫 출발을 삼게 됨을 보람으로 여기고, 나의 공경하는 근본스승의 법맥을 한국에 정착시킬 것을 발원하며, 역대 조사님들의 가호가 내리도록 기도 올린다. 그리고 이 논서 번역의 공덕을 나의 근본스승이시고 숙세 부모이신 낭카랑빠 존자님과 뒤쿼때칭 불모님께 공양 올린다.

불기 2557년 서울시 서초구 미륵암에서 지엄 적다

대원만 수행 요결

초판 1쇄 발행 2013년 3월 7일 | **초판 2쇄 발행** 2023년 3월 22일
지은이 직메 최기왕뽀 | **한역** 수다지 캔뽀 | **편역** 지엄 | **펴낸이** 김시열
펴낸곳 도서출판 운주사

(02832) 서울시 성북구 동소문로 67-1 성심빌딩 3층
전화 (02) 926-8361 | 팩스 0505-115-8361

ISBN 978-89-5746-335-2 03220   값 30,000원

http://cafe.daum.net/unjubooks 〈다음카페: 도서출판 운주사〉